KALIFORNIEN

Egon Olessak

KALIFORNIEN

Prestel-Verlag München

© Prestel-Verlag München 1981
Passavia Druckerei GmbH Passau
ISBN 3-7913-0542-5

INHALT

Meinen Kindern
Stephan, Peter und Caroline

VORWORT

»Oh! California!
That's the land for me!«
GOLDGRÄBERLIED

Der alte, junge Westen

Seit der frühesten Entfaltung seines Geistes zeigt der Mensch eine unstillbare Sehnsucht nach dem Westen. Der Weg nach dem Westen, das ist für ihn Aufgang, Zenit und Untergang der Sonne, das Gesetz allen Lebens.

Als am 4. Juli 1776 die Vertreter der dreizehn ostamerikanischen Kolonien in der Independence Hall zu Philadelphia die Amerikanische Unabhängigkeitserklärung unterzeichneten, war dies nicht nur die Geburtsstunde der Vereinigten Staaten von Amerika, sondern auch der Beginn des Aufbruchs in den Westen. Benjamin Franklin, der zu den Unterzeichnern gehörte, sagte voraus, daß sich die Vereinigten Staaten eines Tages von der Ostküste bis in den fernen Westen an die Pazifikküste ausdehnen würden. Er wird darum vielfach ›Amerikas größter Prophet‹ genannt.

Mit weitgreifendem Flügelschlag schwang sich der amerikanische Adler auf gen Westen, in der linken Klaue die Pfeile fest umgreifend, in der rechten den Ölzweig haltend, bis er schließlich, Benjamin Franklins Botschaft folgend, den Pazifik erreichte und Kalifornien.

In diesem Buch soll von der Entdeckung Kaliforniens berichtet werden, von den turbulenten Anfängen der Geschichte dieses Landes, den mutigen und opferbereiten ersten Pionieren, den franziskanischen Missionaren sowie den abenteuersüchtigen Glücksrittern des Goldrauschs, schließlich den stürmischen Entwicklungen des seit 1850 bestehenden neuen amerikanischen Bundesstaates. Es soll die Rede sein von der bezaubernden Vielfalt der kalifornischen Küste und ihrer ›Traumstraße der Welt‹, vom fruchtbaren Riesengarten des Zentraltales mit seinen blühenden Orangenhainen am Fuße schneebedeckter Gipfel, von der Sierra Nevada, dem ›Gebirge des Lichtes‹, von weiten Wäldern mit den ältesten und größten Bäumen dieser Erde, von der Verlorenheit wie dem Zauber der Wüsten im Süden des Landes, von faszinierenden Städten wie San Franzisko, Los Angeles und San Diego. Schließlich werden die großen Persönlichkeiten zu nennen, die Entwicklungen in Politik, Wirtschaft, Kultur, Erziehung zu umreißen, wird die kalifornische Gesellschaft in ihrer ganzen Vielfalt darzutun sein.

Es ist eine Gesellschaft, die sich im ›pursuit of happiness‹, dem ›Streben nach Glück‹ – wie es das verbindlichste amerikanische Dokument, die ›Declaration of Independence‹ vom 4. Juli 1776 ausspricht – zutiefst mit den unveräußerlichen Menschenrechten auf Leben und Freiheit verbunden fühlt. Die Auffassungen einer gemeinhin amerikanischen Lebens- und Denkweise werden in Kalifornien tagtäglich nachdrücklich bestätigt.

Unsere Jahre sind Zeugnis eines neuen Abschnitts der amerikanischen Geschichte. Der Westen Amerikas beginnt über die Leistungen der Wissenschaft und Technik hinaus geistig und politisch auf den Osten Amerikas zurückzuwirken, und dies im besten Sinne. Nach zweihundert Jahren eines weithin von quantitativen Kategorien bestimmten Denkens bahnt sich ein großer geistiger Umbruch an, der auf ein Denken in qualitativen Kategorien zielt. Auf das Verhältnis Amerikas zu Europa bezogen, bedeutet diese Entwicklung die endgültige Loslösung Amerikas vom Rockzipfel der Mutter Europa. Aber sie wird weit darüber hinausreichen, weil sie auch die Befreiung des amerikanischen Menschen von vergangenen Vorstellungen und sein Streben nach einer vergeistigteren An-Sicht dieser Welt und einer tieferen Ein-Sicht in ihre Zusammenhänge einschließt.

Als der Europäer einst amerikanischen Boden betrat, wurde er keineswegs wie durch ein Wunder zum Amerikaner verwandelt, im Gegenteil. Amerikanisch, und das heißt auch kalifornisch, denken und handeln, bedeutet, aus der Verschiedenheit, aus der Vielfalt Europas, Afrikas und Asiens im Mischkrug der Vereinigten Staaten von Amerika eine neue, eine spezifische Größenordnung zu gewinnen, zu der die Weite des Landes einlädt, ja, verführt. Diese Größenordnung ist auf dem Spruchband des amerikanischen Staatswappens zu lesen: »E pluribus unum« – »In der Vielheit eine Einheit«.

Nirgendwo, so scheint es dem Autor, wird diese amerikanische ›Einheit in der Vielheit‹ uns so deutlich vor Augen geführt wie in Kalifornien.

Noch drei abschließende Anmerkungen:

Jenseits der Bucht von San Franzisko liegt das moderne, einen Besuch lohnende Oakland Museum. Wandelt der Besucher durch die unterste Museumshalle, die die verschiedenen Landschaftsformen Kaliforniens zeigt, so durchschreitet er drei Landschaftszonen: die Küste mit den Küstenbergen, Küstenstädten und der inneren Küstengebirgskette, das große, fruchtbare Zentraltal mit der Regierungshauptstadt, und schließlich die Hochgebirgs- und Wüstenwelt mit der Sierra Nevada und den Nationalparks, dem Todestal und den südlichen Wüsten. Dieses Buch folgt der gleichen Aufgliederung, weil sie ermöglicht, die Vielfalt Kaliforniens am besten in den Griff zu bekommen.

Ferner: In der Regel erreicht der Reisende, besonders wenn er aus Europa kommt, Kalifornien mit dem Flugzeug. Es gibt natürlich gute Anschlußzüge und ein ausgezeichnetes Busliniennetz. Doch das Hauptverkehrsmittel ist eindeutig das Auto. Ein Kalifornier ohne Wagen ist nahezu unvorstellbar. Dem Reisenden sei also warm empfohlen, wenn er das Land gründlich kennenlernen will, ein Auto zu mieten, was bereits mit perfektem Service am Flughafen möglich ist. Die Mietpreise sind nirgendwo in den USA so günstig wie hier. Man kann einen bequemen Personenwagen mieten, will man unterwegs in Hotels oder Lodges übernachten, kann die Reise aber auch im modernen Wohnwagen machen, für den überall gut eingerichtete Campingplätze zur Verfügung stehen.

Schließlich: »Bücher können in Gefühlen verschiedenster Art ihren Ursprung haben. Man schreibt Bücher, angeschwungen von Begeisterung oder angeregt vom Gefühl der Dankbarkeit, ebenso aber kann wiederum Erbitterung, Zorn und Ärger geistige Leidenschaft entzünden«, schrieb Stefan Zweig. Drei Jahre kultureller Tätigkeit als Direktor des Goethe-Instituts in San Franzisko haben mich tief mit Kalifornien, seiner Geschichte, seiner Natur und seinen Menschen verbunden. So entstand dieses Buch in den folgenden Jahren aus Begeisterung über ein großartiges Land und angeregt vom Gefühl der Dankbarkeit gegenüber unvergeßlichen Freunden in Kalifornien.

Das Laguna-Mädchen

An einem Frühlingstag des Jahres 1933 gruben der junge Howard Wilson und sein Freund unweit ihrer Wohnungen, in der Nähe des heutigen Küstenortes Laguna Beach, nach Pfeil- und Speerspitzen von Indianern. Laguna Beach liegt rund 30 Kilometer südlich von Los Angeles. Der siebzehnjährige Howard Wilson war ein leidenschaftlicher Amateur-Archäo- loge und hatte schon eine kleine, hübsche Sammlung zusam- mengebracht. An diesem Tag aber stießen Howard und sein Freund auf einen Fund, der Geschichte machen sollte: einen Menschenschädel. Die Mutter von Howard war nicht sonder- lich entzückt über diesen Fund. Aber Howard Wilson ließ nicht locker, als er vom Museum für Naturgeschichte in Santa Barbara erfuhr, daß es sich höchstwahrscheinlich um einen Schädel eines Oak-Grove-Menschen aus dem ältesten bekannten Indianerstamm Kaliforniens handeln könnte.

Der Schädel wanderte um die halbe Welt, nach Paris, Rom, Madrid, Brüssel und London. Schließlich kehrte er nach Amerika zurück. Überall beugten sich Anthropologen über den beachtlichen Fund, stellten fest, daß es der Schädel einer jungen Frau gewesen sein muß, und schätzten sein Alter auf 10000 Jahre. Als ihn schließlich 1967 Dr. Berger von der University of California zur Radiocarbon-Datierung erhielt – der Amerikaner Willard F. Libby hatte diese Radiocarbon- Methode zur Datierung von archäologischen und geologi- schen Funden entwickelt und erhielt dafür 1960 den Nobel- preis –, bestimmte er das Alter des Schädels auf 15680 bis 18620 Jahre. »Es ist«, fügte Dr. Berger hinzu, »der älteste direkte Beweis für die Existenz des Menschen in den beiden Amerika.« 1976 konnte Professor Jeffrey Bader von der Universität San Diego sogar Menschenknochen nachweisen, die bei La Jolla/Kalifornien gefunden wurden und älter sind als 40 000 Jahre.

Wie bekannt, kamen die Urväter der Ureinwohner Amerikas, die Indianer, aus Asien. Nach den Funden in Laguna Beach und La Jolla können wir annehmen, daß die ersten Indianerstämme vor mehr als 40 000 Jahren, von Asien kommend, über die damals noch trockene Bering-Straße den Tierherden nachzogen, nach Nordamerika gelangten und schließlich, die Pazifikküste hinunter, auch nach Kalifornien. Vor 10 000 Jahren, jedoch nicht später als vor 3000 Jahren, erreichten die letzten Indianerstämme über die Bering-Straße Nordamerika.

Hoopa, Miwok, Yuma und viele andere

Ende des 18. Jahrhunderts lebten die Indianer laut Berichten der Franziskanerpatres, die um diese Zeit ins Land kamen, in Höhlen und Zeltlagern aus Tierfellen oder Baumrinde. Sie jagten das mächtige Mammut und das Langhorn-Bison und lebten auch von der Fischerei. Hundert verschiedene Indianerdialekte wurden in den Tälern, Schluchten und an der Küste Kaliforniens gesprochen. Wie die Franziskaner berichten, war das Leben der Indianer untereinander friedlich, wenn auch arm, denn es gab keine Landwirtschaft und keine feste Zeitplanung. Der Klang der Indianer-Namen war der Klang von Musik: da waren die Stämme der Hoopa, der Karok und der Yurok in den dunklen Schluchten der Rotholz-Wälder des Nordens. Weiter südlich und um die Bucht von San Franzisko lebten die Küsten-Miwok, die Pomo und die Costanoan. Noch weiter die Küste hinunter, von Monterey bis nach Südkalifornien und bis hinein ins heutige mexikanische Nieder-Kalifornien, hießen sie Salinan, Chumash und Diegueño. Letztere hatten die Spanier nach San Diego benannt. Im Sacramento- und San-Joaquin-Tal lebten die Wintun, die Yokut, die Tal-Maidu und die Tal-Miwok. Die Berg-Maidu und die Berg-Miwok fand man in den Bergtälern der Sierra Nevada. Die Mono, die Washo und die Painte jagten am Fuße

der Ostseite der Sierra Nevada zwischen Buschwerk und
Pinien. Im heißen Süden Kaliforniens schließlich wohnten die
Yuma, die Cahuilla und die Mojave. Viele dieser Namen leben bis heute weiter. Die Mojave-Indianer zum Beispiel gaben der Mojave-Wüste ihren Namen.

Doch leben nicht nur die Namen der Indianer fort, sondern
auch die Indianerstämme selbst. Kalifornien kann stolz darauf
sein, daß sich die Zahl der reinblütigen Indianer hier nach
dem Zweiten Weltkrieg verdoppelt hat, während sie in allen
anderen Staaten der USA zurückging. Manche Indianer mögen jedoch in den letzten zwei Jahrzehnten von anderen Staaten nach Kalifornien eingewandert sein. Heute leben die noch
reinblütigen Indianer hier ebenso in Reservaten wie der
Hauptteil der halben Million Indianer in den anderen Staaten.

Rund 30 Kilometer landeinwärts vom Küstenort Eureka
liegt im Norden Kaliforniens die Hoopa Valley Indian Reservation mit Nachkommen der Hoopa-Indianer. Unweit davon
finden wir das Round-Valley-Indianer-Reservat. Am westlichen Fuße des Sierra-Nevada-Gebirgsmassivs, südlich vom
Sequoia National Park, befindet sich die gleichfalls große
Tule River Indian Reservation. Im Süden Kaliforniens gibt es
sehr viele kleinere Reservate zwischen Palm Springs und San
Diego, von denen wir die wichtigsten in den entsprechenden
Reisekapiteln erwähnen werden.

Im Gegensatz zu den Aufständen der Sioux-, Arapahoe-
und Cheyenne-Indianer gegen die Weißen im Osten Amerikas verlief das Leben zwischen Siedlern und Indianerstämmen
in Kalifornien weitgehend friedlich. Der Grund lag darin, daß
noch Mitte des 19.Jahrhunderts genügend Raum für beide
Gruppen vorhanden war und daß darüber hinaus 1832 die
spanisch-mexikanischen ›Californios‹ die Säkularisation der
ehemaligen Missions-Stationen und ihrer Ländereien nicht
zuletzt deshalb vorgenommen hatten, um diese Gebiete weitgehend den Indianern wieder zuzueignen. Die Fülle der Indianer-Reservate im Süden Kaliforniens geht darauf zurück.

Seit 1849 war durch die Einrichtung der Abteilung für indianische Angelegenheiten im amerikanischen Innenministe-
rium erstmals die Gründung von Indianer-Reservaten und

deren Regel gesetzlich festgelegt worden. Die Dawes-Akte
1887 leitete die noch heute verfolgte Politik ein, den Indianern
landwirtschaftliche Kenntnisse zu vermitteln, ihnen die Schulen und Universitäten zu öffnen und sie in das gesellschaftliche Gefüge Amerikas einzugliedern. Doch erst 1924 wurde
dem Indianer volle Gleichberechtigung und die amerikanische Staatsbürgerschaft zuerkannt.

Während es im Osten Amerikas und im Mittelwesten vor
allem der Landbesitz und die Büffelherden waren, die Ende
des 19. Jahrhunderts zu Streitigkeiten zwischen Indianern und
weißen Siedlern führten – die Büffel wurden nicht nur von
den Indianern zu Millionen niedergemacht und sind heute nur
noch in Naturschutzparks zu sehen –, berichteten die nach
Kalifornien ziehenden Siedler von keinem einzigen ernsthaften Fall von Streitigkeiten zwischen ihnen und den Indianern.
Das änderte sich jedoch mit der Zunahme der Besiedlung. Ein
Zusammenstoß, der auch durch die Weltpresse ging, ereig-
nete sich 1969, als Indianer die in der Bucht von San Franzisko
gelegene, unbenutzte Gefängnis-Insel Alcatraz besetzten und
sie als ihr Eigentum erklärten. So halten noch heute manche
Stämme an ihren alten Sitten fest und bilden fast unbetretbare
Reservat-Inseln im Meer der Weißen.

Die drei Epochen

Die Geschichte Kaliforniens wird verständlicher, wenn man
weiß, daß der spanische Einfluß in Kalifornien rund dreihundert Jahre anhielt und die mexikanische Zeit – zwischen der
spanischen und amerikanischen – mit 25 Jahren zwar die kür-
zeste war, aber für die Geschichte Kaliforniens die vielleicht
folgenreichste.

Die spanische Epoche beginnt 1536 in Mexiko. Die Krone
Spaniens hatte die unbestrittene See- und Weltmacht inne.
Von Mexiko aus, dem damaligen Vizekönigtum ›Neu-Spanien‹, folgten drei Jahrhunderte der Entdeckung und Besiedlung Kaliforniens. Die künftigen Küstenorte San Diego,
Monterey, San Franzisko, Santa Barbara, Los Angeles und
andere wurden von Siedlern gegründet, die mit den spani-

schen Soldaten und franziskanischen Mönchen kamen. Die spanischen Zeiten Kaliforniens waren die Zeiten der Eroberer und Abenteurer, die Zeiten des Mutes und des Glaubens.

Das Jahr 1821 läutete die mexikanische Zeit ein. In diesem Jahr errang Mexiko, zu dem Kalifornien immer noch gehörte, seine Unabhängigkeit von Spanien. Die ›Californios‹ erfuhren erstmals Freiheit. Es war die große Zeit der ›Rancheros‹, der fleißigen mexikanischen Viehzüchter. Sie war kurz, aber die vielleicht glücklichste Epoche des Landes. Sogar die Indianer haben damals ihre Freiheit wiedererlangt. Aber sie dauerte nur 25 Jahre – eine Jugend lang. 1847 endete sie in einem Farmerhaus: Mexiko kapitulierte vor den neuen Herren, den USA.

Die amerikanische Epoche begann an einem kalten Januartag des Jahres 1848. An diesem Tag fand J.W. Marshall in John Sutters Mühlgraben am Fuß der Inlandberge der Sierra Nevada das erste kalifornische Gold. Ein Goldrausch setzte ein, der Amerika und die Welt erfaßte. In zwei Jahren stieg die Bevölkerung Kaliforniens von 12000 auf 92000 Einwohner. 1850 wurde Kalifornien als 31.Staat in die USA aufgenommen.

Den Zeiten der Conquistadores und Rancheros folgten die ›goldenen‹ Zeiten, dem metallenen Gold das ›eiserne Gold‹ der Eisenbahnbauten nach dem Westen, das ›flüssige Gold‹ der kalifornischen Ölfunde, das ›flimmernde Gold‹ der Filmzeiten von Hollywood, das ›grüne Gold‹ der Obst- und Gemüseplantagen und schließlich das ›goldene Zeitalter‹ der Wissenschaften.

Die Entdeckung

Genaugenommen wurde Kalifornien während der Regierungszeit eines römisch-deutschen Kaisers entdeckt, der zugleich König von Spanien war: dem Habsburger Karl V. Im Jahre 1516 hatte Karl von seinen Großeltern Aragonien – mit Neapel, Sizilien und Sardinien – und Kastilien geerbt. Zu den spanischen Landen gehörten die spanischen Kolonien in Amerika, vor allem das schon erwähnte spanische Vizekönigtum Neu-Spanien, das heutige Mexiko.

Hernán Cortés, auch Hernando Cortez, der größte der Conquistadores, hatte 1521 Neu-Spanien für den Thron erobert. Mit der Einnahme von Tenochtitlán – der heutigen Stadt Mexiko und Hauptstadt des damaligen Aztekenreiches – endete die große Kultur der Azteken. Es war derselbe Hernán Cortés, der sich, des Amtsmißbrauchs beschuldigt, in Spanien rechtfertigen mußte, dort aber dann hoch gefeiert wurde und nach Mexiko zurückkehrte. Sechs Jahre nach seiner Rückkehr, 1536, entdeckte Hernán Cortés auf dem Seeweg von Mexiko nach Norden neues Land, und er gab ihm den Namen ›California‹.

Cortés hatte jedoch nicht das heutige Kalifornien entdeckt, sondern die große, südlich davon gelegene mexikanische Halbinsel von Unter-Kalifornien, ›Baja California‹, wie es die Mexikaner noch heute nennen. Im Sommer ist Baja California wahrhaft ein Backofen. Vielleicht war dies der Grund, weshalb Cortés dem neuen Land den Namen ›California‹ gab, abgeleitet vom altspanischen ›Calido Forno‹, ›Heißer Ofen‹.

Seltsam erscheint uns freilich, daß der Name California schon auftaucht, bevor das Land überhaupt entdeckt worden ist. Bereits ein Vierteljahrhundert vorher, 1510, war nämlich in Sevilla ein Roman mit dem Titel ›Las Sergas de Esplandian‹ von Garcia Ordoñez de Montalvo erschienen. In diesem mythologischen Roman spricht de Montalvo zum erstenmal von einer »*Insel CALIFORNIA, sehr nahe dem irdischen Paradies gelegen und von schwarzen, schönen Frauen bewohnt, ohne einen einzigen Mann unter ihnen. Sie leben wie die Amazonen. In diesem Land gibt es viele Greifen, und ihre Krallen sind mit Gold bedeckt. So verhält es sich auch mit den Brustpanzern dieser wilden Tiere, denn auf der ganzen Insel gibt es kein anderes Metall außer Gold.*« Kannte Hernań Cortés diesen Roman? War er 1536 etwa auf der Suche nach dem beschriebenen Goldland?

Gerade 1536 war Alvar Nuñez Cabeza de Vaca von seiner Nordmexiko-Expedition zurückgekehrt und hatte von den ›Sieben Städten von Civola‹ (auch Cibola) berichtet, deren Straßen mit Gold und deren Haustüren mit Edelsteinen besetzt sein sollten. Er hatte sie selbst nie gesehen, aber Frater Marcos de Nizza besuchte und beschrieb sie 1539; später hat man sie mit sieben Pueblos der Zuñi-Indianer im Hochland zwischen dem Little Colorado River und dem Rio Grande identifiziert. Auch bestand die Vorstellung, daß es im Norden eine Wasserstraße gäbe, die Straße von Anian, die den Pazifik mit dem Atlantik verbinde, so daß die Schiffe, die von Spanien kamen, nicht mehr den langen, mühsamen und gefährlichen Weg um das Kap Hoorn segeln mußten. Aufgrund aller dieser Vorstellungen hat Juan Martines dann 1578 seine Karte ›Californien und die Sieben Städte von Civola‹ für seinen Weltatlas gestochen.

Was Hernán Cortés und die ersten Siedler in Wirklichkeit in Baja California erwartete, waren Hitze, Hunger und Entbehrung. Innerhalb eines Jahres starben 23 Siedler von La Paz. Der Rest gab die Neugründung auf und kehrte nach Neu-Spanien zurück. Cortés aber gab nicht auf. Er schickte – nun als Vizekönig von Neu-Spanien – Franzisco de Ulloa erneut los, die Küste zu erforschen. Ulloa segelte mit seiner Mannschaft als erster die ganze mexikanische Küste hinauf, entdeckte die Mündung des von der ›Continental Divide‹, der Wasserscheide in Colorado, kommenden Colorado-Flusses in den Golf von Kalifornien, und segelte die Ostküste der Halbinsel von Baja California wieder hinunter. Es war tatsächlich ein riesiger Golf, und er nannte ihn ›Mar de Cortés‹, ›Meer des Cortés‹. Es ist der heutige Golf von Kalifornien. Immerhin fand Ulloa an der Ostküste von Nieder-Kalifornien Perlen. Die schönsten Perlen am spanischen Hof kamen später von dort.

Cortés wurde nach Spanien zurückberufen, und ein neuer Vizekönig kam nach Neu-Spanien, Don Antonio de Mendoza. Die ›Sieben goldenen Städte von Civola‹ und die ›Wasserstraße von Anian‹ beschäftigten auch Mendoza sehr. Am 27.Juni des für die kalifornische Geschichte so bedeutenden Jahres 1542 verließ in Mendozas Auftrag Juan Rodríguez Cabrillo (Cabrilho), ein Portugiese »von großem Mut«, mit den beiden unter spanischer Flagge segelnden, dreimastigen Karavellen ›San Salvador‹ und ›La Victoria‹ den kleinen mexikanischen Hafen Navidad, der, heute kaum mehr benutzt, auf der Höhe des Ortes Colima liegt. Bei herrlichem Wetter benötigten die nußschalengroßen Schiffe – sie waren kaum 30 Meter lang – vier Tage, um das Meer des Cortés zu überqueren und die Südspitze von Nieder-Kalifornien zu erreichen. Seit Fernão de Magelhães, bekannter unter dem Namen Magellan, 20 Jahre zuvor als erster den Pazifik durchsegelt hatte, waren Portugiesen als Seefahrer gefragt. Die Schiffe segelten fast drei Monate lang die Küste von Nieder-Kalifornien hinauf nach Norden. Am 28. September 1542 betrat Cabrillo in der Bucht von San Diego als erster weißer Mann und Europäer den Boden des heutigen Kaliforniens. Cabrillo gab der Bucht den Namen San Miguel. Die im Küstengebiet und auf den Inseln ansässigen armen Indianer, die vornehmlich vom Fischfang lebten, begegneten Cabrillo und seiner Mannschaft freundlich. Nach dem Schädelfund des ›Laguna-Mädchens‹ wissen wir heute, daß die Indianer in diesem Gebiet seit nicht weniger als 15000 Jahren ansässig gewesen sind.

Die ›San Salvador‹ und ›La Victoria‹ segelten weiter und Cabrillo entdeckte die heutige Bucht von Santa Monica, die Insel Santa Catalina, die Santa Barbara vorgelagerten drei Inseln Santa Cruz, Santa Rosa und San Miguel, die Bucht von Monterey. Vor der Küste von San Franzisko geriet Cabrillo in solch heftige Novemberstürme, daß er die Einfahrt in die ruhige Bucht von San Franzisko nicht entdeckte. Laut Logbuch ankerten die beiden Schiffe am 14. November 1542 auf der Höhe des heutigen Golden Gate. Manche Historiker aber halten das Kap, von dem Cabrillo schreibt, für das nördlich von San Franzisko gelegene heutige Kap von Point Reyes der Drake-Bucht.

Auf der Fahrt die Küste hinauf hatte sich Cabrillo den Arm gebrochen. Die Folgen waren so schlimm, daß er auf der Rückfahrt am 3. Januar 1543 auf der Insel San Miguel daran verstarb und auch dort begraben wurde. Bartolome Ferrelo, der erste Steuermann, übernahm nun die Führung. Erneut segelten die beiden Schiffe ohne Erfolg die Küste nach Norden, und die Besatzung kehrte tief enttäuscht und gebrochen in den Heimathafen Navidad zurück. Dem spanischen Hof war daraufhin die Lust an weiteren Expeditionen oder gar Kolonisationen vergangen. Man war überzeugt, daß die Neue

Welt »weder reiche Länder noch eine schiffbare Wasserstraße zwischen dem Atlantik und dem Pazifischen Ozean« besaß.

Da trat England auf den Plan. Bei der zweiten Weltumsegelung tauchte 1579 der englische Seeheld und Meisterdieb für Englands Krone, Sir Francis Drake, mit seinem Schiff ›Golden Hind‹ vor der Küste Kaliforniens auf. In der nach ihm benannten Drake-Bucht, 25 Kilometer nördlich von San Franzisko, ließ er die ›Golden Hind‹ vor der Überquerung des Pazifik überholen. Vom angrenzenden Land nahm er im Namen der Königin Elisabeth I. von England und ihrer Nachfolger Besitz. Der Besuch von Sir Francis Drake an den Küsten Mexikos und Kaliforniens blieb nicht ohne Folgen. Es kam die Zeit der abenteuerlichen und berühmten Manila-Galeonen. Diese spanisch-portugiesischen Segelschiffe waren wie die Karavelle rund 30 Meter lang und hatten drei Masten mit Rahsegeln sowie vier Decks, auf denen die Handelsware verstaut wurde. Der Heimathafen der Manila-Galeonen war Acapulco. Von hier segelten sie, beladen mit Silber und Luxusgütern, über den Pazifik und, dem Seeweg Magellans folgend, zu den Philippinen. Dort tauschten sie ihre Waren vor allem gegen Seide und Gewürze des Orients und kehrten nach Neu-Spanien zurück. Der Profit, den die Galeonen dabei machten, war gewaltig. Die Hinfahrt zu den Philippinen war wegen der günstigen Winde und Strömungen verhältnismäßig leicht und dauerte zweieinhalb bis drei Monate. Um so beschwerlicher aber war die Rückfahrt. Sie führte nach Norden, an den japanischen Inseln vorbei und mit der kalten ›japanischen Strömung‹, aber auch mit stürmischen Winden und Nebel hinüber an die kalifornische Küste und südwärts nach Acapulco zurück. Die kalte Japan-Strömung erschreckt noch heute den Fremden, der das erste Mal vor der Küste von San Franzisko oder gar weiter nördlich baden geht. Die Rückfahrten der Manila-Galeonen dauerten nicht selten sieben Monate. Damit aber kam Kalifornien wieder ins Spiel. Nach der beschwerlichen Überfahrt suchte man an seiner Küste einen sicheren Hafen zur Aufnahme von Wasser und Proviant und zum Überholen der Schiffe.

Der Manila-Seefahrer Francisco Gali entdeckte 1584 Scharen von Seehunden und Seelöwen an der Küste und das kalifornische Hinterland mit großen Feigenbeständen, und sein Kollege Pedro de Unamuno ergriff 1587 formell im Namen des spanischen Königs Philipp Besitz von den kalifornischen Landen. Der bedeutendste und erfolgreichste dieser Galeonen-Seefahrer wurde jedoch Sebastián Vizcaíno. 1602 segelte er von Acapulco mit den drei Galeonen ›San Diego‹, ›San Tomás‹ und ›Tres Reyes‹ und 200 Seeleuten und Karmeliter-Mönchen an Bord nach Norden, um die kalifornische Küste nun sehr eingehend auf die besten Anlagen von Häfen hin zu untersuchen. Vizcaíno folgte dabei der Route Cabrillos. An Bord führte der Karmeliter-Pater Ascensión das Tagebuch der Expedition. Beides wurde die Grundlage der späteren Unternehmungen zur Gründung der franziskanischen Missionsstationen, aus denen sich die heutigen Küstenstädte Kaliforniens entwickelten.

Vizcaíno benannte die Orte mit den Namen, die sie noch heute tragen: San Diego, Santa Catalina, Santa Barbara oder Monterey. San Diego und Monterey bezeichnete Vizcaíno als »die besten Häfen, die man sich überhaupt wünschen kann«. In der Bucht von Monterey hielten die Karmeliter-Mönche unter einer großen Eiche eine Messe; 167 Jahre später sollte der Franziskanerpater Junipero Serra an derselben Stelle die Messe feiern, nachdem die Expedition Portolás mühevoll die Bucht von Monterey erreicht hatte, wie wir noch hören werden. Wie einst Cabrillo geriet auch Vizcaíno vor der Küste San Franziskos in Nebel und Sturmregen, »in denen es am Tag so dunkel war wie in der Nacht«. Er brach sich dabei einige Rippen, die Schiffe nahmen zum Teil großen Schaden, und die Mannschaft war nach der langen Reise so erschöpft, daß Vizcaíno die Expedition abbrechen mußte und nach Mexiko zurückkehrte. Ein Schiff fuhr vorweg nach Navidad; als es dort eintraf, waren nur noch sechs lebende Seeleute an Bord.

Wegen der Entbehrungen und Schwierigkeiten ließ man von Kalifornien zunächst ab. Die Bedeutung Neu-Spaniens und seiner Hauptstadt Mexico stieg erneut. Englands und

Frankreichs Interessen verlagerten sich von der West- an die Ostküste. 1620 landeten die Pilgerväter mit der ›Mayflower‹ in der Bucht von Massachusetts. Die Kolonisierung der Atlantikküste durch die Engländer begann. Der dänische Expeditionsforscher Vitus Jonassen Bering sollte 1734 das erste Mal im Namen des Zaren die nach ihm benannte Meerenge zwischen Asien und Amerika, die Bering-Straße, überqueren und nach Alaska vorstoßen.

Das schwarze und das rote Land

Spanien hatte keine Zeit mehr zu verlieren und trieb die Besiedlung Kaliforniens erneut voran. Unter dem spanischen König Karl III. (1759-1788), der seine innenpolitischen Schwierigkeiten mit außenpolitischen Aktivitäten auszugleichen suchte, wurde das Programm wiederaufgenommen, »die Buchten von San Diego und Monterey wiederzuentdecken und zu besiedeln«. Zu diesem Zwecke entsandte Karl III. José de Gálvez als ›Visitador-General‹, eine Art Generalinspekteur, nach Mexiko. Die Jesuiten wurden 1767 auf Befehl Karls III. vom spanischen Territorium verbannt, und die Franziskaner traten an ihre Stelle. Insbesondere für die Geschichte Kaliforniens sollte dies bedeutende Folgen haben.

José de Gálvez ernannte Gaspar de Portolá zum Gouverneur von Nieder-Kalifornien und den 55jährigen Franziskanerpater Junipero Serra – der sich später den populärsten Namen in der Geschichte des Landes machen sollte – zum Präsidenten der Missionsstationen von Kalifornien. Zunächst wurde die Jesuiten-Missionsstation in La Paz von fünfzehn Franziskanerbrüdern besetzt und das Jesuiten-Vermögen eingezogen. Dieses Vermögen spielte dann bei den diplomatischen Verhandlungen über Kalifornien zwischen den USA und Mexiko im Jahre 1847 als ›Pious Fund‹ eine wichtige Rolle.

1769 wurde das Jahr der großen Expedition und der ersten spanischen Besiedlung. Zu Jahresbeginn 1769 stachen drei Schiffe von der Südspitze Nieder-Kaliforniens in See, um nach San Diego zu segeln: die ›San Carlos‹, die ›San Antonio‹

und die ›San José‹. Die ›San José‹ wurde nie wieder gesehen. Die ›San Antonio‹ erreichte nach einigen Wochen die Bucht von San Diego, die ›San Carlos‹, die vom Hafen La Paz aufgebrochen war, erst nach 110 Tagen. Mit nur 12 überlebenden Seeleuten und 35 Soldaten von fast 90 Seeleuten und ebenso vielen Soldaten erreichten die beiden Schiffe ihr Ziel. Die restliche Besatzung hatte der Skorbut in seiner schlimmsten Form hinweggerafft. Die ›San Carlos‹ segelte später noch oft mit Versorgungsgütern die kalifornische Küste hinauf und war das erste Schiff, das in die Bucht von San Franzisko einlief.

Anfang 1769 waren noch zwei weitere Expeditionen zusammengestellt worden, die auf getrennten Landwegen San Diego erreichen sollten. Die erste Überlandexpedition stand unter der Leitung von Fernando Rivera y Moncada. Ihm zur Seite ritt der Franziskanerpater Juan Crespi, der von dieser Tausend-Kilometer-Expedition ein eindrucksvolles Tagebuch hinterließ. Die Expedition bestand aus 42 christianisierten Indianern und 25 ›soldados de cuero‹, den berühmten spanischen ›Lederjacken‹, hart, mutig, diszipliniert, »die besten Reiter der Welt«. Nach siebenwöchiger Überland-Expedition erreichte die Rivera-Truppe erschöpft und am Ende der Nahrungsmittelvorräte, aber nur mit wenigen Verlusten an Menschen – einige Indianer hatten die Expedition nicht überstanden – am 14. Mai 1769 die Bucht von San Diego. Jede Gruppe, sowohl die wenigen verbliebenen Seeleute als auch die Soldaten, hatten jeweils sehnsuchtsvoll dem Zusammentreffen entgegengesehen. Doch stellten sich Enttäuschung und Verbitterung nach dem ersten freudigen Wiedersehen schnell ein. Fast zur gleichen Zeit brach Portolá selbst, in Begleitung des Franziskanerpaters Junipero Serra, vier Maultieren, zehn Lederjacken und 45 christianisierten Indianern, von denen viele unterwegs starben, zur zweiten Überlandexpedition zur Bucht von San Diego auf. Mehrere hundert Rinder wurden bei der zweiten Expedition mitgetrieben, sie sollten den Grundbestand an Vieh bei der Gründung der Missionsstationen bilden. Die Expedition nahm etwa den gleichen Weg wie vordem Rivera und seine Mannschaft. Mit der

Ankunft von Portolá und Serra am 1.Juli 1769 in San Diego war der erste Schritt der Besiedlung Kaliforniens getan. Dieser erste Schritt war bitter errungen worden. Von dreihundert Menschen der Gesamtexpedition hatte kaum die Hälfte überlebt.

Dennoch gaben Portolá und Serra nicht auf. Der Auftrag des Königs und seines Visitador-General war noch nicht erfüllt. Am 16.Juli 1769 gründete Franziskanerpater Junipero Serra als erste Missionsstation San Diego de Alcalá. Die Gründungen des ›Presidio‹, des spanischen Forts von San Diego, und einer kleinen Siedlung folgten. Schon kurze Zeit nach Ankunft der Portolá-Serra-Gruppe hieß das neue Ziel: die Bucht von Monterey. Sie liegt fast 750 Kilometer nördlich der Bucht von San Diego.

Unter der Leitung Don Gaspar de Portolás brach erneut eine Gruppe auf dem Landweg nach Norden auf. 61 Menschen waren es insgesamt, darunter die zwei Franziskanermönche Juan Crespi und Francisco Gómez. Der Ritt ging durch fruchtbare Täler, an Flüssen entlang bis zur Küste und über unwegsame Berge. Viele Orte tauften sie dabei auf die Namen, die sie noch heute tragen: Los Angeles, wo sie den Teer an jener Stelle heraussprudeln sahen, die noch heute im Hancock Park am Wilshire Boulevard zu sehen ist, den Santa-Ana-Fluß, wo sie das erste schreckliche kalifornische Erdbeben erlebten, das Santa-Clara-Tal, wo sie die Geschicklichkeit der Indianer bei Holzschnitzereien und anderen Handarbeiten kennenlernten, zugleich aber auch sahen, daß die Indianer hier und auch anderswo keine Landwirtschaft betrieben, die El Moro Bay oder das steil aus dem Meer aufsteigende Santa-Lucia-Küstengebirge, das ihren Weiterritt im Küstengebiet hemmte, das Salinas-Tal, fast noch so, wie es John Steinbeck über 150 Jahre später in seinem ›Jenseits von Eden‹ beschreibt. Die Bucht von Monterey erkannten sie nach den phantasievollen Beschreibungen Vizcaínos nicht. Sie zogen, stets am Rande der Erschöpfung, weiter.

Inzwischen war es Anfang November geworden, und der Winter stand bevor. Ein Unteroffizier Portolás, José Francisco de Ortega, und der Franziskanerpater Crespi wurden

landeinwärts geschickt und entdeckten eine Bucht, die so
groß war – wie Crespi in sein Tagebuch schrieb –, »daß nicht
nur die Seemacht seiner Katholischen Majestät, sondern die
ganz Europas dort ankern könnte«: die Bucht von San Franzisko.

Erstmals sahen weiße Menschen diese Bucht, die sich als
Hafen so ideal eignete wie keine zweite an der kalifornischen
Küste. Portolá aber suchte die Bucht von Monterey. Als er
dorthin zurückgekehrt war, nannte er sie ›Bahia de Piños‹, die
Bucht der Pinien – Pinien stehen noch heute dort – und ließ an
der Landspitze ein großes Kreuz errichten mit der Nachricht:
»Grabe am Fuß des Kreuzes, und Du wirst einen Brief finden.« Der Brief enthielt die Beschreibung der Expedition
Portolás und die Mitteilung, daß die Gruppe, mit Nahrung
und Kräften am Ende, den Rückweg nach San Diego antreten
würde. Auf diesem Rückweg schlachteten sie die Maulesel
und stürzten sich »hungrig wie die Löwen darüber her«.
Sechs Monate nach dem Aufbruch von San Diego trafen sie,
»schrecklich nach Mauleseln stinkend«, wieder dort ein.

Verzweifelt wurden sie von den Zurückgebliebenen erwartet. Der Skorbut war wieder ausgebrochen und hatte weitere
Opfer gefordert. Alle waren zu mutlos für weitere Expeditionen. Doch Portolá und Serra waren aus dem härtesten spanischen Holz geschnitzt: der eine Soldat, der andere Geistlicher
der alten Tradition, vom Glauben an die Sache erfüllt, kom-
promißlos verläßlich bei der Erfüllung der Aufgabe, die man
ihnen übertragen hatte, anspruchslos in Nahrung und Unterkunft, stolz, leidenschaftlich, mutig und opferbereit, Rivera
wurde mit einer Gruppe nach Nieder-Kalifornien gesandt,
um Nahrung und Vieh zu holen, und Portolá bereitete seine
zweite Expedition nach Monterey vor.

Am 24.März 1770 traf diese Expedition unter der Leitung
von Portolá und Serra erneut an der Pinien-Bucht ein, die sie
nun dieses Mal, als sie eine bestimmte Stelle am Strand erreichten, nach der Beschreibung Vizcaínos identifizieren
konnten. Eine Woche darauf lief die ›San Antonio‹ in die
Bucht von Monterey ein. Als der Franziskanerpater Junipero
Serra unter der schon erwähnten großen Eiche die erste Messe

las, hatte die Geburtsstunde der zweiten Missionsstation ›San Carlos Borromeo de Carmelo‹ geschlagen. Der Vizekönig von Neu-Spanien ließ vor Freude alle Glocken im Lande läuten, als er die Nachricht vernahm.

In den darauffolgenden sechs Jahren wurden unter Junipero Serra die Missionsstationen von San Francisco de Asís, San Antonio de Padua, San Gabriel, San Luis Obíspo und Santa Barbara gegründet. Daneben entstanden die Presidios und Pueblos von San Franzisko und Santa Barbara.

Im Herbst 1775 führte Juan Bautista de Anza eine Gruppe von 240 Siedlern von der nordmexikanischen Stadt Sonora auf dem Landweg durch die Wüste von Arizona und die schneebedeckten Berge der Sierra Nevada bis zur Stelle der zukünftigen Städte Monterey und San Franzisko. Dies war im Jahr des bedeutenden Vizekönigs Antonio Bucareli.

Von 1777 bis 1784 gründete Junipero Serra die Missionsstationen von San Juan Capistrano und Santa Clara. Am 28. August 1784 starb der kleine Franziskanerpater aus Mallorca im Alter von 71 Jahren in der von ihm so sehr geliebten Missionsstation von Monterey, »völlig ausgepreßt durch die Aufgabe, die er übernommen hatte«. Serra hatte sich einen Märtyrertod in Kalifornien gewünscht. Er entschlief sanft, wie sein lebenslanger Freund, Franziskanerpater Crespi, berichtete. Er wurde der unkanonisierte Heilige Kaliforniens.

Die Franziskanerpatres Crespi, Palóu und Lasuén setzten sein Missionswerk fort. Als die letzte und nördlichste Missionsstation San Francisco Solano nördlich von San Franzisko 1823 gegründet wurde, gab es an dem inzwischen angelegten Camino Real – der Königsstraße – von San Diego bis San Francisco Solano 21 Missionsstationen. Jede Missionsstation war von der anderen – wie es Serra geplant hatte – nur einen Tagweg entfernt. Wie es in diesen Missionsstationen zuging und welche Aufgaben sie erfüllten, soll in den späteren Kapiteln erklärt werden. Den spanischen Soldaten und franziskanischen Mönchen folgten die Siedler. Aus den Missionsgründungen gingen später die größten der kalifornischen Städte hervor: San Diego, Los Angeles, Santa Barbara, Monterey, Santa Cruz, San José und San Franzisko.

In der 1821 anbrechenden mexikanischen Zeit folgten die
Viehzüchter den ersten Siedlern. Das herrliche Klima und die
Fruchtbarkeit der Grasebenen in den Tälern Kaliforniens boten ideale Rancher-Bedingungen. Schon 1786 hatte Colonel
Fages, neuer Gouverneur von Kalifornien, Landschenkungen
an Rancheros gemacht, die mit einer Ausstattung von wenigstens 2000 Stück Vieh verbunden waren. Spanische Siedler in
Mexiko sollten damit nach Kalifornien gelockt werden, und
mancher ließ sich auch locken. Die Ranches hatten zum Teil
die Größe von europäischen Fürstentümern, und das Landle-
ben war frei, bunt, ohne Hast.

In den Jahren 1833/34 forderten die Californios die Säkularisierung der Missionsstationen und erreichten sie hauptsächlich zugunsten der Indianer. Die Indianer erhielten damals
ihre vielleicht größte Chance, freilich eine nach europäischen
Begriffen, die auf Selbstdisziplin, Organisation, Einteilung
der Zeit und Arbeit, kurzum: auf Ordnung und Leistung,
diesem Inbegriff abendländischer Dynamik, beruht. Die
Franziskaner hatten den Indianern in mehr als einem halben
Jahrhundert die Grundlagen der Agrikultur beigebracht. Die
ersten Franziskaner waren überrascht, daß die Indianer in einer Umgebung, die vor Fruchtbarkeit strotzte, den Ackerbau
nicht kannten, sondern sich dürftig, zum Teil von Insekten,
ernährten. Sie vermittelten den Indianern überdies handwerkliche Fähigkeiten, wie das Schmiede-, Maurer-, Weber-, Le-
der- und Seifenhandwerk, und lehrten sie Organisation und
Planung bei Viehhaltung, Kanalisation und Wirtschaftsfüh-
rung. Diese Aufklärungsarbeit, verbunden mit der Christianisierung, schlug jedoch fehl. Der Indianer ist seinem Wesen
nach zutiefst jeder Leistungs- und Ordnungsgesellschaft ab-
hold, er lebt in einer Vielgötter-Welt, in einer Natur, die belebt ist von Geistern, er ist den Rätseln aller Kreatur pan-
theistisch zugewandt. Oder noch genauer fixiert: der kalifornische Indianer befand sich in einem Zustand der altsteinzeit-
lichen Nomaden- und Jägerkultur. Den größten Schritt, den
die Menschheit je getan hat, den von der Alt- zur Jungstein-
zeit, von der Erbeutung des Wildes und dem Aufsammeln der
Beeren zur Viehzucht und zum Ackerbau – die Franziskaner-

patres hatten ihn den Indianern Kaliforniens zu vermitteln versucht. Es gelang ihnen nicht – und ist bis heute nur unvollkommen gelungen. Was hingegen Wirkung zeitigte, war der Einfluß des ›heidnisch-glücklichen‹ Indianers auf die Weißen.

Dieser Einfluß zeigte sich weniger bei den Missionaren als bei den Siedlern, insbesondere bei jenen, die ab Ende des 18. Jahrhunderts von Mexiko heraufkamen. Die Sehnsucht des heutigen Kaliforniers nach den Zeiten ohne Hast, Zeit- und Leistungsdruck, nach der Freiheit des Nomaden- und Jägerlebens, stammt aus jenen Tagen.

Noch heute zieht der Kalifornier im Durchschnitt alle sieben Jahre um, manchmal sogar mit dem ganzen Haus, das er dann einfach in zwei Teile der Länge nach auseinandernimmt, auf Tieflader verlädt und an den neuen Wohnort bringt. Oder er zieht mit einem ›trailer‹, einem oft luxuriös ausgestatteten Wohnwagen, durch das Land, von einer Wohnwagenburg zur anderen. Immer aber ist er rastlos und läßt sich in Nähe einer Landschaft nieder, in der man fischen und jagen kann. Allein in Kalifornien gibt es noch heute eine Million Fischer und Jäger. Kein größeres Vergnügen kann sich der Kalifornier denken als dieses ›out-door-living‹ mit Barbecue, dem Steak oder der Bratwurst auf dem Holzkohlenfeuer im Freien. Und selbstverständlich wird geritten wie die Cowboys. Es gibt kaum einen anderen Staat in den USA, außer vielleicht Texas und Colorado, in dem man dem Reitvergnügen so herrlich nachgehen kann wie hier. Und noch anderes, sehr wichtiges, blieb aus jenen Tagen erhalten: die spanisch-mexikanische Gastfreundschaft. *»Wenn ich einmal in einem fremden Land krank werden sollte, laß es Kalifornien sein«*, schrieb Walter Colton, *»aber laß es geschehen, bevor amerikanische Habsucht die Herzen verhärtet und einen Gott aus Gold errichtet hat.«*

Mit der Unabhängigkeit Mexikos meldeten sich auch bei den Californios die ersten Unabhängigkeitsbestrebungen. Die ›Young Californios‹, eine Partei progressiver Kastilianer, hatte die Säkularisierung der Missionsstationen vorangetrieben. Der mangelnde Erfolg, die Indianer zur Herstellung von Alltagsgütern zu bewegen und die ausschließliche Konzentration der mexikanischen Siedler auf ihre Viehzucht bewirkte, daß immer mehr Importe nötig waren und immer mehr Handelsschiffe – vor allem amerikanische aus New-England – an der kalifornischen Küste ihre Ware ausluden: Zucker, Eisenwaren, Werkzeuge, Seidenstoffe, Pistolen, Zigarren, Rosinen, Gewürze, Schuhe, Strümpfe, Nähnadeln, Kämme und Klaviere, chinesisches Feuerwerk und englische Kinderwägen. Es gab nichts, mit dem nicht gehandelt wurde, ungeachtet der offiziellen Proteste, die aus Mexiko-City kamen. Doch Mexiko-City war weit entfernt. Da in Kalifornien damals Geld kaum bekannt war, erfolgte die Zahlung in Häuten und Fellen, vor allem in den damals begehrten Seehundfellen. Heute stehen die Seehunde unter Naturschutz.

Schon 1812 waren die Russen im Auftrag des Zaren, gleichfalls ungeachtet der Proteste des Vizekönigs aus der mexikanischen Hauptstadt, die kalifornische Küste hinuntergefahren, hatten Fort Ross gegründet und begannen über die russisch-amerikanische Pelz-Company von Alaska einen schwunghaften Handel mit Seehundfellen und Pelzen. Er währte fast 30 Jahre. Später stiegen so bekannte kalifornische Persönlichkeiten wie John Sutter in die ›russischen Geschäfte‹ ein, verkalkulierten sich aber beträchtlich und gingen daran fast bankrott.

Dieser russische Einbruch in den westamerikanischen Raum – in Verbindung mit den wachsenden englischen Interessen an der amerikanischen Westküste und im mittleren Westen – spielte 1823 bei der Verkündung der noch heute in der amerikanischen Politik aktuellen, berühmten Monroe-Doktrin eine entscheidende Rolle. Die Monroe-Doktrin beruhte auf den beiden Hauptprinzipien der Nicht-Kolonisierung und der Nicht-Intervention europäischer Mächte in den USA. Präsident Monroe (1817-1825) betrachtete jede europäische Einmischung sogar als eine »Gefährdung unseres Friedens und unserer Sicherheit«. Eine scharfe, politische Trennungslinie war damit zwischen Europa und der westlichen Hemisphäre gezogen. Diese Doktrin war nicht unbegründet. Die Gewinne der englischen Schiffe lagen unglaublich hoch. Eine Schiffsladung brachte nicht selten bis zu 300 Prozent Gewinn ein – wie in den alten Zeiten der Manila-Galeonen.

Inzwischen konstituierten sich die ›Rancheros‹ zur obersten Klasse Kaliforniens, zur ›Gente de Razón‹, zur Führungsschicht. Wie die Besucher Kaliforniens berichteten, war ihr bekannt großfamiliäres Leben, nicht selten mit 10 bis 16 Kindern, betont friedlich, einfach, aufrichtig, ausgesprochen gastfreundlich, geprägt von gutem Geschmack und hoher Kultur. Besonders die attraktive Kleidung der mexikanischen Kalifornierinnen, der lange, enge Musselin- oder Seidenrock, die enganliegende schwarze Bluse mit einem um den Nacken und über die Brüste gekreuzten Schal, der rote Unterrock und die spanische ›comorra‹ im langen Haar mit schwarzem Seidenspitzentuch hatte es den fremden Handelsleuten angetan.

Die Häute wurden von den englisch-amerikanischen Handelsleuten nur noch ›California bank notes‹ genannt. Eine solche Banknote war nach damaliger Währung zwischen ein bis drei Dollar wert. Mit den Häuten und später auch mit Talg von den Walen trugen die Schiffe auch die Berichte der abenteuerlichen Handelsleute über Kalifornien an die Ostküste zurück nach Salem, Boston und zu anderen Häfen New-Englands. Dieser Seehandel währte über zweieinhalb Jahrzehnte. Richard Henry Danas Jugenderlebnisse als Leichtmatrose, in ›Zwei Jahre vor dem Mast‹ beschrieben, wurden richtungweisend für die amerikanische Seeliteratur. Den Handelsleuten aus New-England folgten die englisch-amerikanischen Walfänger vor Kaliforniens Küste. Noch heute kann man von Dezember bis Februar die mächtigen kalifornischen Grauwale – die inzwischen gleichfalls wie die Seehunde unter Naturschutz stehen – von der San Diego vorgelagerten Spitze der Halbinsel Point Loma erkennen, wie sie zu ihren südlich gelegenen Brutplätzen ziehen. Ein Schauspiel, das alljährlich Hunderttausende von Menschen anzieht.

Neben den russischen, englischen und vor allem spanischmexikanischen Interessen – in der Hauptstadt Mexikos konnte man sich nicht einigen, ob Monterey oder Los Angeles die zukünftige Hauptstadt Kaliforniens werden sollte – traten nun auch die amerikanischen Interessen auf den Plan. Den New-England-Handel zwischen der West- und Ostküste erweiterten die ›Mountain Men‹, jene ›Männer der Berge‹ und

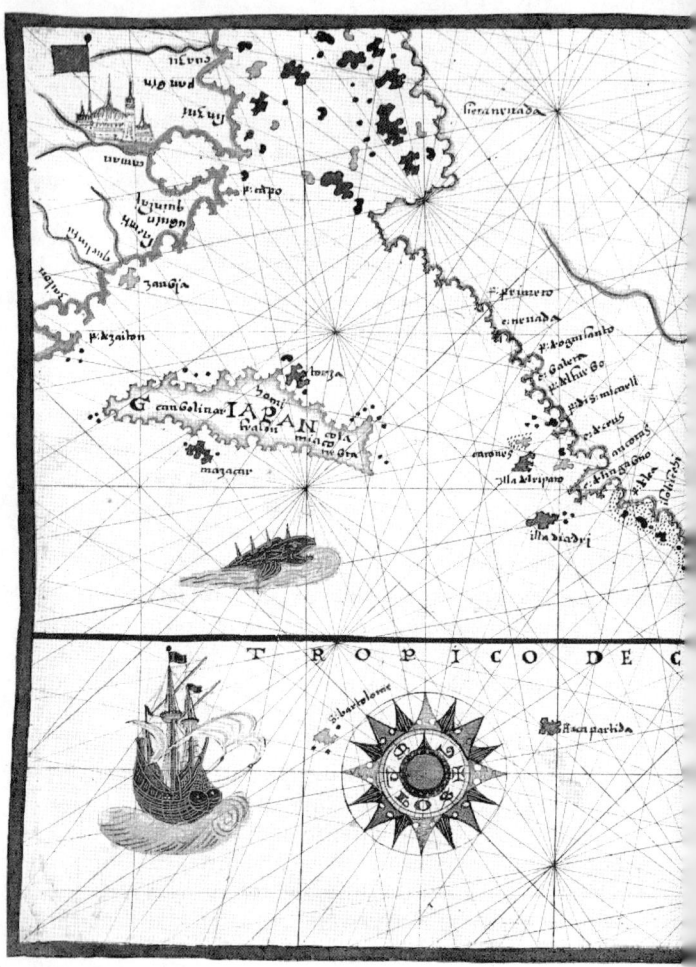

Kalifornien und die Sieben Städte von Civola

Karte von Nordwestamerika und dem nördlichen Pazifik aus einem Weltatlas von Joan Martines, 1578, in The British Library, London.

Die Karte des in Messina arbeitenden spanischen Kartographen zeigt die kalifornischen Küsten (in der unteren Blatthälfte das mexikanische Baja

California, in der oberen Hälfte den Golf von Kalifornien – Mar Vermiglio genannt – und die heutige amerikanische Küste) wie sie durch die spanischen Entdeckungsreisen des zweiten Viertels des 16. Jahrhunderts bekanntgeworden waren.

Pelz-Trapper, die die Überlandrouten nach dem Westen eröffneten, die sich in den Pässen und Bergen ebenso auskannten wie in den Tälern und Flüssen des Humboldt, Sacramento
oder San Joaquin.

Die Pelz-Trapper spielten bei der Entdeckung und der Erschließung des amerikanischen Westens, auch Kaliforniens,
eine entscheidende Rolle. Trapper-Namen wie Ohio Pattie,
Kit Carson, Joseph Walker und Ewing Young sind jedem
Schüler Kaliforniens bestens vertraut. Diese Trapper kamen
in Gegenden, in die vordem kein Spanier oder Mexikaner
je gelangt war. Mit den Indianern standen sie auf freund-
schaftlichem Fuße. Alles, was einige Jahre später vom Osten
nach Kalifornien kommen sollte, die Jedediah-Strong-Smith-
Gruppe vom Salzsee Utahs mit 15 Männern, die 1876 die
erste Überlandexpedition vom Osten war und zur Mission
San Gabriel führte, die Goldrausch-Leute, die Planwagen der
Siedler aus den Tälern des Missouri und Mississippi und die
späteren Eisenbahnlinien Central Pacific Railway, Union Pacific Railway, Santa Fé und andere – sie alle haben die Erfahrungen der Mountain-Men benutzt. Irving Stone hat sie in
seinem Buch ›Men to match my mountains‹ unvergeßlich
beschrieben.

Die Planwagen der Siedler rollten seit dem ersten Bidwell
Track, der von Missouri herüber kam, bald zu Hunderten ins
Land. Den Wagenspuren der Bidwell-Gruppe und später der
Walker-Gruppe und der unseligen Donner-Gruppe folgten
Tausende. Bald kamen sie aus allen Richtungen ins Land, aus
dem nördlichen Oregon und auf dem südlichen alten spanischen Handelsweg von Santa Fé. Die Gruppen, die über den
Santa Fé-Trail zogen, ließen sich vor allem in Los Angeles
und Umgebung nieder. Andere Gruppen siedelten sich im
südlichen Teil des fruchtbaren Großen Tals von Kalifornien
an, im San Joaquin Valley, oder verteilten sich auf das Gebiet
zwischen San Franzisko und Monterey. Immer häufiger
brachten die Zeitungen an der ostamerikanischen Küste – von
New Yorks ›Herald‹ bis zu Bostons ›Advertiser‹ – Meldun-
gen über Kalifornien. Sie fachten die Wanderzüge zur Westküste damit immer mehr an.

Wahrscheinlich im geheimen Auftrag der amerikanischen Regierung erschien 1843/44 in Kalifornien der vieldiskutierte ›Pfadfinder des Westens‹, Captain John Charles Frémont, als Topograph und Abenteurer, um Kalifornien zu kartographieren und zu beschreiben. Zwei Deutsch-Amerikaner, Charles Preuss und Edward Kern, halfen ihm dabei. Frémonts Berichte über die blauen und orangenen Blütenteppiche des San-Joaquin-Tales zur Frühlingszeit, über die üppigen Wiesen, die bis zum Horizont reichen und auf denen Tausende von wohlernährten Rindern weiden, über das Fort des Deutsch-Schweizers John A. Sutter und seine großen Ländereien im fruchtbaren Sacramento-Tal oder über die schattigen Pinienhaine, die bis an die Strände der kalifornischen Küste reichen, lockten viele Siedler und Abenteurer auf den Weg nach Kalifornien.

Im Jahre 1845 wurde James K. Polk Präsident der Vereinigten Staaten von Amerika. Sein erklärtes Ziel bestand darin, eine USA vom Atlantik bis zum Pazifik zu schaffen. Im selben Jahr ernannte er Thomas O. Larkin zum Konsul der Vereinigten Staaten in Monterey. Bei Larkin hielt sich auch Captain Frémont längere Zeit auf, offensichtlich, um die Annektion Kaliforniens durch die Vereinigten Staaten zu besprechen. Der damalige mexikanische Präfekt von Monterey, José Castro, der mit dem Präfekten von Los Angeles, Pio Pico, in Fehde stand, was den Amerikanern nur zu Hilfe kam, forderte Larkin und seine Leute auf, unverzüglich Kalifornien zu verlassen. Larkin tat es, jedoch nicht ohne als erster in Kalifornien die amerikanische Flagge auf dem Hawk's Peak in der Nähe Montereys gehißt zu haben. Die amerikanischen Siedler nördlich von San Franzisko im Sacramento-Tal waren auf die veränderte Lage geheim hingewiesen worden. Im Juni 1846 besetzten sie das Presidio des General Mariano G. Vallejo im Weinland Sonoma und hißten auf dem Vorplatz die kalifornische Grizzly-Bär-Flagge mit Stern und den eingestickten Worten: California Republic. Diese Handlung ging als die ›Bear Flag Revolution‹ in die Geschichte Kaliforniens ein. Präsident Polk sah den Moment des Eingreifens gekommen.

Am 7. Juli 1846 segelte Commodore John D. Sloat mit seiner amerikanischen Flotte in den Hafen von Monterey, ließ auf dem Zollhaus die amerikanische Flagge hissen und nahm von Kalifornien im Namen der Vereinigten Staaten von Amerika Besitz. Monterey, seit 1822 mexikanische Hauptstadt von Kalifornien, wurde nun amerikanische Hauptstadt. Der Präfekt Castro befand sich in diesen Tagen gerade außerhalb Montereys. Zwei Tage später nahm Captain John Montgomery für Amerika Besitz von Hafen und Stadt San Franzisko, am selben Tag erreichte Frémont in Oregon die Nachricht, daß der Krieg zwischen den Vereinigten Staaten und Mexiko ausgebrochen sei, und er kehrte unverzüglich nach Kalifornien zurück. Kurz darauf waren auch San Diego und Los Angeles ohne Gegenwehr besetzt. Der amerikanisch-mexikanische Krieg verlief recht unblutig: Die Californios, die das Land hätten verteidigen können, waren friedliebende Menschen, und die militärische Präsenz der Mexikaner in Kalifornien war schwach. Arbeiter, die sich von Sutter's Fort den Kämpfen anschließen wollten, kehrten reumütig zurück: sie konnten einfach die Front nicht finden.

Am 13.Januar 1847 schloß der Gouverneur von Los Angeles, Andrés Pico, Pio Picos Bruder, in einem Farmhaus nahe des Cahuenga-Passes eine formelle Übereinkunft mit John C. Frémont, die die Anerkennung der Souveränität der Vereinigten Staaten von Amerika in Kalifornien manifestierte. Am 2.Februar 1848 wurde der Vertrag von Guadalupe Hidalgo geschlossen, der den Krieg zwischen USA und Mexiko endgültig beendete. Die USA, die schon einige Jahre zuvor Mexiko das Angebot gemacht hatten, Kalifornien zu kaufen, lösten dieses Angebot nun ein und zahlten die Summe von 15 Millionen Dollar. Am 9.September 1850 wurde Kalifornien ein Staat der USA.

Goldrausch

Nur wenige Tage vor dem Friedensvertrag von Guadalupe Hidalgo zwischen den USA und Mexiko fand James W. Marshall an einem kalten Januarmorgen des Jahres 1848 in John Sutters Mühlfluß am American River das erste kalifornische Gold. Dieser Fund sollte die Geschichte Kaliforniens und die der gesamten Vereinigten Staaten bis in unsere Tage hinein tiefgreifend verändern.

Der kalifornische Goldrausch rief die größte Menschenwanderung seit den Kreuzzügen hervor. Innerhalb von zwei Jahren stieg die Bevölkerungszahl Kaliforniens von 12000 auf fast 100000. Täglich kamen damals 120 Menschen ins Land. Allein im Februar 1849 verließen über 50 Schiffe den Hafen von New York, um die beschwerliche Seefahrt von 20000 Kilometern anzutreten. Es dauerte zwischen 110 Tagen und 9 Monaten, bis die Küstendampfer und Segelschiffe das stürmische Kap Hoorn umschifft und schließlich den ersehnten Hafen von San Franzisko erreicht hatten. Von überall her kamen sie, die Arbeitslosen, Hungernden und Abenteurer: aus New York, von der Ostküste und aus dem Süden der Vereinigten Staaten, die Verfolgten, die Enttäuschten und Hoffnungsvollen aus Europa, aus Deutschland, England und Frankreich, aus Island, Italien und Griechenland, aus Ungarn, Polen, Holland, Schweden und vielen anderen Ländern. Die nicht den Seeweg wählen konnten, es war die überwiegende Zahl, mußten zu Fuß, zu Pferd oder im Planwagen den entsagungsvollen Überlandweg nach Kalifornien antreten. Für alle aber galt der Text des Liedes:

> »Oh! California! That's the land for me!
> I'm bound for Sacramento
> With the washbowl on my knee.«

Schon ein Jahr nach den ersten Goldfunden konnte 1848 Colonel Mason nach Washington melden, daß nun täglich Gold im Wert zwischen 30000 und 50000 Dollar in Kalifornien gefunden werde. Der einzelne ›machte‹ mit seiner Spitzhacke und Schaufel, der zinnernen Gold-Waschschüssel und einem länglichen, speziell für die Goldsucher konstruierten Holzkasten zum Scheiden von Erdreich und Gold, ›craddle‹ genannt, am Bergfluß bis zu 50 Dollar pro Tag.

Der Hauptansturm der Goldsucher nach Kalifornien aber kam erst 1849. Es wurde zum berühmten Jahr der ›Fortyniners‹. Die Zeitungen im Osten Amerikas meldeten, daß das

Gold buchstäblich auf der Straße herumläge – und konnten es beweisen: Stoddarts Geschichte stand für viele. Stoddart hatte behauptet, er habe den legendären Gold-See gefunden, von dem die Indianer schon hundert Jahre zuvor den Spaniern berichtet hätten. Eine Goldsucher-Gruppe von mehr als zwanzig Leuten machte sich mit Stoddart auf den Weg, unter ihnen drei Deutsche – drei von ungefähr hundert, die bereits zu dieser Zeit in Kalifornien Gold suchten. Doch der Gold-See war unauffindbar. Die Leute sahen sich schließlich an der Nase herumgeführt, und über Nacht war Stoddart verschwunden. Für die meisten der Stoddart-Gruppe führte der weitere Weg direkt zur nächsten Whisky-Flasche. Die drei Deutschen setzten sich von der Gruppe ab, gingen nach Downieville und nach Nordosten, wo noch niemand vor ihnen gewesen war. An einer Nordgabelung des Feather-Gebirgsflusses entdeckte einer von ihnen Gold in den Spalten eines Felsens. Man konnte es mit dem Messer wie Speckstreifen abschneiden. In vier Tagen hatten sie Gold für 36000 Dollar gefunden.

Dies wurde noch übertroffen. Unweit davon, an einem Gebirgsfluß, später ›Rich Bar‹ genannt, fand eine Emigranten-Gruppe aus dem Staate Georgia für 50000 Dollar Gold an einem einzigen Tag. Auch das wurde noch übertroffen von den Funden, die man nahe der ›Rich Bar‹ schließlich im ›French Gulch‹ machte. Laut Angaben des California State Mining Bureau betrugen die Funde 1849: 10000000 Dollar, 1850: 41000000 Dollar, 1851: 76000000 Dollar und 1852: 81000000 Dollar. 1852 wuschen und gruben rund hunderttausend Glücksritter am Fuße der Sierra Nevada auf einem Gebiet von 30 Kilometern Breite und 100 Kilometern Länge. Man kann diese Goldgräberstädte noch heute besuchen, sie liegen entlang der 49er Bundesstraße.

San Franzisko wuchs explosionsartig an. 1847 hatte es nur 300 Einwohner. Drei Jahre später 40000. Im selben Jahr, 1850, zählte Los Angeles hingegen, der größte Ort im Süden Kaliforniens, nur 1600 Einwohner! 1852 betrug die Einwohnerzahl Kaliforniens bereits 260000. Noch ein weiteres Beispiel: 1847 gab es hier sieben, wenige Jahre später weit über 20000

Chinesen. Die meisten von ihnen wurden Bauarbeiter der kalifornischen Eisenbahn oder Wäscher in San Franzisko.

So gut die in angelsächsischer Tradition stehende Eigenjustiz und Selbstverwaltung in den Goldgebieten funktionierte, so schlimm stieg andererseits die Kriminalität der ›Vigilantes‹ in der Anonymität der rasend anwachsenden Städte, vor allem in San Franzisko und Los Angeles. Tausende von Enttäuschten, die in den Bergen kein Gold oder nur sehr wenig gefunden hatten, gingen in San Franzisko einer Gelegenheitsarbeit nach oder hingen in den Whisky-Bars oder Glückspiel-Saloons herum, die in den Städten wie die Pilze aus der Erde schossen. Gleichzeitig stiegen die Preise in schwindelnde Höhen. Im Oktober 1848 zahlte man in San Franzisko für ein Ei einen Dollar (nach damaliger Währung)! Für eine einfache Bohnensuppe gleichfalls einen Dollar und für ein Pfund Kartoffeln oder Zwiebeln sogar anderthalb.

Ende 1856 gab es in San Franzisko 40 Kirchen, 100 Schulen und 32 Whisky-Großhändler. Aber inzwischen waren auch Fabriken eröffnet worden, die Stiefel und Schuhe, Regenschirme, Hemden, Seifen, Handschuhe und Hosen herstellten. Einer dieser Hosenhersteller war aus Bayern gekommen. Der Zwanzigjährige war mit allerhand Ware, darunter auch einigen Ballen Zelttuch, von New York nach San Franzisko gegangen, um dort ein kleines Geschäft zu eröffnen. Eines Tages trat ein Mann aus den Goldfeldern in seinen Laden und klagte, daß die Hosen für die Goldgräber nicht widerstandsfähig genug seien. Der findige Geschäftsmann nahm den grau-blauen Zeltstoff, der für Zelte und Planwagen gedacht war, und verarbeitete ihn zu einem Paar Hosen; an den Stellen, wo die Hosen leicht einreißen konnten, etwa an den Taschen, brachte er noch zusätzlich Nieten an. Die Blue Jeans waren erfunden. Bald konnte er sich vor Nachfragen nicht retten, und da der junge Bayer Levi Strauss hieß, nannten die Goldgräber diese Hosen nur noch ›Levi's‹, ›lii-vais‹, wie die Amerikaner es aussprechen.

Ein anderer Deutscher sollte der ›Cattle-King‹ , der ›Vieh-König‹ von Kalifornien werden. 1847 kam der 19jährige Heinrich Müller aus Brackenheim in Württemberg mit 6 Dollar in

der Tasche im Hafen von New York an. In New York ver-
diente er sich als Metzger Geld und segelte 1850 nach San
Franzisko, ebenfalls von der Sehnsucht nach dem Goldland
gepackt. Doch hier verlegte er sich lieber auf handfeste Vier-
beinerzucht als auf unsichere Goldsuche. Als Cattle-King
Henry Miller 1916 88jährig auf seiner Ranch in Kalifornien
starb, weideten auf seinem Land, rund einer Million Morgen,
die von Mexiko bis Kanada reichte, eine Million Rinder.

Was für den Deutschen ›mein‹ Bier ist, ist für den Kalifornier ›sein‹ Wein. 84 Prozent, d.h. mehr als Dreiviertel des
heute in den gesamten USA konsumierten Weins kommt aus
Kalifornien. Die ersten Weinbauern waren die Franziskaner in
den Missionsstationen. 1770 wurde der erste Weinstock in
San Diego gepflanzt, und 1830 produzierte die Mission San
Gabriel schon 230000 Liter Wein. Aber der eigentliche Aufschwung kam mit den Goldrausch-Zeiten. Französische, ungarische, schweizerische und vor allem deutsche Einwanderer
pflanzten die klassische Weinsorte Vitis vinifera in den fünfziger und sechziger Jahren an sonnigen Hängen und in den
Tälern an, 1857 gründete eine Gruppe von Deutschen unter
der Führung von Charles Kobler eine Weinkolonie in Anaheim nahe Los Angeles. Der in Kassel geborene Charles Krug
war der erste Deutsche, der sich als Winzer seit 1861 einen
Namen machte, und noch heute wird unter dem alten Namen
ein köstlicher Champagner hergestellt. Jacob Schramm aus
Johannisberg am Rhein pflanzte 1862 im nördlich von San
Franzisko gelegenen Napa-Tal, einer der besten Weingegen-
den Kaliforniens, seine ersten Weinstöcke. In die gleiche Gegend zogen die Schweizer Jakob und Friedrich Beringer, deren Familienbesitz durch vier Generationen bis 1970 bestehen
blieb. Ihnen folgten die Gebrüder Fromm aus Bingen am
Rhein, deren ›Christian Brother's‹-Weine sehr gefragt sind.
Als nach dem Krieg, im eiskalten Winter 1945/46, ganze Re-
benhänge in der Umgebung Bingens erfroren, sandten die
Fromm-Nachkommen unzählige Rebstöcke von Kalifornien
wieder in die Heimat.

Schon 1861 war der Ungar Agoston Haraszthy nach Europa zurückgekehrt, um Frankreich, einige deutsche Wein-

baugebiete, die Schweiz und Italien zu besuchen. Insgesamt sammelte Haraszthy mehr als hunderttausend Ableger von dreihundert verschiedenen Traubensorten, die meisten vom klassischen Riesling des Rheintales und der Traminertraube des nahegelegenen Elsaß. Diese Ableger wurden an vielen Orten der vier großen Weinbaugebiete Kaliforniens ange-pflanzt: in Napa und Sonoma nördlich von San Franzisko, südlich der Bucht von San Franzisko in Alameda, Santa Clara und Monterey, im Großen Tal von Kalifornien, in den Tälern und Niederungen östlich von Los Angeles.

Das ›rollende‹ Gold

In Sacramento, das der Sohn des Schweizers Johann August Sutter am Sacramento-Fluß unweit vom Fort Sutter gegrün-det hatte und das inzwischen mit 7000 Einwohnern zur Ein-kaufsstadt für Goldgräber, Farmer und Viehzüchter herange-wachsen war, lebten 1855 vier Ladenbesitzer: ein Drogist, ein Händler für Trockenfrüchte und zwei Eisenwarenhändler. Diese vier trafen sich, zusammen mit einem Rechtsanwalt der Stadt, in der Wohnung eines gewissen Theodore Debone Ju-dah. Dieser Judah stammte von der amerikanischen Ostküste, aus Bridgeport, Connecticut, und war als 27jähriger nach Ka-lifornien gegangen, um hier als Eisenbahn-Ingenieur seinen »verrückten Traum«, wie die Leute sagten, zu verwirklichen: den Bau einer Eisenbahnlinie vom Osten Amerikas bis zum Pazifik. Die Leute in Sacramento, die Judah in seine kleine Wohnung in der 54th Street eingeladen hatte, sollten Geld für das letzte kalifornische Stück der Pacific Railroad investieren. Judah erklärte, er hätte gute Kontakte nach Washington. Die Leute gaben nicht viel, kaum mehr als ein Hundertstel von dem, was allein als Startkapital benötigt wurde. Der Eisen-bahn-Plan lief nicht wie gewünscht, und Judah starb dar-über. Die vier Ladenbesitzer aus Sacramento aber verfolgten den Plan weiter. So wurden sie die ›Big Four‹, die ›Großen Vier‹, wie man sie in Kalifornien nur noch nannte: Collis P. Huntington, Leland Stanford, Mark Hopkins und Charles Crocker.

Bislang waren es die berühmten sechsspännigen Post-, Personen- und Frachtkutschen der California-Stage, die den Verkehr aufrechterhielten. Birchs erste Kutschenlinien, Birch's Stage Line, brachte die Goldgräber von Sacramento, vorbei an Sutter's Fort und am American River entlang, flußaufwärts nach Folsom und bis zu den Eingangstälern der steil aufragenden Sierra Nevada von Coloma. Ende der fünfziger Jahre gab es bereits 165 Kutschen-Stationen im Land. Die von John Butterfield gegründete Postkutschenlinie führte nicht nur von San Franzisko bis nach Los Angeles, sondern über El Paso hinaus bis zum 2500 Kilometer entfernten Mississippi. Als 1861 die Pony-Express-Postreiter von Missouri bis nach Kalifornien nur noch zehn Tage benötigten, da schien Kalifornien für den Osten bereits nahe hinter den Bergen zu liegen.

Weitere vier Jahre vergingen, bis das ›Iron Horse‹ vom Atlantik bis zum Pazifik fahren konnte. Die transkontinentale Eisenbahn war vollendet, und Kalifornien nun mit dem Osten fest verbunden: eine Großtat, von deren Kräfteaufwand wie von deren Tragweite wir uns heute kaum mehr eine Vorstellung machen können. Nördlich von Salt Lake City, in der Utah-Wüste, stießen die von den Big Four vorangetriebene Central Pacific Railroad und die vom Osten kommende Union Pacific Railroad zusammen. Zwei goldene, ein silberner und ein eiserner Nagel wurden in den Verbindungsbalken geschlagen. Thomas Hills Gemälde im Capitol in Sacramento vermittelt eine recht lebendige Vorstellung von der damaligen Einweihungsfeier in der Wüste.

Für Huntington, Stanford, Hopkins und Crocker aber begann das Abenteuer erst. Ein Eisenbahnnetz um die Bucht von San Franzisko wurde ausgebaut. Von Sacramento aus trieb man eine Eisenbahnlinie durch das Sacramento-Tal nach Norden, nach Oregon, voran, eine weitere nach Süden durchs San-Joaquin-Tal hinunter, über den Tehachapi-Paß bis Los Angeles, eine dritte weiter nach Yuma und die sogenannte Sunset-Route entlang nach Osten bis zur 2000 Kilometer entfernt liegenden Hafenstadt New Orleans am Golf von Mexiko. 1884 besaßen die Großen Vier 19 Eisenbahnlinien, die bis nach San Diego ausgebaut wurden. Sie alle gingen später in der großen Southern-Pacific-Eisenbahn auf, mit der der Name der Big Four am engsten verbunden war und blieb.

1884 kamen Tausende mit der Southern-Pacific-Eisenbahn vom Mittelwesten für 125 Dollar nach Los Angeles und San Franzisko. Als zwei Jahre später die Santa-Fé-Eisenbahnlinie und die Linie der Southern California gleichfalls bis Kalifornien führten, entspann sich ein harter Wettbewerb zwischen den drei großen Eisenbahngesellschaften. Am meisten profitierten die Emigranten davon. Eine Zeitlang kostete die Fahrkarte vom Mittelwesten bis Los Angeles nur einen Dollar, einige Tage sogar – am 6.März 1887 – nur einen Dollar. Im Schnitt aber zahlte man 15 bis 20 Dollar für eine 2000-Kilometer-Strecke, für den Kilometer mithin höchstens einen Cent, vergleichsweise einen Pfennig. Massen von Menschen kletterten damals auf die Züge und fuhren in den fernen Westen. 1887 beförderte allein die Southern Pacific Railroad 120000 Menschen vom Osten Amerikas nach Kalifornien.

Die Großen Vier stiegen noch in andere lukrative Geschäfte ein; Stanford und Huntington auch in die Politik. Fast dreißig Jahre lang bestimmten sie von 1861 an die wirtschaftliche Szene. Ihre Geschäftsmethoden waren nicht immer fein. So entwickelten sich starke Kräfte gegen die Big Four. Huntington pflegte seinen Gegnern ärgerlich zu antworten: »Wir haben Kalifornien besser gedient als jemals eine andere Gruppe in irgendeinem Staat der USA.« Collis P. Huntington, Eisenbahn-Manipulator und Lobbyist in Washington, war im übrigen auch ein großer Bücher- und Kunstfreund. Er schuf die Voraussetzungen zur Gründung der großartigen Huntington-Bibliothek in San Marino bei Los Angeles, die heute eine halbe Million kostbarer Bände enthält, sowie der Huntington Gallery, einst das Wohnhaus der Huntingtons in einem herrlichen Park.

Leland Stanford wurde mit 37 Jahren Gouverneur von Kalifornien (1861-1862), war dann US-Senator in Washington (1885-1893) und hinterließ die berühmte Stanford-Universität mit einer Stiftung von 30 Millionen Dollar in Erinnerung an seinen einzigen, sehr geliebten Sohn Leland Stanford jr., der mit 16 Jahren starb.

Mark Hopkins war der ›Schweigende‹, der ›Aristokrat‹ der Big Four, und der älteste von ihnen. ›Onkel‹ Hopkins lebte persönlich sehr bescheiden und zurückgezogen. Für seine Millionen meinte er sich fast entschuldigen zu müssen. Er hinterließ 40 Millionen Golddollar. In sein Haus auf dem Nob Hill in San Franzisko – dem Viertel der Reichen – zog nach seinem Tod die Hochschule für Künste von San Franzisko ein. Auf demselben Nob Hill steht heute das für die Hollywood-Größen nach dem Zweiten Weltkrieg erbaute, 20stökkige Luxus-Hotel ›Mark Hopkins‹.

Charles, ›Charly‹, Crocker war außergewöhnlich aktiv, von grenzenloser Energie, ein Hüne mit über zwei Zentner Gewicht. Er haßte es, hinter dem Schreibtisch zu sitzen, und saß dennoch bis zu zwölf Stunden täglich in seinem Büro an der 4th and Townsend Street von San Franzisko, wobei seine Füße nicht unter, sondern meist auf dem Tisch lagen. Trotzdem war er eigentlich ein Gentleman. Crocker liebte Europa, Erdbeeren und Arbeit. Er baute viel, mit Vorliebe Geschäftshäuser in San Franzisko, das herrlich an der Bucht von Monterey im Pinienwald gelegene Del-Monte-Hotel, sein Lieblingskind, und seine Luxusvillen in San Franzisko und Sacramento, jede groß genug, einen festlichen Ballraum und einen Keller mit einer Kegelbahn, einen Billardraum und eine Schlittschuh-Eisbahn aufzunehmen. Seines Bruders Villa in Sacramento beherbergt heute die außergewöhnliche Crocker Art Gallery mit 700 Gemälden und 1200 Zeichnungen, die hauptsächlich in Deutschland erworben worden waren. Als Crocker 65 Jahre alt war, wiesen ihn seine Ärzte darauf hin, daß er noch immer zu viel wiege und zu aktiv sei. Ein Jahr später war er tot. Nebenbei hatte Crocker noch eine Versicherungsgesellschaft gegründet und den Grundstein für die Dynastie der Crocker-Banken gelegt, die man noch heute in San Franzisko und Kalifornien findet. Damit kommen wir zu einem Thema, das wohl ›das amerikanischste‹ aller Themen ist: die Banken, Schnittpunkt allen amerikanischen Lebens.

Die Geschichte des kalifornischen Bankwesens beginnt – wie könnte es anders sein – mit den Goldrauschzeiten. 1852 fuhren erstmals die roten, sechsspännigen Wells-Fargo-Kutschen – benannt nach dem aus Vermont stammenden Henry Wells und dem New Yorker William G. Fargo – ›per Express‹ von den Goldfundorten zur Wells-Fargo-Bank in die Montgomery Street, noch heute die Banken-Straße von San Franzisko. Die letzte der roten Wells-Fargo-Express-Kutschen mit den dazugehörigen Colts der Kutscher und Begleitpersonen ist heute in dem kleinen Museum des Hauptgebäudes der Bank zu besichtigen. Das Museum vermittelt eine lebhafte Vorstellung von dem abenteuerlichen Beginn des Bankwesens in Kalifornien. 1880 gab es bereits 573 Wells-Fargo-Büros im Westen Amerikas; hundert von ihnen im Hauptgebiet der kalifornischen Goldschürfungen am Fuße der Sierra Nevada, der ›California Mother Lode‹.

Zwei Jahre nach der Gründung der Wells-Fargo-Bank kam der 26jährige William (›Billy‹) C. Ralston aus Plymouth, Ohio, Sohn eines Mühlenbauers, in San Franzisko an, ein Mann von mittelgroßem Wuchs, klarem, scharfem Blick und hoher Stirn. Schon im Goldrauschjahr 1849 war er von der Ostküste Richtung Kalifornien abgefahren, aber fünf Jahre lang in Panama geblieben, um ein Flußbootunternehmen von Freunden zu profitabler Höhe zu entwickeln. In San Franzisko stieg Ralston unverzüglich ins Bankgeschäft ein. Zehn Jahre nach seinem Eintreffen gründete er die ›Bank of California‹. Ralston beteiligte sich auch an Stanfords Pacific-Railroad-Projekt. Aber weit mehr war ihm daran gelegen, daß San Franzisko der Zentralhafen an der nordamerikanischen Pazifikküste und das Finanzzentrum des amerikanischen Westens werden sollte.

Den Grundstein dazu legte vor allem Amadeo Peter Giannini, Sohn genuesischer Einwanderer, der mit der Gründung einer ›Kleine-Leute-Bank‹ für die italienische Kolonie von San Franzisko begann und am Ende seines Lebens die größte Bank der Welt, die ›Bank of Amerika‹, besaß. Auf die Geschichte dieses Mannes, der maßgeblich zur Entwicklung des modernen Bankwesens in Amerika beitrug, werden wir in San Franzisko ausführlich zurückkommen.

Als Giannini 1870 geboren wurde, war im Westen gerade das Comstock-Lode-Fieber auf dem Höhepunkt – womit wir

wieder bei den Minen sind. Die 1859 neuentdeckte Comstock Lode hatte inzwischen die Mother Lode bei weitem
überflügelt, einmal durch ihre Goldschätze, mehr noch durch
ihre geradezu märchenhaften Silbervorkommen. Freilich waren ihre unterirdischen Minen nicht nur die reichsten, sondern
auch die heißesten der Welt. Die Hitze erreichte vor Ort nicht
selten 40 und 50 Grad Celsius – eine Hölle. Diese Comstock-
Ader lag auf der Ostseite der Sierra Nevada, östlich des Lake
Tahoe unweit der kalifornischen Grenze und bereits im Gebiet des Staates Nevada. Die Hauptorte des Comstock-Lode-
Gebietes hießen Virginia City und Gold Hill, Silber- und
Goldgräberstädte, die noch heute einen Besuch lohnen.

Die Comstock-Mine war es, die San Franzisko neuen
Reichtum bescherte, Reichtum aber vor allem wiederum
einer Vierer-Gruppe: den Silberkönigen John W. Mackay,
James G. Fair, James C. Flood und William S. O'Brien. Diese
Männer förderten so viel Silber und Gold in einem Monat
zutage wie vordem die Goldgräber der gesamten Mother
Lode in einem Jahrzehnt. Allein aus der Bonanza-Mine wurden im Comstock-Scheide-Werk täglich 380 Tonnen Gold-
quarz geschmolzen. Der Preis einer Comstock-Aktie stieg
von 300 auf 10000 Dollar.

Auch die Silberkönige hatten sich aus sehr einfachen Ver-
hältnissen hinaufgearbeitet. Alle vier waren Iren, drei stammten aus Dublin und konnten sich zugute halten, daß das Palais
des Herzogs von Leinster in Dublin einem wichtigen amerikanischen Bauwerk, dem Weißen Haus, zum Vorbild gedient
hatte. John W. Mackay hatte eine ärmliche Jugend in Dublin
verlebt, war nach Kalifornien ausgewandert und hatte sein
Gold-Glück im Gebiet der Mother Lode gesucht, kam dann
aber zu einem reichen Goldsegen durch die Comstock-Mine.
Die sehr attraktive Mrs. Mackay liebte das große internationale gesellschaftliche Leben in Paris, so daß man die Mackays
bald öfter in Paris und London antraf als in Kalifornien.

James C. Flood, in New York als Kind gleichfalls armer,
irischer Auswanderer geboren, liebte hingegen San Franzisko.
Auf der Spitze des Nob Hill, gegenüber dem Fairmont- und
Mark-Hopkins-Hotel, errichtete er sein herrschaftliches, ein-

stöckiges Haus, das noch heute dort steht und dem sehr vornehmen Pacific Union Club gehört.

William S. O'Brien war der Freund und Geschäftspartner Floods. Wie Mackay war er von Dublin mit seinen Eltern nach New York ausgewandert und dann dem Goldrausch nach Kalifornien gefolgt. Vom Kneipenbesitzer in San Franzisko über den Handel mit Silber-Aktien bis zum Besitz einer eigenen Bonanza-Mine im Comstock-Gebiet, stieg er zum Bankmann und Grundstücksmakler auf. Als er starb, hinterließ O'Brien – der von sich behauptete, er hätte weder Lust noch Talent, Geld zu machen – 12 Millionen Dollar. Das Glück sei ihm eben in den Schoß gefallen, meinte er mit irischer Gelassenheit.

Von der kleinen Familienfarm der Eltern in Illinois aus ging der in Dublin geborene James G. Fair bei Anbruch der Goldrauschzeiten nach Kalifornien, wurde in Utah Mormone, zog mit seinen Glaubensgenossen in die Goldfelder von Kalifornien und später zu den Comstock-Minen. Fair war der geborene Ingenieur. Seine Leidenschaft gehörte dem Berg- und Maschinenbau, und er hatte den Ehrgeiz, die beste Möglichkeit zu finden, wie man Gold und Silber aus dem Gestein gewinnen könne. Als Fair 1894 mit 63 Jahren starb, hatte er es mit seiner ›technischen Leidenschaft‹ auf 40 Millionen Dollar gebracht.

Genauso schnell, wie der Gold- und Silber-Boom gekommen war, war er auch wieder verschwunden. Einige verdienten Millionen. Die meisten jedoch verloren mit den fallenden Aktien fast alles, was sie besaßen. Die ersten Unruhen, besonders unter den amerikanischen Einwanderern aus dem Osten, die sich in den Städten angesiedelt hatten, begannen sich auszubreiten und richteten sich vor allem gegen diejenigen, die billiger arbeiteten: gegen die Chinesen. Seit 1850 war ein unaufhörlicher Strom von Chinesen ins Land gekommen, die in den Minen, als Kutschenfahrer, in den Wäschereien, in den Hafendocks und im Eisenbahnbau als sehr billige Arbeitskräfte beschäftigt wurden und die jeden sonst üblichen Arbeitslohn unterboten. 1871 kam es in Los Angeles zu einem heftigen Aufstand gegen die Bewohner von Chinatown, bei dem 19 Chinesen getötet wurden. Der Gouverneur von Kalifornien mußte daraufhin die weitere Einwanderung von Chinesen gesetzlich unterbinden.

Es bildete sich die erste kalifornische Arbeiter-Partei, die ›Workingman's Party of California‹, die Ende der siebziger Jahre bei der Aufstellung der neuen kalifornischen Regierungs-Konstitution ein entscheidendes Wort mitzusprechen hatte. In der ›Workingman's Party‹ waren nicht nur die Bergwerks-, Manufaktur- und Hafenarbeiter vertreten, sondern auch Lehrer, Farmer, Juristen, Journalisten oder Ärzte. Eine Koalition der bereits damals in Kalifornien bestehenden demokratischen und republikanischen Parteien setzte 1880 der ›Workingman's Party‹ ein Ende. Damals begann das Zweiparteiensystem mit seinem politischen Wechselspiel.

Besser als Gold- und Silbergräber konnten die existieren, die sich für die Landwirtschaft als Grundlage ihrer Existenz entschieden hatten. Sie sollten bis Ende des 19. Jahrhunderts einen Boom sondergleichen erfahren. Sie wurden die Gewinner des ›grünen Goldes‹ von Kalifornien.

Das ›grüne‹ Gold

Als Kalifornien 1850 den Vereinigten Staaten als 31. Staat angeschlossen wurde, gab es zuvor heftige Diskussionen darüber – wie vordem bereits 1819 bei Missouri –, ob es als ›Freier Staat‹ oder ›Sklaven-Staat‹ aufgenommen werden sollte. Als einziger Staat im Süden und Westen bekam es dann den Status ›free state‹. Man kann sogar sagen, daß durch den Aufstieg Kaliforniens zum erstenmal in der Gesamtpolitik der USA ernsthaft die Frage der Sklaverei zur Diskussion stand, und zwar in so scharfer Form, daß Präsident Jefferson von einem Warnzeichen sprach, »wie eine Feuerglocke in der Nacht«. Schon 1804 hatten die amerikanischen Nord-West-Staaten die Sklaverei abgeschafft. Die Herren der Südstaaten hingegen waren, um die Ausbreitung der Baumwollkultur im ›schwarzen Gürtel‹ des Südwestens nicht zu gefährden, an der Aufhebung der Sklaverei nicht interessiert. Immer tiefer wurde damit die Kluft zwischen den Nord- und Südstaaten,

I

William Hahn (1827-1887)
Erntezeit, 1875

William Hahn stammt aus Dresden. Von 1848 bis
1855 studierte er dort an der Akademie und ging
anschließend nach Düsseldorf, Paris und Neapel.
1871 übersiedelte er in die Vereinigten Staaten und
lebte ab 1872 in San Franzisko.
Da der größte Teil seines Werkes kalifornischen
Themen gewidmet ist – er durchstreifte das ganze
Land und hielt alles Wesentliche in Skizzen fest –
wird er als kalifornischer Maler betrachtet.
Das Gemälde zeigt das Dreschen der reichen Ernte
im fruchtbaren Zentraltal, das heute eines der er-
tragreichsten Anbaugebiete für Getreide, Obst und
Gemüse Amerikas ist.

The Fine Arts Museum of San Francisco

zumal im Hinterland der Südstaaten Vereinigungen aktiv
wurden, die offen gegen die Sklaverei agitierten.

Die Folge war die Austrittserklärung von einer Reihe von
Staaten aus der Union, was zum Sezessionskrieg von 1861
führte. Die an Stärke vielfach überlegenen Truppen der
Nordstaaten kämpften vier Jahre gegen eine Minorität von
Südstaatlern, die jeden Zollbreit Boden verbissen verteidig-
ten. General Grant mußte schließlich die Strategie der ›verbrannten Erde‹ anwenden, um die Nordstaaten zum Sieg zu
führen. Nicht nur die Führungsschicht der Südstaaten, auch
das Land selbst war 1865 so vernichtet, daß es Jahrzehnte
brauchte, bis es sich wieder erholte. Dieser Krieg hatte – deshalb wird er hier erwähnt – sowohl für die Nordstaaten als
auch für den Westen und insbesondere für Kalifornien erhebliche Konsequenzen. Während viele Schwarze nach 1865 vom
Süden in den Norden zogen, um dort in der aufkommenden
Industrie und in den Großstädten Arbeit und Brot zu finden –
zum größten Teil kamen sie vom Regen in die Traufe –,
wandten sich Zehntausende von Weißen von der verbrannten
Erde des Südens in den grünen Westen. Es war der Beginn
einer wahren Flut von Einwanderern. In einem Jahrzehnt kamen mehr als 100000 Menschen nach Kalifornien. Im Jahre
1890 war die Bevölkerung auf 1200000 angewachsen.

Der ersten ›grünen‹ Welle der Rancheros folgte in den sechziger Jahren also die zweite, die in die großen Inlandtäler wie
Sacramento Valley, San Joaquin Valley oder Santa Clara Valley ging und sie bis zum Horizont mit Weizenfeldern über-
zog. Die dritte Welle der siebziger und achtziger Jahre führte
zu einer Mechanisierung und noch stärker zu einer Speziali-
sierung der Landwirtschaft. So war es kein Wunder, daß die
aus den Südstaaten eingewanderten Emigranten die Baumwolle auch in Kalifornien heimisch machten. Und da es inzwischen auch Tausende von Japanern im Lande gab, die mit
der Seidenraupenzucht vertraut waren, folgte dem Baum-
woll-Anbau bald der Seiden-Anbau.

Von Merced im Norden bis nach Riverside im Süden
leuchteten die gelben Blütenteppiche der Baumwollfelder unter der heißen Sonne – während der fünfmonatigen Wachs-

tumszeit braucht die Baumwollpflanze mindestens eine Durchschnittstemperatur von 15 Grad Celsius – und platzten Milliarden von weißen Baumwollbällchen auf. Nachdem der Amerikaner Eli Whitney die Baumwoll-Entkörnungsmaschine erfunden hatte, war die Ausbreitung der Baumwollkulturen auch im Westen sehr wirtschaftlich geworden. Die Baumwollsamen enthalten 15-30 Prozent Öl, das zum damals benötigten Leuchtöl, zur Kerzen- und Seifenherstellung verwendet wurde. Durch den hohen Eiweißgehalt waren die Preßrückstände ein wertvolles Futtermittel für das Vieh. Noch heute finden wir in Kalifornien endlose Baumwollfelder und Egrenierzentren, d.h. Baumwollentkernungszentren, so im San-Joaquin-Tal, Coachella-Tal und Imperial-Tal.

Hektarweise pflanzten die Farmer nun Maulbeerbäume an, und Millionen von Seidenraupen wurden aus Japan eingeführt. Es lag nahe, daß bald auch andere Gewächse aus südlichen warmen Zonen hier kultiviert wurden. Weltbekannt ist das kalifornische Obst geworden: allem voran die Orangen. Stundenlang fährt man heute beispielsweise auf der 65er Bundesstraße – nach Süden Richtung Bakersfield – an Orangen-Plantagen vorüber; Tehachapi gilt als das Zentrum der Zitrusfrüchte. Grapefruits, Erbsen- und endlose Tomatenfelder gibt es vor allem im Sacramento-Tal, Sellerie, Spargel, Zwiebel, Bohnen und Reis wachsen im schwarzen Boden des San-Joaquin-Sacramento-Delta-Gebietes, im Santa-Clara-Tal Pflaumen, Aprikosen, Pfirsiche und Oliven, im Salinas-Tal Salat und Artischocken und im San-Joaquin-Tal südlich der Baumwollfelder und Orangenhaine Mandeln, Avocados, Guavas, Loquats und Walnüsse. Datteln und Feigen schließlich kommen aus den Oasen der südlichen Wüstengebiete.

Das 300 Kilometer lange Zentraltal Kaliforniens mit seinen unzähligen Nebentälern hat man die fruchtbarste Region der Welt genannt. Der Reichtum des ›grünen‹ Goldes wurde den Farmern freilich nicht geschenkt. Seit den sechziger Jahren des 19. Jahrhunderts arbeiteten Generationen von Farmern und Wirtschaftsunternehmern an dem eindrucksvollen, künstlichen Bewässerungssystem. Es ist heute das größte in den USA. Allein der 1968 vollendete Oroville-Damm –

wichtigste Einheit in dem 2,8-Milliarden-Dollar-Projekt des Feather-River-Systems – erschließt weite Bereiche im Norden für Wasser und Strom.

Die Landwirtschaft ist heute die wirtschaftliche Basis Kaliforniens und übertrifft an Gewinn Bergbau und Ölgewinnung zusammengenommen. Mit ihren über 5 Milliarden Dollar Jahreseinkommen (1972) wurde ihr Ertrag bisher von keinem anderen US-Bundesstaat erreicht. Die rund 50 000 kalifornischen Farmer haben heute das höchste Durchschnittseinkommen der Farmer in den USA.

Im Süden Kaliforniens avancierte Los Angeles immer mehr zum Umschlags- und Handelsplatz und damit auch zum Eisenbahnknotenpunkt des Agrargebiets, zur ›Queen of the Cow Countries‹, ›Königin der Kuh-Länder‹. Die Bevölkerung von Los Angeles zählte 1885 noch nicht 100 000 Einwohner. Dennoch brachte das Jahr 1885 einen Boom für die Grundstücksmakler, als die Preise für eine Parzelle in Los Angeles von 500 auf 5000 Dollar stiegen. Weingärten – auf einem wurde der Hauptbahnhof des Passagierverkehrs, der ›Union Bahnhof‹ errichtet – wurden für 350 Dollar pro acre gekauft (1 acre hat rund 4000 qm), in Parzellen aufgeteilt und für 10 000 Dollar pro acre wiederverkauft. Besonders hoch stiegen diese Grundstückspreise beim Eisenbahnbau.

Frank Norris, neben dem berühmten Jack London einer der bedeutendsten Schriftsteller der frühen kalifornischen Literatur, beschrieb in seinem Roman ›The Octopus‹ (›Der Krake‹) – ein Octopus ist in Amerika das Symbol für eine vielverzweigte Organisation – meisterhaft das Leben der Weizen-Farmer im San-Joaquin-Tal und den Kampf zwischen ihnen und der Southern Pacific Eisenbahn, der in der Schießerei von Mussel Slough 1880 blutig endete.

Wohlhabende kauften in der Höhe von Los Angeles ganze Küstenstreifen für 20 000 bis 50 000 Dollar und verdienten später Millionen daran – weil man dort Erdöl fand. Doch bevor die Epoche des ›schwarzen‹ Goldes begann, standen dem Land die harten und unruhigen neunziger Jahre bevor.

Zwischen 1880 und 1890 hatte sich die Bevölkerung mehr als verdoppelt. Die meisten Menschen waren mit hohen Er-

wartungen in das Land gekommen. Der Bergbau indessen
war zurückgegangen, die Minenarbeiter suchten Arbeit in
den Manufakturen, Restaurants und Büros der Städte, in den
Hafendocks von San Franzisko und Los Angeles oder in der
Schiffahrt. Manche zogen die Küste nach Norden hinauf, um
dort als Holzfäller oder in den Sägemühlen zu arbeiten. Doch
die Zahl der Arbeitslosen wuchs, und erstmals sah man in den
Städten lange Menschenschlangen an den Brotverteilungs-
stellen stehen. 1893 kam es zum ersten größeren Bankkrach
der Riverside Banking Company, die eigentlich nur die Fi-
nanzdepression im ganzen Land widerspiegelte. In den kommenden drei Jahren mußten über 70 Prozent der Banken
Konkurs anmelden oder gingen in anderen Banken auf.

Ein Jahr später streikten die Eisenbahner – der sogenannte
Pullman-Streik 1894 wurde historisch – und legten den gesamten Eisenbahnverkehr Kaliforniens lahm. Lokale Bürger-
einheiten der seinerzeit in Los Angeles bekannten Coxey's
Army brachen im selben Jahr zum Hungermarsch nach Washington auf, der aber bereits an der kalifornischen Grenze
endete, weil die Wüste des Todestals zu Fuß undurchdringlich
war. In den mittleren neunziger Jahren bekamen sogar die
Farmer diese Rezession zu spüren. Es kam zu einem gemeinsamen Protest der verschuldeten Farmer und arbeitslosen Arbeiter gegen Washington. Hier hat der Westen Amerikas zum
erstenmal seine Sprache gesprochen: der Pionier des Westens
forderte vom Staat konstruktive soziale Zusammenarbeit.

1897 wurde William McKinley Präsident der USA. Doch
schon wenige Monate nach McKinleys Amtsübernahme
wurden die Vereinigten Staaten im Zusammenhang mit der
Anerkennung der Unabhängigkeit Kubas, das damals noch
zu Spanien gehörte, in einen 115-Tage-Krieg gegen Spanien
verwickelt. Nach diesem Krieg stiegen die USA zur Weltmacht empor. 1899 trat Spanien Puerto Rico, Guam und die
Philippinen ab, Hawaii wurde annektiert und eine Offene-
Tür-Politik gegenüber China eingeleitet. Kalifornien trat so
stark wie nie zuvor das neue Jahrhundert an. Als die Missionsglocken am letzten Tag des Jahres 1899 um Mitternacht
ertönten, läuteten sie das erste halbe Jahrhundert amerika-

nisch-kalifornischer Geschichte aus: die Aufnahme Kaliforniens 1850 in die USA, die Zeiten des Goldrauschs, der Eisenbahnkönige und der ersten Einwanderungsströme aus dem
Osten Amerikas und aus Europa. Sie läuteten zugleich das
20. Jahrhundert ein, für Kalifornien das Jahrhundert von Erdöl und Radio, Filmindustrie und Automobil, Flugzeug, Studentenrevolte und Elektronik.

Das neue Jahrhundert

›Ein neues Jahrhundert – eine neue Ordnung‹ hieß der große
Slogan nicht nur in Kalifornien. Das 20. Jahrhundert begann
zunächst mit totaler Unordnung.

1900 hatte San Franzisko 342000 Einwohner, Los Angeles
103000. In beiden Städten waren harte Kämpfe zwischen Un-
ternehmer- und Arbeiter-Organisationen im Gange, die im
Sommer 1901 ihren Höhepunkt erreichten. In San Franzisko
gelang es schließlich der neuen Union Labour Party, ihren
Kandidaten Eugene E. Schmitz als Bürgermeister durchzubringen. 1905 wurde Schmitz mit großer Majorität erneut in
sein Amt gewählt. Doch mit großen Stadtplanungen und
wirtschaftlichem Aufschwung kamen auch Lobbyismus und
Korruption ins Spiel, was schließlich zur gerichtlichen Verurteilung von Schmitz und anderen führte.

In jenen Tagen tauchten erstmals Namen auf, die noch
heute mit der Geschichte von San Franzisko und Los Angeles
eng verbunden sind. Einer davon war Adolph Spreckels. So
hieß der spätere Zucker-König von Hawaii und Erbauer des
eindrucksvollen Palace of the Legion of Honor in San Franzisko, heute ein Museum, das die großartigste Sammlung
französischer Kunst in den USA enthält. Spreckels, Sohn
deutscher Emigranten, ist in Kalifornien geboren. Ein anderer
war William Randolph Hearst. Dieser Mann wiederum stieg
zum Zeitungsmagnaten auf, der durch das von ihm aufgebaute Presseimperium, darunter den einflußreichen ›San
Francisco Examiner‹, die öffentliche Meinung mitbestimmte.
Das an der Küste gelegene Hearst-Schloß San Simeon, 60
Kilometer nördlich von San Luis Obíspo, ist so etwas wie die

amerikanische Ausgabe einer Verbindung von Hadrians römischer Kaiservilla mit dem Schloß Neuschwanstein des Bayernkönigs Ludwig II.

Im Jahre 1906 wurde von der liberaldemokratischen Unabhängigkeits-Liga (Independence League) in Oakland der 8-Stunden-Arbeitstag gefordert. Im selben Jahr kam es zum Aufschrei gegen die ›gelbe Gefahr‹: Neben den großen chinesischen Stadtteilen in Los Angeles und San Franzisko gab es nun auch bereits kleine japanische Viertel.

1901 war Theodore Roosevelt Präsident der Vereinigten Staaten geworden und blieb es bis 1909. Der junge Roosevelt hatte die harte Arbeit eines Ranchers in North Dakota kennengelernt und wollte als ehrlicher Makler zwischen Kapital und Arbeitern auftreten. Im Kampf mit Großbritannien um die Vorherrschaft in Süd- und Mittelamerika ging es auch um die Landenge von Panama und den Plan eines Kanals. Von der weiteren Entwicklung Kaliforniens aus betrachtet, war dieser Panama-Kanal ein Politikum erster Ordnung. »Diese Yankees«, bemerkte schon der britische Außenminister Palmers, mit dem auch Bismarck in der deutsch-dänischen Frage sein Geplänkel hatte, »sind äußerst unangenehme Gesellen, wenn es sich um irgendwelche amerikanischen Fragen handelt.« Washington pflegte solche Gefühle herzlich zu erwidern. Mit »sanften Worten auf der Zunge und einem dicken Knüppel in der Hand« – so Roosevelt – intervenierte er 1903 in Panama. Doch in die amerikanische Geschichte ging Roosevelt als ›Conservationist President‹ ein. Sein Naturschutzprogramm ist entschieden die größte Leistung seines Lebens.

Theodore Roosevelt glaubte an die Kräfte der Natur. So wurde er ein besonderer Förderer der National Parks und ›National Monuments‹. Amerikas Naturwunder, so entschied die Regierung, sollten nicht aus kommerziellen Gründen zerstört werden oder nur wenigen gehören, sondern dem ganzen Volk. Die Entwicklung gab Theodore Roosevelt recht. 1970 wurden allein die 34 National-Parks der USA von 160 Millionen Amerikanern besucht. Fünf dieser Parks liegen in Kalifornien: der Yosemite National Park, der Kings Canyon National Park und der Sequoia National Park in den Bergen der

Sierra Nevada im Zentrum Kaliforniens, der Redwood National Park und Lassen Volcanic National Park im Norden des Landes. Zusätzlich müssen das Death Valley National Monument, das Joshua Tree National Monument und der Anza-Borrego Desert State Park genannt werden. Außerdem liegen unweit der kalifornischen Grenze, in Arizona, das Gran Canyon National Monument und im Norden, in Oregon, der Crater Lake National Park. Die genannten Parks und Naturdenkmale schließen drei der zehn größten Naturwunder ein, die es auf der Welt gibt: die ältesten und höchsten Bäume im Sequoia- und im Redwood-Park, den landschaftlich niedrigsten Punkt der westlichen Hemisphäre im Todestal mit rund 94 Meter unterhalb des Meeresspiegels sowie den atemberaubenden Blick in 2 Milliarden Jahre Erdgeschichte vom Felsrand des Gran Canyon National Monument.

Während Theodore Roosevelt auf seine Weise die Ausbeutung der Natur verhinderte, war jedoch bereits eine andere Ausbeutung im Gange, die inzwischen unabsehbare Ausmaße angenommen hatte. An einem Augusttag im Jahre 1859 stieß Edwin L. Drake nahe Titusville im Staate Pennsylvania bei einer Erdbohrung erstmals in den USA erfolgreich auf Erdöl. Dieser Tag wurde die Geburtsstunde der modernen Erdölindustrie. Auch in Kalifornien wurde daraufhin von Humboldt-County bis Los Angeles nach Öl gebohrt. Schon Mitte der sechziger Jahre erlebte die neugegründete California Petroleum Company den ersten ›Oil Boom‹. Die Pioneer Oil Company in Los Angeles mit Hancock, Banning, Dooney und Wilson an der Spitze, legte den ersten Grundstock einer vornehmlich im Süden Kaliforniens zentrierten Öl-Industrie. 1900 wurden in Kalifornien bereits 9 Millionen ›barrels‹ (Tonnen) Erdöl gefördert.

Als der 1863 geborene Henry Ford 1903 in Detroit die Ford Motor Company gründete und mit der Einführung des Fließbandes Zehntausende von Autos herstellen konnte, hatte dies auf kaum einen Staat der USA so tiefgreifende Auswirkungen wie auf Kalifornien. Hier zeigte sich ein beherrschender Wesenszug des Kaliforniers: seine unglaubliche Affinität und Aufgeschlossenheit für alles Neue. Bringt heute eine große amerikanische oder ausländische Firma etwas grundsätzlich Neues heraus, so wird es zuerst in Kalifornien auf den Markt gebracht und ausprobiert; läuft es dort gut, wird es auch in den anderen amerikanischen Staaten vertrieben. Eine solche Einstellung blieb nicht ohne Folgen auf die schöpferische Phantasie Kaliforniens, von der noch die Rede sein wird.

Im Jahre 1910 schon gab es fast 40000 Autos nur in Kalifornien. Die Standard Oil Company of California – die ursprüngliche Standard Oil Company war 1870 von John D. Rockefeller gegründet worden – übernahm zu Beginn des Jahrhunderts die Führung im Land. In einem Jahrzehnt stiegen die Ölfunde hier um das Zehnfache. Bereits 1909 leitete der State Highway Act die Voraussetzungen zum Bau von kalifornischen Autobahnen ein.

Das Erdöl, das Auto und der Bau der hervorragenden Autobahnen schufen die erste entscheidende Wende im Wirtschaftsleben des Landes. Die Zweite Wende kam mit einem starken Aufschwung von Industrie und Manufakturen, von Holz- bis Leder- und Stoffindustrie. Da sich durch Ölvorkommen, Landwirtschaft und Industrie der Süden stärker als der Norden Kaliforniens entwickelte, stiegen erstmals die Bevölkerungszahlen auch im Süden an. Die Bevölkerung von Los Angeles wuchs von 100000 Einwohnern im Jahre 1900 auf 319000 im Jahre 1910 an. 1920 hatte Los Angeles 576000 und damit San Franzisko um 70000 überrundet.

San Franzisko hatte in den frühen Morgenstunden des 18. April 1906 eine schreckliche Naturkatastrophe erlebt, deren Meldung damals um die Welt ging: das Erdbeben. Ihm folgte ein noch verheerenderes Feuer, das drei Tage lang wütete. Das Zentrum der Stadt wurde nahezu zerstört. Mehr als ein halbes Tausend Häuserblöcke brannte nieder. Von diesem Schlag erholte sich die Stadt nur sehr langsam. Los Angeles, das seit den Tagen des Goldrausches einen gewissen Minderwertigkeitskomplex hatte, holte nun in jeder Hinsicht kräftig auf. Dabei wurde es von einem Vorort unterstützt, dessen Name bald weltbekannt sein sollte: Hollywood.

Wie es dazu kam, daß eine Erfindung Thomas A. Edisons zur Grundlage einer weltweiten Industrie wurde, die dem banalen Vergnügen so gut wie der hohen Kunst diente, wird im Los-Angeles-Kapitel mit all den glitzernden Namen der frühen Filmgeschichte ausführlich dargelegt werden. Hier sei Hollywood nur als neuer, mächtiger Impuls in die Geschichte des aufstrebenden Kaliforniens einbezogen. Das Geschäft mit dem ›flimmernden Gold‹ belebte eine Fülle anderer Wirtschaftszweige. Denn der Einfluß der Hollywoodfilme auf Käufertrends und Modeerscheinungen war so unauslotbar wie ihre bewußte und unbewußte Wirkung auf Sitte, Moral, Verhalten, Psychologie der Menschen – ein weites Feld!

Die Filmstadt erlebte freilich auch Krisen während des Wechsels vom Stummfilm zum Tonfilm und später mit Beginn des Fernsehzeitalters. Beides jedoch hat Hollywood gemeistert. Es hat heute zwar nicht mehr die Bedeutung der zwanziger und dreißiger Jahre, aber manche glauben, daß ein neuer Hollywood-Frühling bevorsteht. Los Angeles indessen ist heute unbestritten die Fernseh- und Radiometropole des amerikanischen Westens und ein deutlicher Rivale New Yorks.

Golden State

Die Eröffnung des Panama-Kanals 1914 veränderte die wirtschaftliche und politische Szene Kaliforniens entscheidend. Goethe hatte schon 75 Jahre zuvor, am 21.Februar 1827, zu Eckermann geäußert:

»*Soviel ist gewiß, gelänge ein Durchstich der Art (des Panama-Kanals), daß man mit Schiffen von jeder Ladung und jeder Größe durch solchen Kanal aus dem Mexikanischen Meerbusen in den Stillen Ozean fahren könnte, so würden daraus für die ganze zivilisierte und nicht zivilisierte Menschheit ganz unberechenbare Resultate hervorgehoben. Wundern sollte es mich aber, wenn die Vereinigten Staaten es sich sollten entgehen lassen, ein solches Werk in ihre Hände zu bekommen. Es ist vorauszusehen, daß dieser jugendliche Staat, bei seiner entschiedenen Tendenz nach Westen, in dreißig bis vierzig Jahren auch die großen Landstrecken jenseits des Felsengebirge in Besitz genommen und bevölkert haben wird. Es ist ferner vorauszusehen, daß an dieser ganzen Küste des Stillen*

Ozeans, wo die Natur bereits die geräumigsten und sichersten Häfen gebildet hat, nach und nach sehr bedeutende Handelsstädte entstehen werden, zur Vermittlung eines großen Verkehrs zwischen China nebst Ostindien und den Vereinigten Staaten.«

Die Vereinigten Staaten ließen es sich selbstverständlich nicht nehmen, »ein solches Werk in ihre Hände zu bekommen«, und so wuchsen an der ganzen Küste des Stillen Ozeans mit San Franzisko, Los Angeles und San Diego »sehr bedeutende Handelsstädte« heran. Die großen, überschwenglichen und von Millionen von Menschen besuchten und gefeierten Internationalen Panama-Kalifornien-Messen in San Diego und San Franzisko hinterließen uns den bezaubernden Balboa-Park in San Diego, voll von spanischem Charme, und den nicht minder attraktiven Japanischen Teegarten im Golden Gate Park von San Franzisko.

Aber dies waren nur die äußeren Zeichen, mit denen sich der Glaube an kommende herrliche Zeiten für Kalifornien verband. Zu gleicher Zeit tobte bereits der Erste Weltkrieg »fern drüben in Europa«. Doch gerade diese Jahre brachten Kalifornien einen großen wirtschaftlichen Aufschwung. Seit 1900 betrug die volkswirtschaftliche Zuwachsrate nicht weniger als 700 Prozent. Bis 1920 hatte sich die Bevölkerung Kaliforniens seit 1900 mehr als verdoppelt und betrug nun 3,5 Millionen Einwohner. Südkalifornien erlebte damals die höchste Einwanderungsquote in der Geschichte Amerikas. Eine Stadt wie Glendale wuchs von 2700 auf 62000 Einwohner an. Die landwirtschaftliche Produktion war seit 1900 mit 612 Millionen Dollar im Jahr 1919 um das Sechsfache gestiegen, Erdöl und Bergbau mit 202 Millionen Dollar um das Siebenfache, Holzindustrie, Fischerei und Manufaktur mit 714 Millionen auf das Achtfache. Aber auch die Preise hatten sich im Land mehr als verdoppelt. Die Folge: Bomben platzten in führenden Zeitungsverlagen oder in festliche Paraden.

Woodrow Wilson, seit 1913 Präsident, hatte in Mexiko, Haiti und Santo Domingo interveniert und 1917 den Krieg gegen die Mittelmächte erklärt. Der Unterzeichnung des Waffenstillstandes 1918 und dem im folgenden Jahr abgeschlossenen Versailler Vertrag folgte 1920 die Gründung des Völkerbundes, dem die USA jedoch den Beitritt verweigerte.

In Kalifornien lebten zu Beginn der zwanziger Jahre nun Millionen von Amerikanern ein attraktives und wenig anstrengendes Leben. Es waren die Zeiten des Jazz, des Automobils, des Films, der Publizität. In schwindelnde Höhen stiegen die Grundstückspreise. Von 1920 bis 1927 wurden vor allem in Südkalifornien für 1 Milliarde Dollar Grundstücke gekauft. Es war eine große Verlockung für Spekulanten, zumal seit 1920 Standard Oil und Shell Oil Ölfunde im Süden gemacht hatten. Die hektischen Tage der Goldrush- und Comstock-Funde wiederholten sich.

Die Erdölproduktion – zwischen 1920 und 1926 waren in Kalifornien 1,5 Milliarden Tonnen Erdöl gefördert worden – löste die Benzinpreise nahezu ins Nichts auf. Für nicht einmal einen Dollar hatte man einen vollen Autotank. Dem Grundstücks- und Erdölboom folgten Hochkonjunkturen der Handelsschiffahrt und der Hafenumsätze an der Küste, der Holz- und Baumwollindustrie und der Wasserkraftwerke im Landesinnern. 1900 produzierte Kalifornien 31 000 Kilowattstunden, 1925 40mal mehr. Keine kalifornische Generation davor und keine danach hat so goldene Wirtschaftszeiten erlebt wie die in den Jahren zwischen 1920 und 1927. Die Bezeichnung ›Golden State‹ stammt aus jenen Jahren. Es waren die sieben fetten Jahre Kaliforniens.

Der wirtschaftlichen Prosperität entsprach die kulturelle, die Entwicklung von Schulen, Colleges und Universitäten, von Museen, Bibliotheken und Kunstgalerien, von Theater und Musik, Architektur, Stadtplanung. Von Anbeginn spielte das Buch eine bedeutende Rolle. Es war zunächst ›das Buch der Bücher‹, die Bibel, die die Franziskaner nach der Gründung der Missionsstationen den Indianern zu vermitteln suchten. Der Erfolg war gering. Als um 1800 pensionierte Soldaten ›disciplines‹ in die ersten fünf Schulen von San Diego bis Monterey brachten, war das Ergebnis immerhin, daß die Mädchen strickten und die Jungen mit Schrifttypen aus dem Setzkasten umgehen und drucken konnten. Als dann 1846 Mrs. Isbell in Santa Clara spanische Kinder unterrichtete

– wobei sie kein Spanisch verstand und die Kinder kein Englisch – war ein bedeutender Schritt getan: die erste amerikanische Schule in Kalifornien war gegründet. Das Erziehungs-
wesen der Kalifornier entwickelte sich nun Zug um Zug.
1850 gab es bereits drei öffentliche Schulen in San Franzisko,
und 1856 wurde die erste höhere Schule eröffnet. Ab 1866
mußte niemand mehr Schulgeld bezahlen. In den zwanziger
Jahren erlebten die Schulen durch das neugegründete State
Departement of Education einen gewaltigen Schub, so daß es
hundert Jahre nach den ersten Gründungen allein im Schulbe-
zirk Los Angeles über 750000 Schüler gab.

Das erste College – gleichfalls in Mrs. Isbells Santa Clara –
war 1851 von Jesuiten eröffnet worden. Weitere College-
Gründungen unternahmen Methodisten, Presbyterianer, Bap-
tisten, Kongregationalisten und sogar ein ehemaliger Missionar aus Hawaii, der das Mills College in Oakland ins Leben
rief. Nahezu alle Colleges Kaliforniens verdanken ihre Gründungen einer Kirche, sie erlebten in den zwanziger Jahren eine
beträchtliche finanzielle Förderung, und hundert Jahre nach
den ersten Gründungen stellen die inzwischen über zwanzig
staatlichen Colleges von Kalifornien die größte Erziehungs-
einheit der Welt dar – mit über 250000 Studenten. Zahlen
sagen jedoch nichts über Qualität aus.

Qualität ist ohne Zweifel das Charakteristikum kalifornischer Universitäten. Schon 1868 wurde die University of California in Berkeley gegründet. Zehn Jahre danach entstand
die University of Southern California bei Los Angeles. Die
berühmte Stiftung der Stanford-Universität 1891 war der Beginn der Privatuniversitäten im Westen Amerikas. 1919 kam
die Universität Los Angeles hinzu, die sich 1927 mit der University of California Berkeley verband. Es waren die beiden
ersten der heute acht staatlichen Universitäten, die unter dem
Gesamtkomplex der ›University of California‹ – kurz: ›UC‹
genannt – zusammengefaßt sind: Berkeley (1868), Los Angeles (1927), Davis (1959), Riverside (1959), Santa Barbara (1959),
San Diego (1964), Irvine und Santa Cruz (1967). Für die über
eine Million Studenten heißt die jeweilige Universität kurz
nur ›Campus‹, d.h. Schulgelände bzw. Universitätsgelände.

Wie sehr der Student den Campus als ›seine‹ Universität empfindet, wurde deutlich, als es im Dezember 1964 zur ersten größeren Studentenrevolte in Berkeley mit Streiks, Protesten und ›movements‹ kam. Der äußere Anlaß war damals das ›Piepsen‹ des sowjetischen Sputniks rund um die Welt. Die überfüllten Hörsäle, die unzureichenden Lehrpläne und vor allem das Verbot des ›Free Speech Movement‹, welches der Vorstand der Universität gefordert hatte, taten ein übriges. Die Verurteilung des Krieges in Vietnam kam entscheidend hinzu. Schließlich kann auch unter langen Haaren ein denkender Kopf sein, meinten die Berkeley-Studenten. Vieles von Kaliforniens Individualität wird man nicht verstehen und begreifen, wenn man nicht mindestens einen Campus besucht hat, wenn möglich in Verbindung mit einer Veranstaltung des jeweiligen ›Arts and Lectures Department‹. Besonders empfehlenswert ist der Besuch der Universitäten Berkeley, Los Angeles, Stanford und San Diego.

Der wissenschaftliche Rang der Universitäten Kaliforniens, vor allem auf dem Gebiet der Naturwissenschaften, ist seit dem Zweiten Weltkrieg unbestritten. Es kommt nicht von ungefähr, wenn im Jahr 1974 eine einzige Universität, Berkeley, mehr Nobelpreisträger aufzuweisen hatte als sonst irgendeine Nation der Erde. Die Wiegen von Computer und Atomenergie, die unser 20. Jahrhundert so tiefgreifend verändern, stehen in Stanford und Berkeley, die Super-Rakete wurde in Los Angeles entwickelt.

Doch kehren wir zurück zum Ende der zwanziger Jahre und zur Wirtschaft. 1929 wurde Herbert Hoover Präsident der USA. Hoover kam aus Kalifornien. Sein Wirtschaftsprinzip der Hochkonjunktur, einer Konjunktur mit ›vollem Eßnapf‹ und ›voller Garage‹, freien Aufstiegsmöglichkeiten für alle, des Überlebens der Tüchtigen und einer ungestörten Gewinnwirtschaft bedeutete, ein Kaninchen aus einem Hut zu zaubern, in dem keines war. Nur wenige Monate später, im Herbst 1929, platzte die Seifenblase der Hochkonjunktur. Eine Wirtschaftskrise von damals noch unvorstellbarem Ausmaß bahnte sich an. Sie weitete sich zur Weltwirtschaftskrise aus, die sogar einen Hitler auf den Thron heben konnte.

1932 trieben sich 17 Millionen amerikanische Arbeitslose auf den Straßen umher. Die Krise hing auch über dem sonnigen Kalifornien wie eine schwarze Wolke. Propheten aller Richtungen hatten ihre große Zeit. Das Telefonbuch von Los Angeles verzeichnete damals Einrichtungen von 26 verschiedenen Religionen und Sekten. Sie alle hatten volle Kirchen und Tempel. Technokraten, Ku-Klux-Klanisten, Faschisten oder Populisten verkündeten nicht minder vehement und wirksam ihre weltlichen Ideologien. Zehntausende des arbeitslosen Millionenheeres im Osten Amerikas brachen nach Kalifornien auf, in der großen Hoffnung, daß es dort ein wenig besser sei. Sie blieben arbeitslos wie im Osten. John Steinbeck hat in seinem Buch ›Früchte des Zorns‹ das tragische Schicksal dieser eingewanderten Familien eindrucksvoll geschildert.

Das populäre ›Ham and Egg‹-Programm oder das ›End Poverty in California‹-Programm sollten Abhilfe schaffen. Die Demokraten stellten den Schriftsteller und Sozialisten Upton Sinclair (›Der Dschungel‹, ›Öl‹, ›König Kohle‹ u. a.) als Kandidaten für den Gouverneursposten von Kalifornien auf. Doch erneut siegte ein Republikaner. Immerhin, von den 2,3 Millionen Bürgern Kaliforniens, die wahlberechtigt waren, hatten sich 900000 für Upton Sinclair entschieden.

Zwar wurden unter Präsident Hoover in Kalifornien große Vorhaben begonnen, unter anderem 1930 der Bau der später nach ihm benannten, eindrucksvollen Hoover-Wassertalsperre, aber alle diese Pläne lösten nicht das wirtschaftliche Grundproblem, das bereits ein Weltproblem geworden war. Die amerikanischen Tabus des ›Laissez-faire‹ und der freien Marktwirtschaft wurden 1933 von dem neuernannten Präsidenten Franklin Roosevelt in eine andere Richtung gelenkt. Roosevelts berühmte Worte seiner Antrittsrede am 4.März 1933, daß »das einzige, wovor wir uns zu fürchten haben, die Furcht selbst ist«, leiteten ein für damalige amerikanische Verhältnisse geradezu revolutionäres Programm ein, den ›New Deal‹, der umfassende politische, wirtschaftliche und soziale Reformen vorsah. Der ›National Industrial Recovery Act‹, der Arbeitszeit und -bedingungen regeln, die Produk-

tion stabilisieren und unlautere Handels- und Arbeitsmetho-
den unterbinden sollte, der ›Emergency Banking Act‹, das
Banknotengesetz, der ›Security Exchange Act‹, das Börsenge-
setz, der ›Federal Emergency Relief Act‹, das Nothilfegesetz,
vor allem aber der ›Social Security Act‹, das Sozialversiche-
rungsgesetz, zeigten auch in Kalifornien ihre Folgen. Der
›Agricultural Adjustment Act‹, der die landwirtschaftliche
Produktion neu regelte, war für die Farmer Kaliforniens von
größtem Interesse. Das neue Kraftversorgungsgesetz bewirkte, daß selbst abgelegene Gegenden Kaliforniens mit
Strom versorgt wurden. Die Wassertalsperre mit dem erwähnten Kraftwerk des ›Hoover-Dam‹ an der Grenze von
Kalifornien und Nevada wurde unter Roosevelt zu Ende gebaut und versorgt noch heute vor allem Los Angeles mit
Industrie- und Handelsstrom. 1936 wurde Roosevelt als Präsident wiedergewählt und damit die Politik des populären
New Deal fortgeführt.

Der Beginn des Zweiten Weltkriegs brachte für Kalifornien einen erneuten Aufschwung der Industrie und der Landwirtschaft. 1940 wurde der gewaltige Shasta-Staudamm gebaut, der die Wasser des Sacramento-Flusses regelt und allein
70 Prozent der Kapazität hat, die alle 618 bis dahin gebauten Dämme Kaliforniens zusammengenommen aufweisen,
ebenso der Friant-Staudamm für den San-Joaquin-Fluß. In
Südkalifornien hob man 1955 den über 120 Kilometer langen
All-American Canal aus, der mit seinen Verzweigungen im
bis dahin trockenen Imperial-Tal eine neue Fläche von rund
2000 Quadratkilometern erschloß und fruchtbar machte.

Erneut stömten Emigranten aus anderen Staaten zu Tausenden nach Kalifornien, auch aus Europa, aus Deutschland.
Nun waren es politische Gründe, die sie trieben. In Pacific
Palisades beendete Thomas Mann seinen Josephs-Roman und
schrieb den ›Doktor Faustus‹. Arnold Schönberg, der gleichfalls in Kalifornien lebte, diente für dessen Adrian Leverkühn
als Vorbild. Zu Heinrich Manns 70. Geburtstag versammelten
sich die Freunde Franz Werfel, Lion Feuchtwanger, Alfred
Döblin, Alfred Neumann, Bruno Frank, Ludwig Marcuse
und viele andere hierher Entflohenen um ihn. Wenn es die

deutschen Emigranten besonders nach Kalifornien zog, so unter anderem auch deshalb, weil hier eine Fülle von Persönlichkeiten der jüdischen Geistigkeit ansässig waren, von denen Hilfe zu erwarten war. Darüber mehr im Abschnitt über Pacific Palisades.

Während und besonders nach dem Krieg war der Zustrom an Einwanderern so groß, daß von 1940 bis 1960 die Bevölkerung um weit über hundert Prozent von 7 auf 15,7 Millionen Einwohner anstieg. Bedeutsam war die gesellschaftliche Umschichtung. Ging die Zahl der reinblütigen Indianer sonst überall in den Vereinigten Staaten zurück – 1974 lebten noch rund eine halbe Million Indianer in den USA –, so verdoppelte sie sich in Kalifornien nach dem Krieg noch. Es verdoppelte sich auch die Zahl der Schwarzen. 1975 betrug sie anderthalb Millionen. Die Schwarzen leben vorwiegend in den Großstädten, vor allem in Los Angeles. Gleichfalls verdoppelte sich die Zahl der Japaner und Chinesen auf fast 400 000 im Jahr 1975. Die größte chinesische Kolonie in der Welt ist San Franziskos ›Chinatown‹. Wie Schwarze, Chinesen und Japaner, wohnen auch Mexikaner, Italiener, Russen und Filipinos meist in gemeinsamen Wohnvierteln, während Engländer, Kanadier, Deutsche, Schweden, Ungarn, Polen, Iren und Dänen – diese bis auf eine Ausnahme – in der Bevölkerung aufgegangen sind.

Mit 22 Millionen Einwohnern (1977) ist Kalifornien der bevölkerungsreichste Staat der USA. Mehr als 60 Prozent der Bevölkerung leben in den Großraumgebieten von San Franzisko und Los Angeles. Weitere 25 Prozent verteilen sich auf die Stadtregionen von San Diego und Santa Barbara, Ontario-Riverside-San Bernardino östlich von Los Angeles, San José südlich von San Franzisko sowie auf Bakersfield, Fresno und Sacramento im Zentraltal.

Die Probleme, die das Land in Zukunft erwarten, werden nicht gering sein. Vielleicht wird Kalifornien im Jahre 2000 schon vierzig, vielleicht gar weit mehr Millionen Einwohner haben. Es hat Raum genug, auch wenn die Kalifornier selbst das nicht zugeben wollen. Ihre Vorsicht ist freilich verständlich. Sie ist getragen von der Sorge, daß bei einem weiteren rapiden Bevölkerungszuwachs der größte Schatz Kaliforniens, seine landschaftliche Schönheit, zerstört werden könnte. In einer Zeit, in der die Natur mehr nach ihrer ›Verwertbarkeit‹ als nach ihrer lebensspendenden Kraft beurteilt wird, ist diese Sorge nur allzu berechtigt.

Wer je Kalifornien besucht oder dort gelebt hat, wird intensiver als anderswo mit den Problemen unseres ausgehenden Jahrhunderts konfrontiert worden sein. Aber er wird auch einen nachhaltigen Eindruck bewahren von der unzerstörbaren Lebenskraft der Menschen und der unermeßlichen Vielfalt der Naturschönheiten in Kalifornien, seines urbanen Lebens, seiner Kunstsammlungen, seiner technischen Leistungen. Die Erinnerung wird immer wieder zurückkehren zur grenzenlosen, sonnenverglasten Weite des Pazifischen Ozeans, zum Geruch der feuchten Felsen und des tosenden Meeres, zu den stillen Pinienbuchten von Monterey, zu der kalkweißen Halle einer Missionsstation, zu den braungelben Küstenbergen mit den struppigen, dunkelgrünen Wacholderbüschen, den Sykomoren und Lorbeerbäumen, zum sonnentrunkenen Großen Tal mit der Fruchtbarkeit eines Gartens Eden, zum winters blühenden und sommers erbarmungslosen Todestal, zu den unendlichen Wäldern der Sierra Nevada mit den aus fernen Zeiten übriggebliebenen roten Baumgiganten, zu den blauen Teppichen der Lupinen und dem gelben Meer der Weizenfelder, zu einem überfüllten Bach-Konzert in Carmel, zu einem großen, schlanken, langhaarigen Hippie-Mädchen in der Tracht der Kolonialzeit, versunken in Rembrandts Selbstbildnis im Memorial de Young Museum, zu der zeichnenden Kinderklasse vor der Picasso-Serie im Los Angeles County Museum of Art, zu dem kilometerlangen Atom-Beschleuniger in Stanford, zu der Studentenaufführung im Zellerbach-Auditorium in Berkeley und zu vielem, vielem mehr. Vor allem aber zu Menschen, die aus all diesem Reichtum ihre Kraft ziehen.

DIE
KÜSTEN

San Franzisko hat nur einen Nachteil:
es ist schwer, die Stadt wieder zu verlassen.
RUDYARD KIPLING

Kaliforniens City

In Kalifornien nennen sie San Franzisko liebevoll die ›City‹.
»Als Kind«, schreibt John Steinbeck, »konnte ich jedesmal,
ehe wir in die City fuhren, vor schierer Aufregung einige
Nächte nicht schlafen. Sie hinterläßt einen bleibenden Eindruck.«

Wir wohnten in den grünen Hügeln der Halbinsel von Marin County, nördlich gegenüber der Halbinsel von San Franzisko. Zwischen San Franzisko und Marin County liegt die
Meerenge des ›Golden Gate‹, über die sich die rote Golden-
Gate-Brücke schwingt. Unser aus Redwood, dem kalifornischen Rotholz, gezimmertes Einfamilienhaus stand an einem
der grünen Abhänge des 3000-Seelen-Ortes Sausalito, das mit
seinem kleinen Yachthafen an die versteckten Orte der französischen Riviera erinnert. Wenn sich nicht gerade die sommerlichen Nebel wie weiße Schafherden durch das Golden
Gate in die Bucht von San Franzisko drängten, hatten wir
einen herrlichen Blick von der Terrasse auf die friedlich im
Sonnenschein liegende, azurblau schimmernde Riesenschüs-
sel der Bucht mit ihren Hunderten von Segelschiffen, die
beim Wenden hellweiß aufleuchteten. Jenseits der Bucht erhob sich das Häusermeer von San Franzisko aus dem Dunst
des umgebenden Wassers als weißgold aufragendes Häuser-
schiff, das mit dem schwingenden Auf und Ab seiner Skyline

den mächtigen Kontrapunkt der Wellen in der Bucht von San Franzisko bildete. Das Bild der Stadt berauschte das Auge jeden Tag aufs neue.

Die Einheimischen lieben ihre City. Sie ist für sie der einzige Platz auf dieser Welt, an dem es sich leben läßt. San Franzisko ist keine Massenstadt des 20. Jahrhunderts. Sie hat vielmehr ein ausgeprägt individuelles Gesicht. Vielleicht sind deshalb seit Beginn der siebziger Jahre die Kontroversen der Bürger so leidenschaftlich, weil sie verhindern wollen, daß San Franzisko eine anonyme Wolkenkratzerstadt wird, die jede Individualität einebnet. Die Nachkommen der Italiener, Chinesen, Engländer, Deutschen, Japaner, Russen, Iren, Spanier, Mexikaner, Schweizer, Österreicher, Ungarn, Franzosen, Polen – sie alle fühlen sich zuerst als San Franzisko-Bürger. Und doch lebt jeder von ihnen seinen eigenen, unverwechselbaren Stil, den man mit dem Begriff ›heimatlich‹ umschreiben möchte. Heimatlich, verbunden mit einer insgeheimen Nostalgie, mit einem Heimweh nach Vergangenem, aber auch Zukünftigem, wie es Ernst Bloch meinte: »Nicht ein Heimweh nach einem alten verlassenen Land, sondern nach einem unbetretenen, nicht nur nach einer Vergangenheit, sondern auch einer Zukunft.« Doch auch für San Franzisko ist dieses Heimweh zu einer ›Nostalgia‹ im Sinne der griechischen Urbedeutung von ›nostos‹ gleich Zukunft, und ›algia‹ gleich Schmerz geworden – einem Heimweh als ›Schmerz an der Zukunft‹.

San Franzisko braucht den Vergleich mit den schönsten Städten dieser Welt nicht zu scheuen: Es hat die reizvolle hügelige Lage am Wasser wie Hongkong, es ist wie Rio de Janeiro auf eine Halbinsel an einer Bucht gebaut, und wie Venedig begrüßt es, gebettet in den lichtüberfluteten Wasserdunst der Lagune, mit seiner stimmungsvollen, weichen Farbigkeit den Fremden. San Franzisko, dessen helle, freundliche, meist einstöckige Wohnhäuser an den Hügeln wie Treppen emporsteigen, breitet sich auf dem langgestreckten, rechteckigen Bett seiner Halbinsel wie eine weiße, manchmal etwas unordentlich daliegende Daunensteppdecke aus. Dieses Bett ist 10 Kilometer breit und hat, sich nach dem Süden

etwas verbreiternd, eine Länge von rund 50 Kilometern. Die
Stadt macht sich gleichsam nur auf dem Kopfkissen breit.
Hier leben heute 750 000 Menschen. Es könnten eigentlich
kaum noch mehr hinzukommen; doch man baut nun in die
Höhe.

Im Westen eröffnet sich die unendliche Weite des Pazifischen Ozeans. Die spätere Bedeutung der Stadt hatte die Natur hier bereits vorgezeichnet. Geradezu ideal, um Schiffe zu
ankern und eine Stadt zu gründen, liegt hinter dem Küstengebirge eine vom Meer zugängliche, ruhige, geschützte Bucht.

Die Bucht

Die landschaftliche Zwillingsschwester der Halbinsel von San
Franzisko liegt ihr nördlich gegenüber: die schon erwähnte
grüne, hügelige Halbinsel Marin County mit ihren riviera-
ähnlichen Yachthäfen. Die schmale Wasserstraße zwischen
den beiden Halbinseln ist der Eingang zur Bucht, das ›Golden
Gate‹. Täglich steuern unzählige Schiffe aus aller Welt durch
das ›Goldene Tor‹ und unter der Brücke hindurch in das
große, nordsüdliche Oval der flachen Bucht. Auf ihrem ansteigenden Ostufer liegen die Universitätsstadt Berkeley und
die Industriestadt Oakland.

Vom Grat der 800-Meter-Bergkette auf der Ostseite bietet
sich ein unvergeßlicher Blick auf die gesamte Bucht. Am
Abend des 4. Juli, dem amerikanischen Nationalfeiertag, kann
man von dieser Straße aus das faszinierende Schauspiel eines
Feuerwerks erleben, indes Flugzeuge und Helikopter kreuz
und quer, wie Glühwürmchen in einer warmen Juninacht,
über die Bucht fliegen. Die Lichter der Golden-Gate-Brücke
und der langen Doppeldecker-Brücke, der ›Bay Bridge‹, die
San Franzisko und Oakland verbindet, leuchten dann, gleich
angestrahlten bunten Edelsteinketten im schwarzen Samtkis-
sen der Nacht.

Die Bucht entstand vor ungefähr drei bis vier Millionen
Jahren. So besagt eine wissenschaftliche Theorie. Die Mittel-
gebirgszüge der San-Franzisko-Halbinsel im Süden und der
Marin-County-Halbinsel im Norden gehörten in jenen vor-

menschlichen Zeiten noch einem gemeinsamen, durchgehen-
den Küstengebirge an. Es war ursprünglich ein Tafelgebirge.
Zehntausende von Jahren taten das ihre, um mit Erosion und
Wind die heutigen abgerundeten Hügel entstehen zu lassen.
Hinter diesem Mittelgebirgszug lag eine riesige, nierenför-
mige Bodensenke, ein Tal von rund 15 Kilometern Breite und
70 Kilometern Länge. Es erstreckte sich im Osten bis an die
heutigen Berkeley-Berge, im Süden bis an die Santa-Cruz-
Berge und im Norden an die Sonoma-Berge. Durch den
nördlichen Teil der Bodensenke schlängelte sich die gemeinsame Mündung der beiden größten kalifornischen Flüsse ins
Meer: des Sacramento-Flusses aus dem Norden und des Joa-
quin-Flusses aus dem Süden. Sehr wahrscheinlich trat die gemeinsame Flußmündung an jener Stelle ins Meer, an der sich
heute das Golden Gate befindet. Als nach der letzten größeren
Eiszeit das Eis schmolz und sich der Meeresspiegel des Pazifik
um rund hundert Meter hob, brachen die Meerwasser durch
die ehemalige Flußmündung ins Hinterland ein und füllten
die flache Talschale zur heutigen Bucht von San Franzisko.

Der südliche Teil dieser Bucht ist sehr seicht, hat Meeres-
wasser und ausgesprochenen Lagunencharakter. Zwischen
November und April ist er Brutstätte und Lieblingsaufent-
haltsort unzähliger und seltener Wasservögel. Wenn der Winter hereinbricht, wird der Süden und Südosten der Bucht, bis
hinauf zum Merritt-See in Oakland, zur Zwischenstation der
vom Norden einfliegenden Wasservögel. Manche Vogelarten
überwintern auch dort, um mit Einbruch der ersten warmen
Frühlingstage wieder in die nördlichen Wälder zurückzukehren. Schon seit 1870 sind viele Teile dieses Küstenstriches
nationale Tierschutzgebiete für Wasservögel.

Der mittlere und nördliche Teil der Bucht, der auch San-
Pablo-Bucht genannt wird, ist etwas tiefer als der südliche. In
dem schon erwähnten Flußmündungsgebiet im Norden mi-
schen sich das Salzwasser des Meeres mit dem Süßwasser der
einmündenden Flüsse. Mit Ausnahme des Golden Gate und
eines schmalen mittleren Stückes sind 63 Prozent der Bucht
weniger als viereinhalb Meter tief. Den Boden bilden Sand-
ablagerungen, die seit ewigen Zeiten von Flüssen und vom

Meer hineingespült werden. Schon 1950 beobachtete man einen ungewöhnlichen Anstieg der Ablagerungen. Eine zugleich starke Verkleinerung der Bucht ging damit einher. Sie führte seit Beginn der siebziger Jahre zu entscheidenden Gegenmaßnahmen der angrenzenden Städtegemeinden. Laufend muß gebaggert werden, um die notwendigen Schiffahrtsstraßen offenzuhalten.

Das Hauptproblem in der Bucht aber ist nicht einmal so sehr die Versandung als vielmehr der Nebel am Golden Gate. Vor der Steilküste von San Franzisko steigt er aus den stahlblauen, erfrischend kalten Wassern der nordsüdlich an der Küste vorüberfließenden Japan-Strömung auf und bildet dort schwere Nebelbänke. Zwischen der frischen Luft an der Küste und der heißen des nur wenige Kilometer jenseits der Bucht landeinwärts liegenden Großen Tals ist der Temperaturunterschied sehr groß. Er kann im Sommer 10 bis 15 Grad Celsius und mehr betragen. Zugleich entsteht ein starkes Luftdruckgefälle, das im Sommer zu einem ständigen Windzug landeinwärts führt. Dieser Windzug zieht die Nebel mit sich in die Bucht. Er bewirkt aber zugleich, daß in San Franzisko selbst an den heißesten Sommertagen ständig eine frische Brise durch die Straßen weht. Mancher Einheimische nennt seine Stadt deshalb auch die ›Air-Conditioned Town‹.

Sechzig Prozent der Gesamtbevölkerung Kaliforniens, das heißt rund elf Millionen Menschen, lebten 1975 in den Metropolen von San Franzisko und Los Angeles. Das schafft Probleme, wie wir sie von allen Verstädterungen ehemaliger Landgebiete her kennen. Bewundernswert bleibt dabei immer wieder, wie die Probleme des Umweltschutzes und der Verkehrsverbindungen in Kalifornien – wenn auch nicht immer ohne Schwierigkeiten – gelöst werden. Ein hervorragend ausgebautes ›Freeway-System‹, ein Schnellstraßen- beziehungsweise Autobahnnetz, verbunden mit fünf Brücken, die in allen Richtungen über die Bucht von San Franzisko führen, verbinden alle Orte der Bucht in der besten Weise. Angesichts des wachsenden Autoverkehrs wurde im Herbst 1974 zur Entlastung der Straßen das hochmoderne BAT-System – das Bay Area Transit System – eröffnet, eine Nahverkehrs-,

Schnell- und Untergrundbahn zwischen San Franzisko und Oakland, deren Netz in einigen Jahren die gesamte Bucht umfassen wird.

Die Entdeckung – eine Geschichte der Verfehlungen

Juan Rodriguez Cabrillo, der portugiesische Seefahrer, von dem wir schon in der Einleitung hörten, notierte am Dienstag, dem 14.November 1542, in sein Logbuch: »Vom Dienstagmorgen bis zum Nachmittag segelten wir entlang der Küste und suchten nach einer Bucht, wo wir ankern konnten. Die See war so bewegt, daß es fürchterlich anzusehen war. Die Küste ist rauh, und die Berge steigen aus dem Wasser hoch hinauf. Am Nachmittag ankerten wir, um auszuruhen. Die Küste verläuft an dieser Stelle nordwestlich. Wir erkennen die Landzunge wieder, die in die See hinausragt und ein kleines Kap bildet. Es ist mit flachem Gehölz und Baumgruppen bestanden und liegt auf dem 40.Breitengrad.«

Cabrillo hat mit höchster Wahrscheinlichkeit als erster am ›Golden Gate‹ geankert, wie John Frémont zu Beginn des 19.Jahrhunderts den Eingang in die Bucht in Anlehnung an das Goldene Horn bei Istanbul benannte. Cabrillos »kleines Kap« könnte jene nordwestliche Ecke der Halbinsel gewesen sein, auf der heute das Cliff House von San Franzisko steht. Nur liegt das Golden Gate nicht auf Cabrillos 40.Breitengrad, sondern zwischen dem 37° 30' und dem 38° nördlicher Breite. Doch da auch in einem anderen Fall der in Cabrillos Aufzeichnungen angegebene Breitengrad mit dem wirklichen um 2° 30' differiert, können wir sicher sein: die Stelle, an der Cabrillo ankern ließ, war das heutige Golden Gate. Weshalb aber war er nicht in die ruhige Bucht von San Franzisko gesegelt? Die Antwort könnte lauten, daß die schon beschriebenen Nebel von San Franzisko die Sicht zur Einfahrt versperrt haben könnten.

Auch Sir Francis Drake, der ja 36 Jahre später am Golden Gate vorübersegelte, kann der sommerliche Nebel die Sicht auf die Bucht verstellt haben. Doch auch in diesem Fall ist einiges unklar oder mysteriös. Bisher stand fest, daß Drake

38 Kilometer nördlich des Golden Gate in der später nach ihm
benannten Drake's Bay ankerte, um mit seiner Schiffsmann-
schaft vor der Überquerung des Pazifik eineinhalb Monate
auszuruhen und seine ›Golden Hind‹ auszubessern. Daß es
sich bei dem Ankerplatz durchaus um die heutige Drake-
Bucht handeln könnte, geht aus dem Tagebuch des Bordka-
plans Fletcher hervor, der an dieser Stelle von »Sandbänken
und weißen Felsen« spricht, die ihn »an die englischen Kreidefelsen von Dover erinnern«. Heute gibt es sie an der kalifornischen Küste nur noch an dieser Stelle der Drake-Bucht.
Aber ehemals war unweit des Drake's Bay noch eine andere
solche Stelle. Die ersten Spanier, die 200 Jahre später über
Land in dieses Gebiet kamen, nannten sie ›Cantil Blanco‹, das
heißt ›Weiße Kreidefelsen‹: Es ist die Stelle, an der heute das
amerikanische Fort unterhalb der Golden-Gate-Brücke steht.
Hatte Kaplan Fletcher *diese* Kreidefelsen gemeint? Dann allerdings war Sir Francis Drake der erste, der die heutige Bucht
von San Franzisko entdeckte. Ausgeschlossen wäre es nicht.
Und dies noch aus zwei anderen Gründen: Selbst wenn Sir
Francis Drake in der Drake-Bucht geankert hat, hätte er doch
von der Spitze der weit ins Meer hinausragenden schmalen
Landzunge, dem heutigen Point Reyes, an klaren Tagen, wie
es sie oft im Juni gibt, die Einfahrt zur Bucht von San Franzisko erkennen müssen. Oder war die Einfahrt und Bucht
durchaus bekannt, und hatten die freundlichen Küstenindia-
ner, die Miwoks, Drake wegen der sommerlichen Nebel nur
dringend von einer Einfahrt in die Bucht abgeraten? Noch
heute tasten sich die Schiffe, trotz modernster Navigationsin-
strumente und eindringlicher Nebelhörner, nur vorsichtig
durch das Golden Gate. Der andere Grund, warum Drake die
Bucht gekannt haben mußte, geht daraus hervor, daß er, wie
bereits kurz in der Einleitung erwähnt, »in Gottes Gnaden
und im Namen Ihrer Majestät, der Königin Elisabeth von
England und ihrer Nachfolger« von dem Land Besitz ergriff,
das er ›Nova Albion‹ benannt hatte. Normalerweise schaut
man sich das Land an, von dem man Besitz ergreift. Drake
ließ zudem »an einer großen und festen Stelle«, wie Kaplan
Fletcher schrieb, eine Messingplatte anbringen, die den zitier-

ten Text und ein eingelassenes englisches Sixpence-Stück
trug. Ein junger Mann, Mr. B. Shinn, fand 1936 – ein Zufall
der Geschichte – diese Messingplatte bei einer Autofahrt auf
der nordwestlichen Innenseite (!) der Bucht, nur zwei Kilometer nördlich von St. Quentin. Sie ist heute in der Bancroft
Library der University of California in Berkeley zu sehen –
ohne das Sixpence-Stück.

Am 23.Juli 1579 verließ Drakes Dreimaster die kalifornische Küste. Ein Jahr später erreichte er England. Im An-
kunftshafen Portsmouth schlug die mächtige Königin Elisabeth I. Francis Drake zum Ritter und verlieh ihm den Titel
›Sir‹. Vierhundert Jahre später erhob Elisabeth II. in demselben Hafen den Weltumsegler Francis Chichester in den
Adelsstand. Um die Tradition fortzusetzen, verließ am
22.September 1974 eine genaue Kopie des Drake-Schiffes
›Golden Hind‹ – Geschäftsleute von San Franzisko hatten sie
in Auftrag gegeben – den Hafen von Plymouth und segelte,
von der Bevölkerung begeistert begrüßt, Anfang März 1975
in die Bucht von San Franzisko ein. Dort kann die Karavelle
seit Sommer 1975 besichtigt werden.

Sechzehn Jahre nach Sir Francis Drake, 1595, ankerte der
Portugiese Sebastián Cermeño mit seiner Karavelle ›San Augustín‹ in der Drake-Bucht. Der Dreimaster war von China
monatelang über den Pazifik gesegelt und hatte vor allem
Gewürze, Porzellan und Seidenstoffe an Bord. Cermeño ließ
das Schiff überholen und die Mannschaft ausruhen, bevor es
auf den weiteren Kurs nach Mexiko gehen sollte. Der größte
Teil der Schiffsbesatzung setzte mit zwei Booten über und
blieb einige Wochen an Land. An einem stürmischen Novem-
bertag wurde die ›San Augustín‹ aus der Verankerung geris-
sen und auf das Meer hinausgetrieben. Archäologen fanden
350 Jahre später in der Drake-Bucht chinesisches Porzellan –
aufgrund der Datierung höchstwahrscheinlich vom Wrack
der ›San Augustín‹. Mit den beiden verbliebenen offenen
Booten erreichte die überlebende Mannschaft ein Jahr später
den mexikanischen Hafen von Acapulco. Die Boote fuhren
nahe der Küste entlang und hätten den Eingang zur Bucht
von San Franzisko bemerkt haben müssen.

Diese Feststellung erscheint uns deshalb wichtig, weil einer der überlebenden Offiziere der ›San Augustín‹, Sebastián Vizcaíno, sieben Jahre später, im Jahr 1602, erneut nordwärts die kalifornische Küste hinaufsegelte, um für die aus dem Fernen Osten kommenden Handelsschiffe einen ruhigen Hafen zu suchen. Trotz sorgfältiger Erkundung fand auch er die Bucht von San Franzisko nicht. Sie blieb für viele Jahrhunderte rätselhaft verborgen.

Es vergingen mehr als anderthalb Jahrhunderte seit der Entdeckungsreise Vizcaínos, bis die erste authentische Nachricht von der Entdeckung der Bucht vorlag. Sie stammt vom 1. November 1769. An diesem Tag stand der spanische Unteroffizier José de Ortega und sein kleiner Stoßtrupp, der im Auftrag Gaspar de Portolás auf dem Landweg die Küste erkundete – wir sprachen davon in der Einleitung –, auf jenem Hügel, der heute der bekannte Telegraph Hill von San Franzisko ist. Ortega nannte ihn ›La Loma Alta‹, den ›Hohen Hügel‹. Dem vor ihm liegenden Eingang zur Mündung gab er den Namen ›La Boca del Puerto‹, den ›Mund zum Hafen‹. Die Tatsache, daß Ortega und seine Leute nicht befehlsgemäß bis zur Drake-Bucht weiterziehen konnten, versperrte ihnen derart den Blick, daß sie die Bedeutung der Bucht als idealen und ruhigen Hafen nicht erkannten. So kehrten sie nach Monterey zurück.

Die Mission von San Franzisko

Am 5. August 1775 segelte die ›San Carlos‹ unter dem Kommando von Juan Manuel de Ayala als erstes Schiff in die Bucht von San Franzisko ein. Man blieb 44 Tage und erforschte sie sehr eingehend. De Ayala fertigte die erste Karte der Bucht an und benannte zwei ihrer Inseln: Isla de los Angelos, heute Angel Island (Insel der Engel), und Isla de los Alcatraz, heute noch Alcatraz (Insel der Pelikane).

Juan Bautista de Anza, Hauptmann in der spanischen Armee und Mitglied der herrschenden Aristokratie von Sonora, der nördlichen Grenzprovinz von Neu-Spanien, erhielt im Jahr 1775 im Auftrag des Vizekönigs die Aufgabe, die ersten Siedler von Sonora zur heutigen Halbinsel von San Franzisko

zu führen. Im September 1775 verließ die Gruppe Sonora. Sie
bestand aus 240 Siedlern, in deren Gefolge auch der Franziskanerpater Pedro Font, der Leutnant José Joaquin Moraga, elf
spanische Soldaten und eine Viehherde mit tausend Tieren
mitzogen. Sie erreichte nach drei entbehrungsvollen Monaten
die kalifornische Küste bei San Gabriel Arcángel. Nach einem
mühsamen Marsch von drei weiteren Monaten trafen im
März 1776 de Anza, der Leutnant, der Pater, 244 Siedler –
unterwegs waren fünf Kinder geboren worden – und die elf
Soldaten in Monterey ein. Auf dem ganzen, beschwerlichen
Weg von tausend Kilometern war nur ein Todesfall zu beklagen: eine Mutter, die bei der Geburt des Kindes starb. In
Monterey hatten Portolá und Pater Junipero Serra sechs Jahre
zuvor das Presidio und die Missionsstation von Carmel gegründet. Die Siedler blieben zunächst hier. Hauptmann de
Anza zog dann mit einer Gruppe von Begleitern weiter zur
Halbinsel von San Franzisko. Hier errichtete er zwei Kreuze:
eines am Eingang zur Bucht, wo später das ›Presidio‹ erbaut
werden sollte, und ein zweites viereinhalb Kilometer südöstlich davon, an der Stelle der späteren Missionsstation San
Franzisko, die an einem kleinen See liegen sollte, in den ein
Flüßchen mündete. De Anza nannte das Flüßchen ›Arroyo de
los Dolores‹: ›Bach der Schmerzen‹, weil gerade der Feiertag
›Unserer Frau der Schmerzen‹ war. Auf dem Rückweg bestimmte de Anza auch noch den Platz der zukünftigen Missionsstation Santa Clara de Asís.

Nach Monterey zurückgekehrt, hatte Hauptmann de Anza
Schwierigkeiten mit dem dortigen neuen Gouverneur von
Kalifornien und Nachfolger Portolás, Fernando Rivera, der
sich gegen eine Besiedlung der Halbinsel von San Franzisko
stellte. De Anza mußte nach Sonora zurückkehren. Mit den
240 Siedlern kam es – wie berichtet wird – zu einem tränen-
reichen Abschied.

Wenige Monate später erhielt Gouverneur Rivera vom Vizekönig die Anweisung, die Halbinsel von San Franzisko umgehend zu besiedeln. Am 27. Juni 1776 erreichten Leutnant
José Moraga, der Franziskanerpater Francisco Palóu und die
Siedler die Stelle des zweiten Kreuzes. Am Tage darauf wurde

aus Stämmen und Zweigen notdürftig eine kleine Kapelle
errichtet. Am 29.Juni 1776 läutete Franziskanerpater F. Palóu
die Glocke zur ersten Messe in der Kapelle: es war die Grün-
dungsmesse zur sechsten, dem hl. Franziskus von Assisi ge-
weihten Mission San Francisco de Asís und die Geburtsstunde
der Stadt. Wenige Tage nach der Gründung der Mission von
San Franzisko, am 4.Juli 1776, schlug an der Ostküste Amerikas, in Philadelphia, die Geburtsstunde der Vereinigten Staaten von Amerika. Ein neues Weltenkind war geboren!

An der bescheidenen franziskanischen Wiege hingegen
ahnte wohl kaum einer die Zukunft der Metropole. *»Dieser
heilige Franziskus forderte einen neuen Weg zu Gott, und er forderte ihn singend. Er wollte über die Liturgie hinaus einen gewaltigen Gegenstand zum Objekt vertrauensvoller, persönlicher Andacht
machen: die Natur. Er rief mit einer Kühnheit ohnegleichen, abseits
der festgefügten Offenbarung, die Elemente, Tag und Nacht, die
Pflanzen, die Tiere, die Gestirne und das Licht zu Zeugen auf. Die
Schönheit der Welt erschien plötzlich als eine Wahrheit, die sich
selbst bewies, ein universales Dokument, eine Bestätigung für den
eingeborenen Liebesdrang der Geschöpfe zu ihrem Schöpfer. Dies
war ein direkter Weg zu Gott, und es war ein undogmatischer,
individueller, radikaler Weg. Der Asket von Assisi war kein rühr-
seliges Lamm, sondern ein Revolutionär.«* So schrieb Reinhard
Raffalt. Wahrhaftig, man hätte San Franzisko keinen sinn-
volleren, zutreffenderen Namen geben können.

Für die Indianer war die Missionsstation nicht besonders
anziehend. Nach einem Jahr gab es nur drei getaufte unter
ihnen. Dies hatte vor allem zwei Gründe: erstens war diese
Ablehnung klimatisch bedingt. Die Indianer blieben lieber auf
der wärmeren Ostseite der Bucht von San Franzisko, als sich
auf der Halbinsel der ständig frischen Brise und im Sommer
auch den Nebeln auszusetzen. Die meisten Indianer waren in
der Regel weit mehr verweichlicht, als uns eine falsche Literatur vermittelt. Es gab keinen Zweifel, daß die Franziskanerpatres und spanischen Soldaten größere Entbehrungen und
Strapazen auf sich nehmen konnten. Der zweite Grund war
noch schwerwiegender: Die weißen Missionare, Siedler und
Soldaten brachten Krankheiten mit sich, gegen die die India-

ner keine Immunstoffe in sich trugen, selbst wenn es harm-
lose waren wie die Masern. Wurde ein Indianer angesteckt,
griff bald eine Epidemie um sich, die manchen Indianerstamm schwer dezimierte.

Ungeachtet dessen zählte die Mission um 1800 immerhin
rund viertausend getaufte Indianer. Als der Entdeckungsrei-
sende Otto von Kotzebue, Sohn des Lustspieldichters August
von Kotzebue, in russischen Diensten 1816 die kalifornische
Küste besuchte, kam er auch zur Mission San Franzisko. In
seinen Aufzeichnungen berichtet er über die farbenfrohen indianischen Tänze, die der Sonntagsmesse der Franziskaner auf
dem Vorplatz der Mission folgten. In der Woche unterrichte-
ten die Franziskaner die Indianer in einem Handwerk und
führten sie in die Landwirtschaft, den Anbau von Wein,
Früchten, Gemüse und Getreide sowie in die Viehzucht ein.
Nach der Säkularisation aller kalifornischen Missionsstationen, 1832, verließen viele Indianer auch die Station San Franzisko, um sich selbständig zu machen. Besonders im Süden
Kaliforniens finden wir noch heute Farmen, die ausschließlich
von Indianern betrieben werden. Präsident Lincoln gab 1857
die Missionsstationen durch eine Verfügung der Kirche
zurück.

Der Missionsstation San Franzisko wurde später der Name
›Misión de los Dolores‹ – heute: ›Mission Dolores‹ – gegeben. Dolores Street heißt deshalb auch die Palmenallee im
spanisch-mexikanischen Wohnviertel, an der heute die Missionskirche gleich einer kostbaren, leuchtend weißen Perle
liegt. Die Dolores Street geht von der großen Hauptstraße
San Franziskos, der Market Street, ab und führt nach Süden
durch den heutigen Ortsteil Mission District.

Geht man von der Missionskapelle wenige Schritte bis zur
Kreuzung der Dolores Street und 16th Street vor und zwei
Häuserblöcke nach rechts – man kommt dabei an dem grünen
Gebäude der Deutsch-Evangelischen Kirche vorüber –, so
steht man an der Ecke 16th und Camp Street genau vor dem
ehemaligen Gründungsort der ersten Missionsstation. Die
Mission lag damals an einem kleinen See, in den das Flüßchen
Arroyo de los Dolores mündete. Im 19.Jahrhundert legte

man den See trocken und füllte das Becken auf, um den heutigen Mission District errichten zu können; er wurde während
des Erdbebens von San Franzisko im Jahr 1906 schwer in
Mitleidenschaft gezogen.

Der erste Missionsort am See war zu feucht, und so entschloß sich Pater Palóu, 1782 den Grundstein zum Bau an der
heutigen Dolores Street zu legen. Neun Jahre später, 1791,
war die Missionskapelle *Mission Dolores* fertiggestellt, wie sie
noch heute vor uns steht. Und nach Norden, bis zur Ecke der
16th Street, erstreckte sich parallel zur heutigen Straße der
lange Flachbau des Franziskanerklosters mit vorgezogener
Säulenhalle. Die Anlage war quadratisch um einen Hof gelegt. Zum 100. Jahrestag der Mission, 1876, wurde diese Klosteranlage mitsamt dem Vorratsgebäude abgerissen und ein
größerer Kirchenbau für die Einwohner des Wohnviertels an
dieser Stelle errichtet. Durch das Erdbeben 1906 wurde auch
diese Kirche schwer beschädigt, während die Missionskapelle
unversehrt blieb. Die ihr heute benachbarte doppeltürmige
Sandsteinkirche – der spanische Barockstil der Internationalen
Messe von San Diego, 1915, diente ihr als Vorbild – wurde
1918 vollendet.

An die Hauptfront der Missionskirche schließt sich eine
weiße Mauer an. Hinter ihr liegt der alte Missionsfriedhof.
Auf der Mauer sind zwei Tafeln angebracht. Die eine besagt:
»Dies ist San Franziskos Geburtsort: die Missionsstation von
San Franzisko, gegründet am 29. Juni 1776 von Pater Francisco Palóu O.F.M.« Auf der zweiten Tafel, die die Missionsstation als »Registered Landmark Nr. 784« auszeichnet, steht
geschrieben: »Diese Tafel wurde anläßlich des 250. Geburts-
tages des Apostels von Kalifornien, Pater Junipero Serra,
O.F.M., angebracht, um zugleich den nördlichsten Endpunkt
des ›Camino Real‹ zu kennzeichnen, wie Pater Serra ihn
kannte und den er selbst bahnte.«

Die kleine weiße Missionskirche mit dem flachen Röhren-
ziegeldach und dem Kreuz aus kalifornischem Rotholz auf der
Stirnseite hat als Eingang nur ein schlichtes Bogenportal, zu
dem fünf rote Ziegelstufen hinaufführen. Die kräftigen do-
rischen Doppelsäulen rechts und links des Portals stützen

einen über die gesamte Giebelfront verlaufenden, tiefbraunen,
gleichfalls aus Rotholz gezimmerten Balkon. Durch Öffnun-
gen zwischen kleineren Säulen sind in der Giebelfront drei
Glocken zu sehen, die 1792 und 1797 gegossen wurden. Sie
läuten nur in der Karwoche.

Die Kapelle ist aus unbehauenen Feldsteinen erbaut. Ein
rotviolett leuchtendes Blütenmeer von Bougainvillea bedeckt
vom Frühsommer an die Südwand und rankt üppig über jenem kleinen südlichen Straßenportal, durch das wir eintreten.
Dieser Kichenraum erlebte die ersten Taufen, Hochzeiten und
Totenmessen in San Franzisko. Die noch ursprünglich erhaltene, von den Indianern mit Zickzack- und Dreiecksmustern
bemalte Holzbalkendecke leuchtet in ihren Farben Weinrot,
Ocker, Hellgrau und Weiß so frisch wie am ersten Tag. Die
Indianer benützten Pflanzenfarben. Der ebenfalls von ihnen
bemalte Rundbogen grenzt das Sanktuarium, zu dem zwei
Stufen emporführen, gegen den restlichen Teil des Kirchen-
schiffs ab. In den Zwickeln des Rundbogens sind die pflan-
zenumrankten Monogramme von Christus und Maria, an
den Seitenpfeilern die Skulpturen von Petrus und Paulus, davor zwei Barockaltäre mit spanischen Heiligen zu sehen.

In der Südwand der Kapelle steht in einer kleinen Nische
das Taufbecken. Die Franziskaner richteten es so ein, daß stets
die Sonne durch das gelbe kleine Butzenfenster der Nische auf
das Taufbecken fiel, wenn der neue Erdenbürger zum Chri-
sten getauft wurde. Das Halbrund über der Nische ist mit
Indianermalerei geschmückt, die den hl. Franziskus darstellt,
wie er das Kind eines Indianerpaares tauft. Unweit der Nische
steht die Skulptur des hl. Franziskus, das Kreuz Christi wie
ein geliebtes Kind tragend. Im Kircheninneren finden sich die
Gräber von Don José Joaquin Moraga, dem 1785 verstorbenen Gründer des Presidios von San Franzisko und von William Alexander Leidesdorff, dem ersten Weißen, der in San
Franzisko die Rechte der schwarzen Bevölkerung vertrat.

Der goldbemalte spanische Barockaltar aus dem 18. Jahrhundert bedeckt die gesamte Apsiswand. Im Zentrum sehen
wir den Gekreuzigten, zu seiner Rechten die hl. Anna, zu
seiner Linken ›Our Lady of the Angels‹, Maria als Himmels-

königin. Oberhalb des Gekreuzigten, als Symbol des Jüngsten
Gerichts, steht hoch aufgerichtet der hl. Michael mit Schwert
und Lanze. Ihm links zur Seite die hl. Klara, Schülerin des hl.
Franziskus und 1212 Begründerin des Klarissinenordens.
Rechts der hl. Joachim von Floris (San Joaquin da Flore),
Verkünder des neuen ›Zeitalters des Geistes‹. Auf den beiden
Außensäulen des Altars entdecken wir, weit kleiner als die
anderen Skulpturen, zweimal den hl. Franz von Assisi, einmal
die Arme öffnend, einmal das Kreuz tragend.

Die Mission Dolores ist heute ein ›Historical Landmark‹,
ein unter Denkmalschutz stehendes historisches Gebäude. Es
wird deshalb keine Messe mehr hier gelesen. Will man eine
spanisch-mexikanische Messe miterleben und jene Stimmung
erfahren, wie sie um 1830 auch in der Mission Dolores
herrschte, muß man im Zentrum die Kirche ›Nuestra Señora
de Guadalupa‹ (Broadway 908) aufsuchen, die einzige Kirche
in San Franzisko, wo die Messe noch in der Sprache der Missionare gehalten wird.

Am alten, kleinen, reich mit Blumen geschmückten *Missionsfriedhof* ist nahe am Eingang das Denkmal von Pater Junipero Serra (1713-1784) zu finden, ›Founder and First President of the California Missions‹, wie es auf dem Sockel heißt.
Es ist umgeben von Grabtafeln mit irischen, britischen, französischen, spanischen und italienischen Namen, meist aus den
fünfziger Jahren des 19. Jahrhunderts, den ›Goldrauschzeiten‹.
William J. Wall aus dem irischen Tipperary liegt dort begraben, Lorenzo Fagoni aus Ragusa, der 24jährige Peter Campbell aus Brooklyn, Maria Ruiz aus Santiago de Chile, Pierre
Grillot aus Bordeaux, George Hansom aus England, Karl Fischer aus Deutschland, José Noe, der letzte mexikanische
Bürgermeister von Yerba Buena, dem früheren San Franzisko, James Casey, der 1856 den Zeitungszar von San Franzisko erschoß, viele, viele mehr. Vor der Südwand der Missionsstation finden wir das Grabmal des hier geborenen und
gestorbenen, bekannten ersten Gouverneurs von Kalifornien,
Don Luís Antonio Argüello (1784-1830).

Als der große Schauspieler Ernst Deutsch mit dem Burg-
theater-Ensemble aus Wien 1967 sein letztes Gastspiel in San

Franzisko gab und diesen Missionsfriedhof besuchte, sagte er:
»Dieser Friedhof mit seiner Fülle bunter Blumen und blühender Sträucher ist von solcher Ruhe und Schönheit erfüllt, daß
er mich an das herrliche ›Paradiesgärtlein‹ im Frankfurter Städel erinnert, das ich so sehr liebe. In diesem Sonnen-Garten
des heiligen Franziskus möchte man begraben sein.«

Vom Tauschhandel zum Dollar: die Münze

Wir fahren die Palmenallee der Dolores Street zurück bis zur
Market-Street. Der dort so auffallend auf einem 30-Meter-
Felsen errichtete Stahlbetonbau ist die United State Mint, die
US-Münzstätte. In den gesamten USA gibt es nur fünf US-
Münzstätten; eine von ihnen ist diese. Unter spanischer und
mexikanischer Herrschaft erfolgte die wirtschaftliche Trans-
aktion fast ausschließlich in der Form des Tauschhandels. Mit
den ersten Goldfunden von Kalifornien, 1849, änderte sich
jedoch das Bild schlagartig. Bereits 1850 gab es in San Franzisko fünfzehn Institutionen, die privat Goldmünzen herstellten. Diese waren in Kalifornien bis 1856 noch im Umlauf.
Im Juli 1852 verabschiedete der US-Kongreß ein Gesetz zur
Gründung einer Regierungs-Münzstätte in San Franzisko.
Der ungarische Einwanderer Agoston Haraszthy, später
durch seine nördlich von San Franzisko liegenden Weinberge
und besonders durch seinen ›Green Hungarian‹ berühmt geworden, wurde der erste Münzwardein der neuen Regierungs-Münzstätte. 1870-1874 erbaute man eine neue Münzstätte, jetzt ›Old Mint‹, an der Ecke Fifth und Mission Street,
mit dem damals üblichen griechischen Portikus. Da sie aber
auf die Dauer nicht sicher genug war, wurde sie 1937 durch
die heutige ersetzt. Übrigens ist sie die einzige Münzstätte in
den USA, die für Münzsammler die einstigen US-Dollars mit
alten Stöcken prägt.

Die Twin Peaks

Wir fahren auf der Market Street nach Westen bis zum Twin
Peaks Boulevard. Serpentinen mit herrlichen Aussichten auf

den Südteil der Stadt führen hinauf zu den 300 Meter hohen Twin Peaks, dem ›Zwillingshügel‹. Anfänglich nannte man sie ›Mission Peaks‹, weil sie die Haushügel der Missions-Station waren, später tauften die mexikanischen Spanier sie ›Los Perchos de la Choca‹: ›Die Brüste des Indianermädchens‹. »Wenn man nur einen Tag in San Franzisko hat«, schrieb ein bekannter Chronist der Stadt, »sind die Twin Peaks ein Muß.« Tatsächlich ist die Aussicht, die sie bieten, faszinierend. Deutlich erkennen wir von hier oben das Auf und Ab der auf zweiundvierzig Hügeln erbauten Stadt, wenn auch die Skyline der Innenstadt den hügeligen Eindruck ein wenig einebnet. Auch werden wir gewahr, daß San Franzisko an drei Seiten von Wasser umgeben ist: im Westen vom Pazifik, im Norden vom Golden Gate, im Osten von der San Franzisko Bay. Wenn nicht gerade Nebelbänke vor der Küste aufsteigen, kann man weit draußen im Silberschimmer des Pazifik sogar die zwei Inselgruppen der *Farallone Islands* entdecken. Sie liegen rund vierzig Kilometer vor der Küste. Cabrillo und Ferrelo entdeckten sie 1543, als sie erstmals die kalifornische Küste hinaufsegelten. Sir Francis Drake hielt sich 1579 während seiner Weltumsegelung auf dieser Inselgruppe auf, um sich und seine Mannschaft mit Vogeleiern zu versorgen. Später wurden die Inseln von Seeräubern bevorzugt und Anfang des 19. Jahrhunderts ein Stützpunkt russisch-amerikanischen Seeotter- und Pelzhandels. Die Farallone-Inseln sind heute Vogelschutzgebiet und nur von der Küstenwacht bewohnt.

Das langgestreckte, grüne Rechteck links zu unseren Füßen, das sich bis zum Ozean erstreckt, ist der *Golden Gate Park,* nördlich davon, die grüne Spitze, das *Presidio.* Von dort schwingt sich, rot herüberleuchtend, die Golden-Gate-Brücke zu den Küstenhügeln von *Marin County,* hinter denen dominierend der *Mount Tamalpais* herausragt. Unser Blick schweift weiter nach Osten. Unter uns die beiden kleinen Hügel von *Corona Heights* und *Buena Vista Park* und noch weiter rechts, stadteinwärts, die Hügel *Russian Hill, Telegraph Hill* und *Nob Hill.* Nördlich dieser Hügel entdecken wir, vorgelagert in der Bucht, die ehemalige Gefängnisinsel *Alcatraz.* Ihr gegenüber, noch weiter im Norden, *Angel Island* und anschließend die Bucht von Belvedere mit ihren unzähligen Yachthäfen, die bereits zu Marin County gehören.

Die gerade, breite Straße direkt zu unseren Füßen ist die Market Street. Eine Straßenbahn verschwindet am Fuße des Hügels in einem Tunnel, durch die Twin Peaks. Die 13,5 Kilometer lange *Bay-Brücke* führt unseren Blick über die Bucht von San Franzisko auf die Ostseite zur Universitätsstadt *Berkeley* und nach *Oakland*. Sogar der spitze Glockenturm der University of California in Berkeley ist erkennbar. Im Hintergrund erheben sich die Berge, gekrönt vom rund 1200 Meter hohen *Mount Diablo*.

Südlich der Market Street erstreckt sich am Wasser entlang das Viertel Potrero mit Lagerhäusern, die die Waren von Schiffen aus aller Welt aufnehmen. Draußen in der Bay liegen lange Öltanker. Die späte Nachmittagssonne malt die weißen Würfel der Stadt golden an. Jenseits der Bucht steigt das helle Gelb und Türkis über den Bergen in das Tiefblau des kalifornischen Himmels auf.

Die blau-weißen ›Scenic Drive‹-Schilder mit der Seemöwe sind Wegweiser einer 49-Meilen-Rundfahrt durch San Franzisko. Wir folgen ihnen nun hinüber zum *Portola Drive*. Er ist benannt nach dem bereits erwähnten Don Gaspar de Portolá, mit dem 1769 die Besiedlung und eigentliche Geschichte Kaliforniens begann. Nach Süden zweigt vom Portola Drive eine Straße zum *Mount Davidson* ab. Mit 313 Metern ist er der höchste Hügel San Franziskos. Bekannt ist die Ostermesse, die seit den frühen zwanziger Jahren alljährlich unter dem hohen Gipfelkreuz bis zu 60000 Menschen versammelt: Das amerikanische Fernsehen überträgt sie jedes Jahr für die gesamten USA.

Die Seemöwen-Schilder weisen uns vom Portola Drive über den Laguna Honda Boulevard zum Golden Gate Park. Der Weg führt am Medical Center of the University of San Franzisco vorüber. Zusammen mit dem Sloan Kettering Institute an der US-Ostküste ist das Medical Center eines der führenden Krebsforschungsinstitute und -krankenhäuser in der Welt. Bevor wir vom Osten her den Golden Gate Park betreten, passieren wir das Viertel Haight-Ashbury, in dem wir uns zwar nicht aufhalten wollen – es lohnt sich nicht mehr –, von dem wir aber zu berichten haben. Denn was hier in den sechziger Jahren vor sich ging, erscheint uns für das Verständnis San Franziskos und seiner Menschen wesentlich.

Die Blumen-Kinder von Haight-Ashbury

Die weltbekannten Hippies, die ›Blumenkinder‹ der sechziger Jahre, wird man heute in Haight-Ashbury und auch auf den Wiesen des nördlich anschließenden *Panhandle,* ›Pfannenstil‹, einem schmalen, sich im Osten an den Golden Gate Park anschließenden Park, vergeblich suchen. Aber damals – welch fröhliche Feste gab es da! Wie wurde da diskutiert, musiziert und getanzt! Die Hauptstraße der Hippies war die Haight Street, ihr abendlicher Haupttreffpunkt die Kreuzung von Haight- und Ashbury Street. Hier begann die Hippie-Bewegung mit jenem neuen Lebensstil vom Bart und schulterlangen Haaren bis zu den Sandalen, mit jener Sonderform des amerikanischen Existentialismus, die zu einer Weltfriedensbewegung werden sollte und auf Los Angeles und New York und bald auch auf London, Paris und München übergriff. Norman Mailer, der Schriftsteller, der das Bewußtsein, die Hauptprobleme und Widersprüche der amerikanischen Gesellschaft in ›The Naked and the Dead‹, ›An American Dream‹, ›Why are we in Vietnam?‹ oder ›The Prisoner of Sex‹ so leidenschaftlich aussprach, ist der Schöpfer des Wortes ›Hippie‹. In seiner ›Hip Morality‹ empfiehlt er den jungen Menschen »to do what one feels whenever and whereever it is possible«. Diese Mahnung ist die Basis seiner Hip-Moral: »Noch immer wendet sich mein Zorn gegen die Feigheit unserer Zeit, die uns dazu veranlaßt, uns mit nivellierenden Kompromissen zufriedenzugeben, für die wir unser ursprüngliches, lichterfülltes Ideal verraten haben, aufrecht und ganz wir selbst zu sein.« Mailers Kampf gegen die Unterjochung menschlichen Gefühls durch totalitäre und technokratische Mächte gipfelt für ihn im Ringen um eine neue Kultur. Diese Suche nach einem »unentdeckten Reich« nahmen die Hippies nur zu gerne auf, um Natur und Zivilisation, die so heftig auseinanderstreben, wieder miteinander zu verbinden. Die Perversion der Freiheit, wie sie der Vietnam-Krieg enthüllte, sollte der Selbstverwirklichung des Individuums Platz machen. Die Ohnmacht der jungen Menschen wurde zur Macht erklärt und San Franzisko zur Zitadelle der ›flowerpower‹ als Zeichen des Friedens erhoben.

Genaugenommen hatte die Hippie-Bewegung drei Wurzeln: die in San Franzisko historische ›Tradition of Nonconformity‹, die Tradition der Nichtanpassung; den aus der spanisch-mexikanischen Zeit stammenden ›easy-going-lifestyle‹, einen ungebundenen, lässigen Lebensstil, den das kalifornische Klima begünstigt; schließlich die ›Californian Revolution‹ der fünfziger und sechziger Jahre, das heißt die mit Siebenmeilenstiefeln voranschreitende Naturwissenschaft und Technik.

Die nonkonformistische Tradition reichte in die Tage der Goldrauschzeiten zurück, in denen jeder letztlich auf sich selbst gestellt war. Als dann Kalifornien Menschen der verschiedensten Völker und Rassen aufnahm, bewahrten sich diese, bis in die gemeinsamen Wohnviertel hinein, betont ihre kulturelle Identität. Der ›easy-going-lifestyle‹ wurde einerseits durch die Bequemlichkeiten der westlichen Zivilisation unterstützt, andererseits aber durch die Leistungsgesellschaft mit ihrem Ethos von Wettbewerb und Wachstum erheblich eingeschränkt. Die ›Californian Revolution‹ schließlich verband sich mit der Kritik an der Wohlstandsgesellschaft und der Kritik an bestehenden Moralbegriffen, die im Kern auf die überkommenen puritanischen Sexualvorstellungen zielte.

In der Beat Generation, dem Vorläufer der Hippie-Generation, fand der Nonkonformismus auch im Osten Amerikas einen Nährboden. Um Allen Ginsberg und Jack Kerouac, die die Beat-Bewegung der jungen Menschen gegen die alten Konventionen einleiteten, bildete sich an der Columbia University in New York der erste Kreis. Er löste die später weltweite Anti-Establishment-Bewegung aus. Durch Allen Ginsberg und Lawrence Ferlinghetti gelangten die Gedanken der Beat-Generation nach Westen, nach San Franzisko. Lawrence Ferlinghetti eröffnete im italienischen North-Beach-Viertel, von dem noch die Rede sein wird, seine heute noch bestehende City-Lights-Buchhandlung, die nicht nur Zentrum der Beat- und später Hippie-Literatur wurde, sondern auch der erste ausschließliche Taschenbuch-Laden der Welt. Dies war Ende der fünfziger Jahre.

Bald aber trennten sich die Interessen der jungen Weißen von denen der jungen Schwarzen. Ging es den Weißen vor allem um die Beendigung des Vietnam-Krieges, erschien den Farbigen die Bürgerrechtsbewegung vorrangig. Die Weißen konzentrierten Anfang der sechziger Jahre ihre Unterkünfte in Haight-Ashbury, einem ehemals ruhigen, kleinbürgerlichen Wohnviertel, in dem viele Arbeiter lebten, die in der Rüstungsindustrie tätig waren. Die Hippie-Bewegung begann, und ihr leuchtendes Dreigestirn hieß: Allen Ginsberg, Timothy Leary und – Hermann Hesse.

Nach Allen Ginsbergs nackt dargebotener, provokatorischer Lesung ›Howl‹ (›Geheul‹) in der Six Gallery, einer ehemaligen Garage, gewann die Prophetie eines neuen Bewußtseins vor allem aus der Droge eine weite Anhängerschaft. Timothy Leary, ehemals Professor für Psychologie an der Harvard-Universität, hatte mit seiner Entdeckung der halluzinogenen Droge Meskalin und seinen Experimenten mit dem ebenfalls halluzinogenen LSD dieser Suche nach einem neuen Bewußtsein einen Weg gewiesen. Sein Buch ›Doors of Perception‹ hielt die Ergebnisse seiner Forschungen fest. Als ihn die Harvard-Universität wegen Unwissenschaftlichkeit entließ, ging Leary nach San Franzisko und gründete dort seine ›L.S.D.‹-Bewegung: League for Spiritual Discovery. Die Hippies wurden bald seine Jünger. Das konkrete Wissen, das ihnen schon die aus Vietnam rückkehrenden GI's über die Eigenschaften des Haschisch vermittelt hatten, erweiterten sie durch die Lektüre von Aldous Huxley (›Schöne neue Welt‹) und Hermann Hesse (›Siddharta‹ und ›Steppenwolf‹) um gesellschaftskritische, religiöse und existenz-theoretische Dimensionen. Einen großen Einfluß übte in diesem Zusammenhang asiatisches Gedanken- und Glaubensgut aus, und Kalifornien war durch die hier lebenden asiatischen Volksgruppen besonders prädestiniert, diesen Einfluß aufzunehmen.

Timothy Learys Spruch, der bald zum Slogan der Hippies wurde, lautete: »Turn on, tune in, drop out«: »Dreh auf (erweitere Dein Bewußtsein), stimm ein, fall heraus (aus der bestehenden Gesellschaft).« Das ›LSD-Movement‹ erweiterte sich bald zum ›Psychedelic Movement‹ der überlauten Rock-Musik, der psychedelischen Farb-Shows, die auf den LSD-Farberlebnissen beruhten, den bunt bemalten Körpern und Häusern, den phantastischen Plakaten der ›Psychedelic Shops‹ in der Haight Street.

1967 fand im Golden Gate Park der unvergessene ›Sommer der Liebe‹ statt, ein Treffen von 20000 Hippies mit Allen Ginsberg, Timothy Leary, Rock-Gruppen und den Hell's Angels. Alle lauschten gespannt den Gedichten, der Musik und den Vorträgen über Buddha- und Zen-Lebensphilosophie. Die Nachrichten von diesem Treffen erreichten den Osten Amerikas, und weitere Tausende junger Menschen machten sich auf den Weg nach San Franzisko, um den ›Sommer der Liebe‹ zu finden. Er dauerte so lang, wie in Kalifornien die Blumen blühen. Dem ›Hippie-Sommer‹ 1967 folgte der ›Hippie-Herbst‹ 1968 und der ›Hippie-Winter‹ 1969.

Das fröhliche Haight-Ashbury, das 1967 noch Touristen anlockte, wurde bald ein Bild des Elends. Krankheiten vermehrten sich, und die Kriminalität stieg an. Was zurückblieb, waren gebrochene Blumen-Kinder. Viele kehrten ernüchtert, aber auch kritisch in die Schulen, Colleges und Universitäten zurück. Das Haight-Ashbury-Viertel wurde in den siebziger Jahren restauriert und ist wieder das, was es einst war, ein ruhiges, bürgerliches Wohnviertel. Die Kinder der Blumen-Kinder aber spielen auf den weiten Wiesen des Golden Gate Park.

*Der Golden Gate Park und die Schönheiten
aus aller Welt*

Wenn die Einheimischen sagen »Let's go out to the park«, dann meinen sie von den 158 Grünanlagen, die es in San Franzisko gibt, ohne Zweifel nur eine: den Golden Gate Park. Er ist für sie, was für den Münchner der Englische Garten, für den Pariser der Bois de Boulogne, für den Römer die Villa Borghese und für den Londoner der Hyde Park ist.

Wenn im Frühjahr im Japanischen Teegarten des Golden Gate Parks die Kirschbäume in voller Blüte stehen, wenn später die Rhododendron-Sträucher und der Ginster blühen, wenn die Menschen im Schatten der Pinien, Zypressen, Eichen und Eukalyptusbäume spazierengehen, auf den kleinen Seen rudern, über die Wiesen laufen, Tennisplätze oder Sportarenen aufsuchen, im schneeweißen, viktorianischen Tropen-Gewächshaus seltene Orchideen, im De Young Memorial Museum auserlesene Werke abendländischer, amerikanischer und fernöstlicher Kunst oder im Naturwissenschaftlichen Museum die bunte Fischwelt bewundern, dann mag dem Betrachter kaum bewußt sein, daß vor nicht einmal hundert Jahren an dieser Stelle des heutigen, blühenden Parks nichts als Sanddünen waren.

Dieser Golden Gate Park ist weitgehend das Lebenswerk eines Mannes, eines dickköpfigen, zähen kleinen Schotten, der 1887 als Nachfolger des ersten Parkdirektors William H. Hall mit der Aufgabe begann, den Streifen Sandwüste von sechs Kilometern Länge und einem Kilometer Breite, den die Stadt damals als Grundstück freigegeben hatte, in einen Park umzuwandeln. Sein Name war John McLaren oder ›Uncle John‹, wie ihn die Einheimischen später nannten. John McLaren hat im Laufe von 57 Jahren Tausende von Bäumen im Golden Gate Park angepflanzt. Nachdem er 1943 mit 97 Jahren gestorben war, sagten ihm die Bürger liebevoll nach, er habe nicht nur den berühmten ›grünen Daumen‹ gehabt, auch in seinem Gehirn müsse es wohl über und über grün ausgesehen haben.

Onkel John liebte keine Denkmäler in seinem Park. Nun steht er selbst dort. Gegenüber dem Gewächshaus des ›Conservatory‹ setzte man ihm ein Denkmal. Die kleine Gestalt, in Bronze und Lebensgröße, mit Kahlkopf und Spitzbart, steht, einen Pinienzapfen in der Hand betrachtend, ohne Sockel unmittelbar auf dem Grün des Rasens, umgeben von seinen geliebten Rhododendron-Sträuchern. Es war übrigens das erste freistehende Denkmal im Park. Vor alle anderen, die die

Stadtväter ihm abtrotzten, hat Onkel John Büsche pflanzen lassen. So sind die meisten der 36 Denkmäler im Grün verborgen, etwa das 1901 errichtete Goethe-Schiller-Denkmal, eine Kopie des bekannten Monuments vor dem Nationaltheater in Weimar, das an der Nordostecke der Academy of Sciences steht, oder die Denkmäler Beethovens, Shakespeares, Verdis, Amundsens, der amerikanischen Präsidenten McKinley und Garfield sowie des Missionsstation-Gründers Junipero Serra.

Der Golden Gate Park hat nahezu die exakte Form eines gestreckten Rechteckes und ist etwa ein Kilometer breit und sechs Kilometer lang. Mit seinen eintausend ›acres‹, rund vier Quadratkilometern, reicht er im Westen bis ans Meer, bis an den Sandstrand des Pazifik. Er grenzt im Norden an das bürgerliche Wohnviertel Richmond und im Süden an die hellen Häuser des Sunset-Viertels, in deren Fenstern sich abendlich die Sonne widerspiegelt. Im Osten, genauer im Südosten, schließt sich das eben besprochene Hippie-Viertel Haight-Ashbury an. In ost-westlicher Richtung schlängeln sich durch den Park zwei Hauptstraßen: im Norden der John F. Kennedy Drive, im Süden der South Drive. In nordsüdlicher Richtung durchschneidet den Park die berühmte Bundesstraße 1, ›Traumstraße der Welt‹, wie man sie auch nennt.

Unseren Streifzug beginnen wir am besten am östlichen Eingang, wo der ›Panhandle‹, der ›Pfannenstiel‹, in den John F. Kennedy Drive einmündet. Am Eingang rechts steht die nach Onkel John benannte ›McLaren Lodge‹, das Verwaltungsgebäude, in dem man sich mit Informationsmaterial eindecken kann. Die Straße, die wenige Meter weiter vom John F. Kennedy Drive nach Süden abzweigt – an Wochenenden kann der Kennedy Drive mit dem Auto von dieser Stelle ab nicht mehr befahren werden –, führt zum South Drive mit dem *Kezar Stadion* (60000 Plätze), dem Heimplatz des in den USA berühmten 49er-Football-Teams. Traditionell findet dort an jedem Neujahrstag das große Ost-West-Spiel mit den Football-Stars der Nation statt.

›Football‹ hat nichts mit unserem europäischen Fußball zu tun. Dieser heißt in Amerika ›Soccer‹. Football ist vielmehr

eine am College Rugby in Mittelengland 1823 entwickelte
Abart des Fußballspiels, die neben dem Baseball die beliebte-
ste amerikanische Sportart geworden ist. Football wird mit
15 Männern auf jeder Seite gespielt und einem länglich ova-
len, sehr harten Lederball. Die Spieler versuchen, dieses
Lederei möglichst weit ins Gegenfeld bis zum möglichen
›touch down‹ zu tragen oder einem Mitspieler zuzuwerfen,
wobei sie den Gegenspieler anrempeln dürfen. Ein Spiel für
harte Männer und selbstverständlich unter den amerikanischen Jungens sehr beliebt. Vielbesucht sind auch die sommerlichen Flutlicht-Football-Spiele im Kezar-Stadion. Ein
weiteres Football-Feld, zugleich fürs Polospiel, liegt im westlichen Teil des Parks.

Gegenüber dem Kezar Stadion finden wir – über eine Million Kalifornier spielen Tennis – öffentliche Tennisplätze, daneben Wiesen-Bowling- und Baseballplätze, im Westen des
Parks Plätze für Fußball und Golf sowie eine Reitbahn mit
angrenzenden Stallungen. Mietet man sich dort ein ›Quarter-
Horse‹, so sollte man ein guter Reiter und mit dem besonderen Reitstil dieser Pferde vertraut sein, denn sie wurden ehemals von Cowboys geritten; auch sind die Sättel gegenüber
den europäischen verschieden.

Es ist ratsam, im Golden Gate Park irgendwo am Straßen-
rand das Auto stehenzulassen und zu Fuß zurück zum John
F. Kennedy Drive und zum *Conservatory*, dem altenglischen
Treib- und Gewächshaus, zurückzukehren. Es ist eine Nach-
bildung des beliebten viktorianischen Gewächshauses der
Kew Gardens bei London, von einem Philanthropen aus San
Franzisko, James Lick, aufgebaut und später in den Besitz der
Stadt übergegangen und bereits 1879 im Golden Gate Park
eröffnet. Das Conservatory ist das älteste Gebäude des Parks.
Es enthält tropische Gewächse, Farne, Hibisken und seltene
Orchideen. Die große Blumenuhr davor stiftete die Schwei-
zer Kolonie von San Franzisko. Bummeln wir den Kennedy
Drive nach Westen, so kommen wir auf der linken Seite am
schon erwähnten Denkmal John McLarens und an dem im
Mai in voller Blüte stehenden Memorial Rhododendron Bell
vorüber. Abermals einige Schritte weiter, an gepflegten Blu-

menrabatten entlang, biegen wir nach links zum eigentlichen
Zentralplatz des Parks ab, der mit einem Musik-Pavillon und
Bänken rundum wie ein Kurpark wirkt. Er wird umgeben
vom M.H. de Young Memorial Museum, der California
Academy of Sciences mit dem Natural History Museum,
dem angrenzenden Reinhart Aquarium, dem Morrison-
Planetarium, der Simson African Hall, und schließlich vom
zauberhaften Japanese Tea Garden.

Der Japanese Tea Garden. Gleich hinter dem 1894 errichteten
Haupteingang – dem ›Romon‹, einem zweistöckigen Holztor
mit ausschwingendem Dach – finden wir unter einem Kirsch-
baum einen bronzeverkleideten Stein zu Ehren von Makoto
Hagiwara und seiner Familie, die diesen japanischen Teegarten von 1895 bis 1942 in der heutigen eindrucksvollen Form
gestaltete. Hagiwara wurde für seine Leistung vom japanischen Kaiser später in den Adelsstand erhoben. Seltsamerweise war es ein Australier, George Turner Marsh, der auf die
Idee kam, für die Große Kalifornische Wintermesse, die im
Januar 1894 eröffnet wurde, im Zentrum des Golden Gate
Parks ein Dorf mit Garten ›à la japonaise‹ zu planen. Diese
Wintermesse war die erste, die Kalifornien als »year-around-
vacation-land« pries. Zweieinhalb Millionen Menschen besuchten sie. John McLaren ließ danach die Messegebäude wieder abreißen, den Japanese Tea Garden aber stehen und för-
derte Hagiwara nach Kräften.

Mit Teehaus, Wohnhaus, Mond-Brücke oder ›Trommel-
Brücke‹, wie die Japaner sagen, mit dem Torii-Tor am Ende
der steilen Buß-Treppe, die zur Pagode hinaufführt und dem
›Roten Tor‹, mit einer Statue Buddhas des 18. Jahrhunderts
aus der Tajima-Provinz, in dessen linker, ausgestreckter Hand
nicht selten frische Blüten liegen, mit den vielen klassischen,
japanischen Yukimi-Steinlaternen an den verschlungenen
Wegen der kleinen Seen und den stillen, fließenden oder fallenden Wassern, erschließt sich uns hier ein Stück japanischer Welt. Im Frühling erfreut das hellrosa Kirschblüten-
meer Zehntausende von Besuchern. Die gärtnerische Gestaltung mit Magnolien, Kamelien, Pinien, japanischem Ahorn,

Zwergkiefern und vielen anderen Pflanzen, zeigt unverwechselbar den japanischen Gartenstil. Die Äste der japanischen Bäume und Sträucher werden so geschnitten, daß jeweils nur der im Wirbel abgehende Ast weiterwächst; daraus entsteht das charakteristische Zickzack der Bäume und Sträucher. Zu dieser Gartenkunst gehört auch, die Bäume gegebenenfalls zu stutzen, um sie in die gewünschte Form und Höhe zu bringen. Im Unterschied zum französischen Garten mit seinen geometrisch beschnittenen Bäumen ist es bei der japanischen Gartenkunst die der Pflanze innewohnende Form, die zum Kunstwerk stilisiert wird.

Das M.H. de Young Memorial Museum. Michael H. de Young, Zeitungsmagnat des ›San Francisco Chronicle‹, noch heute eine der beiden großen Tageszeitungen San Franziskos, schlug nach der erwähnten, auch finanziell erfolgreichen California Midwinter Exposition, deren Generaldirektor er war, vor, einen Teil der eingenommenen Gelder für die Errichtung eines Museums zu verwenden. De Young stiftete einen erheblichen Betrag für Ankäufe. Die unübersehbare, riesengroße, mit Skulpturen überreich versehene Bronze-Vase ›Die Weinernte‹ von Gustave Doré, die in der großen Eingangshalle steht, ist eine seiner Stiftungen.

1926 wurde das alte Gebäude abgerissen und das heutige, weiträumige Museum errichtet. Der große Westflügel, der unter anderem die sechstausend Werke asiatischer Kunst der Avery Brundage Collection enthält, wurde 1966 vollendet. 1971 hat man das von Adolph Spreckels gegründete Legion of Honour Museum im Lincoln Park dem De Young Museum angeschlossen, beide figurieren unter dem Namen ›Fine Arts Museum of San Francisco‹. Wenn die ausgestellten Werke sich als ›Gift of Samuel H. Kress‹, ›Gift of Mrs. H. Fleishhacker‹, ›Gift of Roscoe and Margaret Oakes‹ und unter vielen, vielen anderen Namen ausweisen, so hängt dies damit zusammen, daß sie private Stiftungen oder auch Stiftungen von Gruppen wie etwa der Museumsmitglieder sind. ›Raising funds‹ – das heißt: finanzielle Mittel oder Stiftungen aufzutreiben – ist nahezu die Haupttägigkeit eines amerikanischen

Museumsdirektors. Dabei kommt ihm der Wunsch des reichen Geschäftsmannes entgegen, etwas für das Gemeinwohl zu tun, zugleich aber auch, mit seiner Namensnennung auf dem kleinen Schildchen ein wenig zu seiner Unsterblichkeit beizutragen. Diese Form des Gemeinsinns würde gewiß nicht ganz so ausbündig geübt, wenn nicht der amerikanische Staat dem Stifter durch ein Stiftungssteuerrecht, wie wir es in Europa in dieser Form und in diesem Ausmaß nicht kennen, in großzügiger Weise entgegenkäme. Rund ein Drittel der zu zahlenden Steuern kann der Steuerzahler einbehalten, wenn er einer ›Non Profit Organisation‹ – zu der neben Universitäten, Kirchen etc. auch Museen gehören – Spenden zufließen läßt.

Der ältere Teil des Museums ist ein um einen großen, überdachten Innenhof angelegter Gebäudekomplex. In dem mit großen flämischen Teppichen (16. Jh.) und Ritterrüstungen geschmückten Innenhof – eine Stiftung des Zeitungsmagnaten William Randolph Hearst an das Museum seines Erzrivalen Michael H. de Young, als dieser tot war – finden nicht selten Konzerte statt. Die hervorragend gestalteten Räume zeigen Werke der griechischen und römischen Antike, Gemälde und Skulpturen des Mittelalters sowie Meisterwerke europäischer Malerei von der Renaissance bis zum Rokoko. Der amerikanischen Malerei des 19. und 20. Jahrhunderts sind eigene Räume gewidmet. Am besten begeht man die Säle im Uhrzeigersinn rund um den großen Innenhof. Wir halten es für ratsam, auf einige Glanzstücke hinzuweisen, um dem Besucher, der nicht über unbeschränkte Zeit verfügt, eine Hilfe zu geben.

Im westlichen Gebäudeflügel im Raum rechts: ein zauberhaftes kleines Ölbild ›Hl. Maria Magdalena‹, rheinisch (um 1425); Lucas Cranach d. Ä. ›Madonna mit Kind‹. Im Raum links: ›Madonna mit Kind‹, spanisch (um 1300). Im Raum rechts: Dirk Bouts ›Jungfrau mit Kind‹, flämisch (1450–1460). Im 3. Raum links: Zwei hervorragende Werke von El Greco ›Hl. Petrus‹ und ›Hl. Johannes der Täufer‹. Ein den Einheimischen besonders lieb gewordenes weiteres Bild El Grecos hängt im Nordflügel des Museums: ›Der hl. Franziskus ver-

ehrt das Kreuz‹. Im 4. Raum links (Eckraum) befindet sich der
›Wespien-Room‹, ein aus deutscher Eiche geschnitztes Wohn-
zimmer aus dem Patrizierhaus des Johann von Wespien, Bürgermeister von Aachen, 18. Jahrhundert. Die in die Wände
eingelassenen feingearbeiteten flämischen Teppiche mit
Landschaftsdarstellungen (Mägde am Fluß, Weinernte etc.)
wurden von David Teniers entworfen.

Im Nordflügel, 1. Raum: im Durchgang ein Bild des Vene-
zianers Gentile Bellini ›Doge Leonardo Loredano‹. Der Eckraum wie auch der anschließende Raum zeigen ausschließlich
italienische Malerei: Tintoretto ›Christus am See Bethesda‹
und ›Madonna mit Kind‹, Lorenzo Lotto ›Bildnis eines bärtigen Mannes‹, Paolo Veronese ›Dornenkrönung Christi‹. In den
anschließenden Räumen (3 und 4): Kostbarkeiten der italienischen Frührenaissance, vor allem der florentinischen Schule,
mit einem von Fra Angelico beeinflußten kleinen Verkündi-
gungsbild des Meisters der Lanckoronski-Verkündigung,
Florenz, 2. Viertel 15. Jahrhundert. Hervorragend ist hier vor
allem die Privatsammlung der H. Kress-Collection mit fünfzehn Bildern der florentinischen Malerei des 14. und 15. Jahrhunderts, u. a. eine Fra Angelico zugeschriebene ›Begegnung
des hl. Franziskus und hl. Domenikus‹. H. Kress sammelte
nicht nur italienische, sondern auch flämische und spanische
Meister, die in den weiteren Räumen des Nordflügels zu sehen sind: u. a. Jan Brueghels ›Hafenszene‹ und Franzisco de
Goyas ›Don Ramón de Posada y Soto‹.

An italienischen Meistern seien nur Guardi, Canaletto und
Traversi, an deutschen Lucas Cranach d. Ä. (›Madonna mit
Kind‹) und Lucas Cranach d. J. (›Porträt eines Mannes‹) ge-
nannt.

Einen lichtvollen Raum erhielt die Marmorbüste ›Cosimo I.
de Medici‹, die der von Goethe so sehr verehrte florentinische
Bildhauer Benvenuto Cellini schuf. Im selben Raum finden
wir die Skulptur des Florentiners Andrea del Verrocchio ›Sich
anlehnender Engel‹ von 1488.

Als Pendant zum ›Wespien-Room‹ in der Nordwestecke
des Museums findet man in der Nordostecke einen anhei-
melnd gemütlichen englischen Schlaf- und Wohnraum aus

der späten Tudor-Periode um 1596 mit eichener Wand-Täfe-
lung und einem Himmelbett, englischem Tee-Porzellan und
Kamin. Anschließend zwei helle, freundliche französische
Räume (1775/76), der eine aus dem Schloß Rouen, der andere
aus einem Palais in Paris.

Im Ostflügel des Museums erwarten uns unvergeßliche
Werke. Der Raum rechts zeigt die Stiftung von Roscoe und
Margaret H. Oakes: Rubens- und Van-Dyck-Bilder, darunter
das herrliche Rubens-Gemälde ›Der Tribut‹. Der gegenüberliegende Raum links erscheint als Höhepunkt des Rundgangs.
Hier hängen Rembrandts ›Porträt des Joris de Caullery‹, 1632,
der ›Rabbiner‹ mit roter Kappe und Goldkette, und schließlich das Selbstporträt ›Rembrandt als zeichnender Künstler‹
von 1653. Die Mitte der Hauptwand nimmt das bekannte
Gemälde von Frans Hals ›Kavalier in Weiß‹, 1630, ein.

Die restlichen Räume des Ostflügels zeigen amerikanische
Malereien vor allem des 19. Jahrhunderts. Die beiden berühmtesten Bilder sind hier Rembrandt Peales (1778-1860),
›George Washington‹ und Albert Bierstadts (1830-1902)
›Blick auf den Donner-See‹. Bierstadt ist einer der bekanntesten deutsch-amerikanischen Maler der Gründerjahre Kaliforniens. Er ist in Solingen geboren, war in Düsseldorf Schüler
Lessings und Achenbachs, kam 1857 in die USA und nahm an
einer Expedition General Landers teil, die über die Rockies
und die Sierra Nevada an die pazifische Küste führte. Hierbei
entstanden seine ersten Ölbilder von der majestätischen Gebirgslandschaft der Sierra Nevada. Dieses Gebirge zog ihn in
den kommenden Jahrzehnten immer wieder an. 1873 schuf er
die berühmt gewordene, umfangreiche Serie romantischer
Ölbilder vom Yosemite-Tal, die sowohl an der amerikanischen Ostküste als auch in europäischen Großstädten mit großem Erfolg gezeigt wurde und erstmals auf die landschaftlichen Schönheiten Kaliforniens aufmerksam machte. Die besten Bilder der Serie finden wir heute im Oakland Art Museum. Doch besitzt auch die Fisher Gallery der University of
Southern California in Los Angeles viele seiner Werke und
die Haggin Galleries in Stockton allein vierzehn Sierra-Bilder.
Bierstadt starb in New York.

Vom Innenhof des Museums klingen die Orchester-Proben eines Mozartischen Kammerkonzerts herüber. Ein buntes, fröhliches, internationales Volk wandelt durch die Räume, aufmerksam und interessiert, sehr viele junge Menschen sind darunter. Ein bezauberndes, ein lebendiges, ein fröhliches Museum – und doch haben wir noch nicht alles, fast das Schönste nicht gesehen.

Avery Brundage Collection. Avery Brundages Einsatz für die Erhaltung der Olympischen Spiele und die Verständigung unter den Völkern durch den internationalen Sport sind weltbekannt. Weniger bekannt ist, daß er während seines 30jährigen Aufenthalts in Asien die vielleicht umfassendste und wertvollste Privatsammlung asiatischer Kunst aufbaute. Die über 6000 Stücke enthaltende Kollektion bot er 1959 der Stadt San Franzisko als Geschenk an, wenn sie bereit sei, einen würdigen Ausstellungsort dafür zu finden. Daraufhin wurde der Westflügel des De Young Memorial Museums um einen neuen Gebäudetrakt erweitert. 1969 wurde die Brundage Collection unter der Leitung ihres Direktors und Chef-Kurators Yvon d'Argencé in ein ›Center of Asian Art and Culture‹ umgewandelt.

Das Center ist eine selbständige Institution, die es sich zur Aufgabe gestellt hat, San Franzisko zu einem Sammelpunkt für das Studium asiatischer Kunst und Kultur zu machen. Die inzwischen 7000 Skulpturen, Architekturelemente, Keramiken, Bronzen, Malereien, Dekorationsgegenstände und nicht zuletzt die faszinierenden Jade-Stücke vermitteln, hervorragend geordnet und museumstechnisch vollendet ausgestellt, einen sehr guten Überblick über die Hauptperioden der asiatischen Kunst vom Iran bis Japan, von der Mongolei bis Indonesien.

Das Erdgeschoß zeigt ausschließlich chinesische Werke. Rund die Hälfte seiner Sammlung erwarb Avery Brundage in China. Vor kurzem wurde diese Sammlung im Erdgeschoß durch die atemberaubend schönen chinesischen Jadearbeiten der Privatsammlung Magnin ergänzt. (Die Familie Magnin, eine der ältesten Familien San Franziskos, besitzt ein elegantes

Kaufhaus im Herzen der Stadt, am Union Square, mit vielen Filialen in der Umgebung.) Aus der Bronze-Zeit, der Shang-Periode (1523-1028 v.Chr.), stammt die sehr lebendig gestaltete Bronzeschale (11.Jh. v.Chr.) mit einem lächelnden Rhinozeros. Eine Vollkommenheit des Bronzegusses zeigt der ornamentierte Bronzekessel der Chou-Periode (ca. 1027-256 v.Chr.). Aus dieser Zeit stammt auch die älteste uns erhaltene vergoldete Statue Buddhas (560-470 v.Chr.). Einen Einblick in die hervorragende Töpferkunst der Han-Periode (200 v.Chr. bis 220 n.Chr.) bietet der folgende Raum. Der Han-Periode folgt die Zeit der ›Sechs Dynastien‹ (3.-6.Jh.) und die Sui-Dynastie (um 600) mit ihren seltsamen Tier- und Gottdarstellungen, von denen uns drei Buddha-Statuen in der Art ihrer Formgebung von der Strenge frühgotischer Portalstatuen besonders anziehen. Die oft abgebildete, zur segnenden Gebärde erhobene übergroße Buddha-Hand (Kalkstein, 2.Hälfte 6.Jh.) finden wir nahebei.

Das chinesische Porzellan wurde Anfang der Tang-Zeit (619-907 n.Chr.) erfunden, hier vertreten durch die blauen und weißen Stücke der Leventritt Collection. Farbige, glasierte Tonarbeiten gehören der mittleren Tang-Zeit (680-750) oder der Sung-Zeit (960-1279) an, etwa das ›Kamel mit Kameltreiber‹ oder die deftigen Pferdedarstellungen oder die erschreckenden Chimären. Die Ming-Zeit (1368-1644) ist unter anderem mit einem vierköpfigen Kuan-Yin und einem herrlichen Holz-Buddha, auf einem Elefanten sitzend, belegt. Hinsichtlich der Ch'ing-Zeit (1644-1912) könnten wir, auf europäische Verhältnisse übertragen, fast von einem ›asiatischen Rokoko‹ sprechen. Die Fülle der roten Lackarbeiten, Vasen, hängenden Seidenrollen mit meisterhaft gemalten Landschaften, die blau-weißen Porzellane und vieles mehr würden uns in den Ch'ing-Räumen sicher noch länger fesseln, wenn nicht der abschließende Jade-Raum so anziehend wäre. Wände und Schaukästen, mit eierschalfarbener Rohseide bezogen und hervorragend ausgeleuchtet, bringen die Werke aus dreieinhalbtausend Jahren voll zur Geltung: vom ruhenden Vogel der neolithischen Periode (1500 v.Chr.) und den Pi-Jadescheiben (11.Jh. v.Chr.) bis zu den unzähligen, hinreißend kunstvollen Dekorations- und Schmuckgegenständen (14.-18.Jh. n.Chr.).

Im ersten Stockwerk des Centers finden wir die wohlgeordneten Abteilungen der Kunst des Iran, der Türkei, Syriens, Afghanistans, Indiens, Tibets, Nepals, Pakistans, Koreas, Japans und Südostasiens. Auch hier sind die einzelnen Abteilungen chronologisch geordnet, wobei die stilistischen Merkmale der verschiedenen Länder und Perioden besonders anschaulich in Verbindung mit den soziokulturellen Entwicklungen hervorgehoben sind. Lackarbeiten in Schwarz und Gold, Porzellanfiguren, Schalen, Musikinstrumente, eine sehr farbige, bewegte Holzplastik der Ede-Zeit (18.Jh.) und die großen, reichbemalten Paravents der Momoyama-Zeit (1578 bis 1615) zeigt die japanische Abteilung. Aus Tibet kommt die Skulptur, die den Lamaisten San Dui in inniger Vereinigung mit der sechsarmigen Sakti zeigt. Als das schönste Stück im oberen Stockwerk aber erscheint uns die lockende, vergoldete ›Weiße Tora‹ (18.Jh.), das Schönheitsideal aus Nepal, so etwas wie eine asiatische Aphrodite.

Sachkundige, kostenlose Führungen finden zweimal täglich statt. Das Museum hat eine umfangreiche moderne Bibliothek, die insbesondere von Studenten und Doktoranten aus aller Welt aufgesucht wird. Da aus Raummangel nicht alle Stücke des Museums gezeigt werden können – nur ein Fünftel ist ausgestellt –, organisiert das Museum Ausstellungen asiatischer Kunst, die durch die USA und andere Teile der Welt gehen.

Das Naturwissenschaftliche Museum. Die California Academy of Sciences wurde 1853 von einer Gruppe von Geschäftsleuten und Ärzten in San Franzisko gegründet. Nach zwei Museumsbauten in der Innenstadt – das zweite Gebäude wurde durch das Erdbeben 1906 zerstört – begann man 1916 im Golden Gate Park mit dem heutigen westlichen Flügel der North American Hall. Ihm folgte 1923 der Südflügel, das Steinhart Aquarium, zwischen 1936 und 1952 der Ostflügel mit der Simson African Hall, der Eastwood Hall of Botany, der Hohfeld Hall of Space Science und dem Morrison Plane-

tarium. Die *Cowell Hall,* zugleich Eingangshalle, schließt das
Museum, das um einen Innenhof angelegt ist, seit 1969 nach
Norden ab. Nachdem ein Riesen-Dinosaurier uns in der Ein-
gangshalle begrüßt hat, bummeln wir an den Dioramen der
African Hall vorüber, in denen die Tiere in ihrer natürlichen
Umgebung, Regenbergen, Steppen oder Wüsten, gleichsam
in Schaufenstern gezeigt werden. Wir betreten die *Hall of
Botany* als gute Einführung in die Pflanzenwelt Kaliforniens.
Unter anderem ist dort ein eindrucksvolles Exemplar der
größten Pflanzenart der Welt zu sehen, eines 1700 Jahre alten
Sequoia-Baumes. Wir suchen das einzigartige *Planetarium* auf,
schauen den Schwingungen des Foucault-Pendels zu, das äußerst spannend unmittelbar die Erdrotation nachweist, und
gelangen schließlich in das *Steinhart Aquarium* mit seiner
phantastischen Unterwasserwelt.

Dem Meer zu

Nur wenige Schritte südlich der Academy liegt am South
Drive das *Strybing Arboretum,* eine große öffentliche Gärtne-
rei, Baumschule und Blumenhalle. Da die meisten Kalifornier
in Einzelhäusern wohnen, nicht selten mit einem Garten, finden die Garten-Demonstrationen des Arboretums besonders
großes Interesse. Die Beziehung zur Natur ist beim Amerikaner oft viel stärker ausgeprägt, als man gemeinhin als Europäer erwartet. Doch darüber später, bei unseren Fahrten
durch die Landschaft Kaliforniens.

Wir fahren auf dem South Drive weiter durch den Golden
Gate Park nach Westen dem Meer zu und kommen am *Straw-
berry Lake* vorüber, den man rund um den Strawberry-Hügel
angelegt hat. Die Spitze des Hügels vermittelt einen Blick
über den gesamten Park. Der See indessen lädt zu einer geruhsamen Ruderfahrt ein. Die Weiterfahrt führt uns zurück
zum John F. Kennedy Drive und an einer Kette von Seen und
einem Büffel-Freigehege vorüber zum westlichen Ausgang
des Parks, an dem eine holländische Windmühle und das
Schiff ›Gjoa‹ des norwegischen Polarforschers Roald Amund-
sen steht, der als erster den Südpol erkundete. Wir haben hier

das Meer erreicht. Vor uns liegt ein feinsandiger Strand und die unendliche, silbrige Weite des Ozeans, der Pazifik, der bis nach Japan hinüber eine Ausdehnung von 8000 Kilometern hat. Allein schon die Entfernung von San Franzisko nach Hawaii entspricht der Strecke von San Franzisko nach New York. Das sind fünf Flugstunden. Hawaii liegt fast auf der Hälfte des Fluges nach Tokio.

Am Ozean entlang

Wen es danach verlangt, sich an einem heißen Sommertage in den Fluten des Pazifik abzukühlen, wird nicht sehr lange darin verweilen, denn das Meer ist nicht nur kühl, sondern ausgesprochen kalt. Die sogenannte ›japanische Strömung‹, die an der Küste vor San Franzisko vorüberfließt, bringt die eiskalten Wasser von Japan, der Bering-Straße und Alaska die westamerikanische Küste entlang nach Süden. Da im Sommer von der Küste her nach San Franzisko hinein stets eine frische Brise weht, ist das Baden an diesem Küstenstrich nur ein Vergnügen für Abgehärtete. Um so mehr freuen sich die Hochsee-Sportfischer, denn besonders der köstliche Hochseelachs liebt dieses kalte Wasser sehr. Die japanische Strömung schwenkt rund zweihundert Kilometer südlich von San Franzisko bei der Halbinsel Monterey nach Westen ins Meer ab. Schon wenige Kilometer weiter südlich, bei Monterey und Carmel, kann man in angenehm temperiertem Wasser herrlich baden.

Um aber den Einheimischen dennoch ein Bad im pazifischen Salzwasser zu ermöglichen, ließ ein freundlicher deutsch-amerikanischer Bankier der Stadt, Herbert Fleishhacker, südlich des Golden Gate Parks nahe am Meer den größten Freiluft-Swimming-Pool der Welt bauen, rund 300 Meter lang und 50 Meter breit, mit einer Fassungskraft von 23 Millionen Liter Pazifik-Seewasser, das erwärmt ist. Der ehemalige Fleishhacker-Zoo, ebenfalls seine Stiftung, liegt in unmittelbarer Nähe des Pools und heißt heute *San Francisco's Zoological Gardens*. Drei große Golf-Clubs – zwei private und ein öffentlicher – und das *San Francisco State College,* eines der

24 Colleges in Kalifornien mit insgesamt einer Viertel Million Studenten, liegen nahebei.

Die Regierung von Kalifornien unterstützt ihre State Colleges mit über hundert Millionen Dollars jährlich. Achtzig Prozent der Kalifornier besuchen ein College. Das ist ein Drittel mehr als sonst im Durchschnitt in den USA. Die Colleges sind meistens gut ausgestattet. Das von San Franzisko hat beispielsweise seine eigene Fernseh-Station. Ein College ist mit einer höheren Fachoberschule vergleichbar, an der das Studium nach der höheren Schule fortgesetzt werden kann. Der Student schließt das vierjährige Studium mit dem B.A. (Bachelor of Arts) oder M.A. (Master of Arts) ab. Der B.A. entspricht im Wissensstand etwa dem deutschen Abitur. Das College, ursprünglich eine englische Einrichtung, ist ein typischer Zweig des amerikanischen Erziehungs-Systems, das in der Regel von einem sehr pragmatischen Standpunkt ausgeht. Dieser Standpunkt trägt dazu bei, allerdings auch in den USA oft nur theoretisch, die Universitäten zu entlasten und ihnen den Charakter der wissenschaftlichen Forschungsstätten zu erhalten. Neben den State Colleges gibt es, je nach Vermögen der Gemeinde, gute regionale Colleges; natürlich auch Privat-Colleges für zahlungskräftige Bürger. Neben den ›Senior-Colleges‹ – wie die beschriebenen genannt werden – finden wir noch die einfachere Form der ›Junior-Colleges‹ mit einem zweijährigen Studium bis zur Abschlußprüfung. Die meisten Studenten gehen nach College-Abschluß als Angestellte in Wirtschaft, Industrie oder Bankwesen.

Vom Westeingang des Golden Gate Parks fahren wir die Küstenstraße hinauf nach Norden und entdecken nach kurzer Zeit das an der Küste auf einem Felsvorsprung gelegene weiße *Cliff House*. Samuel Brannan erbaute es 1849 in seiner ersten Form. Von der Terrasse hat man einen herrlichen Blick auf die davorliegenden Seal Rocks, die Seehunde-Inseln, auf denen man durch das Fernglas Hunderte von kalifornischen Seelöwen und Tausende von Vögeln beobachten kann. 1846 war Sam Brannan mit einem der ersten Siedler-Trecks, einer Mormonengruppe aus Utah, nach San Franzisko gekommen. Unter ihm wurde ein Jahr später der damals noch unscheinbare Ort Yerba Buena in San Franzisko umbenannt. Sam Brannan war auch einer der ersten Augenzeugen des Goldfundes bei der Sägemühle Sutters. In Sutter's Fort unterhielt er dann ein gut laufendes Geschäft, in dem die Goldgräber Handwerkszeug und Whisky einkauften. 1849 wurde er der erste Präsident des berühmten ›Vigilance Committee‹ von San Franzisko, einer freien Bürgervereinigung, die Leben und Eigentum gegen die mit den Goldrauschzeiten stark zunehmende Kriminalität schützen wollte. Bürgermeister Adolph Sutro, der das Cliff House 1883 kaufte, baute es in ein prächtiges Hotel und Restaurant um. An schönen Sonntagen fuhren die San Franziskaner mit der kleinen roten Dampfbahn und Pferdekutschen zu Tausenden hierher. Am Strand, zu Füßen des Cliff-Houses, hielten die Großfamilien ihre Picknicks. 1907 wurde das Cliff-House durch ein Feuer zerstört und sogleich wieder aufgebaut. Die alte originelle Bar aus kalifornischem Rotholz stammt aus dieser Zeit, und noch heute kann man dort speisen wie vor hundert Jahren.

Nach weiteren fünfhundert Metern nordwärts sind wir an *Land's End*. Hier, vom *Lookout Point,* öffnet sich ein faszinierender Blick auf den Eingang der Bucht, auf das Golden Gate und die Golden Gate Bridge. Die zerzausten Kiefern von Land's End zeigen an, daß es während der Novemberstürme an dieser Ecke recht rauh zugeht, was Juan Rodriguez Cabrillo, als er die Küste von San Franzisko entdeckte, bereits am 14.November 1542 in sein Logbuch eintrug. Nahe vor uns, nur eine Meile vor der Küste, steht an der Einfahrt zum Golden Gate der Leuchtturm des ›Mile-Rock-Lighthouse‹. Selbst in stürmischen Novembernächten weist er den Schiffen den sicheren Weg in die Bucht.

Von Land's End fahren wir zurück zum Geary Boulevard, der großen Ost-West-Achse. Stadteinwärts gelangen wir auf ihr zur 35th Street, biegen nach links ab und sind kurz darauf im *Lincoln-Park,* wo im 19.Jahrhundert der chinesische Friedhof lag und in unseren Tagen einer der schönsten Golfplätze angelegt worden ist. Das höchste Plateau des Parks krönt in einzigartiger Lage ein Museum, das sich rühmen kann, die erlesenste und größte Sammlung französischer Kunst in den

USA zu beherbergen: *The California Palace of the Legion of Honor*. Das Museum ist eine genaue Nachbildung des am Seine-Ufer gelegenen, für den Fürsten von Salm erbauten, von Madame de Staël bewohnten und von Napoleon so benannten Palais de la Légion d'Honneur in Paris. Es ist von dem Ehepaar Adolph B. Spreckels nach dem Ersten Weltkrieg errichtet und 1924 der Stadt San Franzisko übergeben worden. Der Vater des Stifters, Claus Spreckels, war 1848 als mittelloser Einwanderer aus Hannover nach San Franzisko gekommen und hatte im Laufe von rund zwanzig Jahren Zuckerindustrie und den Zuckerhandel in seine Hände gebracht. Der zweitälteste seiner vier Söhne, Adolph Bernard, stieg mit ins ›sugar business‹ ein, das ihm ermöglichte, zusammen mit seiner Frau Alma de Bretteville einer der bekanntesten Kunstsammler Kaliforniens zu werden.

Kernstück des Museums ist die Rodin-Sammlung, die Auguste Rodin persönlich mit Alma Spreckels zusammengestellt hat. Er war mit der gebürtigen Französin eng befreundet. Unter den vierzig seiner Werke sind berühmte Arbeiten wie ›Der Schreitende‹, ›Die Bürger von Calais‹, ›Honoré de Balzac‹ oder ›Drei Schatten‹. Weitere Hauptkomplexe umfassen Kleinplastiken von Aristide Maillol, Bilder von Renoir, französische Malerei des 16. bis 19. Jahrhunderts mit Watteau, Boucher, Fragonard, Corot, Courbet, Degas, Rousseau, Sisley, van Gogh, Cézanne und anderen, die Achenbach-Sammlung graphischer Kunst mit rund 80 000 Zeichnungen europäischer und amerikanischer Meister von Goya bis Sam Francis, die in Wechselausstellungen dargeboten wird, schließlich französische Möbel und Teppiche.

Das Museum bildet, wie schon vorhin erwähnt, zusammen mit dem de Young Memorial Museum im Golden Gate Park seit 1973 eine Einheit als ›Fine Arts Museum of San Franzisko‹. Dies hatte zur Folge, daß nicht-französische Werke wie etwa Cranachs ›Judith‹ ins De-Young-Museum überwechselten. Wie stark französisch dieser Palace of the Legion of Honor bis in die Gegenwart hinein empfunden wird, zeigt der große Empfang zu Ehren des französischen Staatspräsidenten Pompidou und seiner Gemahlin im Jahre 1969, der in diesem Hause stattfand. Bei dieser Gelegenheit sei angemerkt, daß man in San Franzisko ein Faible für Französisches hat. Das Französische Kulturinstitut ist fast so alt wie die Stadt. Das älteste Kaufhaus und viele namhafte Modegeschäfte tragen französische Namen und bieten französische Waren an, ganz zu schweigen von einer Fülle hervorragender Restaurants, die mit Vorliebe französische Küche kultivieren.

Das Presidio

Vom Palace of the Legion of Honor fahren wir auf dem Camino del Mar weiter die Küstenstraße entlang. Mit wiederkehrenden Aussichten auf Golden Gate und Brücke passieren wir das elegante Wohnviertel Pacific Heights und gelangen in die bewaldete Nordspitze der Halbinsel, noch heute eine seit spanischen Zeiten dem Militär gehörende Zone von sechs Quadratkilometern Fläche: das Presidio. Wie wir schon erwähnten, nannten die Spanier die bei der Kolonisierung Kaliforniens im 18. Jahrhundert errichteten Militärstationen ›Presidios‹. Das nördlichste davon war San Franzisko. Als sich Otto von Kotzebue und Adalbert von Chamisso im Auftrag des Zaren im Herbst 1816 mehrere Wochen in der Bucht von San Franzisko aufhielten, fanden sie, wie Chamisso in seinem Tagebuch beschreibt, die spanischen Soldaten im Presidio in einem erbarmungswürdigen Zustand vor. Fünf Jahre später erklärte Mexiko seine Unabhängigkeit von Spanien, und das Presidio versank in Vergessenheit. 1853 errichteten die Amerikaner im Presidio das *Fort Point*. Am Ende des 19. Jahrhunderts kam dem Presidio wieder Bedeutung zu. Bei Ausbruch des Spanisch-Amerikanischen Krieges 1898 wurden hier Tausende von Matrosen und Soldaten stationiert, die im Pazifik eingesetzt werden sollten. Seit dem Zweiten Weltkrieg ist es das Hauptquartier der 6. US-Armee mit großem Hospital. Das Gebiet ist jedermann zugänglich, und in den Kasematten des Fort Point tummeln sich heute am Wochenende die Liebespärchen. Das ehemalige Fort liegt unterhalb des Südpfeilers der Golden-Gate-Brücke und ist über den Lincoln Boulevard und Marine Drive zu erreichen.

Aus den spanischen Zeiten ist lediglich das Gebäude des
Officer's Club erhalten. Zusammen mit der Missionskirche
von San Franzisko gehört er zu den ältesten Gebäuden der
Stadt. Das Clubhaus wurde in unserem Jahrhundert restau-
riert und spätere Anbauten beseitigt, um seine ursprüngliche
Form wiederherzustellen.

Königsloge der Stadt: Golden Gate Bridge

Der sechsspurige Golden Gate Bridge Freeway führt uns
direkt zur Brücke. Kurz vor der Zollstation – man bezahlt den
›toll‹ nur beim Hineinfahren, nicht beim Hinausfahren – biegen wir nach rechts ab auf die Aussichtsplattform mit der
Statue des Erbauers der Brücke. Da steht er, Joseph B. Strauß,
der gepflegt gekleidete Herr aus der Schweiz mit dem geroll-
ten Plan in der Hand, ein Mann, dem es gelang, Idealität und
Realität miteinander zu vereinen. Diese rotorangene Hänge-
brücke, dieses irdische Wunder, war sein Leben. 1937 wurde
sie eröffnet, 1938 starb ihr Konstrukteur. Ein technisches
Wunder ist sie fürwahr: Jedes der beiden Hauptkabel, die sich
über die vier Riesensprossen der beiden 65 Stockwerke hohen
Stahl-Pylonen schwingen, besteht aus 27 500 gedrehten Stahl-
seilen mit dem Einzelgewicht eines Kabels von 24 000 Tonnen. Von jedem dieser beiden, rund einen Meter dicken und
zweieinhalb Kilometer langen Hauptkabel hängen 500 zu je
vier zusammengefaßte, armdicke Stahlseile herab, die die
sechsspurige Fahrbahn 1400 Meter lang frei zwischen den Pylonen schwebend, am höchsten Punkt in 73 Meter Höhe, über
den Wassern halten. Seit 1973 werden die armdicken Stahlseile regelmäßig ausgewechselt. Der Verkehr geht dennoch
ungehindert weiter.

Zwei Brückendienstwagen stecken mehrmals täglich die
Pflöcke der Brückenfahrbahn um. Morgens führen vier Spu-
ren, ›lanes‹, in die Stadt und zwei hinaus, abends ist es umge-
kehrt. Die Autoschlangen bleiben streng in ihren ›lanes‹, der
Verkehr ist unglaublich diszipliniert. Der Kalifornier, in der
dritten Generation mit dem Auto groß geworden, ist einer
der rücksichtsvollsten und hilfreichsten Autofahrer.

Ein mächtiger japanischer Öltanker mit seinen hohen Aufbauten fährt gerade unter der Brücke hindurch. Die Schiffshörner tönen. Viele Segelboote tummeln sich in Sonne und Wind unter der Brücke. Möwen steigen die Windtreppen empor, segeln durch die mächtigen Leiteröffnungen der Pylonen, vorüber an den akrobatischen Anstreichern, die die Brücke jede Woche mit Tonnen rotorangener Farbe anmalen. Die Golden Gate Bridge lebt mit den Tages- und Jahreszeiten. Am frühen Morgen ist sie ›rosenfingrig‹, wird zum blauroten Scherenschnitt am Mittag und leuchtet am Abend mit der untergehenden Sonne in ihrem vollen Rotorange auf. Nachts führt das ruhige Gelb der Quarzlampen auf der Brücke den Autofahrer sicher an das andere Ufer, während die beiden Leuchtfeuer, imaginär hoch oben auf den Pylonen schwebend, weit über die Bucht bis nach Oakland und hinaus aufs Meer leuchten. Herrlich auch das Bild, wenn die Brücke, gleich einem ›fliegenden Holländer‹, geisterhaft aus den weißen Wogen der Nebelwolken auftaucht, die sich vom Meer über die kalten Wasser in die Bucht schieben. Da scheint sie sich in eine gewaltige Harfe zu verwandeln, vom Hoch und Tief der Schiffsnebelhörner begleitet. Über die Golden-Gate-Brücke sollte man wenigstens einmal zu Fuß gehen. Der unvergeßliche Blick auf die Stadt San Franzisko gleicht dem von einer Königsloge.

Fahren wir nach Norden, so sollten wir uns auf der äußersten rechten Fahrbahn halten und gleich nach der Brücke nach rechts zum ›Vista Point‹ abbiegen. Von diesem beliebten, ohne Zweifel faszinierenden Aussichtspunkt wird uns noch einmal deutlich, wie leicht sich die Brücke zur Mitte hin aufschwingt und hinüberschwingt über das Golden Gate. Unser Blick führt zurück auf das Presidio, das mit dem Auf und Nieder seiner grünen Hügel übergeht in die Stadt San Franzisko. Zur Bucht, zum Stadtzentrum hin, bestimmen die Wolkenkratzer ihre Skyline. Das höchste, rotbraune Gebäude ist das 52stöckige Bank of America Building, Sitz der Hauptverwaltung der auch vom Kapital her größten Bank der Welt. Die Spitzpyramide links davor, das New Transamerica Building, ist seit 1972 ein neues Wahrzeichen der Stadt. Am

Ende der Halbinsel entdecken wir den kleinen Telegraph Hill mit rundem Turm. Zu seinen Füßen liegt die tiefblaue Bucht. Die vorgelagerte Insel ist die ehemalige Gefängnisinsel Alcatraz. Nördlich davon – damit die Welt wieder im Gleichgewicht ist – findet sich das unbewohnte ›Angel-Island‹, die Engels-Insel, Ziel vieler Verliebter.

Marina und Pacific Heights

Stadtauswärts setzen wir unsere Fahrt auf dem erhöhten Golden Gate Bridge Freeway fort. Viele Autos biegen auf der Lombard Street ab, einer Eingangsstraße ins Stadtinnere mit unzähligen Motels, Schnell-Restaurants und einem nächtlichen Lichtermeer, das den Fremden schon an der Peripherie einzufangen sucht. Wir jedoch bleiben bis zum Ende auf dem Freeway, der in den Marina Blvd. übergeht. Rechter Hand entdecken wir zwischen Marina Blvd. und Baker Street an einer ruhigen Lagune innerhalb eines kleinen Parks den *Palace of Fine Arts*. Eine mächtige römische Rotonde und das Halbrund einer römischen Halle mit korinthischen Säulen sind die letzten Überreste der Panama-Pacific International Exposition von 1915, einer anläßlich der Eröffnung des Panama-Kanals mit großem Aufwand aufgebauten Weltausstellung. Die von Bernhard Maybeck aus Holz, Pappmaché und Terrakotta erbauten Gebäude hielten ein halbes Jahrhundert und wurden oft photographiert und gemalt, sogar von Max Beckmann! Als sie in den sechziger Jahren abgerissen werden sollten, sammelten nostalgische Bürger über sieben Millionen Dollar, um sie zu erhalten. Zwei Millionen gab der Philanthrop Walter Johnston noch dazu, um die Holz- und Papphäuser durch feste Steinbauten ersetzen zu lassen.

Wir fahren weiter die Marina-Küstenstraße entlang, am *Yachthafen* von San Franzisko vorbei, dem sich der Marina Park und das Fort Mason anschließen. Das *Fort Mason* wurde nach dem Militärgouverneur Colonel R.B. Mason benannt, einem Mann, der schon 1847, als San Franzisko kaum mehr als 300 Einwohner hatte, das künftige Wachstum der Stadt voraussah und als erster einen tatkräftigen Stadtrat für San

Franzisko forderte. Zur selben Zeit und die Jahre darauf residierte im Fort Mason Captain Frémont, jener von Washington entsandte, zwielichtige Landvermessungsingenieur, der in den Wirren des Mexikanisch-Amerikanischen Krieges 1846 bis 1847 sowohl an der Gründung der ›California Republic‹, der ersten Kalifornischen Regierung, beteiligt war, als auch 1860 am Abschluß des Friedensvertrags mit Mexiko und damit an der Übernahme Kaliforniens durch die USA.

Vom Fort führt uns die Gough Street schnurgerade nach Süden. Es ist eine lustige Berg- und Talfahrt durch das hügelige San Franzisko. Zunächst überqueren wir die breite Einfallstraße der Lombard Street und gelangen in das südlich gelegene elegante Wohnviertel *Pacific Heights*. Meist sind es helle, ein- bis zweistöckige Einfamilienhäuser, einige noch im verspielten Victorian-, Queen-Anne- oder King-George-Stil aus dem Südwesten Londons. Typisch für diese Häuser sind die vielen Türmchen, Erker und Fenster, schließlich auch Außentreppen, die zu oft säulenflankierten Eingangsportalen führen und mit kleinen spitzen Giebeldächern oder Dachgesimsen geschmückt sind, die wie Spitzenhäubchen aussehen. Aber es finden sich auch Häuser im Tudorstil, italienischem Neu-Barock oder französischem Empire. Jedes Haus hat seinen ausgeprägten individuellen Stil. Einige zum Golden Gate Park hin sind poppig bunt bemalt. Allen gemeinsam aber sind die ›Bay Windows‹, die Erkerfenster. Seit 1860 wurden sie mehr und mehr ein fester Bestandteil der neugebauten Häuser. Hinter dem Erkerfenster des Erdgeschosses liegt meistens der ›Front Parlor‹, die ›gute Stube‹, hinter dem des ersten Stockwerkes der ›Master Bedroom‹, das Hauptschlafzimmer. Die ›Bay Windows‹ geben den Zimmern ein Höchstmaß an Licht. Für uns bleiben sie die typischen, unvergeßlichen Wohnhäuser von San Franzisko. Selbst die moderneren Einfamilienhäuser sind nicht selten nur Variationen dieser architektonischen Grundform der San Franzisko-›Victorians‹, deren charakteristische Vertreter vor allem am Alamo Square stehen. Die meisten dieser Einfamilienhäuser wurden aus Holz erbaut, die eleganteren ›Mansions‹ aus Stein. Zu letzteren zählt das 1864 erbaute Octagon House, 2645 Gough

Street, Ecke Union Street, heute Hauptquartier der kalifornischen Sektion der ›Colonial Dames of America‹. Tradition
wird in San Franzisko groß geschrieben, und ihr bester Hüter
sind die Damen der Stadt. Bis in die sechziger Jahre waren sie
noch unschwer zu erkennen: am ›kleinen Schwarzen‹, einem
einfach geschnittenen, aber eleganten Kleid, zu dem stets eine
Perlenkette getragen wurde.

Wir fahren die Gough Street weiter bis zu den nacheinander
folgenden Querstraßen Broadway, Pacific Avenue – nach der
dieses Wohnviertel benannt ist –, Jackson Street und Washington Street. Diese vier Straßenzüge waren und sind auch
noch heute der eleganteste Teil von Pacific Heights. Reprä-
sentativ dafür ist das Ende des 19. Jahrhunderts von Whittier
im englischen Landstil erbaute braune Steinhaus von 2090
Jackson Street, heute Sitz der California Historical Society,
oder der nach dem Erdbeben von 1906 im Palais-Stil französischer Könige errichtete Wohnsitz des Zuckerkönigs Spreckels
an 2080 Washington Street. Was man hat und woran man
glaubt, die Hausfassade zeigt es.

Wir überqueren die breite California Street und stoßen bald
darauf auf einen zweiten Boulevard, den Geary Expressway.
Vor uns, an Geary Expwy. und Gough Street, steht der eindrucksvolle, moderne Bau der Kreuzkuppelkirche *St. Mary's
Cathedral*. Die hochaufragende, helle Marmorkuppel stülpt
sich gleich einer umgedrehten, schneeweißen Lilie, dem Symbol Mariens, schützend über das weiträumige Kircheninnere.
Der Bau zeigt sich in vollendeter Harmonie. St. Mary's Cathedral ist ein Meisterwerk des zeitgenössischen, italo-ameri-
kanischen Architekten Pietro Beluschi, der auch am kühnen
Entwurf des Bank of America Building von San Franzisko
beteiligt war. In dieser Kathedrale nahm San Franzisko von
Justin Herman Abschied, dem Direktor der San Franzisko
Redevelopment Agency, dem Mann, der das heruntergekommene Hafengebiet des Embarcadero und das Japanische Viertel in menschenwürdige städtische Wohn- und Handelszen-
tren verwandelt hat. Justin Herman war ein kleinwüchsiger
deutsch-amerikanischer Jude. Er glich einer unter ständiger
Spannung stehenden Stahlfeder und arbeitete sich für das

II
George Tirrell
Ansicht von Sacramento, um 1855-1860

Von George Tirrell sind keine genauen Lebensdaten bekannt. Er war etwa zwischen 1850 und 1860 in Kalifornien als Vedutenmaler tätig und malte ein naturgetreues, alle Einzelheiten berücksichtigendes Monumental-Panorama von Kalifornien, mit dem die Unermeßlichkeit des amerikanischen Westens verherrlicht werden sollte. Das großartige Werk, dessen damaliger Unterhaltungs- und Informationswert dem heutigen Film vergleichbar ist, ging verloren, eine Vorstellung davon aber vermittelt der hier gezeigte Blick über den Sacramento River auf die Regierungsstadt Kaliforniens. Bei dem Raddampfer im Vordergrund handelt es sich um die einst berühmte ›Antilope‹, die, 1847 in New York gebaut, zunächst zwischen New York und New Brunswick, N.J., dann zwischen San Franzisko und Panama und schließlich auf dem Sacramento verkehrte.

Museum of Fine Arts, Boston
Sammlung Maxim Karolik

Wohl der Stadt buchstäblich zu Tode. Mit 61 Jahren traf ihn der Herzschlag. Obgleich Jude, wurde die Totenmesse für Justin Herman, diesem Nathan dem Weisen, in der römisch-katholischen Kathedrale gelesen, der gegenüber das Hauptwerk seines Lebens liegt: das sanierte und neugestaltete Japanische Viertel.

Wo sich ehemals die ärmlichen, viktorianischen Holzhäuser von Japantown befanden, steht heute das beeindruckende, mehrere Häuserblöcke umfassende *Japanese Cultural and Trade Center*. Es wurde im Mai 1967 eröffnet und ist das erste seiner Art in den USA. Der in Weiß und Grau gestaltete japanische Architektur-Komplex, abgestimmt auf das Tiefgrün der Bepflanzung, umfaßt Kultureinrichtungen so gut wie Handelsvertretungen und Geschäfte der großen japanischen Firmen. Schon wenige Jahre nach Gründung dieses Zentrums verdrängten die Japaner die Deutschen selbst in den traditionellen Absatzbranchen wie Optik, Stahl- und Spielwaren. Die Toyota-Umsätze stiegen, während die VW-Umsätze sanken. Der wahre Grund dieses Aufstiegs ist nicht geheimnisvoll: Japan ist der größte Kunde San Franziskos und des Baygebiets. Dreißig Prozent der Produkte dieser Zone gehen nach Japan. Der zweitgrößte Kunde sind die Philippinen. Am östlichen Ende des Centers steht ein 14stöckiges, in japanischer Innenausstattung gestaltetes Hotel, in dessen unteren Stockwerken sich das Japanische Generalkonsulat befindet. Das Gegenstück ist ein Kabuki-Theater im Westen. Zum Wahrzeichen des Centers wurde die an einem umgrünten Wasserbecken stehende und nachts festlich erleuchtete, fünfschirmige Friedenspagode. Im Souterrain des Komplexes finden wir eines der besten japanischen Restaurants der Stadt.

Die City oder San Franziskos Fall und Aufstieg

Die City von San Franzisko gleicht auf dem Stadtplan in ihrer Form einer großen Tortenecke. An der südlichen Spitze der Ecke liegt das Civic Center mit Rathaus, Stadtbücherei, Fremdenverkehrsbüro und Opernhaus. Den nordwärts verlaufenden Schnitt bildet die sechsspurige Van Ness Avenue, den nordöstlich weisenden die Hauptstraße von San Franzisko, die Market Street. Die nordöstliche Außenrundung der Tortenecke ist identisch mit der Wasserfront der City. Mit der berühmten Fisherman's Wharf, dem Fischereihafen, den neuen Wolkenkratzern am Embarcadero sowie dem alten Ferry Building, der ehemaligen Fährboot-Station, ist dieser Teil einer der meistbesuchten.

Innerhalb des Dreiecks liegen der kleine Union Square als eigentliches Herz der Stadt mit eleganten Hotels, Boutiquen, Kaufhäusern und Cafés, das Bankenviertel mit der ›Wall Street‹ von San Franzisko, der Montgomery Street, Chinatown und das Künstler- und Vergnügungsviertel North Beach, das italienische Viertel um den Washington Square und die drei historischen Hügel, der Nob Hill, Russian Hill und Telegraph Hill, heute teure Wohngegenden. Verbunden ist alles miteinander durch eines der originellsten Verkehrsmittel: die Cable Car.

Das Civic Center ist das Verwaltungszentrum der Stadt. In der City Hall, dem Rathaus, bestimmt der Bürgermeister die Geschicke der Stadt, seit den letzten hundert Jahren eine Aufgabe für ›hardnosed mayors‹, für harte Männer. Bei diesen Geschicken müssen wir etwas ausführlicher verweilen, bevor wir unseren Rundgang antreten.

Die sechziger Jahre des 19. Jahrhunderts brachten den Bürgern der Stadt, nach den Goldrauschzeiten, Arbeit durch den Bau der ersten Eisenbahnlinie zwischen San Franzisko und San Jose. 1864, von Präsident Lincoln persönlich genehmigt, begann der Bau der transkontinentalen Eisenbahnlinien in den kalifornischen Westen. Bis Ende der sechziger Jahre waren zwei große Eisenbahnlinien bereits so weit fertiggestellt, daß sie jährlich 30 000 Reisende nach Kalifornien beförderten, viele von ihnen nach San Franzisko. Doch die Auswirkungen des amerikanischen Bürgerkrieges führten, trotz der neuen großen Silberfunde in der Comstock Lode an der Grenze von Kalifornien und Nevada, Anfang der siebziger Jahre zu einer wirtschaftlichen Depression. Um Arbeitsplätze zu schaffen, entwickelten die Stadtväter von San Franzisko unter Mayor Edwin Bryant ein lebhaftes Bau-Programm.

Das umfassendste Projekt wurde die 1871 begonnene City Hall, die als das größte Gebäude dieser Art in den Vereinigten Staaten gedacht war. Als Baugrund hatte die Stadt den ehemaligen Pionier-Friedhof Yerba Buena ausersehen. Vier Jahre plante man für den Bau ein. Nach sieben Jahren war erst ein Gebäude-Flügel von fast 300 Metern Länge fertig. Eine mächtige Kuppel über doppeltem Säulentambour krönte das Rathaus. Mehr als zwanzig Jahre arbeitete man an dem Bau, so daß die San Franziskaner schon vom ›City Hall Ruin‹ sprachen. Nördlich an das Rathaus schloß sich ein Rundbau mit kleiner Kuppel an, die ehemalige ›Hall of Records‹, wo alle wichtigen Urkunden und Schriften aufbewahrt wurden. Demokraten, Republikaner und die Arbeiterpartei rangen in der Stadtverwaltung um Einfluß und Sitze. Während der achtziger Jahre war es der energiegeladene, fast blinde und dennoch vorausschauende Ire Chris Buckley, der ›blind boss‹, wie ihn die Bürger nannten, der als tüchtiger Bürgermeister selbst von den Spielhöllen und Freudenmädchen Steuern erhielt, wofür er sie von der Polizei schützen ließ. Als sein Nachfolger trat dann James D. Phelan auf den Plan, der sich einer ›Bewegung zur Verschönerung der Stadt‹ verschrieben hatte. Die Hauptstraßen wurden nun besser gepflastert und 13 000 Bäume und Sträucher angepflanzt. Vor allem aber unterstützte er leidenschaftlich die Ideen seiner beiden Stadtplaner und Architekten Cahill und Burnham, auf deren Plänen die heutige Anlage des Civic Center weitgehend fußt.

Der achtmonatige Spanisch-Amerikanische Krieg 1898 brachte mit der Übernahme der Philippinen durch die USA und dem damit anwachsenden Pazifik-Handel zunächst einen Aufschwung für die Wirtschaft San Franziskos. Doch 1901 brach mit dem Streik der 13 000 Dockarbeiter von San Franzisko eine Zeit an, die schließlich zur Neuwahl des Bürgermeisters führte. Ein deutsch-amerikanischer Dirigent und zugleich Vorsitzender der Musiker-Gewerkschaft, Eugene E. Schmitz, wurde von der ›Union Labor‹, der sehr einflußreichen Arbeiter-Gewerkschaft, als neuer Bürgermeister aufs Schild gehoben. Wie alle Bürgermeister vor ihm wurde er von der Bevölkerung San Franziskos für zunächst zwei Jahre gewählt. 1903 und 1905 wurde Eugene E. Schmitz in seinem Amt mit wachsender Stimmenzahl bestätigt. San Franzisko wurde nicht zuletzt nun auch ein anerkanntes musikalisches Zentrum an der Westküste, und Schmitz errang große Popularität. Ebenso ›popular‹, leider im negativen Sinn, wurde die ›graue Eminenz‹ hinter Bürgermeister Schmitz, ein anfangs unbekannter Rechtsanwalt namens Abe Ruef. Ob einer die Schankerlaubnis erbat oder eine neue Straßenbahnlinie eröffnen wollte, der Weg lief stets über Ruef. Klug genug, ließ er sich jedoch nicht bestechen, sondern empfahl sein Rechtsanwaltbüro in North Beach, um den jeweiligen Fall gegen die Supervisors bzw. zuständigen Referatleiter durchzubringen. Noch heute ist in den USA ein Geschäftsmann so stark wie die Rechtsanwälte, die hinter ihm stehen. Daher die Fülle der Rechtsanwaltbüros, die wir in allen amerikanischen Städten, insbesondere New York, Los Angeles, aber auch San Franzisko auf Schritt und Tritt finden. Die ›Anwalts-Kosten‹ beliefen sich auf 250 bis 200000 Dollar, je nach Größe des Objekts. Natürlich partizipierten die Supervisors und zuständigen Referatleiter an dem Unternehmen. Nicht, daß für die Stadt nichts getan wurde in dieser Zeit, im Gegenteil. Aber das System war in einem Maße korrupt geworden wie im Italien der siebziger Jahre unseres Jahrhunderts. Und alle spielten mit, selbst die ›Workingman's-Party‹, die Arbeiter-Partei, die sich besonders im Kampf gegen die damaligen kalifornischen Fremdarbeiter, die Chinesen, unrühmliche Lorbeeren erwarb. Das Erstarken der Chinatowns in San Franzisko und Los Angeles, verbunden mit einem hartnäckigen Festhalten an kantonesisch-chinesischer Sprache und Kultur bis hinein in unsere Zeit, ist auf die schlechten Erfahrungen der Chinesen während der Repression zwischen 1870 und 1877 – auch hier schon mit der ›Workingman's-Party‹ – sowie ihre Schwierigkeiten in jenen ersten Jahren unseres Jahrhunderts zurückzuführen. Zur Ehre des Bürgermeisters Schmitz muß jedoch hinzugefügt werden, daß er um Verständigung zwischen Chinesen und anderen Volksgruppen sehr bemüht war und sie als ein Teil der internationalen Völkerfamilie San Franziskos ansah. Abe Ruef und die Stadtverwaltung steuerten indessen unaufhaltsam einer Katastrophe zu. Doch da brach eine noch größere Katastrophe über San Franzisko herein.

Am frühen Morgen des 18. April 1906, um 5.13 Uhr genau, erschütterte ein gewaltiges Erdbeben die Stadt. Die ersten mächtigen Erdstöße dauerten 40 Sekunden und warfen die Menschen aus ihren Betten. Kurz darauf erfolgte das zweite Beben von 25 Sekunden. Noch in über 300 Kilometern Entfernung wurde es registriert. Eine Verschiebung der San-Andreas-Erdfalte, die an der westlichen Spitze der San-Franzisko-Halbinsel vom Land ins Meer hinausläuft, und damit eine Stauung der Erdgase hatten zu dem Erdbeben geführt. Weit schlimmer aber als durch das Erdbeben wurde die Stadt durch das Feuer zerstört, das im Anschluß durch gebrochene Gasrohre und beschädigte Stromleitungen ausbrach. Die wachsende Feuersbrunst, gegen die die Feuerwehr, trotz außerordentlichen Einsatzes – zwei Feuerwehrleute verloren ihr Leben – wegen der gleichfalls gebrochenen Wasserleitungen schließlich machtlos war, fraß sich, vom Hafengebiet ausgehend, von einem Häuserblock zum anderen. Mächtige Rauchwolken erhoben sich bis zu drei Kilometer Höhe und verfärbten die Sonne über San Franzisko zu einem feuerroten Ball. Man sprengte Häuser, um das Feuer zu ersticken, aber es wütete unaufhaltsam weiter, zwei Tage und zwei Nächte lang. Die gesamte Innenstadt bis zur breiten Van Ness Avenue, mit Ausnahme nur eines kleinen Nordwestzipfels der Innenstadt nahe Fort Mason, brannte aus. Das Feuer griff auch auf die südliche Seite der Market Street über, wo es in den Lagerhäusern reichlich Nahrung fand. An der Bahnlinie der Southern Pacific Railway, auf der Höhe der heutigen Stadt-Freeways, konnte es schließlich zum Halten gebracht werden. Rund 28 000 Häuser waren zerstört, darunter auch das gesamte Civic Center einschließlich der City Hall, die die Einheimischen – den Humor hatten sie nicht verloren – nun die ›neue‹ City-Hall-Ruine nannten. Erstaunlich war, daß angesichts dieser Katastrophe nur 450 Menschenleben zu beklagen waren. Der Sachschaden belief sich, nach damaliger Rechnung, auf über eine halbe Milliarde Golddollar.

Während die Nachricht vom Erdbeben in San Franzisko um die Welt ging, berief Bürgermeister Schmitz ein ›Komitee der Fünfzig‹ ein, das aus Militär, Polizei, Rotem Kreuz und Bürgern bestand, schritt hart gegen jegliche Plünderei ein und ließ über den zuständigen amtierenden General in der Stadt für die Obdachlosen Tausende von Zelten, Medikamenten, Decken, Nahrungsmitteln in Washington bestellen. Die Regierung half umgehend. Die Armeebestände an der Westküste standen, soweit möglich, den Bürgern sofort zur Verfügung. Der Golden Gate Park und der Nob Hill glichen mit ihren endlosen Zeltreihen bald einem Heerlager.

Aus allen Teilen des Landes und der Welt, insbesondere aus Europa, trafen Hilfsspenden ein; wegen der langen Anfahrtswege jedoch sehr verspätet. Viele der Bürger verließen deshalb vorzeitig die Stadt. Die Eisenbahn transportierte kostenlos. Die im Golden Gate Park verbliebenen Flüchtlinge errichteten feste Holzbaracken, in denen je Baracke bis zu acht Familien lebten, zum Teil noch Jahre danach. Die Geschäftsleute suchten und fanden schnell neue Unterkunftslösungen auf der Westseite der Van Ness Avenue. Waren wurden nicht selten in Bücherregalen untergebracht, und über den Eßtisch wurde verkauft.

Der ehemalige Bürgermeister James D. Phelan, der Geschäftsmann Rudolph Spreckels und der Herausgeber einer Abendzeitung der Stadt, Fremont Older, schlossen sich zu einer Gruppe zusammen, die die Fehler der Stadt in der Vergangenheit erneut ans Licht brachte. 1907 wurden der Bürgermeister Schmitz und Abe Ruef abgelöst.

Mancher Geschäftsmann ging an die Arbeit, während die Außenmauern seines Hauses noch vom Feuer heiß waren. Die Stadt wurde Tag und Nacht, rund um die Uhr, aufgeräumt. Die seichten Bucht-Gewässer des heutigen Stadtteils und Künstlerviertels North Beach wurden damals mit den Trümmern aufgefüllt. Die Sicherheitsstahlschränke der Banken und Geschäftshäuser, nach Wochen von der ungeheuren Hitze abgekühlt, gaben, fast unfaßbar, zu einem großen Teil Geld, Schmuck, Wertgegenstände, Wertpapiere etc. unversehrt wieder heraus. Die Feuerversicherungsfirmen zahlten insge-

samt 167 Millionen Golddollar Schadenersatz. Ein Bau-
Boom sondergleichen setzte mit diesen Geldern ein. Alle hatten Arbeit, und die Löhne schnellten in die Höhe. In den
folgenden drei Jahren entstanden bereits wieder rund 250 Geschäftshäuser, Banken und Hotels, 1500 Steinwohnhäuser
und 1900 Holzwohnhäuser. Von den 28000 zerstörten Häusern waren bis Ende 1909, in dreieinhalb Jahren, über 20000
wiederaufgebaut.

Mit dem Aufbau verband man einen neuen Stadtentwick-
lungsplan, der insbesondere eine Verbreiterung der Straßen
vorsah und durchlaufende Nord-Süd-Achsen, um den Verkehr in Zukunft flüssiger zu gestalten. Nicht zuletzt wurde
die Feuerwehr von San Franzisko perfektioniert und riesige
Wasser-Zisternen angelegt. Diese Zisternen kann man im
Straßenbild an den an einigen Kreuzungen in den Boden eingelassenen Kreisen aus Ziegelsteinen, unter denen sie sich befinden, unschwer erkennen. Sicher wird man als Besucher der
Stadt auch einmal erleben, wie die Riesen-Feuerwehrwagen,
gleich blitzenden roten Dinosauriern, übungshalber mit un-
glaublicher Geschwindigkeit und weithin vernehmbarem
Hornsignal die Hügel der Innenstadt hinauf- und hinabsau-
sen. In wenigen Minuten sind die roten Wagen am Brandort.
Sie sind die Lieblinge der Bewohner. Auf dem Washington
Square ließ die Stadt ihnen ein Denkmal errichten.

Nun aber zu unserem Rundgang. Das Civic Center ist um
die *Civic Center Plaza* angelegt, einem im französischen Gartenstil angelegten Platz mit Blumen, Springbrunnen, Bäumen, Bänken, unter dem die *Brooks Hall* liegt, eine Tagungs-
und Ausstellungshalle, die von den Einheimischen ›Mole-
Hall‹, Maulwurfshalle, genannt wird. Die gesamte Westseite
der Plaza nimmt die *City Hall* ein, ein Granitbau mit hohem
Säulenportikus und weithin leuchtender Kuppel, Mischung
von St. Peter in Rom und State Capitol in Washington, von
den Architekten Bakewell und Brown nach dem Erdbeben
wiederhergestellt. Die Kuppel ist 92 Meter hoch, um vier
Meter höher als das Kapitol in Washington, wie die Bürger
stets stolz vermerken. Von den Rundbalkonen der vier Stockwerke im Inneren der Zentralhalle kann man in die weiträu-

mige Rotunde der marmornen Eingangshalle blicken. Man sollte nicht versäumen, das Sekretariat des Bürgermeisters zu besuchen, man wird dort ganz gewiß nicht der einzige Neugierige sein, der sich hier ›nur einmal umschauen‹ möchte. Scheu vor den Verwaltungsbeamten ist in Kalifornien – wie überhaupt in Amerika – nicht angebracht. Das amerikanische ›service above yourself‹ – der Gemeinschaft dienen – entfaltet in den Verwaltungen seine erfreulichen Tugenden. Hilfsbereitschaft und Freundlichkeit sind ungeschriebenes Gesetz – vorausgesetzt, daß der Besucher seine Fragen oder Bitten nicht fordernd, sondern ebenfalls höflich vorträgt.

An der Nordseite des Platzes liegt das Bürogebäude des *State Building*, an der Südseite das *Civic Auditorium* für Konzerte mit rund 10000 Plätzen. Das Gebäude an der Ostseite mit marmorner Eingangshalle ist die *Public Library*, nach dem Erdbeben nach Plänen von George W. Welham wiederaufgebaut. Es ist das Zentrum der öffentlichen Büchereien der Stadt. Mit dreißig Zweigstellen ausgezeichnet organisiert, beherbergt die Public Library mehr als eine Million Bände, wobei die Geschichte Kaliforniens hervorragend vertreten ist. Privatbibliotheken wie Max Kohls Sammlung früher kalifornischer Drucke und die Sammlung kalifornischer Autoren des Bürgermeisters Phelan haben sie bereichert.

Hier ist ein kurzes Wort über das Verhältnis des Amerikaners zu seinen Bibliotheken angebracht, das weitaus selbstverständlicher ist, als dies bei manchen europäischen Nationen der Fall zu sein scheint. Bibliotheken gelten in Amerika nicht als Institutionen für eine gebildete Schicht, sondern als Gemeingut für alle. Sie werden lebhaft und ohne jene Scheu benutzt, für die beispielsweise in Deutschland das Wort ›Schwellenangst‹ geprägt worden ist. Darin mag eine Nachwirkung des neugierigen, wissensdurstigen Pioniergeistes zu sehen sein, der an die Macht des Wissens glaubte und es sich nutzbar zu machen suchte, darin ist aber vor allem die Wirkung einer Erziehung zu erblicken, die den Schüler schon von kleinauf mit Bibliotheken vertraut macht. Und wenn viele wohlhabende Büchersammler ihre oft sehr kostbaren Privatbibliotheken öffentlichen Institutionen zur Verfügung stellen,

so wirkt darin ebenderselbe demokratische Common sense
wie in den Lesern, die sich ihrer mit aller Selbstverständlichkeit bedienen – wenn wir hier einmal von Stifterstolz und
Steuererleichterung absehen, wovon wir schon sprachen.

Hinter der Public Library finden wir das fünfstöckige *Old
Federal Building* aus dem Jahr 1936, das alle wichtigen Büros
der Stadt beherbergt. Da die Räume aber immer unzureichen-
der wurden, je mehr sich die Verwaltung ausdehnte, entstand
nahebei das moderne Hochhaus des *New Federal Building* aus
Stahl und grünem, wärmedämmendem Glas. Gegenüber der
Westseite der City Hall liegen an der Van Ness Avenue das
Municipal Opera House und, getrennt durch einen kleinen, da-
zwischenliegenden französischen Garten, das *Veteran's War
Memorial Building*. In Erinnerung an die Gefallenen des Ersten
Weltkriegs wurden die beiden Gebäude 1932 als Einheit zu-
sammen errichtet.

San Franzisko war die erste Stadt in den USA, die sich ein
Städtisches Opernhaus leistete. Mit seinen Opern- und Bal-
lett-Gastspielen aus aller Welt bietet es ein internationales
Programm von hohem Niveau. Die alljährliche Galavorstel-
lung der Eröffnung der Opernsaison Mitte September gehört
zu den großen gesellschaftlichen Ereignissen. Volkstümlich
geht es aber im Opera House zu, wenn die unzähligen Kenner
aus dem italienischen Viertel San Franziskos den Verdis, Puc-
cinis und Rossinis ihr ›bis‹ zujubeln. Der zweimonatigen
Opernsaison folgt die viermonatige Spielzeit des San Francisco Symphony Orchesters, bis Anfang der siebziger Jahre
noch unter der Leitung des Wiener Grandseigneurs des Takt-
stocks, Josef Krips. Der emigrierte Österreicher Gustav Adler
nutzte in den sechziger und siebziger Jahren als Intendant der
Oper seine weltweiten Kontakte. Alle Opern – seit Adler
auch die deutschen – werden in der Originalsprache ge-
sungen.

In der Eingangshalle des Veteran's War Memorial Building
erinnert eine Tafel daran, daß 1945 die United Nations in San
Franzisko gegründet wurden. Vertreter von fünfzig teilneh-
menden Nationen entwarfen vom 25. April bis 26. Juni 1945
im Veteran's Building die ›Charta der Vereinten Nationen‹.

Fast hätte das Gebäude der United Nations nicht in New York, sondern in San Franzisko gestanden.

Im vierten Stock des Veteran's Building – man fährt mit dem Fahrstuhl hinauf – liegt das *San Francisco Museum of Art*. Es ist vor allem ein Museum zeitgenössischer amerikanischer Kunst und lohnt einen Besuch. Der Leitspruch dieses Museums kennzeichnet eine Tendenz amerikanischer Museen, die sich auch viele europäische Museen heute zu eigen machen: »Ein Museum von heute, für Menschen von heute, kann keine monumentale Institution mehr sein. Es soll zu einer Stätte kreativen Schaffens werden, offen für alle Menschen der heutigen Gesellschaft.« Neben den Dauerausstellungen von Marini, Miró, Matta, Max Ernst und Picasso sind nicht minder anziehend die Amerikaner: Robert Rauschenbergs ›Front Roll‹, Jasper Johns' ›Mona Lisa‹, die Bilder des amerikanischen Alltags von dem frühen Kubisten Gerald Murphy, die ästhetisch anziehenden farbigen Streifenbilder von Sam Barbar oder Michi Itami Zimmermans mit Strichen und Flecken oberflächenbearbeitete Werke. Manuel Neris zerschnittene, kopflose Gipskörper gehören ebenso dazu, wie die unter japanischem Einfluß gemalten modernen Bilder George Miyasakis oder die ›Schönheit aus vollen Tuben‹ der leeren Frauengesichter Coleskys. Das platinblonde Mädchen, das mit Wimpern gleich Kippfenstern die Kasse des Museums-Buchladen bedient, könnte ein Modell Coleskys gewesen sein. Vom Veteran's Building treten wir wieder hinaus auf die Van Ness Avenue und gehen rechts bis zur großen Kreuzung Van Ness und Market Street.

Market Street: Erdöl, Papier
und ein Zeitungsimperium

Die Market Street ist seit Gründung der Stadt die Hauptstraße San Franziskos. Sie führt von den Twin Peaks bis zum Ferry Building am Hafen schnurgerade diagonal durch die Stadt. Im Juli 1860 fuhr erstmals eine kleine Dampflokomotive mit zwei Personenwagen die untere und obere Market Street hinunter. Da es damals links und rechts noch Sandhügel gab, hatte man Mühe, die Schienen sandfrei zu halten. So geschah es nicht selten, daß die kleine Eisenbahn aus den Schienen sprang. Bald wurde sie zu einer Horror-Bahn für die Benutzer. Pferdegezogene Straßenbahnwagen lösten sie ab. Die bimmelnden Glocken am Pferdegeschirr wurden den Bürgern bald so vertraut und lieb, wie später der Glockenklang der berühmten Cable Cars. Für die Damen, und zwar ausschließlich für sie, gab es luxuriös gepolsterte und ausgestattete Wagen, sogenannte ›Palace Cars‹, für fünf Cents Aufschlag; Rauchen war darin strikt untersagt.

Im Jahre 1912 wurde diese Bahn einer Privatgesellschaft durch die städtische, elektrische Straßenbahn ersetzt. Sie verbindet noch heute, inzwischen durch den Tunnel der Twin Peaks, die Market Street mit dem Westen der Stadt. Ende 1974 fand in der Market Street die Einweihung der ersten Untergrundbahn-Station der BART-Linie statt, die nun eine Schnellverbindung zur anderen Seite der Bucht schuf. Die städtische Straßenbahnlinie auf der Market Street wurde damit eingestellt, die Bürgersteige zu Promenaden erweitert, Blumenbeete in der Straßenmitte angepflanzt und Bäume gesetzt. Laternen erhellen wieder nachts die Market Street, die nun zu einer der schönsten Hauptstraßen der Welt geworden ist.

Zwei Häuserblöcke von der Van-Ness-Straße entfernt ragt auf der linken Seite der Market Street das 29stöckige Gebäude der Fox Plaza in den Himmel. Es beherbergt das *San Francisco Visitors and Convention Bureau,* das Touristen und Tagungsteilnehmern Auskünfte erteilt – und das sind jährlich über zwei Millionen Menschen, also mithin doppelt soviel, als die Stadt Einwohner zählt. Südlich der Market Street, an der Ecke Fifth und Mission Street liegt die Hauptpost, und wenige Häuserblöcke weiter beginnt das quirlige Treiben von Downtown.

Inmitten seines Trubels steht an der Market Street, Ecke Geary Street, *Lotta's Fountain,* ein Denkmal an eine berühmte Schauspielerin der Goldrauschzeiten, Lotta Crabtree. Ihre Laufbahn wurde wesentlich bestimmt durch Lola Montez, die attraktive Irin und affärenumwobene Tänzerin, die als Geliebte König Ludwigs 1. von Bayern Geschichte gemacht hat. Denn als Lola Montez 1848 unter dem Druck der öffentlichen Meinung München verlassen mußte, zog sie nach New York und später nach Kalifornien, wo sie zwar als »the very comet of her sex« angehimmelt wurde, sich aber nichtsdestoweniger für kurze Zeit in den Goldgräberort Grass Valley westlich des Lake Tahoe zurückzog. Eben dort lebte Lotta, ein Kind englischer Einwanderer, dem sie Tanzen, Singen und Schauspielern beibrachte. Indes die unstete Montez dann schon wieder in Australien auf Tournee war und danach abermals San Franzisko mit ihrem Comeback beglückte, reifte der Kinderstar Lotta zu einer ernsthaften Schauspielerin, die besonders in Dickens-Dramatisierungen auffiel und später eine eigene Theatergruppe gründen konnte. Die Millionen, die sie sich erspielte, stiftete sie größtenteils für das Gemeinwohl, so ließ sie unter anderem ebendiesen Brunnen errichten, dem man dann ihren Namen gab.

Schräg gegenüber, Ecke Market und Third Street, erhebt sich mit seiner dem Jugendstil nachempfundenen Fassade das *Hearst Building,* eines der Zentren des amerikaweiten Imperiums, das sich der Zeitungskönig William Randolph Hearst von hier aus aufgebaut hat. Als er 1951 starb, besaß er 26 Tageszeitungen in den USA, ›penny-papers‹ mit Millionenauflagen. Seine Karriere hatte mit der Übernahme des ›San Francisco Daily Examiner‹ im Jahre 1887 aus den Händen seines Vaters begonnen. Die Zeitungen, die er von da an in steter Folge gründete oder aufkaufte, verfochten einen extremen Patriotismus und Nationalismus. Der Erfolg ermöglichte ihm, sich auch auf dem internationalen Markt zu etablieren und seine Geschäftsinteressen auf Rundfunk und Film wie auch auf Industriebereiche auszudehnen. Sein märchenhaftes Leben hat Orson Welles in ›Citizen Kane‹ (1941) verfilmt.

Das neue Verlagsgebäude des ›Examiner‹ liegt südlich der Market Street an der Mission Street in der Nähe des Verlagsgebäudes der zweiten großen Tageszeitung von San Franzisko, des seit 1868 erscheinenden ›San Francisco Chronicle‹, dessen Gründer M.H. de Young uns bereits bekannt ist.

Wo es namhafte Presse- und Geschäftshäuser gibt, etablieren sich auch große Hotels. Eines davon ist das an der unteren Market Street gelegene, einen ganzen Häuserblock einnehmende *Sheraton Palace Hotel,* das auf eine mehr als hundertjährige Geschichte zurückgeht. Die Eröffnung des damals so genannten Palace Hotels im Oktober 1875 war ein großes, gesellschaftliches Ereignis. Bis zu seiner Zerstörung durch das Feuer 1906 war es das größte und luxuriöseste Hotel der Stadt. Erbauer war William C. Ralston, Gründer und erster Präsident der Bank of California, der es Ende der sechziger Jahre durch die Silberfunde der Comstock Lode an der kalifornisch-nevadischen Grenze zu großem Vermögen gebracht hatte. Nach 1906 wurde das Palace Hotel so prächtig wie zuvor wiederaufgebaut. Die weiträumigen, festlichen Säle im Erdgeschoß, insbesondere der ›Golden Ballroom‹, vermitteln noch heute die Pracht der siebziger Jahre des vergangenen Jahrhunderts.

Bevorzugt wird der ›Golden Ballroom‹ von den großen Clubs. Was dem Deutschen seine Vereine sind, bedeuten für den Kalifornier seine Clubs. Die bedeutendsten in San Franzisko sind der selbstbewußte Commonwealth Club, vor dem schon viele amerikanische Präsidenten sprachen, der Rotary-Club Nr.2, also der zweitälteste der Welt, den natürlich keiner der fünfhundert traditionsbewußten Rotarier zugunsten eines weiteren Rotary-Clubs in San Franzisko aufgeben möchte, und der einflußreiche International Women's Club. Zu Beginn einer Tagung im ›Golden Ballroom‹ stehen die Mitglieder auf und singen die Nationalhymne; ein Gebet schließt sich an, ein Vortrag über die Ölkrise folgt oder über ›free enterprise‹, das ›freie Unternehmertum‹. Die Diskussionen innerhalb solcher Clubs sind ein erheblicher Bestandteil der informellen Regierungstätigkeit in den Vereinigten Staaten. Sie sind »sehr viel wichtiger«, wie ein Kenner der Szene, Ferdinand Lundberg, in ›Die Reichen und die Superreichen‹ schreibt, »als zum Beispiel die Kongresse der politischen Parteien, auf denen häufig nur das gebilligt wird, was vorher in diesen Clubs schon ausgehandelt wurde«. Denn hier diskutieren jene Leute, »denen die Mittel und Instrumente zur Verfügung stehen, um ihre Ansichten in der Welt zur Geltung zu bringen«. Es gibt daneben noch Tausende von kleineren Clubs, gerade Kalifornien ist voll davon, deren indirektes, öffentliches Gewicht in den letzten Jahren erfreulich im Sinne der freiheitlichen Demokratie zunahm, zugleich aber auch teilweise im Sinne eines erneut anwachsenden Konservativismus.

Nur wenige Schritte weiter liegt an 555 Market Street das 1965 errichtete 43stöckige Verwaltungsgebäude der *Standard Oil Company of California* mit einer neueren Dependance gleich daneben. 1879 war in San Franzisko die Pacific Coast Oil Company gegründet worden, zu der die seinerzeit reichsten kalifornischen Ölfunde im Pico Canyon gehörten. Die Standard Oil Company, deren Aufstieg 1870 unter dem Ölkönig John D. Rockefeller begann, erwarb 1900 die Pacific Coast Oil Company, die sich seit 1911 Standard Oil Company of California nennt. In diesen Jahren wurde auch die erste große Raffinerie auf der Ostseite der Bucht von San Franzisko, in Richmond, erbaut. Sie zählt heute zu den beiden größten der Welt.

Gefördert wurde die steile Entwicklung des Ölverbrauchs natürlich durch das Auto und den stark anwachsenden Flugverkehr. In Los Angeles allein sind über sieben Millionen Kraftfahrzeuge zugelassen, und achtzigmal am Tag starten Linienflugzeuge zwischen Los Angeles und San Franzisko. Zwar verkehrt täglich nur noch ein Zug zwischen den beiden Städten, aber auch dieser braucht Dieselöl. Der Benzinverbrauch in Kalifornien ist pro Kopf viermal so hoch wie in der Bundesrepublik Deutschland. Mehr als 18 Prozent der kalifornischen Staatseinnahmen kommen allein von den Benzin-Steuern.

Die Erdölvorkommen von Kalifornien werden noch auf rund 30 Milliarden ›Barrels‹ Erdöl geschätzt, wobei 1 Barrel 156 Litern entspricht. Sie liegen vor allem in den beiden Gebieten Kern County und Los Angeles County. Diese fördern etwa je 100 Millionen Barrels jährlich. Von den Autobahnen und Schnellstraßen aus wird man dort Wälder von Ölbohrtürmen und Tausende kleiner Ölpumpen entdecken, die Tag und Nacht unermüdlich pumpen. Neben diesen Erdöl-Ressourcen gibt es umfangreiche Erdgas-Vorkommen. Die jeder westamerikanischen Hausfrau bekannte PG & E, die Pacific Gas & Electric Co., pumpt in ihre Gasleitungen ausschließlich kalifornisches Erdgas. Bei Santa Barbara, Resno, Orange und Ventura finden sich weitere Erdöl- und Erdgasfelder. Eine Dauerausstellung und ein Film im Foyer des Standard-Oil-Gebäudes orientieren über die Geschichte des Erdöls. Selbstverständlich ist Standard Oil nur eine von 1400 Erdölgesellschaften in den USA. Die meisten sind von geringerer Größenordnung; rund hundert haben ihre Niederlassung in Kalifornien.

Hinter Standard Oil of California steht, wie in allen Zeiten, noch die Rockefeller-Familie. Der 1960 verstorbene John D. Rockefeller war Hauptaktionär. Nun hat der jüngere, sehr aktive David Rockefeller das Erbe übernommen.

An einem Sommertag des Jahres 1969 pflanzte David Rockefeller drei Häuserblöcke nördlich der Standard-Oil-Gebäude ein Bäumchen und legte einen Grundstein. Heute stehen dort zwischen Clay-, Sacramento-, Battery- und Drumm-Street, die in ihrer schlanken Schönheit bestechenden Scheibenhochhäuser des *Embarcadero Center,* das der Architekt Portsman erbaut hat. Eigentlich müßte es – dem New Yorker Rockefeller Center folgend – ›Rockefeller Center West‹ heißen. Mitte der sechziger Jahre noch war dieser Stadtteil eine heruntergekommene Hafengegend.

Es ist eine der großen Lebensleistungen des schon erwähnten ehemaligen Direktors der Redevelopment Agency, Justin Herman, daß das Hafengebiet San Franziskos heute städtebaulich zu den eindrucksvollsten und gelungensten Lösungen in den USA zählt. Hierzu gehören die nördlich vom Embarcadero Center liegenden modernen Wohnhäuser des *Golden Gateway Centers* und des wegen seiner außergewöhnlichen architektonischen Lösung für Erdbebenfälle bekannte 25stökkige *Alcoa-Building,* Hauptquartier des Aluminium- und Kupfer-Trusts ›Alcoa‹.

Gegenüber von Standard Oil finden wir an Market Ecke Bush Street das älteste Hochhaus San Franziskos aus dem

Jahre 1959, den 20stöckigen, grüngrauen Glas- und Stahlske-
lettbau des Hauptverwaltungsgebäudes von *Crown Zellerbach*. Dies ist seine Vorgeschichte: 1868 traf Anton Zellerbach, aus Bayern kommend, mit Frau und zwei Söhnen
glück- und geldlos in San Franzisko ein. Zuvor hatte er, ohne
Erfolg, in den Goldgebieten der Sierra-Nevada-Berge hart
gearbeitet. Sein älterer Bruder Markus, der von einer deutschen Kolonie in Pennsylvania nach Kalifornien ging, war
mit einer Anlage, die Gold aus Gestein wusch, ein reicher
Mann geworden und hatte eine Bank in Nevada gegründet.
Anton, dessen Vater eine ärmliche Sägemühle in Bayern betrieben hatte, sah seine Chance im Papierhandel und stieg um.
Damals hatte San Franzisko bereits fünf Tageszeitungen sowie Verlage für Publikationen in acht Fremdsprachen. Die
Chancen waren also nicht gering. In einem Fünfquadratme-
terraum in 217 Front Street begann ›Tonis‹, wie man ihn hier
nannte, zweiter harter Lebensabschnitt. Er arbeitete von Sonnenaufgang bis in die tiefe Nacht.

Wie stand es um die Konkurrenz? Das erste Papier in den
USA war 1690 in Philadelphia hergestellt worden. Im Westen
Amerikas hatte erst 1856 Samuel Taylor an einem Bach in den
Rotholz-Wäldern in Marin County eine Papierfabrik gebaut.
Es war dann Ludwig Schwabacher, Gründer und General
Manager der bei Portland/Oregon errichteten Crown Paper
Company, der diese Papiermühle übernahm. Die Geschäfts-
verbindung der Papierfabrik Crown zu dem inzwischen er-
folgreichen Papier-Großhändler Zellerbach bot sich an. 1928
fusionierten Crown und Zellerbach.

Der Papierbedarf stieg indessen mit dem wachsenden Anbau von Orangen- und Zitronenhainen rund um Los Angeles
und durch die Wein- und Obstlieferungen aus dem kalifornischen Zentral-Tal kräftig an. Für den Transport wurden die
Früchte in Papier gewickelt – eine Idee des 24jährigen Ludwig
Bloch, des späteren Chairman der Aktiengesellschaft, die der
Firma ein Vermögen einbrachte. Das Hauptgeschäft aber
wurde seit 1917 die Zeitungspapierherstellung. Crown-Zel-
lerbach ist heute der größte Zulieferer der Zeitungen in den
USA. Der Enkel Anton Zellerbachs, James David, wurde

1956 von Präsident Eisenhower zum US-Botschafter in Rom
ernannt. Zusammen mit seinem Bruder Harold L. gründete
er in den sechziger Jahren in Kalifornien die Crown-Zeller-
bach-Foundation, deren Stiftungen Wissenschaft, Kunst und
Kultur und deren Stipendien vielen begabten Studenten zugute kommen. Die Zellerbach-Hall, das eindrucksvolle, neue,
große Studententheater von Berkeley, wurde von der Zeller-
bach-Foundation mit einer Stiftung von über einer Million
Dollar finanziert; über 600000 Dollar brachte die Studenten-
schaft selbst auf.

Neben dem Zellerbach Building entdecken wir ein weiteres
Denkmal an der Market Street, das *Mechanic's Monument*. An
seinem Fuß ist auf einem Schild zu lesen, daß 1848 an dieser
Stelle die Küstenlinie von San Franzisko verlief. Das Mechanic's Monument wurde in Erinnerung an Peter Donahue
errichtet, der in San Franzisko die erste Eisengießerei betrieb.

Schon am Beginn unseres Bummels auf der Market Street
erblicken wir an ihrem Ende das am Hafen liegende *Ferry
Building* mit seinem achtzig Meter hohen Uhrturm, dem Gi-
ralda-Turm in Sevilla nachgebaut und 1898 beendet. Nachts
ist er festlich angestrahlt. Bis zur Fertigstellung der Bay-
Bridge über die Bucht nach Oakland im Jahre 1937 war das
Ferry Building die beliebte Hauptstation der Fähren. Noch
bis in unser Jahrhundert hinein lag hier zudem die Endstation
der Transkontinentalen Eisenbahn. Unzählige Kutschen und
die damals neuen Cable Cars empfingen den Reisenden. Das
Ferry Building war damals das ›Tor der Stadt zur Welt‹. Es
überstand das Erdbeben von 1906, so daß die Bürger mit
Fähre und Eisenbahn die brennende Stadt verlassen konnten.
Heute ist es das Hauptgebäude des World Trade Center von
San Franzisko.

Gegenüber dem Ferry Building entstanden während der
siebziger Jahre im Rahmen der Stadterneuerungsplanung mit
der neuen Embarcadero Plaza Grünanlagen, phantasievolle
Blumenbeete und ein supermodernes Hotel im Privathausstil
mit herrlicher Aussicht auf die Bucht und Downtown.

Beim Palace Hotel endet an der Market Street die vom Norden kommende Montgomery Street. Seit Beginn der Geschichte San Franziskos war sie nicht nur die Finanzstraße der Stadt, sondern der gesamten amerikanischen Westküste. Am nördlichen Ende der Montgomery Street, zwischen California und Washington Street, entstanden die ersten Miner's Exchange Banks. Hier wechselten schon die kalifornischen Goldgräber ihre Funde gegen harte Dollars. Auch Börsenmakler eröffneten hier ihre Zentralen. Ihnen folgten die Büros der Schiffsgesellschaften und der Pferdewagen-Linien zu den Goldfeldern.

Die Montgomery Street ist das maßgebliche Banken- und Finanzviertel geblieben. Zeugen dafür sind das 1965 errichtete 43stöckige Wells Fargo Building an der Ecke Sutter Street, seinerzeit das höchste Haus an der Westküste, Ralstons Bank of California an der California Street, ferner das ältere Gebäude der Wells Fargo Bank (420, Montgomery Street). Eine kleine, sehr informative Ausstellung über die Entdeckung des kalifornischen Goldes bis zum Erdbeben von San Franziko ist im Foyer dieser Bank zu sehen. Nicht zuletzt finden wir Montgomery Ecke California Street den neuen und höchsten Wolkenkratzer San Franziskos, das in tiefbraun glänzendem Karneolgranit 250 Meter hochragende Hauptgebäude der *Bank of America.*

Das elegant wirkende Hochhaus wurde von einem amerikanischen Architektenteam unter Beteiligung des aus Ancona stammenden Architekten Pietro Beluschi gebaut. In der Eingangshalle hängen bemerkenswerte Wandteppiche, die in einem Kinderdorf bei Kairo unter der Leitung von Ramses Wissa Wassef gewebt wurden. Die Eleganz des Äußeren, die den typischen Erkerstil der Stadt ins Monumentale überträgt, ist im Inneren wiederholt. Sechs Fahrstühle bringen uns zu den gewünschten Stockwerken, bis zum fünfzigsten in kaum mehr als zehn Sekunden und mit Musik. Der Blick über die Stadt vom Restaurant des 52. Stockwerks ist ›fabulous‹.

Im angrenzenden dreistöckigen Filialgebäude der Bank of America findet man im zweiten Stockwerk eine Ausstellung der faszinierenden Geschichte der Bank. Den erhöhten Vorplatz des Bankgebäudes schmückt eine zweimannhohe, schwarz-glänzende abstrakte Steinplastik, der die Bürger den Namen ›steinernes Herz des Bankiers‹ gaben. Der Begründer der Bank, A.P. Giannini, hatte dieses ›steinerne Herz‹ gewiß nicht.

In einem 20-Betten-Hotel, das sein Vater Luigi Giannini, der mit seiner Frau 1869 aus Genua als Einwanderer nach Kalifornien gekommen war, als Pächter in San Jose betrieb, kam Amadeo Giannini 1870 zur Welt. Die Mutter war bei der Geburt des Sohnes sechzehn Jahre alt. Als Amadeo Giannini noch ein kleiner Junge war, wurde der Vater in einem Streit, der sich um einen Dollar drehte, von einem Arbeiter getötet. Die Mutter, die damals schon drei Kinder hatte, heiratete vier Jahre später einen kleinen Fuhrwerksunternehmer. Die Familie zog nach San Franzisko ins Viertel der italienischen Kolonie von North Beach. A.P. Giannini, inzwischen herangewachsen, stieg in das Geschäft eines Grundstücksmaklers ein und wurde 1902 Direktor der Columbus Savings & Loan Company. 1904 eröffnete er seine eigene Bank, von der die italienische Kolonie wissen sollte, daß es ›ihre‹ Bank sei: die Bank of Italy in San Franzisko, die Bank der ›little fellows‹. Giannini erlebte die Zeiten der großen Silberfunde der Nevada Comstock Lode, die Zeiten der Industrialisierung und der ersten Ölfunde, und überall war er beteiligt. Ein Pionier der Branchen-Entwicklung im Bankwesen, rief er zwei Dutzend Filialen seiner Bank ins Leben. Die Gründung von Holding-Gesellschaften verschaffte ihm so viel Macht, daß er schließlich 1928 die Bank of Italy und die Bank of America in New York und in Kalifornien zur Bank of America National Trust fusionierte. Somit war die größte Bank der Welt in seiner Hand. Nach seinem Tode 1949 setzten sein Sohn und dessen Nachfolger sein Lebenswerk fort und expandierten nach Übersee.

Mitte der siebziger Jahre belief sich der Posten der Aktiv-Seite der Bank of America auf rund 57 Milliarden US-Dollar.

Das entspricht vergleichsweise dem gesamten Jahreshaushalt der Bundesrepublik Deutschland zur gleichen Zeit. Die Bank of America hatte schon damals weit über 500 Zweigstellen in dreihundert Orten Kaliforniens und neun in Europa und Übersee. Doch nach wie vor regiert in der Bank der kleine Mann: von den 57 Milliarden Dollar waren 47 Milliarden Spar- und Girokonteneinlagen von Millionen Angestellten, Arbeitern und kleinen Geschäftsleuten.

Cable-Car-Fahrten

Das meistphotographierte Motiv San Franziskos ist die Endstation der Cable Car an der Ecke Market- und Powell-Straße, wo die Wagen genau wie noch zur Jahrhundertwende auf einer Holzdrehscheibe herumgedreht werden, um ihre nächste Fahrt über die Hügel antreten zu können. Gottlob ist diese Kabelbahn die Touristen-Attraktion Nummer Eins in San Franzisko – denn ohne die von ihr so bezauberten Fremden gäbe es sie vielleicht gar nicht mehr! Der Unterhalt kommt die Stadt sehr teuer, und mehr als einmal wollte man schon die drei noch verbliebenen der früheren zwölf Linien einstellen. Letzthin war es aber eine resolute Einheimische, Frieda Klussmann, die den Stadtrat das Fürchten lehrte, als dies wieder einmal zur Diskussion stand. Denn auch die Einheimischen hängen wie Kinder an diesem ihrem liebsten Spielzeug, und wie gern sie es benutzen, zeigen die bis zu den Außenbrettern drangvoll besetzten Wagen. Mit der westöstlichen Linie entlang der California Street fahren die Angestellten ins Bankenviertel der Montgomery Street, mit der zur North Beach führenden Hyde-Street-Linie begeben sich die Manager mittags zum Luncheon in ihren exklusiven Club auf dem Nob Hill, und mit der Taylor-Street-Linie gelangen die Touristen zu den Sehenswürdigkeiten von Fisherman's Wharf.

Andrew S. Hallidie, der Ingenieur, der die Cable-Car erfand, war 1852 aus London nach San Franzisko eingewandert, hatte eine Kabelfabrik aufgebaut und war auf die Idee gekommen, daß man mit dem Kabel auch das Verkehrsproblem von

San Franzisko lösen könne. Denn die Pferdebahn auf den hügeligen, steilen Straßen war ein höchst unfallreiches Beförderungsmittel. Wie, wenn man ein Kabel, das sich mit einer Geschwindigkeit von 20-Stunden-Kilometern ständig bewegt, in einen Kanal zwischen die Schienen einer Bahn legen und als Antriebmittel benutzen würde? Vermittels eines Greifers könnten sich die Wagen der Bahn daran anklammern und mitziehen lassen! 1873 war die Idee in die Wirklichkeit umgesetzt, und das Prinzip hat sich seither nicht geändert. Heute wie damals bedient der Fahrer, ›gripman‹ genannt, den langen, in das Wagengestell eingebauten Greifstock, der das Seil faßt; heute wie damals betätigt der Schaffner die Bremsen, wenn es bergab geht oder der Wagen an der Station zum Halten gebracht werden muß. Einen ernsthaften Unfall gab es in den hundert Jahren Cable-Car-Geschichte nicht.

Das zentrale Maschinenhaus, von dem aus das Stahlkabel in Umlauf gehalten wird, kann man besichtigen. Es liegt an der Ecke Mason und Washington Street. Seine gewaltigen Räder, ehemals durch Dampfmaschinen bewegt, werden heute durch Elektromotoren angetrieben – ungefähr das einzige, was sich in diesen hundert Jahren geändert hat. Dank Frieda Klussmann gehört der Jingle-Jangle-Klang der Cable-Car-Glocke und das Stahlseilquietschen immer noch zu San Franziskos unverwechselbarer Musik und die Fahrt in den grünen, grün-gelben und rot-grauen Wagen zu den unökonomischen, aber liebenswertesten Unternehmungen in dieser Stadt.

Was aber die alte Musik San Franziskos betrifft – Vicki Baum hat sie bezaubernd beschrieben:

Da waren die Stimmen von San Francisco: das ständige dumpfe Brausen der inneren Stadt, der harte Schrei von Seemöwen, von der Brise getragen wie verwehte Fetzchen weiß und braunen Papiers; die vielsprachigen Rufe der Straßenverkäufer, das Rumpeln und Klappern der Drahtseilbahn und das tiefstimmige Dampfpfeifengespräch zweier großer Dampfer, die sich vorsichtig in ihre Ankerplätze manövrierten. In den Straßen das kleinhufige Staccato der Kutschpferde auf den Pflastersteinen, Automobile, die steilen Hügel hinaufstöhnend, ihr beschwerliches Knattern übertönt durch die

*dringlichen doch fröhlichen Signale von zwei Feuerwehren, die die
Sutter Street entlang rasten und dem Getrampel der kleinen Jungen,
die hinterher rannten, so schnell ihre Beine sie tragen wollten. Irgendwo gab eine Drehorgel eine quiekende zahnlückige Fassung des
Zigeunerchors aus dem ›Troubadour‹ zum Besten, irgendwo sang
eine italienische Stimme Santa Lucia, irgendwo mühte sich ein Kind
an einem offenen Fenster mit einer Clementi Sonatine, und in dem
Gäßchen weiter unten pfiff jemand laut und hell.*

Downtowns kulinarische Genüsse

Zwei Häuserblöcke von Market Street stadteinwärts liegt ein
kleiner Platz, dessen dreißig Meter hohe Siegessäule in der
Mitte an den Sieg Admiral George Deweys in der Manila-
Bucht während des Spanisch-Amerikanischen Krieges 1898
erinnert. Der Platz ist mit gepflegten Hecken und Blumen-
beeten, Oleanderbäumen und Palmen bestanden und bevölkert von taubenfütternden alten Leuten und sonnenhungrigen
Mittagspause-Genießern aus den umliegenden Kaufhäusern
und Geschäften: *Union Square.* Er ist das unbestrittene Zentrum San Franziskos, wo sich ›alle Welt‹ trifft, und zugleich
eine grüne Oase inmitten der turbulenten Downtown. Von
einem Treffen soll er auch seinen Namen haben: Während des
Amerikanischen Bürgerkrieges kamen hier die Anhänger der
Union regelmäßig zusammen.

Den Square umstehen mondäne Kaufhäuser und noble
Hotels, und bei jedem von ihnen könnte man von einem
anderen ›perfektionistischen‹ Spleen berichten. Das Kaufhaus
Magnin beispielsweise birgt einen Ladies Restroom, der über
und über mit Blattgold ausstaffiert ist, indes im Prominenten-
hotel St. Francis die Wechselpennies stets so auffallend fun-
kelnagelneu wirken, daß man eine heimliche Münze im Keller
vermutet, während dort ganz einfach eine – Geldwaschma-
schine steht! Bezeichnende Spielereien mit Gold und Geld.
Bei ›Gump's‹ hingegen, einem Kunst-Kaufhaus mit Tradition
in der nahen Post Street, hält man's mit den Kostbarkeiten
dieser Welt, vor allem mit Jade, deren Auswahl schon Sarah
Bernhardt rühmte.

In der schmalen Maiden Lane, einst einem Bezirk der roten
Lampen, ist heute in einem von Frank Lloyd Wright entwor-
fenen Haus (Nr. 140) eine Kunsthandlung.

Überhaupt sind Kunstläden und Buchläden rund um den
Union Square in Fülle angesiedelt, und neben den sündteuren
Hotels kleine Lodging Houses und Bars und Kaffeehäuser
und Restaurants aller Art. Freilich, ›restaurant‹ nennen sich
auch jene Nobellokale, in denen man wie in einer Dunkel-
kammer zu speisen pflegt, was die Amerikaner ›candle light
dinner‹ nennen. Die kosmopolitischen kulinarischen Genüsse,
die sie bieten – und für die San Franzisko und die ganze Westküste bekannt sind –, haben ihren Ursprung in der Pionierzeit. Denn Italiener, Franzosen, Schweizer, Deutsche, Engländer, Russen, Japaner, Mexikaner, Armenier, Polynesier, Chinesen, sie alle wollten in der neuen Heimat ihre ureigene Küche nicht entbehren, und so bildete sich eine Eßkultur aus, die
in Downtown heute in einigen Restaurants ihre allerfeinste
Ausprägung findet: in italienischer Luxusklasse bei ›Amelio‹
und beim berühmten Baseball-Idol ›Dimaggio‹ in Fisherman's Wharf, französisch bei ›Fleur de Lys‹ und ›La Bour-
gogne‹, schweizerisch bei ›Le Trianon‹, deutsch bei ›Shadows‹
auf dem Telegraph Hill oder ›Schroeder's‹ in der Front Street
(wo mittags nur für Männer serviert wird), englisch in stil-
echter elisabethanischer Umgebung bei ›Ben Jonson‹ in der
Cannery an Fisherman's Wharf, russisch wie am Zarenhof bei
›Alexis‹ auf dem Nob Hill, japanisch auf dem Fußboden im
›Yamato Sukiyaki House‹ in der California Ecke Grant Street,
mexikanisch-feurig in ›Los Gallos‹ oder einfach und originell
im Missions-Viertel, armenisch im ›Omar Khayam‹ nahe
Union Square, polynesisch, indonesisch oder auch chinesisch
in ›Trader's Vic‹, ebenfalls nahe Union Square, schließlich
chinesisch im ›Empress of China‹, oder auch in einem der
hundert chinesischen Familienrestaurants von Chinatown.

Die Zahl der Bars übertraf schon in Goldrauschzeiten die
der Restaurants. »Nirgendwo auf der Welt«, schrieb ein
Chronist 1876, »ist die Versuchung zu trinken so groß wie
hier.« Das hat sich seither nicht geändert. Denn das Ge-
schäftsleben und der Wettbewerb sind hart, und Nebel und

Stadtwind setzen genauso zu. So ist die Cocktail-Hour nach
Büroschluß bei vielen fest eingeplant. Die beiden faszinie-
rendsten Bars bei Einbruch der Dunkelheit bleiben ›Crown
Room‹ und ›Top o' the Mark‹ hoch oben auf dem Nob Hill,
mit atemberaubendem Blick auf die zu Füßen liegende Stadt.
Hier vergißt man alles, was bedrückt.

Chinatown: Stadt in der Stadt

Die Grant Avenue ist die belebte, in den Sommermonaten
von Tausenden von Touristen besuchte Hauptstraße von
Chinatown. Für die älteren Chinesen heißt sie noch Du Pont
Gai, wie San Franzisko für sie die Dia Fow (große Stadt) mit
Gum Sahn (goldenen Hügeln) ist. Sieben Tage und Nächte
feiern sie zwischen 20. Januar und 20. Februar, je nach Voll-
mondstand, auf der Grant Avenue mit Feuerwerk und großer
Neujahrs-Parade den Jahreswechsel.

Chinatown in San Franzisko ist die größte chinesische, ja
fernöstliche Kolonie der Welt. Die ersten, vor allem Kanton-
Chinesen, kamen als Goldgräber hierher. Die späteren Einwohner waren beim Bau der Eisenbahnlinien tätig. Als diese
fertiggestellt waren, zogen die Chinesen nach San Franzisko.
Stets lebten sie eng zusammen und bewahrten ihre alte Tradition und Kultur. Heute noch sprechen sie untereinander chinesisch. Ihre Kinder besuchen chinesische Schulen. Ihr starker
Zusammenhalt liegt nicht zuletzt in ihren Auseinandersetzungen mit den Weißen im vergangenen Jahrhundert begründet,
die sich gegen die ›cheap chinese labor‹, die konkurrenzstarke
billige chinesische Arbeitskraft wehrten. Bis 1850 trafen 800
Chinesen in San Franzisko ein; 1853 waren es bereits 4000. Sie
arbeiteten in Bergwerken, als Hausdiener und Köche, Fischer
oder in Wäschereien. Bis 1875 hatten sie bereits das Monopol
für die Zigarrenherstellung. Es gab 115 Zigarrenhersteller mit
fast 3500 chinesischen Arbeitern und einem Umsatz von
4 Millionen Dollar jährlich. Weitgehend hielten sie auch das
Monopol in der Bekleidungsindustrie. Im Jahre 1877 kam es
zu einem Anti-Chinesen-Aufstand in San Franzisko, maßgeblich unterstützt durch die amerikanische Arbeiterpartei. Doch

die Stadtväter bekamen ihn rechtzeitig unter Kontrolle. Um die Jahrhundertwende wurde Chinatown ein Stadtviertel mit einer eigenen Gerichtsbarkeit, aber auch eigenen Spielhöllen, Prostituiertenstraßen und Opiumhöhlen.

Zu Chinatown gehören heute 24 Häuserblocks zwischen Kearny und Stockton Street, Bush Street und Pacific Avenue, in denen rund 45000 Chinesen leben, fast die Hälfte derer in ganz Kalifornien. Obgleich die Ecke Grant Avenue und California Street allgemein als Eingang zu Chinatown empfunden wird, befindet sich das alte Eingangstor zwei Häuserblöcke weiter südlich an Grant Avenue Ecke Bush Street. Hier beginnen auch die Geschäfte der Grant Avenue: in diesem Teil vor allem chinesische Porzellan- und Antiquitäten-Geschäfte. Die ›europäischen‹ und ›amerikanischen‹ Antiquitätenläden findet man in der McAllister Street.

Eine Querstraße weiter, an 520 Pine Street, liegt der *Kong Chow Temple;* er ist für die weiße Bevölkerung zugänglich. Auf der davorliegenden kleinen, ruhigen Grünanlage von *St. Mary's Square* zwischen Pine und California Street hält eine Statue die Erinnerung an den Vater und Präsidenten der chinesischen Republik, Dr. Sun Yat Sen, wach, der in Kanton 1918 die Kuomintang-Gegenregierung aufstellte, weshalb er von den vielen Kanton-Chinesen San Franziskos sehr verehrt wird. *Old St. Mary's Church* gegenüber ist eine der ältesten Kirchen San Franziskos. Der rote Ziegelbau im viktorianisch-gotischen Stil, 1854 beendet, gebaut mit Ziegeln aus New England und Granit aus China, wurde später die römisch-katholische Hauptkirche von San Franzisko. 1894 ging sie in die Hände der Paulisten-Sekte über.

Die Grant Avenue ist überfüllt von Andenkenläden mit chinesischen Nippes, bei denen es durchaus auch passieren kann, daß sie da und dort mit ›Made in Japan‹ bezeichnet sind. Das Beste und Typische der Grant Avenue aber sind die Gemüse- und Feinkostgeschäfte, die Fleischereien, Bäckereien und Fischläden mit all ihren Seltsamkeiten von Haifischflossen bis zu Vogelnestern, und natürlich die chinesischen Restaurants. Für den Chinesen ist Essen weit mehr als Notwendigkeit und Genuß. Es ist, wie Konfuzius sagte, Ausdruck der

Sitte, der Umgangsformen und Kultur des Menschen, seines Geschmacks im Geist.

Aus dem Norden der Provinz Peking stammte die berühmte Peking-Ente, mit der nur noch die Szechuan-Ente aus dem Landesinnern konkurrieren konnte. Die Küstenprovinz Fukien war der Landstrich der ausgezeichneten Fischgerichte und der klaren und köstlichen Suppen. Als die Ming-Dynastie 1644 stürzte und viele Köche des Kaisers nach Süden, nach Kanton flohen, so erzählt man, hätten sie nicht nur die Küche des Nordens – wo das Hauptnahrungsmittel nicht Reis ist, sondern Nudelgerichte – in den Süden mitgebracht, sondern unterwegs noch die besten Rezepte des gemüsereichen Fukien gesammelt, einschließlich der Frühlingsrolle, die alle in die Küche Kantons Eingang fanden. Diese ist vor allem berühmt für ihr Dim Sum, süßsaure, gedämpfte, mit Fleisch, Fisch und Eingemachtem gefüllte Teigtaschen.

In San Franziskos Chinatown wird diese weitgehend fettfreie kantonesische Küche nicht nur in den ersten Restaurants angeboten, sondern nicht minder gut auch in all den kleinen chinesischen ›Bistros‹, Familienbetrieben, die traditionelle ›Geheimrezepte‹ haben.

In der Grant Avenue liegen einige solcher guter Restaurants. Zum vorhin schon erwähnten ›Empress of China‹ (838, Grant Avenue) gelangen wir mit einem Fahrstuhl. Durch einen Taiwan-Gartenpavillon betritt man den runden, mit Seidentapeten ausgestatteten Speisesaal. Hohe Fenster geben die Aussicht frei auf die Bucht und die Hügel. Meisterköche aus Hongkong bieten hier an: Gerichte aus Kanton, Hongkong, Schanghai, Peking und der westchinesischen Industrieprovinz Szechuan. Das reicht von der Ginger Root Oyster, mit frischem Ingwer angerichtet, über Drunkard Chicken Li Po (Hühnerstücke in Kaoliang-Wein eingelegt und in Soja-Sauce gekocht, benannt nach dem weinliebenden Dichter Li Po) bis zum Manchurian Beef (gekochte Lendenstücke, in chinesischen Pilzen geschwenkt, ein Lieblingsgericht des Kaisers Ch'ien-lung). Ein Festmahl ist die Peking-Ente: Sie wird mit Honigwasser, Ingwerwurzeln und Frühlingszwiebeln vorgekocht, zwei bis drei Stunden an der Luft stehengelassen, dann goldbraun gebacken und mit Pfannkuchen, Hoisin- oder Pflaumensoße und Frühlingszwiebelstengeln gereicht. Sie muß einen Tag zuvor bestellt werden.

Ein weiteres Spezialitäten-Restaurant (708, Grant Avenue), in dem man Haifischflossen- oder Vogelnestersuppe, Walnuß-Huhn, Mandel-Ente oder Hummer à la Kan bekommt, ist ›Kan's Restaurant‹. Im ›Imperial Palace‹ (919, Grant Ave.) sollte man dem Restaurant-Besitzer die Menuvorschläge überlassen, denn sie sind gut. Einfacher speist man in ›Lamps of China‹ (521, Grant Ave.) oder im ›Kuo Wah‹ (950, Grant Ave.), in beiden im gut bürgerlichen Stil. Inzwischen kennt man die chinesische Küche auch in Europa zur Genüge. Doch sei hier angemerkt, daß das dort so bekannte ›Chop Suey‹ in China nicht gekocht wird. Man erzählt sich, daß ein chinesischer Diplomat dieses Gericht in Europa erfunden hätte, nachdem er sich hier den Magen verdarb.

Westlich parallel von Grant Avenue, zwischen Washington und Sacramento Street, verläuft die vielleicht ›chinesischste‹ Straße von Chinatown, *Waverly Place*. Bekannt ist sie auch als ›Straße der bunten Balkone‹, Symbol der verschiedenen chinesischen Großfamilien. An Nr. 125, Waverly Place liegt im vierten Stockwerk des Gebäudes – denn keiner darf über dem Gott wohnen – der älteste chinesische Tempel San Franziskos, der *Tin How Temple,* der ›Königin der Himmel und Göttin der sieben Meere‹ geweiht.

Die Selbständigkeit von Chinatown manifestiert sich nicht zuletzt in der ›Chinese Consolidated Benevolent Association‹ an der Stockton Street, die Repräsentanz der sieben Provinzen Chinas in Chinatown. Hier wird über Gerichtsbarkeit, Schulen, das chinesische Hospital an der Jackson Street und alle Autonomiefragen entschieden.

Portsmouth Square, Jackson Square
und ein Stadtoriginal

Der Portsmouth Square war vor über hundert Jahren das Zentrum von San Franzisko. Um diesen ehemaligen mexikanisch-spanischen Platz herum begann die Stadt zu wachsen.

So lag es nahe, daß in der mexikanisch-amerikanischen Auseinandersetzung Marinekommandant John B. Montgomery – nach dem später die Montgomery Street benannt wurde – am 9.Juli 1846 gerade auf diesem Platz die amerikanische Flagge hißte, nachdem zwei Tage zuvor auch Monterey kampflos besetzt worden war.

Damals reichten die Wasser der kleinen Hafeneinbuchtung von Yerba Buena bis nahe an den Portsmouth Square. Sie wurde Ende der vierziger, Anfang der fünfziger Jahre bis hinunter zur heutigen Wasserfront zugeschüttet. So ging Montgomery damals nur einen Häuserblock vom Portsmouth Square entfernt vom Kriegsschiff ›USS. Porthsmouth‹ an Land. Eine Tafel an der Nordwestecke des Square erinnert an dieses für die weitere Geschichte Kaliforniens so bedeutsame Ereignis.

Der Portsmouth Square blieb bis über 1870 hinaus der Mittelpunkt aller Geschehnisse. Hier fanden die öffentlichen Kundgebungen statt, wurde 1850 der offizielle Anschluß Kaliforniens an die USA bejubelt, lag eines der bekanntesten Theater der Stadt, das ›Bella Union‹, in dem Lola Montez »fast nackt« ihre Triumphe feierte, sowie das Spielcasino ›El Dorado‹, das zur Rechten des Rathauses von der Amtsstube durch eine Seitentür direkt zu erreichen war. Heute spielen auf dem Portsmouth Square chinesische Kinder um das Denkmal der *Bronze-Galeone,* das an den berühmten Autor der Kindererzählung ›Die Schatzinsel‹, Robert Louis Stevenson, erinnert. Wie 1879 Stevenson und später auch der Verfasser des ›Seewolf‹, Jack London, wärmen sich heute alte Chinesen auf den Bänken des Platzes in der Sonne.

Das einen Block hinter dem Chinese Cultural and Trade Center an der Ecke Montgomery und Clay Street 43stöckig in den Himmel aufragende Hochhaus des *New Transamerica Building,* in der eigenwilligen Form einer schlanken Pyramide gebaut, wurde Anfang der siebziger Jahre vollendet. In der zusätzlich 12stöckigen Spitze des Hochhauses sind Sendeanlagen von Rundfunkstationen untergebracht. Selbst jenseits der Bucht ist das Pyramiden-Hochhaus in der Skyline der Stadt, wenn es nachts erleuchtet ist, deutlich auszumachen.

Ein Stück altes San Franzisko ist am *Jackson Square* und zwischen Jackson und Washington, Montgomery und Sansome Street zu finden: einstöckige Geschäftshäuser aus den fünfziger und sechziger Jahren des vergangenen Jahrhunderts. Als die heruntergekommenen Gebäude vor wenigen Jahrzehnten niedergerissen werden sollten, kaufte eine Gruppe von Innenarchitekten sie auf und ließ sie in ihrer alten Form restaurieren. Die Ziegelhäuser des Jackson Square blieben vom großen Erdbeben weitgehend verschont und konnten schnell wiederhergestellt werden. Elegante Dekorationsgeschäfte, Restaurants und Anwaltbüros zogen in die restaurierten Gebäude ein. Besonders hingewiesen sei auf die Häuser 722-728 Montgomery Street, 722-724 war ehemals ein Varieté-Theater, das 1857 eröffnet worden war.

In Jackson Street und Hotaling Place, einer kleinen Seitenstraße, hatte der damals bekannte Whisky-Händler Hotaling seinen Sitz, von dem man sagt, er hätte vom Keller einen Tunnel zum nur einen Häuserblock entfernten Hafen-Pier graben lassen, um den Whisky auf dem kürzesten Weg hereinzuschmuggeln.

Im südlich benachbarten, ehemaligen Montgomery Block traf an einem Apriltag 1860 der erste Reiter des berühmten ›Pony-Express‹ ein, der Postlinie einer Reiterstaffel zwischen dem Osten und dem Westen, zwischen St. Joseph in Missouri und San Franzisko. Im Viertel von Jackson Square und Montgomery Block trieb sich in den siebziger Jahren des vergangenen Jahrhunderts eine sonderbare Gestalt in einer Phantasie-Generalstabsuniform herum, die ein berühmtes Original San Franziskos war: ›Kaiser Norton I.‹. Dieser Joshua A. Norton war 1819 in England geboren, traf als Dreißigjähriger mit einem kleinen Startkapital in San Franzisko ein, machte mit seinem Reis-Geschäft eine Viertel Million Golddollar, verlor alles wieder und darüber auch den Verstand. Er ernannte sich selbst zu Norton I., ›Kaiser von Nordamerika und Protektor von Mexiko‹, schlenderte mit seinen beiden treuen Mischlings-Hunden Brunner und Lazarus durch die Straßen und verkündete, daß er die Demokratische und die Republikanische Partei im Interesse des Friedens auflösen wolle. Er ließ

50-Cents-Scheine mit dem Aufdruck ›The Imperial Government of Norton I‹ drucken, die von allen Geschäftsleuten San Franziskos vollgültig in Zahlung genommen wurden. Überall ließ man Norton I. kostenlos essen und zahlte ihm auch ›Steuern‹, wenn er diese forderte. Als er an einem Sommertag des Jahres 1880 tot auf der Straße umfiel, veranstaltete die Stadt ein prunkvolles Begräbnis, und alle waren traurig, daß ihr Stadt-Narr nicht mehr lebte. Tatsächlich folgten Jahre, in denen die Bürger nichts mehr zu lachen haben sollten: die wirtschaftliche Rezession der achtziger Jahre.

North Beach: Klein-Italien
und Literaten-Quartier

Wenn in den grimmigen Geschichten von Ambrose Bierce der Stadtteil North Beach erwähnt wird, dann geschieht das meist mit dem lapidaren Zusatz, es sei das Viertel »mit dem reichlich unpassenden Namen«. Wirklich kann von einem Strand, wie der Name nahezulegen scheint, keine Rede sein, denn North Beach liegt nördlich von Chinatown. Passend hingegen ist der Name seiner Hauptstraße, die nach Columbus benannt ist, denn North Beach ist die italienische Kolonie von San Franzisko, in der rund 75000 Italo-Amerikaner leben. Das Zentrum des Viertels ist der *Washington Square,* ein grüner, an die Columbus Avenue angrenzender Platz. Hier aber geht das Verwirrspiel weiter: Das Denkmal, das da steht, gilt keineswegs dem Namensgeber des Platzes, George Washington, sondern vielmehr Benjamin Franklin, dem Propheten einer einst bis an die Westküste reichenden USA.

Die mit ihren Doppeltürmen den Platz beherrschende, 1924 erbaute, weiße Kirche *Sts. Peter and Paul* ist die beliebte Hochzeitskirche der italienischen Kolonie, im Volksmund ›Church of the Ten Commandments‹, also ›Kirche der Zehn Gebote‹ genannt, weil ein Teil des Super-Hollywood-Films ›Die Zehn Gebote‹ hier gedreht worden ist. Auf dem Square tummeln sich lautstark Bambini. Wie die Eltern sprechen auch sie meist italienisch. Die Geschäfte, Banken und Restaurants tragen italienische Namen. Bankboß Giannini gründete hier seine

›Bank of Italy‹. Die Cannelloni und Pizze in den Restaurants schmecken keinen Deut anders als in Bologna, Turin oder Florenz. Den besten Espresso und Cappuccino gibts bei ›Vanessi's‹ am Broadway, Nähe Columbus Avenue. Zu Vanessi kommen alle Großen des Show Business und alle Schriftsteller der Stadt.

North Beach, für den Einheimischen heute nur noch ›the Beach‹, war lange Zeit das Künstler- und Literatenviertel. Schon vor mehr als hundert Jahren zog es die Außenseiter hierher, in dieses Zentrum der als lebenssüchtig berüchtigten ›Barbary Coast‹. Damals war Ambrose Bierce ein berühmter Bohemien von North Beach – sein außergewöhnliches, verrätseltes Schicksal steht für viele andere Schriftsteller-Schicksale jener Zeit. Der Sohn eines Farmers aus Ohio ließ sich, nachdem er am Bürgerkrieg teilgenommen hatte, nach San Franzisko treiben, avancierte hier nach den üblichen Gelegenheitsarbeiten zum Journalisten bei ›The Argonaut‹ und ›The New Letters‹, lebte eine Weile in London, kehrte wieder zurück und schrieb für Hearsts ›Sunday Examiner‹. Seine Artikel wurden bald so maßgeblich für alle Fragen der Bildung und Kultur, daß man ihn als »eine Art Arbiter elegantiarum der Westküste« anerkannte. Im Privatleben indessen verfolgte ihn das Unglück, trieb ihn rastlos dahin und dorthin, schließlich verschwand er 1913 spurlos in Mexiko, sein Tod ist bis heute ungeklärt geblieben. Daß er mit seinem umfangreichen Werk an Erzählungen ein Wegbereiter der modernen Kurzgeschichte, mit seinem bitteren, verrückten Witz ein Protagonist des Schwarzen Humors war, wurde erst sehr viel später erkannt, recht eigentlich erst nach dem Zweiten Weltkrieg.

In unserer Zeit, in den fünfziger Jahren, machte in North Beach wiederum eine Gruppe von Literaten von sich reden, nämlich die Lyriker der orgiastischen, psychedelischen oder gesellschaftskritischen ›San-Franzisko-Renaissance‹. Jack Kerouac (›On the Road‹, 1957), Kenneth Rexroth (›The Dragon and the Unicorn‹, 1952, ›In Defense of Earth‹, 1956), Bruder Antonius (›The Rose of Solitude‹, 1967), Robert Duncan (›Roots and Branches‹, 1964), Eldridge Cleaver (›Soul on Ice‹, 1968) und als ihr führender Mann der aus New York hierher

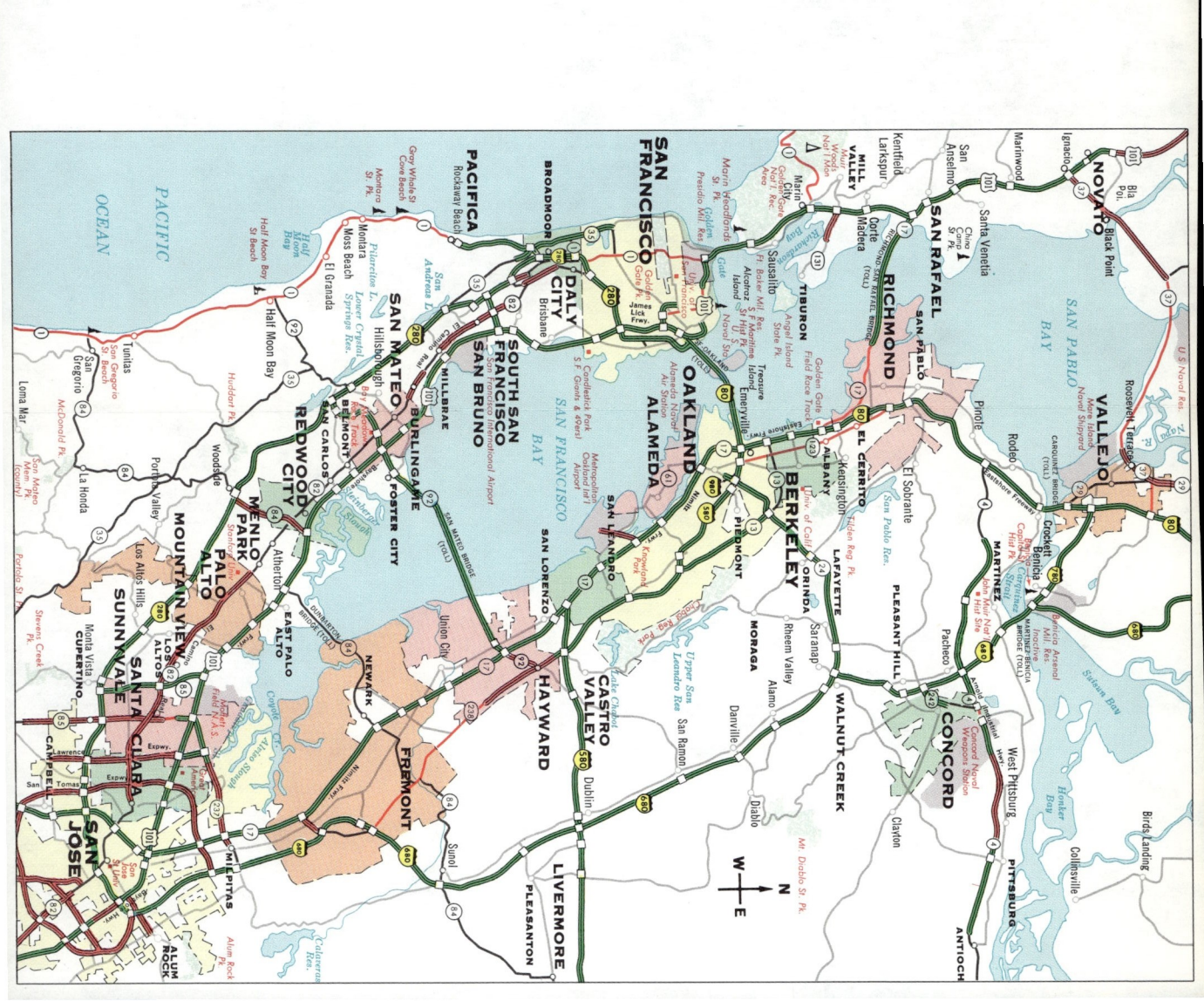

Karte der Bucht von San Franzisko

gekommene Allen Ginsberg (›Howl and other Poems‹, 1956, ›Kaddish Poems‹, 1960, usw.) versammelten sich mit Vorliebe in der City-Lights-Buchhandlung des Lyrikers und Verlegers Lawrence Ferlinghetti (›Starting from San Francisco‹, 1961) und lasen dort ihre Gedichte bei Jazzbegleitung vor.

Ist die Nacht über San Franzisko hereingebrochen, zieht es viele Fremde zum *Broadway*. Heute wie vor hundert Jahren ist er ein Sammelpunkt des Exzentrischen geblieben, damals mit roten Lampen, heute im Neonlichterglanz. Hier gab es nach dem Zweiten Weltkrieg die ersten aufsehenerregenden ›Topless‹-Shows mit Carol Doda und ›Topless‹-Kellnerinnen, die farbentanzenden und sinnenverwirrenden Psychedelic-Shows, Spezialclubs und -theater, Jazz- und Dichterkeller. In dieser Straße kam und kommt San Franzisko seinem Ruf als »lasterhafteste Stadt der Welt« nahe. Freilich wird dieses Bild erst verständlich, wenn man es vor dem Hintergrund des amerikanischen Puritanismus sieht.

Einige Hügel von zweiundvierzig

San Franzisko hat 42 Hügel. Die berühmtesten davon sind die Twin Peaks, über die wir schon sprachen, der Nob Hill, Russian Hill und Telegraph Hill.

Der *Nob Hill,* Slang für ›nobler Hügel‹, westlich oberhalb von Chinatown, war, trotz seiner hervorragenden Lage – denn von hier aus konnte man die gesamte Stadt überblicken – bis Ende der sechziger Jahre des vergangenen Jahrhunderts eine unbewohnte, baumlose, nur mit Farn und Kräutern überwucherte Anhöhe. Die ersten Bewohner San Franziskos, das ja damals nicht zufällig ›Yerba Buena‹, d.h. ›wohlriechendes Kraut‹ hieß, nannten ihn deshalb ›Farn Hill‹. Das änderte sich schlagartig, als die vier Eisenbahnkönige und zwei der Silberkönige – von denen wir eingangs schon ausführlich sprachen – den Farn-Hügel zu ihrem Hausberg erwählten. Auf der obersten, kleinen Plattform errichteten sie ihre luxuriösen Villen. Vicki Baum hat in ihrem Roman ›Vor Rehen wird gewarnt‹ in der Lebensschilderung der Millionärstochter Ann Ambros die gesellschaftliche Atmosphäre des ›Snob-

Hill‹, wie die Einheimischen ihn nennen, faszinierend dargetan.

An der Stelle California Ecke Mason Street, wo heute das zwanzigstöckige *Mark-Hopkins-Hotel* steht, lag ehemals die mit Erkern und Türmchen im englischen Barockstil erbaute Residenz des Eisenbahnkönigs Mark Hopkins. Sie hatte ein Speisezimmer mit einer in englischer Eiche geschnitzten Decke, das groß genug war, um sechzig Leute zu bewirten. Der Ausbau der alten Hopkins-Residenz war die bevorzugte Beschäftigung der jungen Ehefrau Mary Hopkins. Die Residenz brannte beim Erdbeben und Feuer von San Franzisko 1906 nieder. Nach dem Ersten Weltkrieg wurde an dieser Stelle das Luxus-Hotel erbaut, das schnell der Lieblingsaufenthalt der Hollywood-Größen wurde. Heute tanzt hier bei exzellentem Dinner im schummrigen Licht die Jeunesse Doré San Franziskos, für die das Mark Hopkins selbstverständlich das ›Mark‹ ist. Vom ›Top o' the Mark‹, der Bar im achtzehnten Stockwerk mit glasumschlossenem Raum, hat man einen einzigartigen Blick auf die Stadt.

Stanfords herrschaftliche Villa stand unweit von Mark Hopkins Haus an jener Stelle, die heute von den Stanford Court Apartments, California Street 901, eingenommen wird. Huntingtons Haus gegenüber Stanfords Villa brannte gleichfalls 1906 nieder. Seine Frau vermachte 1915 das wertvolle Grundstück der Stadt, die darauf den heutigen Huntington Park schuf. An der westlichen Seite des Parks steht die mächtige, neugotische Kathedrale der protestantischen Episkopal-Diözese von Kalifornien, die *Grace Cathedral* auf jenem Grundstück, auf dem ehemals das Haus des Eisenbahnkönigs und Bankmanns Charles Crocker stand. Die Familienerben hatten es den Protestanten 1910 vermacht. Das große mittlere Westportal der Kathedrale schmückt eine Kopie der goldenen Paradiestür von Lorenzo Ghiberti am Baptisterium von Florenz.

Der gegenüber der Grace Cathedral gelegene weiße, verschlossene und mit seltsamen Außenreliefs gestaltete Gebäudekomplex ist der *California Masonic Memorial Temple*. Es ist eines der Gebäude der sehr finanzstarken, kalifornischen Freimaurer. Der Tempel enthält ein weiträumiges 3000-Plätze-Auditorium, das gern für Gastspielaufführungen, vielbesuchte Musicals sowie die Internationalen Filmfestspiele von San Franzisko verwendet wird.

Einer der prominentesten, exklusivsten Clubs, der *Pacific Union Club,* an der Ecke California und Mason Street, ist in der Renaissance-Residenz des Silberkönigs James C. Flood untergebracht, der stolz davon sprach, seine Finanz-Karriere mit einer kleinen Kneipe in San Franzisko begonnen zu haben. Noch heute vermittelt uns die Villa ein lebhaftes Bild vom ungetrübten Selbstbewußtsein der ›Bonanza-Könige‹, wie sie auch genannt wurden. An der Ostseite der oberen Nob-Hill-Plattform liegt, gegenüber Floods Haus, das *Fairmont Hotel.* Es wurde nach James G. Fair benannt, der wie Flood durch die märchenhaft reichen Silberminen der Comstock Lode zu Vermögen kam. Seine Tochter errichtete nach 1900 hier das Hotel. Es lohnt sich, die in Gold und rotem Plüsch ausgestattete Halle zu betreten, wenn man die heute wieder beliebt gewordene Jugendstil-Atmosphäre von San Franzisko erleben möchte. Gleichfalls attraktiv ist eine Fahrt im gläsernen Fahrstuhl an der Außenwand des neuen Hoteltraktes hinauf zum Crown Room. Diese Cocktail Lounge liegt noch um einiges höher als der ›Top o' the Mark‹ und ermöglicht einen Blick bis zu den fernen Häusern von Oakland und Berkeley.

Nördlich Nob Hill, zwischen Vallejo und Bay Street, Hyde und Taylor Street, liegt der *Russian Hill.* Wahrscheinlich wurde er nach dem Friedhof für russische Seeleute benannt, der ehemals auf der Anhöhe der jetzigen Vallejo Street lag. Ende des vergangenen Jahrhunderts war Russian Hill ein bevorzugtes Wohnviertel von Dichtern, Schriftstellern und Malern. Noch heute liegt an seinem nördlichen Fuß das San Franzisko Art Institute, 800, Chestnut Street, die älteste Kunstschule westlich des Mississippi. Bekannte zeitgenössische amerikanische Maler wie Mark Rothko lehrten dort. Nach der russischen Revolution 1917 siedelten sich emigrierte Russen hier an, unter anderen der von Lenin gestürzte Ministerpräsident und Führer der Menschewiki, Alexander Kerenski.

Heute ist der Russian Hill ein Wohnviertel, an dessen steilen Straßen allerlei wunderliche und gemütliche Holzhäuser neben modernen, eleganten Wohnhochhäusern stehen. Im Tausender-Block der Green Street gibt es noch Häuser aus den fünfziger Jahren des vergangenen Jahrhunderts, die vom Erdbeben 1906 verschont geblieben sind. Es ist einer der grünsten Hügel der Stadt, mit vielen Parkanlagen und hundertjährigen Eichen. Eine der steilsten Straßen ist hier zu finden, die Filbert Street zwischen Leavenworth und Hyde, und eine der gewundensten, die sich im Zickzack zwischen Hortensiengärten von Hyde nach Leavenworth hinunterschlängelt, die *Lombard Street*.

Am Ostende der Lombard Street erhebt sich die Aussichtsplattform des *Telegraph Hill*. Seinen Namen erhielt der Hügel von der ersten Telegraphen-Station im Westen Amerikas 1853. Seit 1849 war der ›Signal Hill‹, wie man ihn zuerst nannte, Beobachtungsstation für die in die Bucht einfahrenden Schiffe, die dann umgehend der Stadt gemeldet wurden. Am Platz der ehemaligen Telegraphen-Station wurde 1933 der 70 Meter hohe zylindrische Zementturm des *Coit Tower* errichtet – eine Dedikation der reichen Mrs. Coit an die Feuerwehr der Stadt. Von diesem Hügel an der nordöstlichen Ecke der Halbinsel erblickte am 2. November 1769 ein Stoßtrupp der spanischen Portolá-Expedition erstmals die Bucht von San Franzisko und das Golden Gate. Die Spanier nannten den Hügel ›Loma Alta‹, den ›Hohen Hügel‹. So begann an dieser historischen Stelle die Geschichte San Franziskos.

Das Viertel am südlichen und westlichen Abhang des Telegraph Hill war Ende des vergangenen Jahrhunderts eine Künstler-Kolonie. Unter anderem lebte der Autor von ›Tom Sawyers Abenteuern‹ und ›Huckleberry Finn‹, Mark Twain, zeitweise hier. In Ambrose Bierce' Erzählung ›The Secret of Telegraph Hill‹ kann man lesen, daß Ende des 19. Jahrhunderts noch unzählige Ziegen auf dem Hügel weideten. Heute ist der Telegraph Hill eines der begehrtesten Wohnviertel alteingesessener San Franzisko-Bürger geworden und damit schlicht und vertraut ›the Hill‹. Wir kehren zurück zur Columbus Avenue und fahren bis zum Wasser hinunter.

Fisherman's Wharf ist mehr als nur das Zentrum eines Fischerhafens mit schmucken weißen und hellblauen Fischerbooten. Fisherman's Wharf ist das heimliche, dem Wasser zugewandte Herz San Franziskos, das immer noch im Rhythmus der Wellen schlägt, die die eng aneinanderliegenden Fischerboote zum Schaukeln und zu jenem unbeschreibbaren Singen bringen, das mit dem Kreischen der Möwen zur Musik San Franziskos gehört. Der deutsche Komponist Stockhausen war von diesen ›singenden Schiffen‹ so fasziniert, daß er davon zu einer Komposition angeregt wurde.

Die vor vielen Jahrzehnten aus Süditalien eingewanderten, rund zweitausend Fischer bringen fast täglich den frischen Lachs (salmon) oder die zarten Seezungen (soles), Felsen-Kabeljau (rock-cod), Flunder (flounder), Sardinen (sardines), den kalifornischen Weißfisch (abalone) und Garnelen (shrimps) vom Meer, die in den zahllosen, zum Teil hervorragenden Fischrestaurants – wie ›Sabella's‹, ›DiMaggio's‹ oder ›Franciscan‹ – rund um den kleinen Hafen angeboten werden. Nicht zu vergessen sind die frischen, köstlichen Krabben, die es zusammen mit dem knusprigen Fisherman's-Wharf–Brot in den Straßengarküchen von Jefferson und Taylor Street gibt. Einer dieser eingewanderten italienischen Fischer hieß Aliotto: sein Enkel war lange Zeit Oberbürgermeister von San Franzisko und einer der aktivsten in der Geschichte der Stadt.

Westlich von Fisherman's Wharf beginnt der *Embarcadero,* die sechs Kilometer lange, geschäftige Handelshafenfront mit den zweiundzwanzig Piers bis zum Ferry Building am Ende der Market Street. Diese Piers werden mit ungeraden Zahlen numeriert, die weiteren sechsundvierzig südlich des Ferry Building mit geraden Zahlen. Handelsschiffe aus aller Welt, aus Europa, Afrika, die meisten aus Asien, Hawaii und Südamerika legen hier an. Viele von ihnen nehmen vor allem kalifornische Landwirtschaftsprodukte und elektronische Instrumente zurück in ihre Heimathäfen. Das 1886 in Schottland gebaute, dreimastige, kürzlich restaurierte Segelrahschiff

›Balclutha‹ – es liegt jetzt bei Fisherman's Wharf am Pier 43, der als Kai schon 1853 von dem Geschäftsmann Harry Meiggs angelegt worden war – dient aufgrund einer Bürgerinitiative seit 1955 als sehenswertes Meeres-Museum. Bis 1920 segelte die ›Balclutha‹ als Getreideschiff 17mal um Kap Hoorn und 4mal um das Kap der Guten Hoffnung.

Von Fisherman's Wharf (Pier 43'/₂) unternehmen die Schiffe der ›Red and White Fleet‹ eine Buchtrundfahrt. Sie vermittelt einen bleibenden Eindruck nicht nur vom Hafenleben, sondern zugleich auch von der Wasserseite der Stadt, der Golden Gate Bridge, der Alcatraz-Insel, der Angel-Insel und der Bay Bridge. Westlich von Fisherman's Wharf, gegenüber der ›Cannery‹, liegen am Kai des *Francisco Maritime State Historic Park* Schiffe aus dem 19.Jahrhundert: der Holzschoner ›C.A. Thayer‹ (1895), das Fährboot ›Alma‹ (1891) oder das Fährboot ›Eureka‹ (1890), das mehr als vierzig Jahre lang in der Bucht von San Franzisko kreuzte. Nicht nur aus nostalgischen Gründen gibt es unzählige Menschen, die angesichts des stark angestiegenen Autoverkehrs für eine Rückkehr der geruhsamen Fährschiffe stimmen.

Wie sehr die Rückkehr zum alten, gemütlichen San Franzisko in vielerlei Hinsicht erstrebt wird, dafür gibt der schräg gegenüber dem Maritime State Historic Park gelegene *Ghirardelli Square* ein überzeugendes Beispiel. Der Ghirardelli Square, ein roter Ziegelsteinkomplex einer ehemaligen Schokoladenfabrik, wurde 1964 in ein um eine Plaza gelegenes, mit viel Charme und Phantasie gestaltetes Einkaufs-, Restaurant- und Kunst-Zentrum umgewandelt. Hier kann man mexikanisch speisen, französischen Wein nippen, japanisch, griechisch oder finnisch einkaufen. Der Ghirardelli Square machte Schule, und so wurde die schräg gegenüberliegende Konservenfabrik der Del Monte Fruit Co., *The Cannery,* zu einem ähnlich erfolgreichen Einkaufs- und Restaurant-Ort umgebaut. Hier ist das englische ›Ben-Jonson-Restaurant‹ mit elisabethanischem Original-Interieur von 1600 (William Randolph Hearst erwarb es in England) eine Besonderheit.

Gegenüber der ›Cannery‹ erfahren wir die Geschichte des kalifornischen Weinanbaus im *Vine Museum of San Francisco* auf der Südseite der Beach Street. Es wurde von der ehemals aus Bingen am Rhein stammenden Familie Fromm gegründet, die heute große Weinkellereien nördlich und südlich von San Franzisko besitzt. Kalifornische Weine aus guten Lagen (z.B. dem Napa Valley) können sich durchaus mit den besten Weinen der Welt messen. Beim Kosten des granatrot im Glas leuchtenden ›Zinfandel‹, der nur noch in Kalifornien wächst, mag der Kenner an den Geschmack von Himbeeren erinnert werden und an die Franziskanerbrüder, die diese Weintrauben erstmals in Kalifornien anpflanzten.

RUND UM DIE BUCHT VON
SAN FRANZISKO

Im Norden grüne Hügel, Yachthäfen und Wein

Es sind nur wenig über hundert Jahre her, da tummelten sich noch freundliche Miwok-Indianer in den wald-, wiesen- und quellenreichen Hügeln der Halbinsel oder in ihren schmalen, flinken Booten in der Bucht. Der mächtige, ernste Indianerhäuptling der Miwoks hieß Marín. Nach ihm mag Marin County, die grünhügelige Parklandschaft im Norden der Bucht, ihren Namen erhalten haben.

Auch der Name des Hausbergs von Marin County, der *Mount Tamalpais,* wurde aus zwei indianischen Wörtern gebildet: aus ›tamal‹ (Bucht) und ›pais‹ (Berg). Von dieser 868 Meter hohen Erhebung genießt man einen herrlichen Blick auf die Bucht. Anfang unseres Jahrhunderts haben nach Kalifornien eingewanderte Deutsche – die das Wandern nun mal nicht lassen können – gute Wanderwege rund um den Mount Tamalpais angelegt, die der kalifornischen Jugend heute gute Dienste tun, denn Wandern ist als Folge von Stadtüberdruß und Stadtflucht wieder modern.

Landeinwärts, am Fuß des Mount Tamalpais, vermitteln uns in einer dunklen Schlucht 80 Meter hohe und bis zu zweitausend Jahre alte, mächtige Redwoods noch eine lebhafte Vorstellung jener Welt, in der die Miwok-Indianer lebten. William Kent, kalifornisches Mitglied des amerikanischen Kongresses, kaufte zu Beginn unseres Jahrhunderts das Gebiet auf, benannte es nach John Muir, einem selbstlosen Naturforscher, der sich sehr für die Bewahrung der alten Wälder eingesetzt hatte, und schenkte es dem amerikanischen Staat. Seit 1908 steht das rund zwei Quadratkilometer große, vielbesuchte *Muir Woods National Monument* mit eindrucksvollen Redwoods und Douglas-Tannen unter Naturschutz.

Dies war auch notwendig, denn seit 1850 wüteten die Äxte in den waldreichen Schluchten von Marin County und verwandelten die Wälder in Zehntausende von Holzhäuser. San Franzisko wurde praktisch mit dem Holz von Marin County aufgebaut. Man schätzt, daß rund vier Millionen Kubikmeter Holz geschlagen wurden. Das Holz der Redwoods war besonders begehrt, weil es absolut wurmsicher ist. Wegen einer bestimmten Säure, die nur der Rotholz-Baum enthält, kann keinerlei Gewürm oder Ungeziefer den Baum befallen. Einer der Gründe, weshalb sich diese Bäume über Jahrtausende hielten.

Muir Woods National Monument erreicht man am besten über die hinter Sausalito beginnende Bundes- und Küstenstraße Nr. 1 und den Panoramic Highway, der auch zum Mount Tamalpais führt. Die ›Greyline Tours‹ unternehmen zu den Muir Woods Rundfahrten von San Franzisko aus.

Immer größer werdende Holzmengen benötigte auch die Papierfabrik Samuel P. Taylors, die erste Papierfabrik im Westen Amerikas. Sie lag am Mühlbach des Daniel Creek von Marin County, unweit der heutigen Bundesstraße Nr. 1 zwischen Olema und Lagunitas. Taylors Mühle versorgte von hier aus von 1856 an fast vierzig Jahre lang San Franzisko und die gesamte Westküste mit Papier. Die Lumpen zur Papierherstellung kamen aus der Stadt. 1884 mußte die Fabrik wegen des stark anwachsenden Papierbedarfs erheblich erweitert werden. Der heute wieder wald-, wildblumen- und tierreiche *Samuel P. Taylor State Park* mit den Überresten der historischen Papiermühle wird besonders an sommerlich warmen Wochenenden gern aufgesucht.

Die ersten Siedler ließen sich noch vor Taylor, seit 1826, in Marin County nieder. Englische Walfänger und Lords, italienische Kapitäne und Dichter, amerikanische Senatoren, Offiziere und Zeitungsverleger, spanische und mexikanische Rancheros und Gouverneure entdeckten das Land nördlich der Bucht als ein ideales Farm- und Wohngebiet. So blieb es bis auf den heutigen Tag. Viele Menschen, die in San Franzisko arbeiteten, lebten in den an französische Riviera-Yachthäfen erinnernden Villen-Orten an der Bucht, in Sausalito, Belvedere oder Tiburon oder in den schmucken, weißen Häusern der grünen Hügel von Mill Valley, Ross, San Anselmo und San Rafael.

Nahe dem schon früher von uns besuchten Vista Point führt die Straße in Serpentinen hinunter zum Bootshafen von *Sausalito*. An baumreichen, steilen Abhängen hängen die anheimelnden Holzhäuser wie Schwalbennester, zum Teil durch kunstvolle Verstrebungen abgestützt. Bei der ersten Einbuchtung sind wir an jenem Platz, an dem der aus England stammende Maat eines Walfängerschiffes, William A. Richardson, der 1822 in San Franzisko hängengeblieben war und der später Kapitän des Hafens von San Franzisko wurde, das erste Haus von Sausalito baute. Seine spätere Ranch, die ›Rancho Sausalito‹ – nach dem spanischen Wort ›saucedal‹ = Weidengebüsch – gab dem Ort seinen Namen. Denn hier gab es frisches Quellwasser, an dessen Bächen Weidengebüsch wuchs. Das Wasser war so köstlich, daß Richardson es in Fässer abfüllte und mit der ersten Bootsfähre, die der irische Seemann John Reed seit 1826 zwischen Sausalito und San Franzisko betrieb, zur Stadt brachte. Reed baute sich später eine Sägemühle in einem waldreichen Tal weiter nördlich und nannte den lieblichen Wohnort ›Mill Valley‹, ›Mühlen-Tal‹. Richardson pendelte inzwischen mit einem eigenen Boot hin und her und betrieb eine Milchfarm, was ihm viele Rancher von Marin County schnell nachmachten. Die Milch, die San Franzisko täglich verbraucht, kommt bis auf den heutigen Tag noch weitgehend von den Milchfarmen Marin Countys. Der ehemalige Walfänger gab seinen Kollegen die Erlaubnis, in ›seiner Bucht‹ – die heute noch seinen Namen trägt – zu ankern; damit entstand ein regelrechter Walfänger-hafen.

Fährboote, die bis zum Bau der Golden-Gate-Brücke 1937 zwischen Sausalito, San Franzisko und Berkeley verkehrten, lösten Reeds und Richardsons Bootsverkehr später ab. In Sausalito endete zugleich die Eisenbahnlinie der Northwestern Pacific – die Endstation lag am heutigen großen Parkplatz des Yachthafens – und die Anreisenden wechselten auf die Fähre über. An Wochenenden kamen auf diesen Fähren besonders gern junge Paare von San Franzisko nach Sausalito herüber, so daß dem Ort bald etwas von einem Liebesnest anhaftete. Die ›Blumenkinder von Sausalito‹, die Hippies der fünfziger und sechziger Jahre, setzten diese romantische Tradition fort.

Je weiter man heute die windungsreichen Wege auf die Hügel des verträumten Sausalito hinauffährt, um so unauffälliger außen, aber individueller und eleganter innen werden die Häuser. Oben auf den Hügeln wohnen bekannte Ärzte, reiche Geschäftsleute, übermüdete Manager, wohlhabende Witwen und smarte Psychiater. Unten an den Uferstraßen von Bridgeway und Princess Street finden wir die geschäftige Welt der Boutiquen, Bars und Bücherstuben, der Schmuckläden, der Imbißstuben und der Restaurants mit ihren herrlichen Aussichten: so das ›Alta Mira Hotel‹, das mit sehr viel Charme von einem deutschen Emigranten geführt wird; das ›Spinnaker‹ unten auf der kleinen Halbinsel, wo es den besten überbackenen Hummer weit und breit gibt; das nicht ganz billige ›Le Vivoir‹, in dem man am Abend bei Madame, die hervorragend französisch-provençalisch kocht, und ihrer Tochter Marie-France in der Atmosphäre einer Privatvilla zu Gast ist, oder Sally Stanfords historisches Restaurant ›Valhalla‹, in dem schon Jack London an der Bar stand, wenn er bei der Arbeit an seinem ›Seewolf‹ eine Pause einlegte.

Gegenüber von Sausalito, auf der anderen Seite der kleinen Richardson Bay, reicht die Halbinsel von *Tiburon* in das große Becken der Bucht. An ihrer südlichen Spitze liegen der hübsche kleine Wohn-, Geschäfts- und Restaurantort Tiburon und, der Bay zugewandt, der elegante Lagunen-Wohnort *Belvedere* mit Yachthafen.

Die Tiburon und Belvedere vorgelagerte *Angel Island* ist die größte Insel in der Bucht. Von Juan Manuel de Ayala 1775 so benannt, wurde die ›Engels-Insel‹ im 19. Jahrhundert von Duellanten bevorzugt, und mancher arme Kerl ließ dort sein Leben. Viele Jahre lang wurde sie auch von Einwanderern aus Asien besiedelt. Die einen wie die anderen konnten einen Schutzengel gut gebrauchen. Heute liebt man die Insel wegen der einsamen Spazierwege mit zauberhaften Ausblicken.

Auf dem Freeway 101 fahren wir weiter nach Norden Richtung San Rafael. Der Richardson-Bucht folgt die *San-Quentin-Bucht*. An ihrer Nordseite steht einsam am Fuß eines Hügels auf einem Landvorsprung der fensterlos wirkende, von mächtigen Mauern und vielen Sicherheitszäunen umgebene Gebäudekomplex des Staatsgefängnisses San Quentin. Hier lebten 1960 rund 5000 Gefangene. Das modernisierte Gefängnis schließt noch heute das kleine spanische, grellweiße Gebäude von 1853 mit seinem Garten ein. Im turmhoch aufragenden, modernen Nordblock, um den kreischend Seemöwen ziehen, liegen die Todeszellen, die berühmte »Death Row«, und die berüchtigte Gaskammer. Caryl Chessman, wegen der Los Angeles ›Redlight-Morde‹ mehrere Male zum Tode verurteilt, beschrieb beides eingehend in seinem Buch ›Todeszelle 2455‹. »Ich hatte den Menschen gezeigt«, schrieb Chessman am Ende seines Buches, wenige Tage bevor die tödlichen Cyanideier in der Gaskammer sein Leben beendeten, »daß man mich nicht brechen, nicht schrecken, nicht in die Knie zwingen könne. Hier aber liegt die Tragik. Dieses Bedürfnis, jenes schreckliche Credo zu beweisen, daß man ohne Liebe, ohne Glauben, ohne Freundschaft und ohne Freiheit auskommen könne, ist rein negativ. Es wird zum Tyrannen, unterjocht die ganze Persönlichkeit. Der letzte Beweis wird fällig – daß man auch ohne das Leben auskommen kann.« Der Mörder Robert Kennedys, Sirhan-Sirhan, sitzt in San Quentin lebenslang ein; die Frau des ehemaligen Präsidenten Kennedy hatte um seine Begnadigung ersucht. Seit Jahren hat keiner der zum Tode Verurteilten mehr die Gaskammer betreten. Der Staat Kalifornien erwägt eine Änderung des Gesetzes.

San Rafael, drei Kilometer nordwestlich von San Quentin, wurde am 14. Dezember 1817 als zwanzigste der kalifornischen Missionsstationen vom Franziskanerpater Vicente de Sarría gegründet. Zunächst war San Rafael, nach dem Schutzpatron der Gesundheit genannt, ein Hospital für die in der Mission Dolores von San Franzisko erkrankten Indianer. 1818 kam die Missionskirche hinzu. Das Klima, im Sommer sonnenreich, ist auch im Winter hier angenehm und trocken. In den dreißiger Jahren des 19.Jahrhunderts erlebte San Rafael eine Blütezeit mit Tausenden von Rindern und Schafen auf der Ranch der Mission. Zuerst ein Stützpunkt gegen das von Russen aufgebaute Fort Ross, entwickelte sich hier bald ein lebhafter Tauschhandel zwischen der Missionsstation und der Russensiedlung. Über tausend Indianer arbeiteten damals für San Rafael. Nach der Säkularisierung der Station 1834 verfiel sie in kürzester Zeit. 1846 diente sie Captain Frémont und seinen Soldaten während der ersten Unabhängigkeitsbewegung Kaliforniens als Unterschlupf. 1870 wurde die gesamte Missionsstation dem Erdboden gleichgemacht.

Die heutige Missionskirche, die inzwischen inmitten der Stadt San Rafael liegt, ist eine genaue Replik an der alten Stelle. Die vor dem Eingang in einem Holzkreuz hängenden beiden Glocken stammen noch aus der alten Missionskirche.

Heute sind San Rafael und die in den parkähnlichen Hügeln nahegelegenen Orte *Ross, San Anselmo* und *Fairfax* beliebte Wohnorte mit schönen Landhäusern und unzähligen Golfplätzen. Die Bundesstraße 17 über die Bucht von San Franzisko führt über die *San-Rafael-Richmond-Brücke.* Diese nördlichste der vier Brücken, mit ihrem schwingenden Auf und Ab wie eine Achterbahn wirkend, verbindet San Rafael mit dem Industrieort Richmond und weiter südlich mit Berkeley und Oakland. Wir jedoch fahren weiter auf der US 01 nach Norden. Hinter San Rafael entdecken wir rechts der Autobahn zwei seltsame, von einem runden Zentralbau ausgehende langgestreckte Bauformen, die mit ihren unzähligen Rundbögen mehrere kleine Hügelgebäude miteinander verbinden. Es ist das *Marin County Civic Center,* einer der eigenwilligsten Entwürfe des Architekten Frank Lloyd Wright, der schon vor 1900 für eine organische, den Naturformen angepaßte Architektur eintrat, wie wir sie in diesem Verwaltungsgebäude besonders augenfällig verwirklicht sehen.

Bald danach gelangen wir in das Landwirtschaftsgebiet von *Novato* und *Petaluma.* Petaluma ist durch seine riesigen Hühnerfarmen bekannt. Eine davon hat nahezu eine Million weiße Leghorn-Hühner. Seit den Zeiten des Gründers Lyman Ryce, das heißt seit 1878, sind sie mit künstlichen Brutapparaten ausgestattet, heute computergesteuert. »Die Hühner rächen sich mit ihrem Geschmack an einer solchen Behandlung«, meinte die Schriftstellerin Ilse Aichinger bei einem Besuch der Farm lapidar. Noch vor Novato, bei Ignacio, biegen wir auf die 37er Bundesstraße ab, die um den Nordteil der großen Bucht führt, *San Pablo Bay* genannt. In diesem zum Sonoma und Napa County gehörigen Gebiet finden wir vor allem weite Weintäler.

Sonoma ist ein für die kalifornische Geschichte bedeutender Ort. Anfang der zwanziger Jahre des 19.Jahrhunderts wurde der Einfluß der Russen in Nordkalifornien so groß, daß der 1822 neugewählte Gouverneur Luis Antonio Argüello – die weitverzweigte Familie Argüello spielte während der spanisch-amerikanischen Zeit in Kalifornien eine bedeutende Rolle – sich entschloß, beim heutigen Ort Sonoma eine Missionsstation als Stützpunkt gegen die Russen zu errichten. Am 4.Juli 1823 gründete der von Argüello beauftragte junge, ungeduldige Franziskanerpater José Altimira die Missionsstation S. Francisco Solano, ohne jedoch dazu die Genehmigung des Ordensoberen Señan eingeholt zu haben. So wurde die Missionskirche erst am 24.April 1824 geweiht. San Francisco Solano ist die einundzwanzigste und letzte in der Kette der Missionsstationen von Kalifornien. Benannt wurde sie nach einem 1610 in Peru verstorbenen franziskanischen Missionar. Ende 1824 war außer der Missionskirche ein langer, einstökkiger, ziegelgedeckter Gebäudeflügel fertiggestellt. In den kommenden zehn Jahren wuchs die Mission zu einer wohlhabenden Station heran, umgeben von Weinbergen, Viehkoppeln und Obstgärten, in denen Indianer arbeiteten. 1834 wurde sie säkularisiert und verfiel rasch. 1838 riß man die alte Kapelle nieder, doch ersetzte sie der Kommandeur der spanischen Nordfront, General Don Marciano Vallejo, 1840 durch eine neue. Die zwischenzeitlich als Weinkeller und Viehstallungen benutzten Gebäude wurden 1911/12 restauriert und sind heute State Historical Museum. General Vallejo war es auch, der 1835 um die weiträumige grüne, palmenbestandene Plaza, die größte in Kalifornien, das ›Pueblo da Sonoma‹ gründete.

Vom viereckigen Turm seiner an der Plaza gelegenen ›Casa Grande‹, in dem elf seiner sechzehn Kinder geboren wurden, konnte er weit ins Land schauen, vor allem aber auf seine bis an den Horizont reichende Viehranch. Die Casa Grande brannte 1867 nieder; nur Küchen- und Dienertrakt blieben erhalten und gehören heute mit einer erneuerten Frontseite ebenso dem Staat wie die von Vallejo erbaute ›Baracke der Soldaten‹.

Ein anderes noch bestehendes Haus aus dieser frühen Zeit ist das dem langen Flügel der Missionsstation gegenüberliegende Gasthaus ›Blue Wing Inn‹, 1849 ein beliebter Treffpunkt der ersten Goldgräber. Das heutige Swiss Hotel mit Restaurant an der Plaza war einst das Wohnhaus des Bruders Vallejos, Don Salvador. Er erbaute 1840 auch das an der Nordwestseite der Plaza gelegene einstöckige Haus mit durchgehendem Balkon, heute das Hotel El Dorado. Zwei Straßen westlich der Plaza und dann nach Norden auf der Third Street West, Richtung Agua Caliente, finden wir das aus luftgetrockneten Ziegeln erbaute Herrschaftshaus General Vallejos, in dem er bis zu seinem Tod im Jahre 1890 lebte. Luftgetrocknete Ziegel, ein früher sehr viel verwendetes Baumaterial in Kalifornien, hielten die Räumlichkeiten selbst dann noch kühl, wenn es draußen backofenheiß war, was im Sonoma-Tal im Hochsommer um die Mittagszeit die Regel ist. Der General gab seinem Haus den Namen ›Lachrima Montis‹, das heißt ›Träne der Berge‹. Es ist heute als Vallejo Home State Historical Monument ein Museum.

General Vallejo hatte seinem Haus den Tränen-Namen nicht nur wegen der vielen Quellen in der Umgebung gegeben. Wenige Jahre, bevor er es baute, war in Sonoma etwas geschehen, das die geruhsame, lebensfrohe spanisch-mexikanische Zeit Kaliforniens für immer beenden sollte. Am 14. Juni 1846 hatten dreiunddreißig amerikanische Siedler mit Waffengewalt Sonoma erstürmt, General Vallejo, seinen Bruder und achtzehn weitere Leute gefangengenommen und in Sutter's Fort zwei Monate festgehalten. Captain John C. Frémont von den United States Forces hatte den amerikanischen Siedlern des Sacramento-Tales angst gemacht, sie würden durch den mexikanischen Präfekten von Monterey, José Castro, von ihren Höfen vertrieben werden, da zwischen Amerika und Mexiko der Krieg ausgebrochen sei. So hißten die amerikanischen Siedler, angeführt von William B. Ide, am 14. Juni 1846 auf der Plaza eine weiße Fahne mit schmalem, rotem Streifen am unteren Rand; das weiße Feld trug das Emblem eines schwarzbraunen Grisly-Bären und einen schwarzen Stern sowie die Worte CALIFORNIA REPUBLIC. Beinahe wäre Kalifornien damit eine eigene Republik geworden, manche nehmen sogar an, daß Captain Frémont es insgeheim wünschte. Doch am 9. Juli 1846 wurde die Fahne der ›Bear Flag Revolution‹, der ›Bärenflaggen-Revolution‹, wie sie in die Geschichte eingehen sollte, durch die Stars and Stripes der Vereinigten Staaten von Amerika ersetzt, und die amerikanische Geschichte Kaliforniens begann. Den Bärenflaggen-Revolutionären aber wurde siebzig Jahre später in Sonoma in der Nordostecke der Plaza ein Bronzedenkmal gesetzt.

In Sonoma begann auch die Geschichte des kalifornischen Weins. Zwar hatten schon 1770 Franziskanermönche den ersten Weinstock Kaliforniens in der Missionsstation San Diego gepflanzt, doch erst mit dem ungarischen Aristokraten Agoston Haraszthy, der als Einwanderer nach Sonoma kam und 1858 hier seine ›Buena Vista‹-Weinhänge anlegte, wurde Kalifornien ein Weinland, das heute mehr als drei Viertel des in den USA konsumierten Weines erzeugt.

Östlich von Sonoma hatte Haraszthy ein größeres Gebiet erworben und pflanzte seine aus Ungarn mitgebrachten ersten Rebstöcke an. 1861 kehrte er nach Europa zurück, um in Frankreich, in einigen deutschen Weinprovinzen, insbesondere dem Rheingebiet, in der Schweiz und Italien Beerensorten auszuwählen. Insgesamt sammelte er mehr als hunderttausend Ableger von dreihundert verschiedenen Sorten: die meisten stammten vom klassischen Riesling des Rheintales und der Traminertraube des Elsaß. Sie wurden um Sonoma angepflanzt. Eine Weinsorte, die heute nur noch in Kalifornien zu Hause ist und erstmals in Haraszthys Weingärten wuchs, ist der ›Zinfandel‹: granatrot leuchtend im Glas mit würziger Blume und herzhaftem Körper.

Fahren wir von der Plaza auf der East Napa Street nach
Osten bis zur Eisenbahnlinie und biegen dann beim Hinweis-
schild *Haraszthy Vineyards* ab, so endet dieser Weg inmitten
eines schattigen Eukalyptushaines. An einer kleinen Lichtung
mit Holztischen und Bänken liegt die 1857 erbaute Weinkelle-
rei. Hier machen wir Rast. Kräftiges Brot und frischen Käse
gibt es zum ›Zinfandel‹ und, nicht minder empfehlenswert,
zum weißen ›Green Hungarian‹. Und wenn wir Glück haben
– was hier häufig der Fall ist – kommt ein prächtiger Vogel
mit einem kleinen gesträubten Federhäubchen bis an unseren
Tisch: der ›Blue Bird‹.

Dieser leuchtend blaue Haubenhäher ist vornehmlich in
den mit Kiefern bedeckten Mittelgebirgen der westlichen
amerikanischen Staaten zu Hause, vor allem in Kalifornien.
Er ist ein furchtloser, kecker Vogel, der zwar seine Genossen
beim Nahen von Menschen deutlich warnt, sich ihnen selbst
aber neugierig nähert. Manchmal hat man sogar den Eindruck, daß er die anderen Waldbewohner nur deshalb warnt,
um ungestört zu seinem Fressen zu kommen. Doch dieser
Eindruck täuscht. Der Blue Bird ist der Lotse unter den Vögeln; kaum pickt er die Brosamen auf, die vom Tisch gefallen
sind, folgen ihm in Scharen aus den Wipfeln die anderen Vögel nach.

Die Route von Sonoma durch das Weingebiet des *Valley of
the Moon* nach Norden berührt nur wenige Kilometer nördlich der Stadt, beim Ort Glen Ellen, die ehemalige Ranch Jack
Londons, dessen Bücher ›Der Ruf der Wildnis‹, ›Seewolf‹ und
viele andere mehr zur Weltliteratur gehören. Das weiße
Ranch-Haus, das unvollendete sogenannte ›Wolf-Haus‹ und
der Park gehören heute zum Nationaldenkmal des *Jack London State Historic Park.* Unweit des Hauses ist der Dichter
begraben, über den wir im Zusammenhang mit seinem Leben
in Oakland ausführlicher erzählen werden.

Dreißig Kilometer nördlich dieses Tals liegt am oberen
Lauf des windungsreichen Russian River, zwischen Rio Nido,
Healdsburg und Asti ein weiteres großes Weinanbaugebiet.
Bei *Rio Nido,* zugleich nahe am bekannten Russian-River-Ort
Guerneville, finden wir die alten Weinkellereien der Gebrüder

Joseph, Anton und Franz Korbel. Seit 1880 schufen sich die deutsch-amerikanischen Korbels weit über Kalifornien hinaus mit ihrem ausgereiften und trockenen Champagner einen guten Ruf.

Rund zehn Kilometer östlich von Sonoma verläuft parallel zum Valley of the Moon das *Napa-Tal,* wohl das berühmteste Weingebiet. Hier sind es Hanns Kornell und Schramsberg, die, nahe der heißen Quellen von Calistoga, Champagner herstellen. Auf Kornells Flaschenetikett steht noch heute deutsch geschrieben: »Sehr Trocken«. Immer wieder stoßen wir bei den Kellereien nördlich von Napa rund um St. Helena zu beiden Seiten der 29er Bundesstraße auf deutsche Winzernamen. Charles Krug war der erste Deutsche, der sich hier von 1861 an einen Namen machte. Jakob Schramm kam 1862 von Johannisberg am Rhein hierher. Wenige Jahre später ließen sich die Schweizer Jakob und Friedrich Beringer hier nieder, deren Großfamilien vier Generationen lang Weinbau betrieben, bis sie das Besitztum 1970 an die Firma Nestlé verkauften. Das romantisch-gotische ›Rhine House‹ der Beringer ist ein ebenso gern aufgesuchter Ort wie die Weinkellereien ›Christian Brothers‹ der Gebrüder Fromm, die, wie schon erwähnt, aus Bingen am Rhein stammen. Auch französische und italienische Winzer leben im Napa-Tal; sie nennen ihre Weine ›Cabernet Sauvignon‹, ›Pinot Chardonnay‹ oder ›Grignolino‹.

In dem 20 Kilometer östlich des Napa-Tals gelegenen beschaulichen *Lake Berryessa,* umgeben von Olivenhainen, kann man schwimmen und segeln, indes wenige Kilometer westlich der Quellen von Calistoga der ›Petrified Forest‹, ein versteinerter Wald, zu besichtigen ist. Versteinerte Redwoodbäume liegen hier bis zu 40 Meter Länge am Fuß des *Mount St. Helena,* der mit rund 1500 Metern Höhe nach einem Ausspruch Robert Louis Stevensons gern der ›Mont Blanc des Küstengebirges‹ genannt wird. Die Versteinerungen sind durch einen Lavafluß entstanden, der sich in prähistorischer Zeit aus dem Mount St. Helena ergoß. Unweit nördlich davon sind wir an der Südspitze des größten Sees von Kalifornien, des *Clear Lake,* über 30 Kilometer lang und 12 Kilometer breit. Von Eichenwäldern und Bergen umgeben, ist er bei Anglern, Seglern und Schwimmern gleichermaßen beliebt.

Studentenstadt Berkeley

Schon von weitem sichtbar, weist der hundert Meter in den blauen kalifornischen Himmel ragende, weiße schlanke Campanile der Universität Berkeley uns wie ein Zeigefinger den Weg in die Universitätsstadt und ins Zentrum des Universitätsgeländes, zum Campus.

Am 23. März 1968 feierte die University of California Berkeley – meist kurz UC Berkeley genannt – ihren hundertsten Geburtstag. Stadt und Universität erhielten ihren Namen nach dem irischen Bischof George Berkeley (1685-1753), der gesagt hatte: »Westward, the course of empire takes its way.« Den Gründervätern der Universität erschien der Spruch prophetisch.

Die UC Berkeley, wie viele andere amerikanische Universitäten, ging aus einem College hervor, und zwar aus dem seit 1855 bestehenden College of California in Oakland. Das Universitätsgelände liegt zwei Kilometer landeinwärts der Bucht auf einem Hang, zu Füßen der bewaldeten, schluchtenreichen Berkeley-Hügel. 1873 waren die beiden ersten Gebäude fertig. Eines davon, die neugotische, weinumrankte *South Hall,* in weißem Granit und rotem Ziegel erbaut, steht noch heute als ehrwürdiges Zeugnis im Zentrum des Universitätsgeländes. Zu diesen zwei Gebäuden kamen im Laufe der Jahrzehnte nicht weniger als zweihundert hinzu.

Hundert Jahre zuvor waren die ersten 191 immatrikulierten Studenten, unter ihnen 22 weibliche, auf dem Campus noch von Weideland, niederem Buschwerk, vereinzelten Eichenbäumen, weidenden Schafen umgeben, und sie konnten einen unverstellten Blick hinunter auf die blaue Bucht und das ›Golden Gate‹ genießen. Deshalb sind die Farben der Universitätsfahne Blau und Gold.

Mit der Universität wuchs auch der Ort. Mußten die ersten Studenten noch täglich mit Pferdekutschen von Oakland herüberkommen (sie protestierten damals schon gegen die hohen

Fahrtkosten), so mieteten sich die späteren in der südlich des Campus anschließenden Altstadt von Berkeley ein. Sie ist noch heute das Studentenviertel. Die Hauptstraße dieses Viertels heißt Telegraph Avenue. Sie endet am Haupteingang zum Campus.

Um die *Telegraph Avenue* entwickelte sich im 19. Jahrhundert ein sehr gemütlicher, rustikaler Hausstil. Die Wände der Häuser sind mit ungestrichenen, flachen Holzschindeln bedeckt und meist von Weinranken überwuchert. Man sieht diesen typischen Berkeley-Stil noch heute an vielen Stellen, insbesondere in Straßen, die von alten Bäumen gesäumt sind.

Westlich des Campus liegt das Hauptgeschäftsviertel mit der belebten Hauptstraße Shattuk Avenue. Vom Westeingang des Campus führt die University Avenue, vorüber an Restaurants, Hotels und Geschäften, hinunter zur Bucht, zum Freeway und den Industrieanlagen der Wasserfront.

Nördlich des Campus in einem Villenviertel mit gepflegten Gärten wohnen die Universitätsprofessoren. Viele haben auch in den Berkeley-Bergen ihr Haus, zum Beispiel im nahegelegenen *Orinda*. Rund tausend verheiratete Studenten leben im University Village des gleichfalls nördlich vom Campus gelegenen Ortes *Albany*. An die dreitausend weitere Studenten sind in Studentenwohnheimen rund um die Universität untergebracht. Doch in Berkeley sind nicht nur Professoren und Studenten zu Hause. Die UC Berkeley beschäftigt rund 12000 Angestellte, von denen die meisten im Ort wohnen. Zudem bevorzugen Tausende von Menschen, die täglich nach San Franzisko zur Arbeit fahren, Berkeley als Wohnort. Einer der Hauptgründe dafür ist das Klima, das hier an der Ostseite der Bucht weit angenehmer und wärmer als an der Westseite zu sein pflegt. Zudem bieten die Häuser Berkeleys durch ihre Hanglage meist einen faszinierenden Blick auf die Bucht, vergleichbar dem vom Posillipo auf den Golf von Neapel.

Die UC Berkeley besteht heute aus dem Lower Campus, dem unteren (älteren) Universitätsgelände von rund einem Quadratkilometer, und dem Upper Campus, dem oberen in den Berkeley-Hügeln, der viermal so groß ist. In beiden Ein-

heiten zusammen studieren mehr als 30000 Studenten. Zwei
Drittel sind ›Undergraduates‹, ein Drittel ›Graduate Stu-
dents‹.

Als ›Undergraduates‹ bezeichnet man jene, die noch vor
dem Examen des Bachelor of Art (B.A.) stehen, das in den
Examensanforderungen ungefähr dem deutschen Abitur entspricht. Das Studium bis zum Bachelor of Art dauert im
Durchschnitt drei Jahre. ›Graduates‹ sind jene Studenten, die
nach bestandenem Examen noch weitere Jahre für den Magis-
ter of Art (M.A.), vergleichbar mit unserem Staatsexamen,
für den Doctor of Philosophy oder den Doctor of Medicine
(M.D.) studieren wollen.

Den Haupteingang des *Lower Campus* am nördlichen Ende
der Telegraph Avenue bildete früher das *Sather Gate,* ein 1913
errichtetes, kunstvoll geschmiedetes Tor. Später ist es etwas
versetzt worden. Im Dezember 1964 fanden hinter dem
Sather Gate die ersten Studentenunruhen statt. Ausgelöst
wurden sie durch das ›Free Speech Movement‹, eine Bewegung, die freie politische Aussprache auch auf dem Campus
anstrebte. Die Gründe waren vielfältig. Zunächst und vor
allem richteten sich die Studentenunruhen gegen die ›Regents‹, den 24köpfigen Vorstand der UC Berkeley. Zwei
Drittel dieser ›Regenten‹ werden vom Gouverneur von Kalifornien berufen. Die meisten waren nicht mehr jung: Ein
Generationskonflikt brach vor dem Hintergrund des Vietnam-Krieges auf. Die ›Regents‹ vertraten die Auffassung, daß
Studentendemonstrationen nur außerhalb, nicht auf dem
Universitätsgelände selbst stattfinden dürften. Die Studenten
verurteilten dies als Unrecht und forderten die uneinge-
schränkte Anwendung der Verfassung der Vereinigten Staaten von Amerika und der ›Bill of Rights‹ auch für das Univer-
sitätsterritorium. In der Technik der friedlichen Demonstra-
tion geübt, kam es zu einem großen Sitzstreik hinter dem
Sather Gate und im Verwaltungsgebäude der Universität, der
Sproul Hall. Die Polizei griff ein. Tausende von Berkeley-
Studenten beteiligten sich nun an einem Sympathie-Streik
und setzten die ›Civil Rights‹, die politischen Bürgerrechte,
auch für den Campus durch. Die Studentenunruhen von Ber-

keley wurden Ausgangspunkt einer weltweiten Studentenbewegung. Das neue Gebäude der *Student Union* am Haupteingang ist zum äußeren Ausdruck des neuen Selbstbestimmungsgesetzes der Studenten geworden.

Hinter der Student Union liegt das 1967 erbaute Studenten-Auditorium mit 2000 Sitzen, das *Zellerbach Auditorium*. Überdies gibt es eine Konzerthalle auf dem Campus, die *Hertz Hall,* beides Kulturmittelpunkte nicht nur für die Studenten, sondern auch für die Bewohner rund um die Bucht.

Hauptgebäude des Lower Campus sind selbstverständlich die in der aufgelockerten Parklandschaft gelegenen Universitätsgebäude der Fakultäten. Die Geisteswissenschaften (Dwinelle Hall) sind hier ebenso vertreten wie die Biologie, Zoologie und Soziologie (Wheeler Hall, Life Science Building), die Landwirtschaft (Agriculture Hall) und die Architektur im modernen School of Architecture Building, in dem alle Leitungen für Studenten ›anatomisch‹ instruktiv offen liegen. Die Ingenieur-Fakultät (Hesse Hall, Mechanic's Building) ist mit einem eindrucksvollen Materialtest-Laboratorium ausgerüstet. Das bedeutende Chemie-Department (Gilman Hall), das neue Hochhaus für Biochemie, das Leuschner Observatorium und das Department für Geologie (Hearst Memorial Mining Building) sind weitere Abteilungen.

Im Zentrum des Campus steht der eingangs erwähnte Campanile, der *Sather Tower.* Dieses 1914 in italienischem Renaissancestil mit Aussichtsloggia und spitzem Pyramidendach errichtete Wahrzeichen Berkeleys wurde dem berühmten Glockenturm auf dem Markusplatz in Venedig nachgebildet. An seinem Fuß liegt die *Universitätsbibliothek.* Mit ihren über vier Millionen Bänden und über zwanzig Spezialabteilungen ist sie eine der größten Bibliotheken der Welt. Die dazugehörende Bancroft Library enthält allein 100000 Bände über die Geschichte Kaliforniens. Das kleine *Bancroft Museum* bewahrt auch die für die Geschichte der Bucht wichtige Messing-Platte von Sir Francis Drake aus dem Jahr 1579 auf, von der in der Einleitung schon die Rede war.

Im *Upper Campus* hat vor allem die nukleare Naturwissenschaft ihr Zentrum. Das 1936 auf einem Hügel gleich einem

Festungsbunker erbaute Lawrence Radiation Laboratory ist ein Forschungsinstitut nicht nur für die Physiker von Berkeley. Es wurde nach dem ehemaligen Direktor der Abteilung für Physik, dem Nobelpreisträger Dr. Ernest O. Lawrence benannt. Er entwickelte 1930 das Zyklotron, den ›Atomzertrümmerer‹, eine Großapparatur der Atomphysik zur Beschleunigung von Protonen und leichten Atomkernen. Auf dem gleichen Gebiet arbeitete in Berkeley, vor allem während des Zweiten Weltkrieges, auch Edward Teller, der ›Vater der Wasserstoffbombe‹. Teller studierte in Karlsruhe, München und schließlich bei Werner Heisenberg in Leipzig. Als Hitler kam, emigrierte er 1934 in die USA. Die erste Atombombe wurde nicht in Berkeley gebaut, wie oft behauptet wird, sondern im Laboratorium von Los Alamos in New Mexiko, dessen damaliger Direktor J. Robert Oppenheimer war.

Das Lawrence Laboratory – die dazugehörende *Lawrence Hall of Science* vermittelt durch Schauobjekte eine gute Einführung in die Welt des Atoms und Zyklotrons und ist für die Öffentlichkeit zugänglich – arbeitet eng mit der US-Atom-Energie-Kommission zusammen. Der Hauptanteil der Gelder der Energie-Kommission geht nach Berkeley und an die östlich von Berkeley liegenden Atomforschungsinstitute von Oak Ridge und Livermore, die nach dem Zweiten Weltkrieg ausgebaut wurden.

Die nahegelegene Privatuniversität Stanford steht mit ihrem neuzeitlichen, nach dem Zweiten Weltkrieg erbauten, 1,2 Kilometer langen Zyklotron auf diesem Gebiet ebenfalls in friedlicher Konkurrenz mit Berkeley. Und nicht nur auf diesem Sektor. Das ›Big Game‹, das ›football‹-Spiel zwischen den Mannschaften von Berkeley und Stanford, wird alljährlich mit großer Spannung erwartet. Es spielt eine ähnliche Rolle wie die Ruderregatta zwischen den Universitäten von Cambridge und Oxford.

Fast wie ein humanistisches Gegengewicht zum Lawrence Laboratory liegt am Fuß der Berkeley-Hügel das griechische Amphitheater des *Hearst Greek Theatre* mit seinen über 7000 Sitzen. 1903 wurde es von dem Zeitungskönig William Randolph Hearst gestiftet.

Trotz ihrer großen naturwissenschaftlichen Bedeutung liegt das Hauptgewicht der Universität auf den geisteswissenschaftlichen Fächern. Das Engagement für künstlerische Fächer (Drama, Literatur, Bildende Kunst) ist außerordentlich hoch. In der hervorragenden germanistischen Abteilung zum Beispiel – mit über zweitausend Studenten – lehrten so international bekannte Wissenschaftler wie Michael Mann, ein Sohn Thomas Manns, und Heinz Politzer, geistvoller Kenner der österreichischen und deutschen Literatur. Unter dem Museumsdirektor Peter Selz errangen die modernen Ausstellungen der *University Art Gallery* weit über Amerika hinaus Anerkennung. 1970 wurde deshalb an der Südseite des Campus ein neues, supermodernes Museumsgebäude errichtet, das University Art Museum.

Die University of California ist in Lehre und Forschung, in der Sozial- und Öffentlichkeitsarbeit so vielfältig tätig, daß hier stellvertretend für viele andere Aktivitäten nur noch der für Kalifornien so lebenswichtige Zweig der Landwirtschaft genannt werden soll. Die Abteilung Agriculture verfügt über neun ›Field Stations‹, drei große landwirtschaftliche Experimentiergebiete und einen ›Agricultural Extension Service‹ mit 56 Büros in allen Teilen Kaliforniens. Universität und Landkreise arbeiten eng zusammen.

Die UC Berkeley zählt heute zu den Spitzen-Universitäten der Welt. In den USA nehmen die Universitäten von Harvard, Berkeley und Stanford die drei ersten Plätze ein. Viele Graduates von Berkeley gelangten bis in die höchsten amerikanischen Regierungspositionen. Allein seit dem Zweiten Weltkrieg gingen aus Berkeley elf Nobelpreisträger hervor.

So kommt es nicht von ungefähr, daß sich die UC Berkeley für ihr Education Abroad Program (EAP) in Deutschland die Georg-August-Universität in Göttingen als Schwester-Universität wählte. Dieses Programm gibt UC-Studenten die Möglichkeit, an zwanzig Schwester-Universitäten in allen Teilen der Welt zu studieren; dazu gehören Paris, Bordeaux, Madrid, Lund/Schweden, Cambridge, Dublin, Jerusalem, Beirut, Nairobi, Ghana, Tokio und Hongkong.

Die Zahl der ausländischen Studierenden in Berkeley ist
nicht unbeträchtlich. Ein guter Teil der Ausländer wohnt,
zusammen mit Amerikanern, im nahegelegenen ›International House‹, das John D. Rockefeller 1930 der Universität gestiftet hat. Das Studium ist für die Ausländer nicht billig.
Nicht wenige von ihnen haben deshalb ein ›fellowship‹, ein
Stipendium. Die Einheimischen, die weit weniger ausgeben
müssen, genießen in den meisten Fällen ein Studien-Darlehen.

Bei dieser Gelegenheit ist anzumerken, daß die Studenten-
schaft im gesellschaftlichen Gefüge Kaliforniens eine große
Rolle spielt. Die Jugend – in Kalifornien ist jeder zweite Bewohner unter 25 Jahre alt! –, die sich noch vor zwei Generationen meist mit geringer Volksschulbildung begnügen
mußte, bevölkert heute mit aller Selbstverständlichkeit Colleges und Universitäten. Das gesamte Ausbildungssystem hat
sich in den vergangenen zwanzig Jahren stärker ausgeweitet
als in den zweihundert Jahren zuvor. 80 Prozent der Jugend-
lichen besuchen Oberschulen, die meisten davon beenden sie
auch. 40 Prozent gehen dann aufs College, und ein immer
größer werdender Anteil absolviert es. Die meisten, die sich
daraufhin an der Universität immatrikulieren, wechseln nach
dem ersten Examen auf eine Schule für berufliche Weiterbil-
dung über. Aber diese Dreiteilung der Gesellschaft in Produzenten, Verbraucher und Studenten wird nicht nur als Posi-
tivum empfunden, erweist sie doch, daß die Entwicklung
einer differenzierten Sozialstruktur hinter den großen wirtschaftlichen Leistungen zurückgeblieben ist.

Die Folge dieser weitgehenden ›Verschulung‹ war und ist,
daß die pädagogischen Konzeptionen neu überdacht wurden
und weiterhin werden. Die Erneuerung der Erziehungsfor-
men, seit Ende der siebziger Jahre im Gange, beruht darauf,
die ursprünglichen Ideale Amerikas verschärft ins Bewußtsein zu rücken. Wenn bisher die Wissenschaft einerseits, die
Werte von Freiheit, Recht und Gleichheit andererseits in ge-
trennte Bereiche verwiesen wurden, so sollen sie in Zukunft
Hand in Hand gehen. Ethik und Erkenntnis müssen zur Ethik
der Erkenntnis werden. »Die Ethik der Erkenntnis zwingt
sich dem Menschen nicht auf; es ist im Gegenteil der Mensch,

der sie sich selbst auferlegt«, statuiert Jacques Monod in seinem Buch ›Zufall und Notwendigkeit‹. Studenten und Professoren, die die Meilenfortschritte einer kaum mehr im Humanen verankerten Wissenschaft erlebt haben, erstreben für die Zukunft eine Wissenschaft, der wieder die Selbstfindung des Individuums wie der Menschheit integriert ist.

›Kaiser‹-Stadt Oakland

Die wie mit dem Glanz alter Silberdollars in der Sonne leuchtende San Francisco-Oakland Bay Bridge ist die verkehrsreichste der vier Brücken über die Bucht. Auf dem unteren Deck der 1936 fertiggestellten, fast 13 Kilometer langen zweistöckigen Brücke – mit dem in der Bucht gelegenen Tunnelmittelstück der Yerba-Buena-Insel – fließt der Verkehr fünfspurig westöstlich von San Franzisko nach Oakland. Auf dem oberen Deck bewegt sich der Autoverkehr in entgegengesetzter Richtung von Oakland nach San Franzisko. Das untere war ehemals der Eisenbahn vorbehalten. Obwohl es dann auch dem Autoverkehr übergeben wurde, war die Brücke nach Büroschluß weiterhin regelmäßig verstopft. Doch hat die schon erwähnte Schnellbahnlinie durch einen Unterwassertunnel nun einen Teil der 60 000 ›Commuter‹, der täglichen Autopendler, aufgenommen und die sehnlich erwünschte Entlastung der Brücke gebracht.

Oakland ist eine weiträumige, großzügig angelegte Stadt. Fast hat man Mühe, sie von der Autobahn aus zu entdecken, so aufgelockert ist ihre Anlage. Der hügelige, parallel zur Bucht verlaufende, höhergelegene Teil mit seinen verstreuten Einfamilienhäusern und Villen inmitten grüner Bauminseln an den Abhängen der Berkeley-Hügel bildet zusammen mit der Bucht- und Stadtebene eine reizvolle Mischlandschaft. Natürlich streben die meisten Bewohner Oaklands danach, an den Berghängen mit ihrem herrlichen Panoramablick zu wohnen.

1772 hatten der spanische Leutnant Fages und Franziskanerpater Crespi, der spätere Gründer der Missionsstation von San Franzisko, als erste Europäer das Land auf der Ostseite der Bucht betreten. Ein halbes Jahrhundert später, 1820, verlieh der Gouverneur von Kalifornien dem verdienten Sergeanten Luis María Peralta Titel und vor allem Land, und zwar nicht weniger als diese gesamte Buchtseite. Peralta betrieb eine sich prächtig entwickelnde Ranch, auf der bald Hunderte und Tausende von Rindern weideten. Zwanzig Jahre lang führte er da das fröhliche Leben der ›Dons‹. 1842 erbten die vier Söhne das Land und teilten es unter sich auf. Der Peralta Park in Oakland, an der Südseite des Stadtsees Lake Merritt, erinnert durch seinen Namen noch heute an die Rancher-Familie.

Viele der erfolglosen kalifornischen Goldsucher ließen sich seit 1849 auf der Ostseite der Bucht nieder, um fortan in der Landwirtschaft ihr Glück zu suchen. Unter ihnen befanden sich auch Moses Chase und Horace W. Carpentier. Chase und Carpentier waren in den Goldrauschzeiten von der amerikanischen Ostküste nach Kalifornien gekommen. Mit ordentlichen Kaufverträgen erwarben sie von den Söhnen Peraltas das heutige Gebiet von Oakland und Umgebung. Moses Chase, der erste amerikanische Bürger Oaklands, wurde Farmer. Das ›Moses Chase Home‹ von 1850 (privat; 4th Ave. und 8th Street) ist das älteste erhaltene Wohnhaus Oaklands. Chase verband sich später mit den Patten-Brüdern, die ihrerseits die Rotholz-Wälder Peraltas abholzten. Diesen Wäldern, auf der Höhe des heutigen Skyline-Boulevard, war größtenteils das gleiche Schicksal beschieden wie denen von Marin County. Sie wurden zu Häusern verbaut. In unserem Jahrhundert forstete man die Abholzungen durch schnellwachsende Eukalyptus-Bäume, Pinien, Zypressen und Akazien wieder auf. Die Eukalyptus-Wälder erfüllen heute mit ihrem erfrischenden Geruch die Umgebung, verschmutzen jedoch gleichzeitig durch starken Laub- und Baumrindenwechsel die angrenzenden Straßen. Die Nachfolger Chases und der Patten-Brüder waren portugiesische, italienische, aber auch spanisch-mexikanische Landwirte, die im Hinterland eine reiche Milchwirtschaft betrieben und Obstplantagen anbauten.

Horace W. Carpentier gründete auf dem von ihm erworbenen großen Grundstück die Stadt Oakland. Den Namen gab er dem Ort nach den damals immergrünen Eichen der Umgebung. Dann ernannte er sich selbst zum Bürgermeister. Das Zentrum des Ortes war damals der am inneren Hafen gelegene *Jack London Square*. Heute wird er gern wegen seiner guten, am Wasser angesiedelten Restaurants aufgesucht; hier beginnen auch die Oakland-Berkeley-Stadtrundfahrten. An einer Ecke des Platzes, an 50 Webster Street, finden wir den seit 1880 bestehenden ›First and Last Chance Saloon‹, der vom jungen Jack London gern aufgesucht wurde. Das einfache Tages-Restaurant, zuvor eine Bleibe für Austernfischer, ist voll von Erinnerungsgegenständen an ihn.

Das verwegene Leben dieses Mannes können die vergilbten Photos im Saloon freilich nur schwach andeuten. Jack London, eigentlich John Griffith London, unehelicher Sohn eines umherziehenden irischen Astrologen, wurde 1876 in San Franzisko geboren. Er wuchs in Oakland in Armut auf, denn auch sein späterer Adoptivvater John London hatte weder einen regelmäßigen Beruf noch einen festen Wohnsitz. Seine dürftige Schulbildung erweiterte die Bibliothekarin der öffentlichen Bibliothek in Oakland, Ina Coolbrith, wann immer ihm Zeit blieb zwischen Handlangerarbeiten am Hafen, auf den Austernbänken und in Sardinenfabriken, die er später in vielen seiner Erzählungen beschrieben hat. Er fuhr zur See, durchquerte als Landstreicher die USA, stürzte sich ins Goldrush-Unternehmen von Klondike, war Student in Oakland und hielt ›soapbox speeches‹ für die Sozialistische Partei, nahm als Korrespondent am Russisch-Japanischen Krieg teil, bei dem er in Gefangenschaft geriet, lebte in englischen Slums, baute eine Farm im kalifornischen ›Valley of the Moon‹ als Entwurf eines utopischen Lebens. Zeit seines Daseins schwankte er zwischen Schriftstellerehrgeiz und Abenteuerlust, notorischem Fleiß und notorischer Trunksucht, Erfolg und Ruin, um schließlich mit 40 Jahren, 1916, im kalifornischen Glen Ellen, wahrscheinlich durch Selbstmord, einen jähen Tod zu finden. Literarisch von Kipling und Stevenson, weltanschaulich von Darwin, Marx und Nietzsche beeinflußt, umfaßt sein breites episches Werk sensationsbetonte Abenteuerromane, sozialistische Tendenzromane, Zukunftsro-

mane, und jene unübertrefflichen Erzählungen eines rabiaten
Existenzkampfes, dem Mensch oder Tier in letzter Einsamkeit ausgesetzt sind. Die letztgenannten Werke haben den
Nachruhm des seinerzeit meistübersetzten amerikanischen
Schriftstellers begründet. In Oakland selbst lebte er mit seiner
ersten Frau in der East 15th Street und am Ufer des Lake
Merritt. In einem Bungalow zwischen Oakland und der Scenic Avenue von Piedmont entstand 1903 seine in der Arktis
spielende Hundegeschichte ›The Call of the Wild‹, eines seiner berühmtesten Bücher.

Auch der *Bret Harte Boardwalk* und der *Joaquin Miller Park*
erinnern an zwei Schriftsteller, die eine Zeitlang in Oakland
lebten, exentrische, nach Abenteuern suchende Existenzen
auch sie, und insofern charakteristisch für einen Schriftsteller-
typus, wie ihn besonders der amerikanische Westen im
19. Jahrhundert prägte.

Der New Yorker Bret Harte, arm aufgewachsen, ging 1854
nach Kalifornien, um nach vielerlei Gelegenheitsarbeiten und
einigem Glück in den Minen mit Reportagen und politischen
Artikeln bei der Presse zu reüssieren. Festen Fuß faßte er
zuerst als Setzer, dann als Schreiber bei der renommierten
Wochenzeitschrift ›Golden Era‹ in San Franzisko; auch im
›Atlantic Monthly‹ und im ›Californian‹, den er eine Zeitlang
selbst herausgab, erschienen seine Schilderungen des kalifornischen Lebens jener Zeit, meist in Kurzgeschichtenform und
mit parodistischem Witz durchsetzt – nicht zufällig war er mit
Mark Twain eng befreundet. So wurde er einer der ersten
Repräsentanten der ›Local Color‹-Schule und einer der populärsten von ihnen. Freilich konnte der Rastlose, der in den
siebziger Jahren nach Europa ging, in Krefeld und Glasgow
Konsul und in London wieder Journalist war, seine amerikanischen Erfolge hier nicht mehr erreichen, wiewohl ihn das
kalifornische Sujet bis zuletzt nicht mehr losließ.

Ein noch rastloserer Vagant, noch abenteuergierigerer
Glücksritter war Joaquin Miller aus Liberty in Indiana, der
vom Goldgräber bis zum Pferdedieb, vom Anwalt bis zum
Zeitungsherausgeber keine Tätigkeit ausließ, um zu Geld zu
kommen, und alle wieder aufgab. Auch er gehörte zu Bret

Hartes literarischem Zirkel in San Franzisko und zu den Mitarbeitern von ›Golden Era‹, und auch er sang in Gedichten, Erzählungen und Dramen das Lied des Goldenen Westens, freilich hymnischer und bombastischer als Bret Harte und die anderen. Sein ›Life amongst the Modocs‹ (1873), in dem er sein Leben unter den Indianern beschrieb, machte den Norden Kaliforniens bis nach England bekannt. In den Hügeln über Oakland, die er die ›Hights‹ nannte, lebte er in einem wunderlichen Häuschen, ›The Abbey‹, und schrieb seine Sierra-Gedichte, ein Advokat der freien Liebe und ein Trinker vor dem Herrn, der sich selbst zum letzten Vertreter des Goldenen Westens stilisierte. Das Grundstück, das er vor seinem Tod 1913 der Stadt Oakland vermachte, ist heute der Joaquin Miller Park.

Doch zurück zur Entwicklung Oaklands, das natürlich das ganze 19. Jahrhundert hindurch stark im Schatten San Franziskos stand. Zwar fand es durch die seit 1863 eingerichtete Schiffsfähre Anschluß an San Franzisko und seit 1869 durch die Zugverbindung ans große amerikanische Eisenbahnnetz, aber zu einem rapiden Anwachsen der Bevölkerung kam es erst, als Zehntausende von San Franzisko-Bürgern vor dem Erdbeben nach Oakland flohen und sich dort ansässig machten. 1907 zählte der Ort bereits 150 000 Einwohner, und die Minderwertigkeitskomplexe schlugen allmählich in eine selbstbewußte Haltung um. Der innere Hafen zwischen Oakland und der vorgelagerten Insel mit der Stadt Alameda wurde ausgebaut, später, 1928, kam zwischen Alameda und Oakland noch ein erdbebensicherer Holztunnel für Autos hinzu. Den industriellen Aufschwung brachte dem Ort im neuen Jahrhundert der Supermanager Henry J. Kaiser.

Sohn eingewanderter Deutscher, begann Kaiser mit einer Bankanleihe von 25 000 Dollar seine Karriere. Zunächst baute er Straßen, den Quadratmeter für 12 Dollar, denn er sah das Auto-Zeitalter heraufkommen. Er gründete ein Unternehmen seines Namens, das er 1921 in Oakland ansiedelte und das bald Großprojekte vom Brückenbau bis zur Stahlerzeugung an sich zog. Im Zweiten Weltkrieg baute Kaiser über 800 Liberty-Schiffe, unter anderem auch in den Kaiser-Werften der Bucht von San Franzisko. Die Kaiser Steel Corporation folgte, nach dem Krieg kamen Kaiser Aerospace Electronics, Kaiser Broadcasting Corporation, Kaiser Glas Fiber und Kaiser Aluminium hinzu. Kaisers Industries Corporation verfügte 1974 über 237 Werke in den 36 Bundesstaaten der USA und in 30 ausländischen Staaten. Allein in Europa gibt es siebzehn Kaiser-Fabriken, davon vier in der Bundesrepublik, so in Berlin, Koblenz, Voerde und Recklinghausen.

Die Abteilung Kaiser Engineers war am Bau der BART, des schon genannten hochmodernen Bay Area Rapid Transit Systems, maßgeblich beteiligt. Die Nord-Süd-Linie Richmond–Alameda auf der Ostseite der Bucht wurde Anfang, die Ost-West-Linie Oakland–San Franzisko Mitte der siebziger Jahre eröffnet.

Die Zentrale des Kaiser-Imperiums ist das 28stöckige, elegante Aluminium-Hochhaus, das sich im klaren Stadtsee des Lake Merritt widerspiegelt. Das Werk Henry J. Kaisers, das sein Sohn Edgar F. Kaiser weiterführt, wäre unvollständig geschildert, würde man nicht auch die Kaiser-Hospitäler erwähnen. Allein in Kalifornien gibt es davon zwanzig.

Die Downtown Oaklands besitzt genaugenommen zwei Zentren: das Altstadt-Zentrum des 19. Jahrhunderts um den Jack London Square mit manchen noch viktorianischen Häusern am Bret Harte Boardwalk und das Neustadtzentrum des 20. Jahrhunderts um den in der Stadt künstlich angelegten, prächtigen *Lake Merritt*. Dieser See ist ein Refugium für Tausende von Wasservögeln aus dem Norden, die am Nordostarm, im sogenannten *Lake Merritt Wildfowl Sanctuary*, überwintern. Um den See herum liegt ein durch Parkanlagen aufgelockerter Häuserkranz mit Gebäuden der Verwaltung, der Künste und Wissenschaften, wie das naturwissenschaftliche Snow Museum, das Oakland Public Museum, das Alameda County Court House, der Gerichtshof des County Alameda, zu dem auch Oakland gehört, das Kaiser Center, die große Oakland Public Library, das Auditorium und nicht zuletzt ein hervorragendes Museum.

The Oakland Museum, 1964-1969 aus Steuermitteln erbaut, ist ein Beispiel dafür, daß Funktionsfähigkeit und ästhetische

Schönheit einander nicht ausschließen, sondern im Gegenteil zu einer vollendeten Harmonie gelangen können. Von Kevin Roche, dem Partner von Eero Saarinen und dem Erbauer der Ford Foundation in New York, entworfen, ist der finnische Einfluß in der Gestaltung unverkennbar. Drei Terrassen-Ebenen bergen die drei Abteilungen des Museums: Die unterste Terrasse zeigt die Naturgeschichte Kaliforniens, die mittlere die Geschichte des Landes und die oberste seine Kunst.

Wandelt der Besucher in ostwestlicher Richtung durch die Halle ›Natural Sciences‹, so durchschreitet er die acht Landschaftszonen Kaliforniens in Miniaturausgabe von der Pazifischen Küste bis zur Grenze Nevadas: die Küste, die Küstenberge, die innere Küstengebirgskette, das Große Tal, die Abhänge der Sierra Nevada, das Granitgebirge der Sierra Nevada, das große Becken und die Wüste. Dioramen zeigen mit Baum-, Busch- und Tierbestand die Vegetation und Ökologie dieser Zonen.

Nicht minder instruktiv ist die Sektion ›History‹, die einprägsam die wechselvolle Geschichte Kaliforniens von den Indianern über die Spanier und Mexikaner bis zur amerikanischen Zeit vermittelt und mit Photos, Urkunden und Originalgeräten von Goldwaschanlagen bis Veteran-Feuerwehrwagen belegt.

Der aktive Direktor Paul Mills hatte schon vor dem Neubau Graphik, Skulpturen und Gegenstände der dekorativen Künste Kaliforniens gesammelt. 15000 Stücke brachte er zusammen. In der Abteilung ›Art‹ ist der beste Teil davon zu sehen: Landschaftsmalerei des 19. Jahrhunderts – darunter Albert Bierstadts berühmtes ›Yosemite Valley‹ (1873) – sowie Werke zeitgenössischer Richtungen aller Art. Wechselnde Sonderausstellungen vermitteln die neuesten Tendenzen der kalifornischen Kunstszene.

In diesem Zusammenhang sei auf die *Mills College Art Gallery* verwiesen, die zum traditionsreichen Mills College am McArthur Freeway, Ecke McArthur Blvd. gehört, einem Institut, das für die Pflege von Musik, Literatur und Bildende Künste bekannt ist. An diesem Mädchen-College lehrte viele Jahrzehnte bis zu seinem Tode, im Jahre 1974, der aus Mün-

chen emigrierte Kunsthistoriker Alfred Neumeyer, unter
dem die Galerie zu einer der wichtigsten Sammlungen deutscher Expressionisten ausgebaut wurde. Auch das Museum
der Crocker Art Gallery in Sacramento verdankt seine ange-
sehene Sammlung diesem Mann, der in all seinen amerikanischen Jahren das bessere Deutschland nicht vergessen hat.

Nicht nur mit dem Kaiser Center und dem Oakland
Museum hat Oakland im 20. Jahrhundert gegenüber San
Franzisko kräftig ›aufgeholt‹. Es hat heute auch ›seinen‹ internationalen Flughafen, ›seinen‹ Schiffshafen, der besonders
durch die im Zweiten Weltkrieg gebauten Kaiser-Werften an
Bedeutung gewann, und ›sein‹ Sport- und Kulturzentrum,
das Oakland Coliseum.

Den Hauptanteil der Einwohner Oaklands bildet heute die
schwarze Bevölkerung. Sie lebt vor allem in den weißgestrichenen Einfamilien-Holzhäusern im Westen und in der alten
Unterstadt nahe am Wasser der Bucht. Die Farbigen arbeiten
meist bei der Eisenbahn. Drei transkontinentale Eisenbahnlinien enden, hauptsächlich mit Frachtgut, in Oakland. Die
Häuser der weißen Bevölkerung stehen um den Lake Merritt
oder, wie im eleganten Stadtteil Piedmont, an den Abhängen
der parallel zur Bucht verlaufenden *Berkeley Hills.* Auf halber
Höhe der Berkeley Hills bildet der McArthur Freeway eine
ideale und schnelle Nord-Süd-Verbindungsstraße. Zu seinen
Füßen und oberhalb liegen die *Heights* mit dem bereits genannten Joaquin Miller Park. Die zum großen Teil wiederauf-
geforsteten *Redwood Regional Park* und *Chabot Regional Park*
sind bei der Bevölkerung Oaklands ebenso beliebt wie das
Kinderparadies im *Knowland State Arboretum and Park* mit
dem Zoo, die Golfplätze, die stillen Seen, Reitstallungen und
Country Clubs, von denen der Claremont Country Club am
Broadway mit dem altenglischen Claremont-Hotel zu den
ältesten der Stadt gehört.

Nach Süden führt die Schnellstraße zu den angrenzenden
Schwesterstädten Oaklands, dem Blumenort *San Leandro* und
den Landwirtschaftszentren *Hayward* und *Fremont.*

Auf dem größtenteils wieder bewaldeten Bergrücken der
Berkeley-Hügel schlängelt sich in rund 700 Meter Höhe der

Skyline Boulevard entlang. Hinter den Berkeley-Hügeln beginnt ein ländliches Gebiet mit winters eidechsengrünen und sommers goldbraunen Hügeln, mit Wildeichen und einsamen Feldwegen. Weiter östlich steigt die Hügellandschaft zu der ansehnlichen Bergkette der *Contra Costa Mountains* empor, aus denen sich der höchste Berg in Oaklands Umgebung erhebt, der 1300 Meter hohe *Mount Diablo*. Wenn nach vorüberziehenden Regenwolken die Sonne durchbricht, hat man von seinem Gipfel trotz der vergleichsweise geringen Höhe eine Aussicht wie kaum von einem anderen Berg Kaliforniens: westwärts über die gesamte Bucht bis San Franzisko und auf den Pazifischen Ozean, ostwärts über das Zentraltal hinweg bis zu den Viertausender-Gipfeln der Sierra Nevada und nach Norden weit ins vulkanische Bergland hinein.

Zentren der Elektronik im Süden und Westen

An der Südspitze der Bucht von San Franzisko liegt *San Jose*. Noch 1950 hatte es nur 95000 Einwohner, und *Santa Clara,* ein Zentrum der Obstkonzerne und Trockenobstverpackungsindustrie, sogar nur 11000. 1976 zählten beide Städte bereits über 1 Million Einwohner. San Jose gilt derzeit als die am schnellsten wachsende Stadt der Welt. Der Grund liegt weniger in zarthäutigen Aprikosen und Pflaumen, als in einem Industriezweig, der vor allem von San Jose aus nach dem Zweiten Weltkrieg seinen Siegeszug in die Welt antrat: den ›Electronics‹.

Die Elektronik erwies sich für San Jose und Santa Clara County als ein Supergeschäft, vom Fernsehgerät und Transistor über den Computer bis zum Büro- und Taschenrechner, Radar, Satelliten-Telefon oder Digitaluhr. Elektronische Abfallprodukte der amerikanischen Weltraumforschung kamen dieser Entwicklung besonders zugute. Das spezialisierte Industriegebiet von Santa Clara County mit Weltfirmen wie Hewlett-Packard, Ampex, Western-Electronics, General-Electric, IBM und vielen mehr, insgesamt sind es rund 800 Firmen, breitete sich über das ganze County-Gebiet aus bis hinauf nach Palo Alto und San Franzisko.

Heute gibt es nur noch 6000 Obstfarmer im Santa-Clara-Tal, aber 200000 hochspezialisierte Elektronik-Ingenieure und -Facharbeiter. Sie werden geleitet von 4000 ›Doctors of Philosophy‹, was die Naturwissenschaft einschließt, ›Ph.D.'s‹, wie man sie in den USA nennt. Die meisten von ihnen kommen von kalifornischen Universitäten, viele aus der unmittelbaren Umgebung, von der Stanford-Universität in Palo Alto und der Universität Santa Clara, die aus dem Santa Clara College hervorging, das wiederum aus der Mission Santa Clara erwuchs.

Die *Mission Santa Clara de Asís* war 1777 von Junipero Serra als achte Station gegründet worden. Sie wurde nach der hl. Klara von Assisi benannt. Juan Bautista Anza hatte den Platz der neuen Mission gewählt, ein Jahr nach der Gründung der Mission San Franzisko, und dort ein Kreuz errichtet. Es steht noch heute gegenüber dem Kirchenportal. Ebenfalls 1777 gründete man mit neun mexikanischen ›Popladores‹ (Siedlerfamilien) das nach dem hl. Josef benannte Dorf San Jose. Santa Clara und San Jose gehörten also von Beginn an zusammen. Diese Gemeinsamkeit wurde durch eine Verbindungsstraße, The Alamada, die heute eine belebte Schnellstraße ist, in jüngster Zeit noch unterstrichen. Die Missionskirche wurde mehrmals, meist durch Überflutungen des nahen Guadalupe-Flusses, zerstört. Die gegenwärtige Kirche stammt aus dem Jahr 1929, sie ist nach einem 1875 errichteten und 1926 abgebrannten Bau rekonstruiert worden und dient heute als College-Kapelle.

Die Universität von Santa Clara besitzt neben ihrer technischen vor allem eine gute juristische Fakultät. In Sportlerkreisen und weit darüber hinaus ist sie außerdem bekannt wegen ihrer Weltklasse-Schwimmer. Einer davon war Mark Spitz, mehrfacher Goldmedaillen-Olympiasieger von 1972 in München. Zur Universität gehören hervorragend ausgebaute Schwimmanlagen und Trainingsmöglichkeiten.

Doch kehren wir nochmals zur Elektronik zurück. Als ihr Geburtsort wird übereinstimmend der auf der Westseite der Bucht von San Franzisko gelegene Ort *Palo Alto* (span.: hoher Pfahl) genannt. In Palo Alto liegt eine der bedeutendsten amerikanischen Privatuniversitäten, die an der Neuentwicklung der Elektronik maßgeblich beteiligt war: die Stanford University. Der ›hohe Pfahl‹ des Hoover Tower, ein 100-Meter-Gebäudeturm, ist ihr weithin sichtbares Wahrzeichen geworden. Der Hoover Tower ist zugleich Sitz der ›Hoover Institution on War, Revolution and Peace‹, einem bedeutenden Forschungszentrum für Zeitgeschichte, das, 1919 gegründet, unter anderem eines der umfangreichsten Archive der beiden Weltkriege besitzt.

Der Grundstein zur Stanford University wurde 1887 von Leland Stanford gelegt, einem der vier Eisenbahnkönige, und war verbunden mit einer 30-Millionen-Dollar-Stiftung und der Übereignung der ehemaligen Farm Stanfords an die künftige Universität. Dies alles geschah, als der einzige Sohn Stanfords, Leland jun., bereits mit 16 Jahren starb. Die Universität, 1892 offiziell gegründet, hieß deshalb anfänglich Leland Stanford Junior University. Die um 1900, nach dem Tode Stanfords, in der Mitte des Campus in romanisierendem Stil und braunem Sandstein erbaute und mit Mosaiken geschmückte Memorial Church erinnert an Leland Stanford und seinen Sohn.

Die Stanford University trägt im Universitätssiegel des Präsidenten ein deutschgeschriebenes Motto: Ulrich von Huttens bekannten Satz »Die Luft der Freiheit weht.« Es geht auf die Verehrung des ersten Präsidenten der Universität, David Starr Jordan, für den deutschen Humanisten zurück. Dazu kam, daß über die Hälfte der anfänglich dreißig Professoren und Assistenten der Universität in Deutschland studiert hatte. Von Beginn an waren die Abteilungen Geschichte und Germanistik hier hoch angesehen. Die Künste fanden im Leland Stanford Junior Museum und Laurence Frost Amphitheater ihre Pflegestätten. Die medizinische und die wirtschaftswissenschaftliche Fakultät haben einen guten Ruf. Auf dem Gebiet der Atomwissenschaft ist die Stanford-Universität gemeinsam mit der UC Berkeley heute führend. Der 1936 unter Professor Panofsky hier installierte Atombeschleuniger ist ein Anziehungspunkt für Atomwissenschaftler aus aller Welt, auch aus der Sowjetunion.

Seit Maxwell und Hertz war es prinzipiell klar, daß Information drahtlos über große Distanzen übertragen werden kann. Marconi gelang es schon 1901 erstmals, Nachrichten über Kurzwellenfunk von England nach Amerika zu senden. Das Hauptproblem der drahtlosen Nachrichtenübermittlung besteht darin, daß die Intensität der elektromagnetischen Wellen mit der Entfernung stark abnimmt. Man braucht also Verstärker. Die verschiedenen Generationen der elektronischen Systeme werden deshalb durch die Art ihrer Verstärker unterschieden. Die erste Generation ist von der Elektronenröhre geprägt. Lee de Forest entwickelte sie 1905 in Stanford. Sein Haus in Palo Alto, an 1913 Emerson Street, wurde damit zum Geburtsort der Elektronik; eine Plakette am Haus erinnert daran. 1913 erfand Lee de Forest den Lautsprecher. 1937 entwickelte William W. Hansen gemeinsam mit Sigurd und Roussel Varian, von Stanfords Professor Frederick Terman und mit Universitätsgeldern unterstützt, die Klystron-Röhre. Sie wurde Ausgangspunkt für die spätere Radar- und Mikrowellenentwicklung. 1904 schon hatte C. Hülsmeyer das erste Radarpatent angemeldet, doch bis 1936 konnte die Erfindung Hülsmeyers technisch nicht befriedigend verwirklicht werden. Dies gelang erst dem Stanford-Team. Die Universität hatte Hansen und Varian 100 Dollar Entwicklungsgelder mit Gewinnbeteiligung zur Verfügung gestellt. Sie bekam aus dieser geringen Einlage an Gewinnanteilen bis heute über zwei Millionen Dollar zurück!

Nach rund einem halben Jahrhundert war die erste Generation der Elektronenröhre entwicklungsmäßig erschöpft. Die zweite wurde durch eine der bedeutendsten Erfindungen unseres Jahrhunderts gekennzeichnet, durch den Transistor. Er löste nicht nur die Elektronenröhre ab, sondern erschloß zugleich auch neue Anwendungsmöglichkeiten. Die Geburtsstunde des Transistors schlug 1947, abermals in Stanford. Die dritte Generation entwickelte sich dann in den sechziger Jahren aus der amerikanischen Weltraumtechnik, eine Transistortechnologie, die durch Integration und Miniaturisierung komplizierteste elektronische Systeme, wie zum Beispiel Großrechner, ermöglichte und Voraussetzung für die Datenverarbeitung wurde. Auch diese Entwicklung bestimmten maßgeblich Stanford, San Jose und Forschungsinstitute in Kalifornien. Die vierte Generation geht von den sogenannten Mikroprozessoren aus, denen eine Entwicklung von gewaltigen Dimensionen vorauszusagen ist.

Die ›Farm‹ Leland Stanfords, Wiesen, die die Universität umgeben, wurde bereits am Ende der fünfziger Jahre an über fünfzig Elektronik-Gesellschaften, voran die Gesellschaften Hewlett-Packard und Varian Associates, verpachtet. Die Universität versorgt diese Gesellschaften mit hochqualifizierten Wissenschaftlern. Deren Versuchsreihen laufen im Rahmen des Forschungsauftrages der Universität. Die Gesellschaften wiederum bringen der Universität alljährlich Millionen von Dollar ein, die ihr zur Finanzierung dienen.

DIE NORDKÜSTE

Stille Buchten und Hitchcock-Vögel

Bereits kurz hinter San Franzisko beginnt, jenseits des Golden Gate, ein in weiten Teilen noch unberührtes, überwiegend bewaldetes, bis zu 1300 Meter ansteigendes Küstengebirge, das sich bis an die Grenze von Oregon hinaufzieht. Zum Meer hin fällt es nicht selten steil ab. Domhohe Rotholzbäume, ›Redwoods‹, bedeckten einst dieses ganze Gebirge. Davon blieben nur noch nördlich von San Franzisko, südlich der Humboldt-Bucht und nahe der Oregon-Grenze Reste übrig, die heute zu eindrucksvollen Nationalparks gehören. Füchse, Bären und Wild aller Art füllten ehemals die dichten Wälder. Die Russen gründeten deshalb Anfang des vergangenen Jahrhunderts als weit vorgeschobenen Posten an der Nordküste das noch heute bestehende Fort Ross und betrieben von hier aus übers Meer hinüber einen lebhaften Handel mit Fellen und Holz. Der Tierbestand wurde in den letzten hundert Jahren, mit Ausnahme der Fische in den Bergflüssen, stark dezimiert, doch der lebhafte Holzhandel, wenn auch nicht mehr mit Rußland, blieb.

Das herrliche Bild wild aufschäumender Wellen, die sich an den unzähligen, der Nordküste vorgelagerten Felsen brechen, läßt keinen Photographen ruhig in seinem Auto sitzen. So verleitet die Küstenstraße – ein Stück der ›Traumstraße der Welt‹ – mit ihren wechselvollen, malerischen Aussichten auf die Küstenhügel, die langen, muschel- und treibholzreichen Strände und die stillen Buchten und bunten Häfen oft zum Halten. Meisterphotos verschaffen uns die schneeweißen Fischerboote mit ihren hochaufragenden Trapezmasten und Kabinen wie Badewärterhäuschen, wenn sie bei Sonnenaufgang, mit frischem Lachs an Bord und verfolgt von kreischenden Möwen, die ruhigen, einsamen Küstenbuchten erreichen, an denen am Abend Herr und Hund sich in frischer Luft erholsamen Spaziergängen hingeben, damit der über dem Holzkohlenfeuer gegrillte Lachs um so besser schmeckt. Nicht minder bannt uns das Schauspiel des Nebels, der sich, weiter im Norden, wie riesige Baumwollflocken an den aufgebrochenen Stellen der steilen Meeresküste in die Buchten schiebt und die Hänge hinaufschwebt, um oben auf dem Berggrat von der Sonne empfangen und aufgelöst zu werden.

Für Künstler ist diese Küste ein Paradies. Viele Maler kommen hierher, auch Filmleute; selbst den großen Hitchcock hat es – wie wir noch hören werden – hierhergezogen. In alten, gemütlichen Gasthäusern sitzen sie dann abends mit den Einheimischen zusammen und hören amüsiert einen seltsamen, lustigen Dialekt, ›Boontling‹. Vielleicht hat man mit umgehängter Kamera gerade das Gasthaus betreten, wenn sie von ›Charly Walker‹ erzählen, einem Photographen, der ganz Boonville porträtierte; seitdem heißt bei ihnen jede Photographie ›Charly Walker‹.

Hinter dem grünen Küstengebirge liegt landeinwärts eine zweite, im Sommer von der Sonne ausgedörrte, braune Hügelkette mit spärlichem Wildeichen- und Olivenbestand und einsamen, von weißen Holzzäunen umgebenen Höfen. Am Fuße dieser inneren Hügelkette führt die große Nordsüdachse Kaliforniens entlang, der Freeway 101.

Auf ihm führt unsere Fahrt aus San Franzisko hinaus über die Golden Gate Bridge. Kurz hinter Sausalito verlassen wir bereits den Freeway und gelangen auf einer windungsreichen, von Eukalyptusbäumen gesäumten Straße durch die grünen Hügel von Marin County. Eine Seitenstraße würde uns zum vielbesuchten Muir Woods National Monument und seinen eindrucksvollen ›Redwoods‹ bringen; im Kapitel ›Rund um die Bucht von San Franzisko‹ wurde ausführlich darüber berichtet. Unsere Fahrt geht weiter an die Küste, zunächst zur *Stinson Beach*. Allsommerlich zieht es buchstäblich Hunderttausende von Erholungsuchenden aus San Franzisko hierher, die am fünf Kilometer langen, weißen Strand baden oder sich auf den Küstenwellen im Surfen versuchen.

Die dem Strand nördlich gegenüberliegende Halbinsel *Bolinas* und noch mehr die sich anschließende Halbinsel *Point Reyes* sind bedeutende Vogelschutzgebiete. Das Observatorium Point Reyes ist das einzige in den USA, das ganzjährig ornithologische Forschungen betreibt. Aber schon an der Küstenstraße, nahe der ›Audubon Canyon Ranch‹, können wir in den kahlen Wipfeln hoher Bäume die seltenen ›Aigrettes‹ entdecken, mächtige, weiße Reihervögel. Wenn sie mit kräftigem Flügelschlag aufsteigen und gleich weißen Himmelsvögeln in der Sonne leuchten, haben sie fast etwas Mythisches an sich, als stammten sie aus fernen Sagen.

Unmittelbar nördlich des Ortes Bolinas wendet sich die Küste im Halbbogen nach Westen und umschließt die geschichtsreiche *Drake's Bay,* von deren Entdeckung durch Sir Francis Drake 1579 wir bereits sprachen. Im 19. Jahrhundert wurde das Gebiet um die Drake's Bay, die grasbedeckten Hügel der Point Reyes-Halbinsel, ein bevorzugtes Gebiet der Almwirtschaft. Die beste Butter, die man in San Franzisko kaufen kann, kommt von hier. Seit 1962 heißt der Küstenstrich der Halbinsel, mit dem noch heute sehr englisch wirkenden Hauptort Inverness, ›Point Reyes National Seashore‹. Wie vor hundert Jahren finden wir noch heute dort viele Milch- und Viehfarmen. Baden ist hier jedoch kaum möglich. Gegen die felsenreiche, zerklüftete Küste, mit kleinen Strandstücken dazwischen, brandet eine bewegte See.

Im Nordteil der Halbinsel Point Reyes, an der *Tomales Bay,* pflegen amerikanische Bilderbuch-Väter an Wochenenden mit ihren Jungen, wie einst die Miwok-Indianer, nach der Flut am Strand nach eßbaren Muscheln zu graben, von denen es dort die Fülle gibt. Alle Restaurants der Umgebung, einschließlich San Franziskos, bieten die köstliche ›Clam-Showder‹ an, die beliebte Muschelsuppe. Manche Männer der Westküste meinen, sie würde erhöhte Potenz bewirken. Tatsache ist, daß sie höchst cholesterinhaltig ist. Die Tomales Bay ist nach dem indianischen Wort ›tamal‹ = (Bucht) benannt. Die Bucht, die die Nordspitze der Halbinsel Point Reyes vom Festland trennt, sowie die Küstenstraße folgen der schon erwähnten San-Andreas-Erdfalte. Damit gehört die ge-

samte Halbinsel dem nordamerikanischen Kontinent eigentlich nicht mehr an, da der Teil westlich der Erdfalte geologisch bereits zur pazifischen Kontinentalplatte gehört.

Eine Bucht schließt sich nun der nächsten an. Der Tomales
Bay folgt die noch unberührte *Bodega Bay,* die gleichfalls ein
Vogelparadies ist. Die Vögel kann man am besten in der
Nähe der US Coast Guard Station beobachten. Die Überfülle
der an Galgenvögel erinnernden, aber im Grunde sehr friedlichen und zutraulichen, mächtigen, schwarzen Rabenkrähen,
veilchen- und purpurfarben schillernd, regten Alfred Hitchcock an, hier seinen unheimlichen und unvergeßlichen Film
›Die Vögel‹ zu drehen.

Der erste Europäer, der mit seinem Segelschiff ›Señora‹
hier landete, war 1775 der spanische Entdecker Juan Francisco
de la Bodega y Cuadra. Nach ihm wurde die Bodega-Bucht
benannt. Siebzig Jahre später entwickelte sie sich zu einem
beliebten Hafen, der voll von Schonern lag, die die begehrten
Tomaten, die ›Bodega Reds‹, nach San Franzisko brachten.
Heute laufen hier von Mai bis Oktober schmucke Fischerboote ein, voll beladen mit köstlichem Lachs.

Russen und Redwoods

Im Jahre 1806 war der Oberhofmeister des Zaren, Baron Ni-
kolai Rezanow, von der russischen Gründung Sitka in Alaska,
der er im Namen des Zaren einen offiziellen Besuch abgestat-
tet hatte, nach San Franzisko gesegelt, um dort wegen laufen-
der Lieferungen von kalifornischen Nahrungsmitteln mit den
spanischen Beamten zu verhandeln. Beim Kommandanten in
San Franzisko, José Darío Argüello, dem besten Freund des
Gouverneurs von Kalifornien, war Baron Rezanow sechs
Wochen zu Gast. Seine Mission konnte er erfolgreich abschließen. Dies nicht zuletzt der Romanze wegen, die er mit
der schönen Tochter des Kommandanten, Concepción oder
›Conche‹, ›Muschel‹, wie er sie zärtlich nannte, erlebt hatte.
Über Alaska, wo die gute Nachricht der erfolgreichen Mis-
sion gefeiert wurde, wollte Baron Rezanow an den Hof des
Zaren zurückkehren, um dort die höchste kirchliche Erlaub-

nis zur Heirat mit der Geliebten zu erbitten. In Sibirien wurde
er jedoch von einem schweren Schneesturm überrascht und
erfror. Als Conche die Nachricht vom Tode Nikolais erfuhr,
ging sie in ein Kloster nördlich der Bucht von San Franzisko,
wo sie bis zu ihrem Tode in hohem Alter verblieb. Die bedeutenden politischen Folgen des Besuches von Baron Rezanow
aber waren die wenige Jahre später erfolgten russischen Gründungen von Bodega und Fort Ross.

1809 landete in der Bucht von Bodega, von Alaska kommend, Iwan Alexander Kuschkow, ein Agent der Russisch-
Amerikanischen Pelz-Handelsgesellschaft Alaskas. Er ließ
Anfang des Jahres um die Bucht herum Weizen säen und
segelte bereits Ende August mit reicher Weizenernte und
zweitausend Seeotterfellen an Bord wieder heim. 1811 kamen
die Russen zurück und gründeten Bodega.

Ein Jahr später, 1812, ließ Kuschkow zwanzig Kilometer
nördlich von Bodega ein Fort erbauen, das er ›Russia‹ nannte,
das heute noch bestehende Fort Ross. Das mächtige Bollwerk
hatte 59 Gebäude, die umgeben waren von einem über vier
Meter hohen Palisadenzaun. Darunter befanden sich das Haus
des Kommandanten, die Kapelle, eine Schmiede und ein Gefängnis, Farmer-Gebäude, eine Windmühle, eine kleine
Bootswerft, ein Badehaus und vieles mehr. Trotz des Ein-
spruchs von spanischer und mexikanischer Seite, begannen
die Russen einen lebhaften Handel mit dem Hinterland, der
von Zucker und Tabak bis zu Stoffen und Wachskerzen
reichte. Selbst die Franziskaner der 1817 gegründeten Missionsstation von San Rafael handelten mit Fort Ross nicht
anders als Johann August Sutter. Fast dreißig Jahre, von 1812
bis 1841, fischten die Russen hier im Dienste des Zaren, bauten Getreide an, jagten und handelten vor allem mit Fellen,
aber auch mit Rotholz.

Als sie sich auf Befehl des Zaren 1841 von Fort Ross und
damit aus Kalifornien zurückzogen, verkauften sie das Fort
für 30000 Dollar an Sutter. Der ließ viele Gebäude abreißen
und das Holz zusammen mit 1700 Stück Vieh, 9000 Schafen,
940 Pferden und Mauleseln und vielem mehr landeinwärts
zum Sutter's Fort bringen. Nach dem kalifornischen Erdbe-

ben von 1906 wurden im Fort Ross das Haus des Kommandanten und die Russisch-Orthodoxe Kapelle restauriert. Ein Patriot versuchte 1970 und 1971, auf der Höhe des Vietnam-Krieges, Kapelle und Haus des Kommandanten abzubrennen, was ihm mit der Kapelle auch gelang. Beides ist wieder restauriert worden, im Haus des Kommandanten wurde ein kleines Museum eingerichtet.

Auf dem halben Weg zwischen Bodega und Fort Ross überqueren wir einen Fluß, der schon in den frühen Tagen San Franziskos ›der Fluß‹, ›the River‹, genannt wurde und heute *Russian River* heißt. Ob es einfache Familien oder Mitglieder des exklusiven Bohemian Clubs aus San Franzisko sind – viele zieht es mindestens einmal im Jahr hinaus zum Russian River, ob zum Picknick, zum Kanufahren oder zur Lachsfischerei. Auch wer keinen Lachs fängt, erhält ihn frisch und köstlich zubereitet im Hexagon-Häusl-Restaurant, das an ein bayerisches Berghotel erinnert und in *Guerneville* liegt, dem Zentrum des Russian-River-Gebietes.

Drei Kilometer nördlich des im Sommer überlaufenen Ortes Guerneville, zugleich vor allem bekannt wegen seiner Gravenstein-Apfelplantagen, finden wir das *Armstrong Redwoods State Reserve,* wieder ein Naturschutzgebiet mit gigantischen Rotholz-Bäumen und Farnen und einem Tausend-Plätze-Amphitheater, wo ehemals alljährlich Schauspiel-Festivals stattfanden. Von Guerneville gelangen wir auf der Bundesstraße 116 südöstlich nach *Sebastopol,* einem Wein- und Obstgebiet, und weiter zur Hauptstadt des County Sonoma, *Santa Rosa.* Die hervorragenden Wachstumsbedingungen und das herrliche Klima des Santa-Rosa-Tales veranlaßten Luther Burbank (1849-1926), den amerikanischen Mendel, seine Pflanzenversuche hierher zu verlegen und neue Kartoffel-, Pflaumen- und Rosensorten, Gras-, Baum- und Gemüsearten zu entwickeln.

Kehren wir am Russian River entlang zur Küste zurück und fahren wir auf der windungsreichen Küstenstraße Nr. 1 weiter nach Norden, vorüber an steil zum Meer hin abfallenden Küstenfelsen, so gelangen wir nach Stewart's Point, Gualala, Manchester, Albion, Mendocino, Noyo und Fort Bragg.

Landeinwärts liegen die Orte Navarro, Ukiah und Boonville. Es ist ein wahres Völkergemisch, das hier zu Hause ist: Erinnert Fort Ross an die Russen, so Manchester und Albion im Namen und Mendocino im Stadtcharakter an die Engländer, Fort Bragg an die Amerikaner, Schweden und Finnen, Noyo, Navarro und Ukiah (Haupt- und Obststadt des Mendocino County) an die Pomo- und Navarro-Indianer, schließlich Boonville an Schotten und Iren.

Das Gebiet um Manchester, heute Milch-, Schafs- und Viehfarmregion, war ehemals Zentrum der nordkalifornischen Holzfäller. Der alte Leuchtturm von Point Arena, südlich von Manchester, leuchtete seit 1870 den nahenden Holzschiffen in den Hafen. Seit 1930 steht an diesem wichtigen, auch windigen Vorsprung der nordkalifornischen Küste ein 40-Meter-Leuchtturm mit einer Leuchtstärke von 380000 Watt. Von Albion aus – wie von vielen Küstenorten – kann man zum Abenteuer des Lachsfangs aufbrechen, begleitet von grünen Wellenschluchten, weißen Segeln, Gischt und Möwenschreien. Für den Flußangler aber gibt es hier oben, unter anderem im Navarro River, die köstliche Regenbogenforelle.

Mit der Regenbogenforelle, der ›Rainbow trout‹, hat es eine besondere Bewandtnis. Sie kann sich nämlich in die Stahlkopf-Forelle, den Steelhead, verwandeln. Das geschieht, wenn sie nicht im frisch sprudelnden Flußwasser bleibt, sondern von der Quellnähe hinunter zum Ozean zieht. Im Mündungsgebiet des Flusses kommt es dann zu der seltsamen Wandlung. Die typischen Punkte der Regenbogenforelle verschwinden vom Körper, die roten Seitenlinien werden silbern, Kopf und blaugrüner Rücken nehmen eine stahlblaue Färbung an. Die Süßwasser-Regenbogenforelle wird zum Salzwasser-Stahlkopf. Doch damit nicht genug. Groß und stark kehrt später der Stahlkopf zur Winterzeit vom Meer in den Fluß zurück und nimmt dort wieder seine alte Färbung an. Nun ist er wieder eine Regenbogenforelle, die im Quellgebiet laicht, danach ins Mündungsgebiet zurückschwimmt und erneut ein Stahlkopf wird. Und so fort, bis zu fünfmal.

Man möchte meinen, daß hier oben – wie überall in Nordregionen – ein ernstes Volk lebt. Doch das Gegenteil ist der

Fall. Am lustigsten geht es bei den ›Boonts‹ zu, den Leuten in Boonville, unweit von Manchester oder Albion. Es ist ein Menschenschlag mit einer besonderen Art von Witz, der zwischen schottischer Whiskeylaune und irischem Limerick liegt. Ihr Dialekt, eigentlich eine Geheimsprache von kaum mehr als tausend Wörtern, nennen sie – wir erwähnten es eingangs – Boontling, und wenn einer ›Boll Boontling‹ spricht – boll heißt gut – ist der Fremde rettungslos verloren. Doch in diese Verlegenheit wird er natürlich nicht gebracht, denn die Einheimischen verwenden ihre Sprache nur untereinander. Boonville gehört zum Distrikt Mendocino, und am letzten Tag des Jahres 1974 ist es geschehen, daß Bürger des Distrikts einen eigenen Staat ›Northern California‹ auszurufen versuchten, angesichts des Schalks dieser Bürger wenig verwunderlich. Nur verstand sie dabei kein Mensch – und so blieb alles beim alten.

Fort Bragg, benannt nach dem im Amerikanisch-Mexikanischen Krieg verdienstvollen General Braxton Bragg, vorzugsweise von Schweden und Finnen, aber auch deutschen Familien bewohnt, ist heute der Hauptort der holzverarbeitenden Industrie mit einer gigantischen Sägemühle in leuchtendem Rot. Besonders beliebt bei den Touristen ist der von Fort Bragg nach Willits fahrende, aus den Pionierzeiten stammende Zug mit einer Dampflokomotive, die noch heute ›Skunk‹ (Stinktier) heißt und fauchend und pfeifend durch die herrlichen Redwood- und Douglastannenwälder stampft.

Zu den unvergeßlichen Eindrücken von Kalifornien zählen ohne Zweifel die 75 Kilometer nördlich von Fort Bragg beginnenden Redwood-Wälder des Humboldt County. Sechzig Kilometer führt die Autobahn 101 am beschaulichen Nebenfluß South Fork und später am fischreichen Eel River entlang durch den *Humboldt Redwoods State Park,* der mit seinen 160 Quadratkilometern den größten Restbestand an Redwood-Bäumen bildet. Besonders lohnend ist eine Fahrt auf der parallel zum Freeway verlaufenden *Avenue of the Giants* (Allee der Riesen) im Norden des Parks.

Den Namen erhielten diese »Leiber der Giganten«, wie John Steinbeck sie nannte, nach dem rothäutigen Cherokee-

Indianerhäuptling Se-quo-yah. Die dicke, zimtbraune Rinde
des Sequoia-Baumes ist tief eingefurcht, die Äste sind kurz,
die immergrünen Blätter schmal, steif und scharf zugespitzt.
Ungeziefer kann dem Baum nichts anhaben, da sein Holz sehr
hart ist und mit einer Säure durchtränkt, die jegliches Ungeziefer fernhält. Vernichtet werden können diese Bäume nur
durch Feuer oder übergroße Naturkräfte. Sie erreichen eine
Höhe wie der Glockenturm auf dem Markusplatz in Venedig
oder die Türme der Frauenkirche zu München und ein Alter
von dreitausend Jahren. Eine zeitlose Ruhe geht von ihnen
aus. Die Indianer verehrten sie einst als heilig. Heute gibt es
sie nur noch in Kalifornien. Die nahe der Küste wachsenden
Redwood-Bäume gehören der Art der ›sequoia sempervirens‹
an, die an Alter und Größe nur noch von der ›sequoia gigantea‹ im Sequoia National Park übertroffen wird. Während die
Sempervirens-Art ein Alter zwischen 500 und 1300 Jahren
erreicht, wird die Gigantea zwischen 900 und 3000 Jahre alt.

Die US 101 führt von der Hafenstadt *Eureka,* der Hauptstadt von Humboldt County, zur Küste zurück. Das weite
und flache Haff mit langgestreckter Nehrung südlich von
Eureka ist die *Humboldt Bay.* Am 9.April 1850 ankerte das
Zollschiff ›Laura Virginia‹, an Bord Kapitän Douglas Ottin-
ger und als zweiter Offizier Hans Bühne, in dieser Bucht, die
bereits 1806 von Jonathan Winship, einem Agenten einer
russisch-amerikanischen Pelz-Handelsgesellschaft, entdeckt
worden war. Wegen der vielen Indianer, die Winship dort
vorfand, nannte er sie Bay of the Indians. Hans Bühne, ein
großer Verehrer Alexander von Humboldts, der zwischen
1799 und 1803 Südamerika und Mexiko durchforscht hatte,
taufte sie in Humboldt Bay um.

Im Jahr 1850 wurde das im Zentrum sehr viktorianisch
wirkende Eureka gegründet. James Ryan, der in gemein-
samem Auftrag der Mendocino Exploring Co. und der
Union Co. die Gründung vollzog, soll an dieser Stelle ausge-
rufen haben: »Eureka!« – griechisch für »Ich habe es gefunden!« Das Wort Eureka ist aus dem gleichen Grund auch ins
Große Amtssiegel des Staates Kalifornien aufgenommen
worden. Eureka ist heute eine lebendige Fischerei- und Holz-

verarbeitungs-Stadt, eingehüllt in die Gerüche des Hafens und der Papiermühlen. Vor allem aber ist es Ausgangspunkt für Fahrten in das Naturschutzgebiet der Humboldt-Bucht mit ihren interessanten Vogelarten und ihren zahllosen Badegelegenheiten.

1853 führten immer häufiger vorkommende tätliche Auseinandersetzungen zwischen den weißen Siedlern und den Indianern zur Gründung des Fort Humboldt am Südrand Eurekas. Vom Fort steht nur noch ein Gebäude, das heutige *Fort Humboldt State Historic Monument*. Einer der Soldaten, der damals im Fort diente, wurde später amerikanischer Präsident: Ulysses S. Grant (1869-1877).

An der klippenreichen, oft nebeligen Küste führt die Straße weiter nach Norden, über Trinidad, wo schon 1775 die Spanier an Land gingen, Big Lagoon und die Mündung des Klamath-Flusses bis zur nördlichsten Küstenstadt Kaliforniens, *Crescent City*. Von Big Lagoon an begleitet erneut ein 60 Kilometer langes Redwood-Waldgebiet, seit 1968 der *Redwood National Park,* die Strecke. Am südlichen Eingang, nördlich des Ortes Orick, hat man zu Ehren der früheren Präsidentengattin Mrs. Lyndon B. Johnson, die den Nationalpark einweihte, einen der schönsten Teile ›Lady Bird Grove‹ benannt. Andere eindrucksvolle Waldgebiete sind die nur wenig weiter nördlich liegenden *Prairie Creak Redwoods,* sehr beliebt für Wanderungen, und die südlich vor Crescent City, direkt über der Meeresküste gelegenen *Del Norte Coast Redwoods,* ferner nordöstlich der Stadt die *Jedediah Smith Redwoods.* Von Crescent City, einem Milch- und Holz-Umschlagplatz, sind es dann nur noch 25 Kilometer bis zur Grenze von Oregon. Um es kalifornisch zu vollenden, heißt das nördlichste Tal unweit der Grenze *Paradise Valley,* Tal des Paradieses; es ist ein Obstanbaugebiet. Jeden Frühling verwandelt es sich in ein weißes Blütenmeer. Für die Bewohner des rauhen Nordens immer wieder ein paradiesisches Bild.

LOS ANGELES

If you can fill the unforgiving
minute with sixty seconds worth
of distance run
Yours is the Earth and everything
that's in it ...

Kannst du die unerbittlich verstreichende
Minute mit sechzig Sekunden erfüllen,
der durchmessenen Strecke wert,
dann ist die Erde dein
und alles, was sie trägt ...

RUDYARD KIPLING

Welcome to ›L. A.‹

Genaugenommen – dies gilt auch für viele andere Großstädte der Welt – gibt es zwei Los Angeles: das eine ist die ›City of Los Angeles‹, das andere das ›Greater Los Angeles‹. Wenn im allgemeinen von Los Angeles die Rede ist, meinen die meisten Europäer, aber auch viele Amerikaner, nicht die Stadt, sondern den Großraum.

Die City of Los Angeles liegt im Grund eines riesigen, flachen Talkessels, des ›Los Angeles Basin‹. In seinem Nordteil begrenzen ihn bis zu 2000 Meter hohe, überwiegend bewaldete Granitberge. Im Westen reicht er an den Pazifischen Ozean. Es ist nicht außergewöhnlich, daß man am selben Tag skifahren und im Meer baden kann. Man muß allerdings über 60 Kilometer fahren, um dies tun zu können. Die City of Los Angeles liegt weit landeinwärts. Bis zur Pazifik-Küste sind es 25 Kilometer nach Osten und 33 Kilometer nach Süden.

Das im Schachbrettmuster angelegte Stadtbild wird in seinem städtebaulichen Charakter, nicht zuletzt wegen der Erdbeben, maßgeblich von Flachbauten bestimmt. Während man in den meisten amerikanischen Großstädten in die Höhe baute, dehnte sich Los Angeles in die Breite. Nur im Stadtzentrum und seinen Randgebieten erheben sich Hochhäuser gleich Kommandotürmen eines Schlachtschiffes: Banken, Versicherungsgebäude, Zeitungsverlage, Hotels, die City Hall – das turmhafte Rathaus der Stadt – oder die Hochbauten des neuen, attraktiven Los Angeles City Center. Diese flächenmäßig zweitgrößte Stadt der USA zählt rund zwei Millionen Einwohner (1976).

Greater Los Angeles – von den Kaliforniern oft nur kurz ›L.A.‹ genannt – sind die unzähligen, über den ganzen Talkessel und auch über ihn hinaus polypenhaft ausgebreiteten Satellitenorte. »Many suburbs in search of a city« – »Viele Vororte auf der Suche nach einer Stadt«, nannte sie der 1963 in Hollywood verstorbene englische Schriftsteller Aldous Huxley, berühmter Autor von ›Schöne neue Welt‹. Zum Großraum von L.A. gehören nicht weniger als 180 selbständig verwaltete Orte und Städte, unter ihnen Santa Monica, Beverly Hills, Hollywood, Pasadena, San Fernando, Burbank, Glendale, San Gabriel, Alhambra, Inglewood, Whittier, Vernon, Huntington Park, Watts, Fullerton, Anaheim, Santa Ana, San Pedro, Long Beach, um nur die größten zu nennen. In diesem Großraum leben über acht Millionen Menschen.

L.A., fast so groß wie das Bundesland Schleswig-Holstein, kennt keine gemeinsame Downtown, kein gemeinsames Stadtzentrum. Vielmehr gibt es davon buchstäblich Dutzende. Dennoch bemüht sich die Stadt – und dies mit Erfolg – seit Mitte der sechziger Jahre um ein ›Civic and Cultural Center‹ für den Großraum, das unter anderem mit einem Museum von Weltruf und einer einzigartigen Konzerthalle aufwarten kann.

Ein perfekt und großzügig ausgebautes Straßennetz überspannt den ganzen Talkessel und seine angrenzenden Gebiete. Denn Los Angeles ist »a city built for transport« – eine für den Transport gebaute Stadt –, wie ein Bewohner richtig sagte. Die vierspurigen Highways (Überland-Autobahnen) und die achtspurigen Freeways (Stadtautobahnen), die breiten Avenues und grünen Streets – über 500 Straßen sind mit Bäumen bepflanzt –, die geradezu kunstvoll verschlungenen Autobahnkreuzungen und unübersehbaren Parkplätze – 30 Pro-

zent der Bodenfläche von Los Angeles ist Parkplätzen vorbehalten – bestimmen das Bild. Wohl keine Stadt der Welt wird
so sehr vom Zivilisationssymbol unseres Jahrhunderts, dem
Auto, geprägt wie Los Angeles. Man könnte sie fast eine
autobesessene Stadt nennen. Ein Fußgänger ist dort in der
Regel ein Mensch, der gerade zu seinem Auto geht oder von
ihm kommt. *In Amerika gibt es keine Wege*, sagte einmal der
legendäre Hollywood-Regisseur John Ford, *nur Straßen.*

Zu den Lebenselementen von Los Angeles gehören ferner
die Filmindustrie des weltberühmten Hollywood, das Fernsehen, die Banken, die Supermärkte, die Super-Reklameschil-
der und nicht zuletzt das Telefon mit sechs superdicken Tele-
fonbüchern für Los Angeles, für Central, Northeastern,
Northwestern, Western, Southern und Orange County.
Ulkigerweise ist das Western-Telefonbuch orangefarben und
das von Orange County graublau.

Von ständig graublauem Dunst indessen ist Los Angeles
nun nicht mehr bedeckt, wie es noch Ende der sechziger
Jahre, besonders im Sommer, der Fall war. Der gefürchtete
Smog wurde durch strenge Maßnahmen drastisch eingeschränkt. Der Himmel über dem Talkessel ist wieder blau.
Das trockene, subtropische kalifornische Klima stellt ohne
Zweifel eine der Hauptattraktionen von Los Angeles dar, ungeachtet der Ansicht Thomas Manns, dieser blaue Himmel sei
auf die Dauer der langweiligste der Welt. Auf die Dauer vielleicht. Andererseits lockt das sonnige Wetter seit hundert Jahren die Menschen aus dem Osten Amerikas magisch an. Jeder
Taxifahrer bestätigt es und glaubt, sich bei Fremden entschuldigen zu müssen, wenn es einmal ausnahmsweise anders ist.
Die Bewohner von Los Angeles genießen die Gunst des Himmels an den Wochenenden außerhalb ihrer Häuser.

Unter dem seidenblauen Himmel lebt eine ethnisch bunt
zusammengewürfelte Menschheit aus englischen, französischen, deutschen, schottischen, spanischen, irischen, ungarischen, griechischen, russischen, polnischen, portugiesischen,
chinesischen, japanischen, indonesischen, philippinischen, peruanischen und vielen anderen Volksgruppen, allen voran als
größte Gruppe die mexikanische. Ihretwegen werden sogar

amtliche Verlautbarungen häufig zweisprachig, englisch und
spanisch, herausgebracht. Viele Volksgruppen haben eigene
Schulen und Zeitungen. Kaum in einer anderen Großstadt –
außer vielleicht in New York – wird uns Amerika als
Schmelztiegel aller Nationen so deutlich vor Augen geführt
wie in Los Angeles. Das gleiche gilt vom ungebrochenen
Selbstbewußtsein seiner Bürger. Das mag daran liegen, daß
der Charakter der Stadt und seiner Bewohner nahezu ausschließlich von der amerikanischen Epoche Kaliforniens geprägt wird, das heißt seit 1850. Dieses Selbstbewußtsein bestand schon damals. Bereits 1850 schrieben Bürger von Los
Angeles an den amerikanischen Kongreß, daß Süd- und
Nordkalifornien getrennt und der Südteil ein gesonderter
amerikanischer Staat, ›Central California‹, werden solle, mit
Los Angeles als Hauptstadt natürlich. Manchem gilt die Stadt
geradezu als ein Modell demokratischen Zusammenlebens.
Der Anteil der schwarzen Bevölkerung ist der höchste in Kalifornien; er beträgt über 10 Prozent.

Obgleich allesamt hundertprozentige Amerikaner und
nicht selten auch überzeugte ›Angelenos‹, bewahren die meisten Bewohner doch die Gebräuche und Religionen ihrer
Vorfahren. Das chinesische Neujahrsfest, die ›Little Tokyo's
Nisei Week‹, der St. Patrick's Day oder auch das bayerische
Oktoberfest sind die bekanntesten und beliebtesten unter vielen anderen Feiern. Sechzig Religionsgemeinschaften haben in
der Stadt mehr als 5000 Kirchen. Die größte Glaubensgemeinschaft ist die jüdische. Hierin ist einer der Gründe zu
suchen, weshalb jüdische Emigranten – unter ihnen Thomas
Mann und seine Frau Katja, Franz Werfel und Alma Mahler-
Werfel, Theodor Adorno, Alfred Döblin, Lion Feuchtwanger, Bruno Frank, Bruno Walter oder Arnold Schönberg –
sich im Umkreis von Los Angeles niederließen, auch wenn sie
der jüdischen Glaubensgemeinschaft nicht angehörten.

Große Gemeinden haben auch die römischen Katholiken,
Anglikaner, Presbyterianer, Mormonen, Griechisch-Ortho-
doxen sowie die Buddhisten bis hin zu den Zenisten. Zahllose
Sekten von den Christians Scientists of Los Angeles zu den
Scottish Rites (Freimaurer) ergänzen dieses schillernde Bild.

Riesige Football-, Baseball- und Sportstadien und über hundert Parkanlagen sind das Wochenendvergnügen von Hunderttausenden. Von den hügeligen Anhöhen des Griffith-Parks eröffnen sich die schönsten Ausblicke auf die Stadt, insbesondere im Abenddämmern, wenn alle Lichter der Großstadt aufleuchten und die untergehende Sonne den Himmel über dem Talkessel orangen- und türkisfarben malt.

Ein wichtiger Teil der Los-Angeles-Szene von Frühsommer bis Herbst sind die vierzig öffentlichen Strände an der Pazifikküste und, ob Sommer oder Winter, die nahegelegenen Berge, vor allem die bewaldeten San Gabriel Mountains mit herrlichen Seen, wie dem Bear Lake, und vielen Skiorten. Der Kunstfreund findet berühmte Museen, wie das Los Angeles County Museum of Art, das J. Paul Getty Museum in Malibu, das Norton Simon Museum in Pasadena oder die Huntington Gallery in San Marino. Man kann Ausflüge zu den franziskanischen Missionsstationen San Gabriel, San Fernando oder San Juan Capistrano unternehmen oder mit dem Boot hinüber zu den vor der Los-Angeles-Küste liegenden Inseln San Clemente oder Catalina fahren. Die Huntington Library und der Botanische Garten locken, und, natürlich, Marineland, Knott's Berry Farm und schließlich das unverwüstliche Disneyland. Die Auswahl ist unendlich.

Los Angeles ist eine faszinierende Stadt – freilich nur für jemanden, der ihr ohne Vorurteile begegnet. Ihm ruft sie zu: ›Welcome to L. A.!‹

Der Kessel

Der gewaltige Talkessel des ›Los Angeles Basin‹ entstand im Tertiär. Es war die erdgeschichtliche Phase der weltweiten alpinen Gebirgsbildungen, eines starken Vulkanismus und der damit verbundenen Einbrüche weiter Landschafts- und Erdteile. Es war, unter anderem, auch die Entstehungszeit des Mittelmeeres. In dieser Zeit drangen vom Pazifischen Ozean Wasser- und Schlamm-Massen in den Kessel. Das Wasser verdunstete, der Schlamm setzte sich als ein Hunderte von

Meter dickes Sediment ab. Tierablagerungen schufen in den Randgebieten in Hunderttausenden von Jahren jene Mengen von Erdöl, die das Los-Angeles-Becken seit dem Ende des 19. Jahrhunderts zu einem der erstrangigen Erdölplätzen der Welt machte. Noch heute zeugen die eiszeitlichen ›La Brea Tar Pits‹ am Wilshire Boulevard, die unzähligen, Tag und Nacht arbeitenden Erdölpumpen entlang der Küstenstraße oder der Wald der 800 Erdöltürme vom Signal Hill bei Long Beach von den großen Erdölvorkommen.

Der westlichste, bis zum Ozean reichende Teil des Gebirgszugs am Nordrand des Kessels, die *Santa Monica Mountains,* ist praktisch unbewaldet, nur mit ruppigem Buschwerk und vereinzelten Wildeichen bedeckt. Aus der Luft betrachtet, gleicht dieser Bergriegel mit seinen flachen Tälern einem stark gewölbten, riffeligen Waschbrett. An seinen sonnendurchwärmten Südhängen liegen die weißen Villen des eleganten Vorortes Beverly Hills, an seinen Ausläufern taleinwärts Hollywood.

Die der Küste vorgelagerte Inselkette – mit den Inseln *Santa Cruz, Santa Rosa* und *San Miguel* – ist geologisch ein Teil des Santa-Monica-Gebirges. Seine Granitformationen lassen auf ein Alter zwischen 245 Millionen und einer Milliarde Jahren schließen.

Den gesamten westöstlichen Gebirgsriegel im Norden von Los Angeles, der die *Santa Monica Mountains,* die *San Gabriel Mountains* und die *San Bernardino Mountains* einschließt, bezeichnet man auch als ›Transverse Ranges‹. Die nordsüdlich durch Kalifornien verlaufende längste Erdspalte der Welt, die San Andreas Fault, bildet einen tiefen Einschnitt zwischen den San Gabriel Mountains und den sich anschließenden San Bernardino Mountains. Die San-Andreas-Falte ist – wie wir schon hörten – die Ursache vieler Erdbeben im Einzugsgebiet von Los Angeles. Nordöstlich der ›Transverse Ranges‹ erstrecken sich die unendlichen Weiten der Mojave-Wüste bis an die Grenze zum Nachbarstaat Nevada.

Im Osten und Süden des Los-Angeles-Kessels sind die Berge niedriger, flacher, kahler. Die östlich gelegenen Ausläufer der San Gabriel Mountains sind bereits von Vororten bedeckt. Bis in unser Jahrhundert hinein diente das sanfte Hügelgebiet im Süden, die *Santa Ana Mountains,* als Weideland, auf dem Zehntausende von Rindern grasten. In den flachen Tälern blühten Orangenhaine. Der Name Orange County weist noch heute darauf hin. In den sechziger Jahren entstand hier ein weitläufiger, moderner Universitätscampus, die University of California Irvine, und Industrie, um die sich schnell neue Orte bildeten. Es ist nur noch eine Frage der Zeit, dann werden auch die südlichen Hügel bevölkert sein wie die östlichen.

Indianer und Franziskaner

Am Abend des 7.Oktober 1542 notierte der portugiesische Seefahrer Juan Rodríguez Cabrillo, von dem wir schon hörten, in sein Logbuch, daß seine spanische Karavelle, von der Bucht von San Diego drei Tage nach Norden segelnd, auf eine Insel mit einer großen Anzahl von Indianern gestoßen sei. Der Insel gab er den Namen der Karavelle: ›San Salvador‹. Im Jahre 1603 erreichte der Seefahrer Sebastiàn Vizcaíno als zweiter die Insel und benannte sie ›Santa Catalina‹, wie sie heute noch heißt.

Die ›San Salvador‹ und ihr Begleitschiff ›Victoria‹ ankerten in einer Bucht der Insel. Die Indianer ruderten mit ihren langen Kanus, aus denen sie mit Pfeil und Speer Fischfang in Küstennähe trieben, auf die Karavellen zu. Cabrillo verhandelte mit ihnen; die spanischen Seeleute boten Geschenke und erhielten dafür Frischwasser und Fische. Am Tag darauf, dem sonnendurchfluteten 8.Oktober 1542, segelten die beiden Karavellen bei leichter Brise auf die heutige Küste von Los Angeles zu. Auf der Höhe einer langgezogenen Bucht, sehr wahrscheinlich dem Platz des heutigen Hafens von Los Angeles, entdeckten sie entlang der Küste Rauchfeuer und nannten die Bucht deshalb ›Baia de los Fumos‹ (Bucht der Rauchstellen). Die Indianer brannten das Gras ab, um Kaninchen zu jagen.

Cabrillo ließ erneut in Küstennähe ankern und kam auch hier mit den Indianern schnell ins Gespräch. Mit lebhaften

Gebärden wiesen die Indianer nach Norden und berichteten, wie Cabrillo später in seinem Logbuch aufzeichnete, von »einem guten Hafen und einem guten Land mit vielen Tälern, einer sehr großen Ebene und Wäldern«. Die Indianer hatten von der Bucht von Los Angeles bei Santa Monica gesprochen, den Santa-Monica-Bergen und dem Los-Angeles-Becken mit seinen stark bewaldeten Randgebieten. Cabrillo ging jedoch nicht an Land, sondern segelte nach Norden weiter.

Über zweihundert Jahre später, 1769, brachen der spanische Hauptmann Gaspar de Portolá, der Franziskanerpater Crespi und eine kleine spanische Reitergruppe auf dem Landwege von San Diego auf, um im Norden Kaliforniens, in Monterey, die zweite Missionsstation nach San Diego zu gründen. Am 30. Juli 1769 erreichte die Gruppe, über die südlichen Hügel von Orange County kommend, den Talkessel von Los Angeles. Die Gruppe durchquerte den Kessel und schlug am 2. August ein Lager am Los-Angeles-Fluß auf, unweit der späteren Gründungsstelle der Franziskanermission San Gabriel. Flußabwärts, auf der Höhe des heutigen ›Downtown‹ von Los Angeles, stießen sie auf das alteingesessene Indianerdorf Yang-na. (Die bunte Indianergeschichte von Los Angeles erfährt man am besten im ausgezeichneten *Southwest Museum*, 234, Museum Street, nahe am Pasadena Freeway.)

An diesem Mittwoch, dem 2. August 1769, hielt Franziskanerpater Crespi in seinem Tagebuch erstmals den Namen fest, den er dem Ort jenseits des Flusses für künftige Zeiten gab: »Nuestra Señora, la Reina de Los Angeles de Porciuncula« – »Unsere liebe Frau, die Königin der Engel von Porciuncula«. Porciuncula ist jene unweit von Assisi gelegene Kapelle, die das Bethaus des hl. Franziskus war und in der ersten Zeit das Hauptkloster des Franziskanerordens; die kleine Kapelle steht seit dem 16. Jahrhundert inmitten der gewaltigen Kirche Santa Maria degli Angeli. Porciuncula heißt, aus dem Italienischen wörtlich übersetzt, ›kleines Stückchen Land‹. Dieser vielfältige Bezug war für Crespi bei der Namensgebung bedeutsam. Der Name von Los Angeles war also gefunden. Es fehlte nur noch die Geburt des kräftigen Kindes.

Zwei Jahre später, im September 1771, gründeten die Franziskanermönche Pedro Cambón und Angel Somera am Fuße der
heutigen San-Gabriel-Berge im ehemals fruchtbaren San-
Gabriel-Tal, die ebenfalls nach dem Erzengel benannte Missionsstation unweit des San-Gabriel-Flusses. Sie war die
vierte Gründung des schon vorne genannten Franziskaneroberen Junipero Serra und entwickelte sich zu einem strate-
gisch wichtigen Ort. Zwei Fährten kreuzten sich hier: die von
Mexiko hinauf nach Nordkalifornien und die spätere Treck-
spur der amerikanischen Siedler aus dem Osten des Landes
nach Südkalifornien. Es gab kaum einen Einwanderertreck
aus dem Süden oder Osten, der hier nicht Halt machte. 1775
unterbrach hier der Hauptmann Juan Bautista de Anza seinen
Zug von Mexiko nach Norden, als er mit seinem Treck nach
Monterey und zur Halbinsel von San Franzisko weiterzog,
um das heutige San Franzisko zu gründen. 1826 war der
Trapper Jedediah Smith der erste, der, von Osten kommend,
erschöpft die Mission erreichte; ihm folgten in den kommenden Jahrzehnten unzählige Einwanderertrecks, um sich im
Los-Angeles-Becken niederzulassen.

Die ersten Aufbaujahre waren für die Mönche entsagungs-
voll. Frühlingsüberschwemmungen des San-Gabriel-Flusses
zerstörten alljährlich die mühsam angelegten Anpflanzungen.
Auch kam es mit den Indianern, die zu Beginn die Franziskanermönche freundlich aufgenommen hatten – die Fahne mit
der ›Schönen Frau‹, die noch heute in der Mission zu sehen ist,
verehrten sie sehr – zu großen Spannungen. Deren Ursache
waren nicht die Mönche selbst, sondern die spanischen Soldaten, die zu deren Schutz in der Mission untergebracht waren.
Eines Tages hatte beispielsweise der Soldatenhauptmann die
Frau des Indianerhäuptlings beleidigt, der daraufhin mit seinem Stamm die Mission angriff und dabei vom Hauptmann
getötet wurde. Zur Abschreckung ließ der Hauptmann seinen
Kopf auf einer Stange vor der Mission aufstecken. So sah sich
schließlich die Mission gezwungen, nordwärts zu wandern.
Dort steht sie, rund 15 Kilometer östlich vom heutigen Stadt-

zentrum Los Angeles entfernt, noch heute, und ist über den Mission Valley Blvd. und die Mission Rd., oder auch über den San Bernardino Freeway/Abfahrt Del Mar Ave., von Downtown schnell zu erreichen.

Die neue Kirche erhielt durch die zehn mächtigen Pfeiler einen geradezu festungsartigen Charakter. Am Westende der Südwand steht der flache Glockenturm. Aus den Rundbogendurchbrüchen des Glockenturmgiebels ertönen noch heute die frei hängenden, sechs berühmten Glocken. Das Angelus-Läuten der größten Glocke konnten einst sogar die Mexikaner vom Pueblo Los Angeles noch deutlich hören. Architektonisches Vorbild der Kirche war die Kathedrale von Córdoba in Spanien. Die beiden Baumeister, die Mönche Cruzado und Sánchez, stammten aus Alcaracejos bei Córdoba und hingen sehr an dem Bild ihrer alten, heimatlichen Kathedrale. 26 Jahre lang bauten sie an der Mission. Im Jahr der Vollendung, 1805, starben sie beide. Ihr Nachfolger wurde der Franziskanermönch Zalvidea, der ›seine‹ Mission dann zwanzig Jahre lang leitete.

An ihrem neuen Ort entfaltete sie sich so prächtig, daß sie bald die ›Königin der Missionsstationen‹ genannt wurde. Große Herden standen auf fetten Weiden; weite Kornfelder, gepflegte Obsthaine – der erste Orangenhain Kaliforniens wurde hier angelegt –, und die weithin gerühmten Weinberge – lange Zeit war San Gabriel der größte Weinproduzent Kaliforniens – umgaben die Mission. Zu ihr gehörten außerdem umfangreiche Waldgebiete. Ein sorgsam angelegtes Bewässerungssystem, vom San-Gabriel-Fluß abgeleitet, trug zur sprunghaft ansteigenden landwirtschaftlichen Entwicklung bei. In der Nähe des Flusses lag auch die alte, um 1800 erbaute Mühle von San Gabriel (Old Mill Road in San Marino).

Die allmählich friedlich werdenden Indianer hüteten nicht nur das Vieh und ernteten Korn und Wein, sondern wurden von den Mönchen auch in der Weberei, der Lederbearbeitung oder Seifenherstellung unterrichtet. Für kranke Indianer gab es ein eigenes Hospital. 1812 wurde die Mission von einem schweren Erdbeben heimgesucht, stark beschädigt und wiederaufgebaut.

Die Zeit der Blüte endete, als aufgrund eines Bundesgesetzes die Mission Anfang der dreißiger Jahre säkularisiert wurde. Die Indianer übernahmen sie, konnten sich aber nicht halten. 1859 übergab der amerikanische Präsident James Buchanan, nachdem er das Gesetz aufgehoben hatte, die völlig heruntergekommene Station dem Bischof von Los Angeles, der die Missionskirche für ein halbes Jahrhundert zur katholischen Pfarrkirche machte. Seit 1908 ist sie im Besitz der Clareton-Franziskanermönche, die sie noch heute sorgsam betreuen. Betreten wir den Innenraum des einschiffigen Baus, so überraschen uns seine kräftigen Farben Rot, Gold und Grün, gemildert durch gedämpftes Licht, das durch die hohen grünen Glasfenster fällt. Die bemalte Holzbalkendecke in viktorianischem Stil wurde erst Ende des 19. Jahrhunderts eingezogen. Die Ausstattung stammt ebenfalls aus dieser Zeit.

An die Stelle der Viehweiden, Obstgärten, Felder und Weinberge ist inzwischen der moderne Wohnort San Gabriel getreten, der noch manches historische Gebäude einschließt: das Grapevine Adobe (1861), das als Ramonas Geburtshaus gilt, jener populären Romanfigur von Helen Hunt Jackson, von der noch zu reden sein wird, das Purcell Adobe (1768), Haus des spanischen Hauptmanns während des Aufbaus der Missionsstation, oder May Place (1851), Haus des ersten Volkszählers von Los Angeles, als es noch 1600 Einwohner hatte.

El Pueblo de Los Angeles

Als Geburtstag von Los Angeles wird übereinstimmend der 4. September 1781 angenommen. An diesem Tag gründete Felipe de Neve aus San Gabriel, der damalige Gouverneur von Kalifornien, mit elf mexikanischen Familien aus Sonora und Sinaloa/Nordmexiko, mit Soldaten und Indianern, insgesamt mit 44 ›pobladores‹ (Siedlern), in einer Biegung des Los-Angeles-Flusses den Ort mit dem von Crespi erfundenen wohlklingenden Namen El Pueblo de Nuestra Señora la Reina de Los Angeles.

El Pueblo, das Dorf, liegt heute am Nordrand des Stadtzentrums, nur einen Steinwurf von der City Hall, dem Rathaus,

entfernt. Zwischen der City Hall und dem Pueblo verläuft ein
tiefer Graben von 50 Metern Breite: der ehemalige Flußlauf
des Los Angeles River. Heute flitzen auf seiner Talsohle, die
der Hollywood Freeway einnimmt, stündlich Tausende von
Autos hin und her. Eine Brücke führt nahe der City Hall
hinüber zum Pueblo.

Auf der Plaza, dem Zentrum des Pueblo, umfangen uns
noch heute, wie auf einer Insel inmitten der amerikanischen
Metropole, mexikanische Laute, mexikanische Lebensart und
mexikanische Küchendüfte. Der unvermeidliche Tourismus
ist allerdings auch dabei. Aus luftgetrockneten Ziegeln, Ado-
bes, bauten die Mexikaner in der Anfangsphase ihre Häuser
um die Plaza herum und entlang dem nach Norden laufenden
Corso, dem *El Paseo,* bzw. der *Calle Olvera.* Das spanische
›adobe‹ heißt wörtlich ›Luftziegel‹. Die in der Umgebung
reichlich vorhandene Tonerde, mit Sand, Lehm und etwas
Wasser vermischt, tat man in Holzkästen und ließ die Masse
in der Sonne trocknen. Mitunter wurde den Ziegeln auch
Stroh zur Verstärkung hinzugefügt. Die frühen Bauten der
Franziskanermönche und Spanier, darunter die ersten Missionsstationen, und vor allem die schönen, noch bestehenden
Häuser in Santa Barbaras altem Stadtviertel El Pueblo Viejo,
waren fast ausschließlich Adobe-Häuser.

Das Pueblo wuchs anfänglich nur langsam. Doch drei Jahre
nach der Gründung erbaute man an der Westseite der Plaza
auf Veranlassung des tüchtigen Franziskanermönchs José Zalvidea von San Gabriel die Kapelle *Iglesia de Nuestra Señora la
Reina de Los Angeles.* Um die Baugelder aufzubringen, hatte
Zalvidea in San Gabriel aus dem Wein der Mission sieben
kleine Fässer Brandy brennen lassen, die er zu Höchstpreisen
versteigerte. Bauleiter der Kapelle war einer der ersten Amerikaner in Los Angeles, Joseph John Chapman. Eines Nachts
war der abenteuerliche Chapman von einem Piratenschiff
verschwunden, an die Küste geschwommen und in Kalifornien untergetaucht. Später heiratete er in eine der reichsten
spanisch-mexikanischen Familien hinein, die Ortegas, nahm
die mexikanische Staatsangehörigkeit an und nannte sich
fortan ›Don José‹ Chapman. Er entfaltete an der südkaliforni-

schen Küste, unter anderem bei Santa Barbara, eine ausgedehnte Bautätigkeit und wurde ein guter Bürger Kaliforniens.
Die Iglesia de Nuestra Señora la Reina de Los Angeles beendete er 1822. Von ihr ist jedoch nur die weiße Fassade mit
dem altem Holztor und die Glockenturmmauer geblieben, in
deren Giebelnischen drei kleine Glocken hängen. Sie läuten
noch heute zum Angelus. Das Hauptschiff und das Innere der
Kirche wurden im Verlauf des 19.Jahrhunderts stark restauriert.

Spanische Kaufmanns-Familien aus Mexiko und Kalifornien ließen sich im ›Pueblo‹ nieder. Das *Avila-Haus* – die
Avilas gehörten neben den Del Valles, Lugos, Carillos und
anderen zu den renommierten Familien – ist eines der schönsten Zeugnisse der alten herrschaftlichen Gebäude Kaliforniens. Es ist das älteste erhaltene Haus von Los Angeles. Don
Francisco Avila, damaliger ›alcalde‹, Bürgermeister, von Los
Angeles, erbaute es 1818. Von dem ehemals U-förmig angelegten 15-Zimmer-Bau ist nur noch ein Flügel erhalten. Das
weiße, langgestreckte Gebäude hat einen über die gesamte
Front gezogenen hölzernen Balkon, zu dem eine Holztreppe
hinaufführt. 1847, bei der Besetzung Kaliforniens durch die
Amerikaner, war das Avila-Haus Hauptquartier von Commodore Robert F. Stockton. Hinter der einfachen Fassade
liegen noch heute elegante Räume. Mrs. Florence D. Schöne-
mann, die einer alten deutsch-amerikanischen Siedlerfamilie
entstammt, ließ in unserem Jahrhundert die Räumlichkeiten
mit Original-Möbeln der Zeit um 1818 ausstatten.

An der ziegelsteinbepflasterten Calle Olvera finden wir
auch das erste Ziegelhaus von Los Angeles, das zweistöckige
La Golondrina, heute ein Café (Nr.35). Antonio Pelanconi
erbaute es um 1865 und eröffnete hier seine Weinhandlung.
Zwei Jahre zuvor wurden erstmals in Los Angeles in dieser
Straße Gaslampen in Betrieb genommen. Sie leuchten noch
heute und geben der Calle Olvera ihre besonders einladende
Atmosphäre, wenn mit Einbruch der Dunkelheit zugleich
auch die scharfen Wohlgerüche der Taquitos, Tacos oder
Burritos auf die Straße dringen. Tagsüber ist sie erfüllt vom
bunten Leben eines mexikanischen Marktplatzes. Kerzen-

und Korbmacher, Metallhandwerker und natürlich Souvenir-Läden finden sich hier in Fülle. Will man in Los Angeles noch mexikanische Tänze und Gesänge original erleben, empfiehlt sich dafür das weithin bekannte *Padua Hills Theater* im Vorort Claremont, wo viele Mexikaner leben.

Wir kehren zur Plaza zurück. An der Südwestseite der Plaza liegt das *Old Pico House.* Dieses Luxus-Hotel – auch heute – erbaute sich 1869 der letzte spanisch-mexikanische Gouverneur von Kalifornien, Pio Pico. Es hatte als erstes Gaslicht und Warmwasserbäder und war bald ein Treffpunkt der besten Gesellschaft Südkaliforniens. Dahinter liegt das *Merced Theatre,* das älteste Theater der Stadt, intern war es direkt mit dem Hotel verbunden. Gleich daneben ist das kleine, elegante Gebäude des 1858 erbauten *Masonic Temple,* der ältesten Freimaurerloge Südkaliforniens. An der Südostseite der Plaza finden wir das 1884 errichtete *Firehouse No.1.* Wann immer es brannte, schossen die roten, blitzenden Feuerwehrwagen bis 1897 aus dem Gebäude. Danach löschte man hier durstige Kehlen und brennende Herzen; das Firehouse No.1 wurde Bar, Spielsaal und Hotel.

Doch die guten Zeiten gingen vorüber. Mit dem schnellen Wachstum von Los Angeles – noch 1885 hatte es nur 35000 Einwohner, 1900 bereits 100000 und 1920 die 500000 überschritten – verfiel El Pueblo zusehens. Es war ausgerechnet eine Bürgerin San Franziskos, die rothaarige Mrs. Christine Sterling, die El Pueblo vor dem endgültigen Verfall rettete. 1926 hatte sie es erstmals besucht. Ihr Plan war schnell gefaßt, aber er konnte schwer verwirklicht werden. Schließlich, mit Hilfe einflußreicher Freunde in Los Angeles, wurden am 3.April 1930, unter starker Beteiligung der Bevölkerung, Plaza und Olvera Street in ihrer einstigen Form der Stadt wieder übergeben. Mrs. Sterling ließ die heute bereits hochgewachsenen, schattenspendenden Bäume pflanzen und in der Mitte der Plaza einen kleinen, runden, zierlichen Musik-Pavillon errichten; er ist schon fast das Wahrzeichen von El Pueblo. Das Bronzedenkmal auf dem gepflegten Rasen der Plaza stellt Gouverneur Felipe de Neve dar. Gegenüber, am Nordende des Platzes und Eingang zur Calle Olvera, erinnert

III
Charles Sheeler (1883-1965)
Rolling Power, 1939

Charles Sheeler, in Philadelphia geboren und aus-
gebildet, war Maler, Zeichner und zugleich einer
der hervorragenden Fotografen des Jahrhundert-
beginns. Seine Bilder haben neuerdings auch in Europa Berühmtheit erlangt. Die von ihm bevorzug-
ten Themen sind der Welt der Technik entnommen,
deren Schönheit er kühl, realistisch, aber in verfrem-
denden Ausschnitten vermittelt. Mit diesen Bildern
wie auch mit seinen Architektur- und Industrieland-
schaften ist Sheeler einer der bedeutenden Maler der
ersten Hälfte des 20. Jahrhunderts, die sich mit amerikanischer Kultur identifizieren und einen eigenen
amerikanischen Stil suchen. So beschwört er hier mit
dem Räderwerk einer Lokomotive technische Kraft
und darüber hinaus die Erschließung des amerikanischen Westens, für die sie ›bahnbrechend‹ wurde.

Smith College Museum of Art,
Northampton, Ma.

ein großes Holzkreuz an die Gründung der Stadt. Doch erst 1953 sah die alte Dame, Mrs. Sterling, ihren Lebenstraum verwirklicht: das El Pueblo de Los Angeles wurde zum State Historic Park erklärt, zur historischen Stätte.

Blick von der City-Hall

Downtown ist auch in Los Angeles, wie in anderen amerikanischen Großstädten des Westens, ein Gewirr von Hochhäusern der Jahrhundertwende, der zwanziger Jahre und der jüngsten Gegenwart, eingerahmt von vier großen Freeways, dem Hollywood Freeway im Norden, dem Harbor Freeway im Westen, dem Santa Ana Freeway im Osten und dem Santa Monica Freeway im Süden, die alle eine mehr zentrifugale als zentripetale Kraft zu scheinen haben.

Die großen Banken, wie die Crocker Citizen Bank, die Union Bank oder die United California Bank, haben in Downtown in modernen Hochhäusern von zwölf bis sechzig Stockwerken zwischen Broadway und Seventh ihren Sitz. Alte Geschäftshäuser, wie das (besonders in seinem Inneren) sehr sehenswerte, um die Jahrhundertwende im Gußeisenstil errichtete *Bradbury Building* am Broadway (1893, von George Wyman), stehen unweit des in Marmor, Glas und Aluminium erbauten modernen *Sunkist Building* an der Fifth Street. Das ›oldfashioned‹ *Biltmore Hotel* (von 1923) oder das supermoderne *Bonaventura-Hotel* (von 1978) findet man neben attraktiven Kaufhäusern, eleganten Boutiquen, unterirdischen Ladenstraßen, wie am Arco Plaza, und vielen Parkplätzen. An 2nd und Main Street liegt die *Cathedral of St. Vibiana;* sie ist die erste, 1876 erbaute römisch-katholische Kirche von Los Angeles. Von den kleinen, gepflegten Plätzen der Innenstadt fällt *Pershing Square* durch seine Palmen und Bananenstauden auf. Am *Times Mirror Square* liegt das eigenwillig gestaltete Terrassen-Hochhaus der 1881 gegründeten Tageszeitung *Los Angeles Times,* die eine tägliche Auflage von rund einer Million hat.

Das höchste Gebäude von Los Angeles war bis vor wenigen Jahren die am Nordrand der Innenstadt zwischen Main und Spring Street gelegene *City Hall,* das Rathaus von Los Angeles, ein mit weißem Granit verkleideter, turmartiger, 32stöckiger Wolkenkratzer. Die Spitze mit ihrem mächtigen Pyramidendach – den Stadtvätern offensichtlich ein Zeichen von Unvergänglichkeit und Unzerstörbarkeit – ist, nähert man sich Downtown, schon von weitem sichtbar. Von der verkehrsbelebten Spring Street führen hohe Treppen hinauf zum ›römisch‹ nachempfundenen Säulenvorhof der City Hall. Dieses ›römische‹ Element, Ausdruck einer selbstbewußten Bürgerschaft mit Abgeordneten und Senatoren, begegnet uns im amerikanischen Westen wie Osten bei älteren Regierungsbauten häufig. Über dem Hauptportal steht der bekannte Ausspruch Abraham Lincolns: »Let us have faith that right makes might.« Darunter die weisen Worte Salomons: »Righteousness exalteth a people.«

Wir betreten die geräumige Eingangshalle des Rathauses. In einem Schrein, angestrahlt, liegt eine Kopie der Unabhängigkeitserklärung der Vereinigten Staaten von Amerika. Der Fahrstuhl bringt uns schnell hinauf zur Aussichtsplatte im 27. Stockwerk. Die eindrucksvolle Weite des Los-Angeles-Kessels öffnet sich vor uns. Im Norden und Osten begrenzen die violetten Schattenrisse der Santa-Monica- und San-Gabriel-Berge unseren Blick. Unter uns brausen die Autos in einer Talschlucht auf dem Hollywood Freeway vorüber. Das auf dem anderen Ufer des kleinen Tales gelegene El Pueblo können wir nun im Ganzen überschauen. Östlich angrenzend entdecken wir, an einem großen Platz gelegen, einen anderen wichtigen Ort der Geschichte von Los Angeles: den Los Angeles Union Passenger Terminal, kurz *Union Station* genannt. Hier endete für Zehntausende erwartungsvolle Siedler aus dem Osten Amerikas in den siebziger und auch noch achtziger Jahren des vergangenen Jahrhunderts die fünftägige Eisenbahnfahrt aus St. Louis. Der ›Blaue Blitz‹ der Southern Pacific bewältigt die 4250 Kilometer lange Strecke heute in 52 Stunden. 70 Prozent der landwirtschaftlichen Güter Kaliforniens werden nicht mehr mit Lastkraftwagen, sondern auf dem Schienenweg befördert, seitdem die Southern Pacific 1974 unweit von Union Station in West Colton den computergesteuerten, 10 Kilometer langen Rangierbahnhof der Zukunft gebaut hat, bei dem auf 48 Gleisen 7000 Güterwaggons auf einmal abgefertigt werden können. Der Ort der Union Station ist noch in einer anderen Hinsicht historisch bedeutsam: an der Stelle, an der der Bahnhof heute steht, lag der erste private Weinhügel Kaliforniens. Der französische Einwanderer Jean Louis Vignes macht es den franziskanischen Missionsstationen in Kalifornien nach und pflanzte hier 1850 die ersten Weinstöcke. Vignes Beispiel folgten bald darauf in den verschiedensten Teilen Kaliforniens Ungarn, Deutsche und Schweizer.

Nördlich angrenzend an die Union Station lag, entlang der Alameda Street, die *Old Chinatown* von Los Angeles. Mit der Erweiterung der Union Station wurde sie größtenteils niedergerissen. Die ersten Chinesen in Südkalifornien waren Ende der sechziger Jahre des vergangenen Jahrhunderts hauptsächlich im Eisenbahnbau für Crockers Southern Pacific tätig. Nach den Jahren der ›Railroaders‹ zogen sie sich hierher zurück und bildeten eine Kolonie ähnlich Chinatown in San Franzisko. An einem heißen Oktobertag des Jahres 1871 kam es in der Chinatown von Los Angeles zu einer blutigen Auseinandersetzung zwischen amerikanischen und chinesischen Arbeitern. Die bereits gewerkschaftlich organisierten amerikanischen Arbeiter sahen sich auf dem Arbeitsmarkt ständig von den Löhnen der chinesischen Arbeiter unterboten. In den Auseinandersetzungen wurde schließlich sogar ein Sheriff getötet. Der Vorgang erhielt durch Pressemeldungen internationale Tragweite und die amerikanische Regierung entschuldigte sich schließlich offiziell bei der chinesischen. Immerhin führte dieser Vorgang zum Ausbau des hervorragenden Sheriff-Systems von Los Angeles County mit seinen über 7000 Mitarbeitern für Straßen-, Helikopter- und Computer-Kontrollen. *New Chinatown* entwickelte sich seit 1939 gleichfalls unweit der Innenstadt am North Broadway nahe College Street mit Fußgängerzone und guten chinesischen Restaurants und Geschäften. Am chinesischen Neujahrsfest finden hier die traditionellen bunten Paraden mit Feuerwerken statt.

Little Tokyo mit japanischen Restaurants und Geschäften,

einer japanischen Schule und Zeitung, liegt noch heute in seinem alten Distrikt in Downtown zwischen First Street, Los Angeles Street und Central Avenue. Die Japaner taten sich anfänglich hier mit gut organisierten landwirtschaftlichen Familienbetrieben hervor und sind heute in der Geschäfts- und Bankenwelt ebenso wie in Wissenschaft und Forschung tätig. Nur noch ein sehr kleiner Prozentsatz der Japaner lebt in ›Lil' Tokyo‹, wie es in Los Angeles genannt wird.

New Chinatown stößt im Norden an den *Elysian Park*. Portolá und Crespi hatten hier am 2. August 1769 ein Lager aufgeschlagen, ein Denkmal im Park erinnert daran. Der hügel- und schluchtenreiche Park ist voller Eukalyptus- und Eichenbäume und wildwachsender Rosen. Von seinem Grand View genießt man, wie der Name verspricht, einen ›großartigen Blick‹ auf die Stadt. Für die Baseballfreunde ist der Park besonders attraktiv wegen des *Dodger-Stadions*. Seine 56000 Sitze sind bis zum letzten Platz gefüllt, wenn die Mannschaft der ›Los Angeles Dodgers‹ hier gegen die anderen großen amerikanischen Baseballmannschaften spielt. Nicht weniger anziehend ist das alljährlich im Elysian Park stattfindende ›All-City Outdoor Festival‹; jeder kann da seine Skulpturen, Malereien und Kunstwerke ausstellen.

Ein besonders schöner Ausblick eröffnet sich uns nach Westen. Im gleißenden Meeresdunst der Küste verlieren sich die nordwärts ziehenden Boulevards und Freeways. Eindrucksvoll unmittelbar zu Füßen liegt uns hier das neue *Los Angeles Civic Center*. Eine breite Mall mit Grünanlagen und Springbrunnen führt im Zentrum des Civic Center über fünf Terrassenstufen einen Hügel hinauf, den Bunker Hill. Auf dem unteren Abschnitt wird die Mall zu beiden Seiten von hellen, sechs- bis zwölfstöckigen Regierungsgebäuden flankiert. Die Stadt Los Angeles, das County Los Angeles, der Bundesstaat Kalifornien und die amerikanische Regierung haben hier ihre zuständigen Gebäude, die County Hall of Justice, die County Hall of Administration oder das alte Sandsteingebäude der Hall of Records (von 1909). Fahnen, die Stufen der kalifornischen Geschichte kennzeichnend, flattern an hohen Stangen im Zentrum der Grünanlagen.

Den oberen Abschnitt des Civic Center nimmt das moderne, Mitte der sechziger Jahre erbaute Kulturzentrum von Los Angeles ein, das *Music Center for the Performing Arts* oder einfach das New Music Center of Los Angeles genannt. Der Komplex besteht aus drei großen Pavillons, in heller, leichter, luftiger Bauweise errichtet. Vorgezogene, feine, hochaufstrebende Säulenarkaden umgeben jeweils den Theaterkern in dunklem Glas oder hellem Relief. Der Dorothy Chandler Music Pavillon ist Konzertsaal und Opernhaus in einem. Im Rundbau des kleineren, farbenfrohen Mark Taper Forum finden Kammermusikabende, Experimentiertheater und Vorträge statt. Das technisch vollendete Howard Ahmanson Theater dient vornehmlich Theateraufführungen. Das Kulturzentrum wurde maßgeblich von privaten Stiftungen und Spenden der Musik- und Theaterfreunde gebaut. Mrs. Dorothy Chandler zum Beispiel – Tochter des Grundstückmaklers Harry Chandler, dem die urbane Erschließung des San Fernando Valley zu einem Vermögen verhalf – und ihre Musikfreunde brachten allein über 18 Millionen Dollar auf. Bereits seit den dreißiger Jahren ist Los Angeles eine anerkannte Stadt der Musikkultur. Das Los Angeles Symphony Orchestra wurde unter der Leitung vieler namhafter Dirigenten zu einem Orchester von Weltrang. Zugleich spricht es für die musikalische Atmosphäre von Los Angeles, daß hier Musikberühmtheiten wie der Violinvirtuose Jascha Heifetz oder Leonard Stein leben, der einst Assistent Schönbergs war und nun Leiter des neuen Arnold-Schönberg-Instituts in der Southern California University von Los Angeles ist.

Auf der obersten Terrassenstufe des Los Angeles Civic Center steht der 15stöckige Glasbetonquader des *Water and Power Building*, Zentrale der imponierenden Wasser- und Stromversorgung von Los Angeles, imponierend, wenn man weiß, daß das Wasser aus 500 Kilometer Entfernung, von der Sierra Nevada und dem Colorado-Fluß, an die Stadt herangeführt werden muß. Nachts sind alle Fenster des Gebäudes hell erleuchtet. Das strahlende Wahrzeichen von Downtown ist dann weithin sichtbar. Es ist ein Symbol der sprichwörtlichen Energie von Los Angeles.

Durch Los Angeles sollte sich der auswärtige Besucher unbedingt einmal mit dem Auto bewegen, um diese Stadt in ihrem Wesen zu er-fahren. Denn die Blickrichtung des Autofahrers vorwärts bestimmt maßgeblich Lenken und Denken der Los Angelaner – und dies nicht nur auf der Straße. Wesentliche Eigenschaften der Stadtbewohner werden dabei sichtbar: ihre Mobilität und Dynamik, ihre Umsicht und ihre Anpassung. Manches bleibt natürlich auch auf der Strecke: Für Reflexion, Verweilen und Rück-Blick gibt es keine Zeit.

Mit einer Fahrt auf dem Wilshire Boulevard beginnt nicht selten ein erster Besuch in Los Angeles. Der breite, sechsspurige, mit Abfahrten sogar achtspurige Wilshire Boulevard ist einer der großen Westost-Straßenachsen von Los Angeles – und eine der letzten Straßen der Welt, auf der Autofahren noch ein Vergnügen ist. Dies aus drei Gründen: erstens wegen der grünen Welle, die, ein verkehrshistorisches Ereignis, erstmals 1926 auf dem Wilshire Boulevard eingeführt wurde, zweitens, weil es keine parkenden Autos am Straßenrand gibt, da großzügig angelegte Parkplätze zu beiden Seiten hinter der Häuserfront liegen, und drittens, weil Hinweisschilder eine gute Orientierung über die den Boulevard kreuzenden Querstraßen ermöglichen.

Der fast 30 Kilometer lange Boulevard beginnt in Downtown mit einem dreißigstöckigen Hochhaus in Stahl und Glas und elegantem Schwarz: »Number One Wilshire Boulevard«, wie an der Spitze des Gebäudes weithin sichtbar steht. Viele Hochhäuser entlang des Boulevards folgen dieser Form der Hausnummerangabe. Im Westen endet der Wilshire Boulevard in dem am Meer gelegenen Wohnort und Seebad Santa Monica bei einer Hausnummer um 13 000.

Wir starten in Downtown. Nach einer Meile an Geschäftshäusern in bunter, stilistischer Vielfalt entlang, überqueren wir den *Harbor Freeway*. Er führt fast 30 Kilometer weit schnurgerade nach Süden zum Hafen von Los Angeles. Im Norden bildet er die Westgrenze von Downtown. Unmittelbar danach scheint sich Los Angeles weit für uns zu öffnen:

Wir durchqueren die grüne Oase des im Stil englischer Parklandschaft angelegten *Douglas McArthur Parks* mit zwei bis an
den Boulevard heranreichenden künstlich angelegten Seen.
1955 wurde der Park nach General MacArthur benannt, unter
dessen Führung die amerikanischen Streitkräfte im Zweiten
Weltkrieg die Kapitulation Japans erzwangen und der dann
Oberbefehlshaber der Alliierten Streitkräfte im Fernen Osten
wurde. Am Westrand des Parks liegt die ehemalige Villa von
General Harrison G. Otis, dem früheren Herausgeber der
›Los Angeles Times‹. Mr. Otis sammelte Bilder und Zeugnisse zur Geschichte von Los Angeles, die heute in dem in
seinem Hause untergebrachten Los Angeles County Art Institute (Otis Art Institute) zu sehen sind.

Wir verlassen den Park und fahren auf dem Wilshire Boulevard an phantastischen Hochhäusern entlang, Geschäfts- und
Bankhäusern, Verwaltungszentren und Versicherungsgebäu-
den, eleganten Appartmenthäusern, Generalkonsulaten – die
Bundesrepublik Deutschland residiert in Nr. 3540 –, schließlich dem Hancock Park und dem Los Angeles County
Museum of Art.

Dieses Straßenstück, rund eine Meile lang, nennt der Los
Angelaner gern seine ›Miracle Mile‹, seine ›Wundermeile‹.
Diese Meile hat Geschichte, denn sie ist nahezu identisch mit
einem Stück des alten spanischen ›Camino Real‹, auf dem die
Franziskaner und die spanischen Soldaten einst von Mission
zu Mission zogen. Sie ist das älteste Straßenstück von Los Angeles. So finden wir hier auch die bedeutendsten Kirchen der Stadt:
die Christian Church, die Wilshire Methodist Episcopal
Church, den jüdischen Bnai Brith Temple oder die Immanuel
Presbyterian Church. Pragmatisch, wie die Los Angelaner sind,
weisen Schilder am Straßenrand auf die Kirchen hin.

1895 hatte der Sozialist Gaylord Wilshire den ersten Teil
des nach ihm benannten Boulevard durch ein Wohnviertel
legen lassen. Das Wohnviertel grenzt noch heute hinter der
Hochhausfassade an diesen Boulevard. 1906 wurde die Straße
bis Beverly Hills und 1919 bis nach Santa Monica an die
Küste verlängert. 1927 erhielt sie ihre heutige, breitere Form,
angereichert durch hinter grünen Vorgärten gelegene Hotels,

wie dem durch die Ermordung von Robert Kennedy schlag-
zeilenbekannten Hotel ›Ambassador‹, durch Hamburger-
Buden, Tankstellen, Kirchen und Kaufhäuser. Bei den Kaufhäusern ließen sich die Bauherren von der spanisch-mexikanischen Renaissance beeinflussen, auch von angelsächsischer
Sachlichkeit, von fremdem Kathedral- oder heimischem Zita-
dellenstil oder ganz einfach nur von der Form einer Hut-
schachtel. Kaufhäuser wie die 1928 bereits erbaute ›Zitadelle
mit Turm‹ von Bullock's oder die flache Superschachtel von
May, deren Eingangsturm an einen Super-Lockenwickler
erinnert, haben noch immer – oder auch: wieder – ihre Originalität. Da ein solcher Boulevard geradezu nach Reklame-
schildern schreit, gibt es davon die Fülle: kleine, große, bunte,
bullige – Bilder der Verführung einer Konsumgesellschaft,
aber: man weiß nicht, ob hier die Reklame die Kunst beein-
flußte oder die Kunst die Reklame.

Wir sind am Ende der ›Wundermeile‹. Verweilen wir im
erwähnten Hancock Park mit dem urgeschichtlichen *La Brea
Tar Pit* und dem sie umgebenden, neuen *George C. Page Mu-
seum.* Die ›Pits‹, schwarze Löcher, aus denen Teer und Öl
noch heute an die Erdoberfläche blubbern, waren schon 1769
von Gaspar de Portolá entdeckt worden. Später steckten die
Spanier eine dort angrenzende ›Rancho La Brea‹ ab, die dem
Ort seinen Namen gab. Ende des 19. Jahrhunderts wurden die
Hancocks Besitzer der Ranch. Die Familie holte gewaltige
Mengen Erdöl aus diesem Stück Land und gründete damit
ihren Reichtum. Sie vermachte Hancock Park und La Brea
Tar Pits später der Stadt Los Angeles. Die erdgeschichtliche
Bedeutung des Ortes liegt darin, daß man seit 1906 hier Eis-
zeittiere fand, die im Pleistozän in das sumpfige Gebiet gera-
ten und versunken waren. So blieben die Tiere, unter anderem Mastodons, Mammut-Elefanten, Wölfe, Kamele, Pferde,
über zehn- bis vierzigtausend Jahre konserviert.

Das seit 1978 bestehende George C. Page-Museum im Park
zeigt unzählige Ausgrabungsobjekte. Unweit der Pits entdek-
ken wir an und in einem kleinen See des Parks die gleichen
Tiere, nur diesmal in Stein gehauen. Wenige Schritte weiter,
und wir sind wieder am Wilshire Boulevard.

Von dort her betreten wir nun das *Los Angeles County Museum of Art*. Es ist das Herz des Kulturlebens von Los Angeles. Alljährlich zählt es über eine Million Besucher. 1965 eröffnet, ist der moderne, großzügig erbaute dreiteilige Kunstpavillon nicht nur räumlich einer der größten in den USA, sondern beansprucht auch durch seine Exponate Weltrang. Die drei grazilen, vierstöckigen, mit weißem Marmor verkleideten Stahlskelettbauten stehen in U-Form um einen auf der Höhe des Wilshire Boulevards gelegenen Platz. Von dort führen zwei breite Freitreppen auf den oberen Vorhof des Museums mit den Eingängen zu den drei Gebäuden. Dieser Vorhof, der Norton Simon Sculpture Court, auch einfach ›Plaza‹ genannt, zeigt Skulpturen von Rodin, Georg Kolbe und Henry Moore aus der Sammlung Norton Simon, der es mit Apfelsinen und anderen kalifornischen Früchten zu viel Geld brachte.

Zwölf Millionen Dollar brachten Bürger von Los Angeles durch Stiftungen auf, damit das Museum erbaut werden konnte. Einerseits wirkt bei solchen Stiftungen noch der alte Geist der Pionierzeit mit, auch das oft zitierte Gefühl des ›commitment‹ – der Bindung, Verpflichtung –, andererseits einfach das gegenüber Europa günstigere Stiftungssteuerrecht in den USA, das hier schon erklärt wurde.

Nach den drei Hauptstiftern wurde das Museumsgebäude zur Linken Ahmanson Gallery, das zur Rechten Bing Center, und das mittlere Gebäude Frances and Armand Hammer Building benannt. Howard Ahmanson war Bankier, Leo S. Bing Grundstücksmakler, die Hammers waren Großkaufleute und Kunstsammler. Die Ahmanson Gallery enthält die ständige Kunstsammlung, das Bing Center ein 600-Sitze-Theater, eine Kunstverleih-Galerie, eine Bibliothek und eine Cafeteria, das Frances and Armand Hammer Building zeigt wechselnde zeitgenössische Ausstellungen.

Es klingt widerspruchsvoll nur für diejenigen, die Los Angeles für einen ›seelenlosen‹ Ort halten: Gerade hier gedeiht künstlerisches Leben in starkem Maße. Seit den sechziger Jahren unseres Jahrhunderts unternimmt Los Angeles alle Anstrengungen, um insbesondere auf dem Gebiet der zeitgenössischen Kunst New York den Rang abzulaufen. Die Zeiten

sind vorbei, wo es für einen europäischen Kunsthändler ausreichend war, nur New York aufzusuchen. Er muß heute
auch nach Los Angeles. Genaugenommen gab es hier schon
vor den sechziger Jahren starke kulturelle Aktivitäten, die
ebenfalls meist an namhafte Stifterfamilien der Stadt gebun-
den waren, an Henry E. Huntington, William Randolph
Hearst, J. Paul Getty oder Norton S. Simon.

Das Los Angeles County Museum of Art bietet neben der
Fülle hervorragender Werke außeramerikanischer – vor allem
europäischer – eine repräsentative Sammlung amerikanischer
Kunst. Die moderne Art und Weise, wie die Werke ausgestellt und erläutert sind, die ›Art Rental Gallery‹ des Museums, die Originalwerke zeitgenössischer amerikanischer
Künstler an ihre Mitglieder ausleiht, die nächtlichen Öff-
nungszeiten, gekoppelt an Konzert- und Vortragsveranstal-
tungen, und vieles dieser Art mehr machen die Attraktion des
Museums aus.

Bereits im Erdgeschoß beginnt dieser ›junge Museumsstil‹
damit, daß man aus der Sichtebene moderner Sitzmöbel von
Eero Saarinen oder Mies van der Rohe eine griechische
Athena-Statue aus dem 4. Jahrhundert v. Chr. betrachten kann.
Sie ist eine Stiftung des Zeitungskönigs William Randolph
Hearst. Man ist erstaunt, wie gut das Moderne mit dem Klas-
sischen harmoniert, auch, im selben Raum, mit den mittel-
alterlichen Kirchenskulpturen von der Ile de France, aus
Burgund oder aus Schwaben, mit nah- und fernöstlichen
Skulpturen oder afrikanischer Negerplastik von der Elfen-
beinküste oder Guinea.

Die Plaza-Ebene zeigt langfristige Leihgaben europäischer
Gemälde aus der Norton-Simon-Stiftung, darunter französische Werke (Fragonard, Boucher, Delacroix), flämische (Rubens), deutsche (Hans Holbein d. J.) und holländische (Ter
Borch, de Hooch, van Goyen). Der schon erwähnte Norton
Simon machte 1971 von sich reden, als er für 1,3 Millionen
Dollar auf einer Londoner Auktion das berühmte ›Titus‹-Bild
von Rembrandt erwarb. Eines Tages wird auch dieses Bild
hier seinen Ehrenplatz erhalten. Drei Rembrandts sind bereits
auf dem Plaza-Stockwerk zu sehen: das ›Bildnis des holländi-

schen Kaufmanns Marten Looten‹ (von J. Paul Getty erworben), der ›Kopf Johannes des Täufers‹, (aus der Hearst-Sammlung) und die ›Erweckung des Lazarus‹ (aus der Ahmanson-Sammlung).

Die Pauley Hall auf dem Plaza-Stockwerk zeigt vollbusige indische Stein- und Bronzeskulpturen, denen sich in der angrenzenden Chandler Hall die kontrastreichen Schwarz-Weiß-Graphiken mit Frauendarstellungen Picassos gut anschließen.

Die Sammlung auf dem 1.Stock, hier: 3rd floor, ist es, die wohl in erster Linie den außerordentlichen Ruf des Museums begründet hat. Sie zeigt europäische und amerikanische Kunst des 19. und 20.Jahrhunderts; einleitend dazu europäische Kunst vom 16. bis zum 19.Jahrhundert. Die europäische Kunst ist mit Werken von van Gogh, Cézanne, Gauguin, Toulouse-Lautrec, Degas, Corot, Bonnard, Modigliani, Braque, Chagall und den deutschen Expressionisten vertreten. Um nur einige Werke zu nennen (in Klammern sind der Stifter und das Stiftungsjahr jeweils angegeben): der ›Christuskopf‹ von Georges Rouault (Marcus Loew, 1974); Marc Chagalls ›Geiger im Schnee‹, drei herrliche Modigliani, darunter ›La Chocolatière‹, 1916 (Bright, 1963) und das ›Porträt von Manuelle‹, 1916 (Wyler, 1951), und Vincent van Goghs ›Der Briefträger Roulin‹ von 1888, die ›Brücke von Langlois‹ aus demselben Jahr sowie das ›Irrenhaus in Saint-Rémy‹ von 1889 (Armand Hammer Collection, 1974). Cézanne finden wir mit dem ›Stilleben mit blauer Fayence-Vase‹, Gauguin u.a. mit der ›Roten Kuh‹, von 1889, Pechstein mit der ›Frau mit rotem Hut‹ von 1915, Schmidt-Rottluff mit ›Frauen mit Kaktus‹ von 1913.

Unvergeßlich bleiben die zwölf Ölbilder von Pablo Picasso, die vom frühen Porträt des Künstlers von 1901 über Werke aus der Blauen Periode bis zur ›Weinenden Frau mit Taschentuch‹ von 1937 und der Arlésienne-Folge von 1958 reichen. Vor den Gemälden Picassos stehen Porträtskulpturen von Henri Matisse (›Jeanette‹-Folge, 1910-1913).

Unter den Künstlern des 20.Jahrhunderts entdecken wir: Poliakoff, Dubuffet, Nicolas de Staël (›Vue de Marseille‹),

Diego Rivera (›Menschen mit Lilien‹ 1941), Max Ernsts und Giorgio de Chiricos surrealistische Arbeiten und Kurt Schwitters ›Construction for a Noble Lady‹.

Die zeitgenössische amerikanische Kunst ist vertreten mit Mark Rothkos lasierter, verschwimmender Flächenmalerei (›Weisses Zentrum‹ 1957), mit den an Hans Hartung erinnernden Schwarz-Weiß-Bahnen Franz Klines, die Ideogrammen einer Großstadt gleichen wie das Bild ›Ballantine‹, mit Werken des berühmten Action-Painting-Malers Jackson Pollock, dessen explosive Farbgußbilder mit den ruhigen, fein abgestuften Farbquadraten von Joseph Albers kontrastieren, der seine Herkunft vom deutschen Bauhaus auch in Amerika nie verleugnet hat. John Chamberlains Skulptur ›Sweet William‹, ein dominierendes Werk aus Automobilteilen, führt uns in die Welt der ›Autopia‹ von Los Angeles zurück.

Nördlich vom Los Angeles County Museum of Art, nur wenige hundert Meter entfernt, an der Ecke Fairfax Avenue und Third Street, gibt es einen allen Bewohnern von Los Angeles bestens bekannten, bunten Wochenmarkt mit kleinen Restaurants und Kaffeehäusern. Sein Symbol ist ein weißer Holzturm mit schwarzer Uhr und Torbogen. Er ist der Eingang zu *Farmer's Market*.

Eine aus der Not geborene Idee – ›an idea‹, wie es noch heute im Torbogen geschrieben steht – trieb in der größten Weltwirtschaftskrise 18 südkalifornische Farmer dazu, hier erstmals ihre Waren unmittelbar der Bevölkerung von Los Angeles anzubieten. Die Idee wurde ein Erfolg. Der Farmer's Market mit seinen achtzehn Ständen gleicht heute dem Bild vom überquellenden ›Füllhorn Kaliforniens‹. Die Reihen der Stände öffnen sich mehrfach zu kleinen Plätzen, an denen die Cafeterias und Restaurants im Stil englischer Pubs oder französischer Bistros liegen. Zur Mittagszeit entdeckt man dort nicht selten bekannte Schauspieler, die von den nahegelegenen CBS-Fernseh-Studios herüberkommen.

Hollywood – vor den zwanziger Jahren unseres Jahrhunderts drang dieser Name bis in den letzten Winkel der Welt. Hollywood wurde zum Symbol der Welt des flimmernden Scheins. Es wurde eine Fabrik der Träume. Die Magie der Filmkamera, der Filmstars, der Filmproduzenten und -regisseure begann ihre unumschränkte Macht auszuüben. Hollywood hieß das Zauberwort einer neuen Kunstform und einer neuen Industrie.

Begonnen hat es mit den Erfindungen von Thomas A. Edison. 1891 meldete Edison Patente einer Filmaufnahmekamera und eines Zelluloidfilmbandes an, das 35 Millimeter breit und perforiert war. Dieses Bildmaß blieb bis heute für die Filmindustrie verbindlich. 1893 folgte ein weiteres Patent Edisons: das ›Kinetoscope‹. Es war ein Guckapparat, in dem Edisons Filmbänder liefen. 1894 fanden Edisons erste Filmshows am New Yorker Broadway statt. Sie wurden ein großer Erfolg. Der Betrachter warf einen ›nickel‹ (5 Cent) in einen schwarzen Kasten und schaute fasziniert auf die sich bewegenden Bilder eines Kurzfilms: spazierengehende Leute, Bäume im Wind, dahinrasende Züge, Festtagsparaden, springende Pferde, Autorennen, politische Demonstrationen. Die Kinetoscope-Shows mauserten sich bald zu ›Nickelodeon‹-Shows. Der Kameramann Edisons, Edwin S. Porter, war inzwischen auf die Idee gekommen, 15 Minuten lange Filmgeschichten zu erzählen, wie ›The life of an American Fireman‹ oder ›The Great Train Robbery‹. 1903 erstmals gezeigt, wurden diese Filme Riesengeschäfte. Naturgemäß wollten andere solche Geschäfte auch machen. So kämpfte Edison bald gegen sogenannte Patentpiraten. Einer von ihnen, der Kameramann William (Wilhelm) Selig, setzte sich 1908 nach Los Angeles ab und beendete dort den ersten größeren kommerziellen Film Amerikas, den ›Graf von Monte Christo‹. Selig bemerkte sehr schnell, daß die Aufnahmebedingungen in Südkalifornien geradezu ideal waren. Das Filmmaterial war nämlich in seinen ersten Jahren noch so schlecht, so körnig, daß Filmaufnahmen nur bei sehr starkem Sonnenlicht gelangen. Durch die Kör-

nigkeit des Films entstanden bei hellem Licht scharfe Kontra-
ste und harte photographische Effekte, wie sie für die Filme
der Frühzeit typisch sind. Das weiche Licht Südkaliforniens
an 330 gesicherten Sonnentagen zog die Kameraleute, die anfänglich nicht selten auch ihre eigenen Produzenten waren,
mehr und mehr an. Überdies war die abwechslungsreiche
Landschaft die beste Kulisse für Wild-West-Filme. Dies
sprach sich schnell herum.

Im Jahre 1911 gründete David Horseley aus New Jersey die
erste Filmgesellschaft, Nestor Film Company, im heutigen
Gebiet Hollywoods. Horseleys ›Filmstudio‹ lag an der Ecke
Sunset Boulevard-Gower Street und war eine alte, leere
Scheune. Bald folgten viele weitere Filmgesellschaften. In
kaum zwei Jahren entstand eine lebendige, hochproduktive
Filmstadt, die 1913 von Los Angeles getrennt wurde und
ihren eigenen Namen erhielt: Hollywood.

Dieser Name, zu deutsch: Stechpalmenwald, ist nicht allein
von den einst hier wachsenden Stechpalmen abgeleitet – wegen des harten und dichten Holzes wurden sie als feineres
Drechslerholz, ›Holly‹ genannt, gern zu Möbeln verarbeitet –,
sondern auch von einer religiösen Sekte, die die Palme, früh-
christliches Symbol, im Namen des Wohnortes für alle Zeiten
festhalten wollte, und dies um so mehr, als zur Gattung der
Stechpalmenarten auch der Christusdorn gehört. Die Anfüh-
rerin der Sekte war eine puritanisch fromme, resolute Ameri-
kanerin, Mrs. D.M. Wilcox, Frau des Grundstücksmaklers
Horace H. Wilcox, der sich 1887 hier niedergelassen hatte.
Die brave Frau kämpfte, auch mit Prozessen, einen teilweise
durchaus erfolgreichen Kampf gegen die gelockerten Sitten,
die die Filmleute von Hollywood mit ihren Filmen in alle
Welt tragen wollten. Noch in den dreißiger Jahren war in
Hollywoods Studios genau geregelt, was gezeigt werden
durfte und was nicht. Die so geborene Filmstadt am Fuße der
Santa Monica Mountains wird heute im Norden vom Stadt-
teil Burbank, im Süden durch den Wilshire Boulevard, im
Osten durch den Griffith Park und im Westen durch Beverly
Hills begrenzt.

Hollywoods schöpferische Trinität hieß: Filmproduzent,

Star und Regisseur, wobei die mächtigen Gestalten der Produzenten und ihre Filmstudios Ruhm und Rückgrat Hollywoods wurden. Adolph Zukor – 1975 feierte er, der Mann
von ›Paramount‹, in Hollywood seinen 100. Geburtstag – war
1913 der erste. Ihm folgten Carl Laemmle (Universal Studios), Samuel Goldwyn und Louis B. Mayer (Metro-Goldwyn-Mayer), Jack Warner und sein Bruder (Warner Brothers), William Fox (20th Century Fox), Frank Capra (Columbia Pictures), Benjamin Schulberg, der die ›Incorporation‹
von United Artists schuf, und viele andere. Der Pionier des
amerikanischen Tonfilms wurde der 1978 verstorbene Jack
Warner. Mit seinem Film ›The Jazz Singer‹, in dem der unvergessene Al Jolson die Hauptrolle spielte, begann 1927 die
Tonfilm-Ära Erich Pommers. ›Der blaue Engel‹ (1930) und
David O. Selznicks ›Vom Winde verweht‹ (1939) markierten
Anfang und Ende der fruchtbaren dreißiger Jahre. Doch die
Produktion von Tonfilmen wurde für einen Produzenten allein bald zu kostspielig und zu risikoreich. So schalteten sich,
bereits in den dreißiger Jahren, die Banken von Wallstreet
immer häufiger ein. Die eigentlichen Herren Hollywoods
hießen fortan Mr. Morgan und Mr. Rockefeller. Aus der An-
fangszeit Hollywoods sind fünf große Filmstudios geblieben,
die einen Drei-Milliarden-Dollar-Filmmarkt zu achtzig Prozent unter sich aufteilen: Universal, Warner Brothers, Paramount, Columbia und United Artists. 20th Century Fox ver-
kaufte große Teile seines Geländes, wo heute Century City
steht. Auch Metro-Goldwyn-Mayer ist kaum mehr dabei; es
ist in Hotelunternehmungen eingestiegen.

Die genannten Studios sind mit dem Begriff Hollywood
aufs engste verbunden, doch liegen manche von ihnen gar
nicht in Hollywood selbst. Die Studios von Metro-Goldwyn-
Mayer lagen schon 1924 in Culver City, einem Stadtteil südlich von Beverly Hills. Harry H. Culver, ein Unternehmer
und Grundstücksmakler aus Nebraska, hatte 1913 ehemaliges
spanisch-mexikanisches Ranch-Land am Westfuß der heutigen Baldwin Hills erworben und elf Jahre später ein großes
Gelände an Metro-Goldwyn-Mayer verkauft. Die Studios
von Warner Brothers liegen seit 1918 nördlich von Holly-

wood im Stadtteil Burbank und gelten heute neben den Burbank Studios als die modernsten und großzügigsten Film- und Fernsehstudios der Welt. Ihre bekannteste Filmproduktion war nach dem Krieg ›My Fair Lady‹ mit Audrey Hepburn und Rex Harrison. Die Kulissen zu diesem Film können in Warners Studios besichtigt werden. Touristen, die gern einmal ›hinter die Filmkulissen‹ sehen möchten, suchen auch die Universal Studios auf, die nordöstlich von Hollywood am Hollywood Freeway in Universal City liegen. Paramount befindet sich gleichfalls nahe am Hollywood Freeway hinter Hollywood Cemetery, dem Friedhof. Columbia finden wir nördlich von Paramount auf der anderen Seite des Santa Monica Boulevard, und 20th Century Fox – das nicht zu besichtigen ist – westlich von Hollywood am Olympic Boulevard.

Die großen Produzenten wären natürlich nicht weit gediehen ohne ihre Regisseure, ihre ›Directors‹. Gleich am Beginn der Hollywood-Ära steht ein Name, der Filmgeschichte machen sollte: D. W. Griffith. Sein Monumentalfilm ›The Birth of a Nation‹ (1915) wurde der künstlerische Durchbruch der Filmstadt. Mit Standortwechsel der Kamera und veränderter Kameraeinstellung von der Großaufnahme bis zur Totale schuf D. W. Griffith dem Film eine neue Form. Denn bis dahin war Film wenig mehr als verfilmtes Theater gewesen, meist wurde alles von einem unveränderten Kamerastandpunkt aus aufgenommen. Was der geniale D. W. Griffith begann, setzten ruhmreiche Hollywood-Regisseure fort: der Monumentalfilmriese Cecil B. DeMille (›The Ten Commandments‹, ›Union Pacific‹, ›The Day of the Locust‹), die Deutschen Ernst Lubitsch (›Passion‹, ›Marriage Circle‹, ›Desire‹), der Hollywood-›Hunne‹ Erich von Stroheim (›The Merry Widow‹), der ›expressionistische‹ Fred W. Murnau (›Sunrise‹), Joseph Sternberg, der Entdecker von Marlene Dietrich (›The Blue Angel‹), oder der ›Metropolis‹-Regisseur Fritz Lang (›Fury‹, ›You only live once‹) oder so bedeutende Filmregisseure wie der legendäre John Ford (›The Informer‹, ›The Iron Horse‹), Billy Wilder (›High Noon‹), Lewis Milestone, Henry King, James Cruze, William Dieterle, William Wyler, Elia Kazan, King Vidor, Frank Borzage, bis hin zu

Roman Polanski (›Rosemary's Baby‹, ›Chinatown‹). Aus Frankreich kamen René Clair, Anatole Litvak und Jean Renoir nach Hollywood, aus England Alfred Hitchcock, internationaler Meister des Kriminalfilms.

Einen besonderen Platz in dieser schöpferischen Elite nimmt Walt Disney ein. 1928 erschien sein erster Zeichentrickfilm auf der Leinwand und mit ihm ein neuer Star: die Micky Mouse. Zehn Jahre später schuf er mit ›Snowhite‹ (Schneewittchen) den ersten Zeichentrickfilm in Farbe. Donald Duck, Bambi, Peter Pan und andere Disney-Gestalten folgten. Die Traumfabrik Walt Disneys wurde schließlich zur Aktiengesellschaft, die ein Disney-Universum im Süden der Stadt schuf, ›Disneyland‹, von dem noch die Rede sein wird.

Hollywood wäre jedoch nicht ›Hollywood‹ ohne seine großen Filmstars. Der erste wurde von Carl Laemmle entdeckt und war bald für Millionen »the cude little girl with the curls«: Mary Pickford. Für den jungen Mann, nicht nur in Amerika, wurde das hübsche Durchschnittsmädchen aus der Nachbarschaft, Gladys Mary Smith, wie sie mit bürgerlichem Namen hieß, zur Leinwandheldin, zum ›All American Girl‹. 1914 unterschrieb sie bei Adolph Zukor einen Jahresvertrag über 104000 Dollar, seinerzeit ein Vermögen. Die Stars wurden zum großen Geschäft. Angehimmelte Diven waren die glutäugige Polin Pola Negri, die feurige Mae West, die große Dame Gloria Swanson, die göttliche Greta Garbo – auf der Höhe ihres Ruhms erhielt sie innerhalb eines Monats 90000 Verehrerbriefe –, die verführerische Marlene Dietrich, die atraktive Rosalind Russel, die vielseitige Bette Davis, die ›emanzipierte‹ Ingrid Bergman, die intellektuelle Katherine Hepburn, die ›Cleopatra‹ Liz Taylor. Die Reihe reicht bis zur unvergeßlichen Marilyn Monroe, Verkörperin – im wahrsten Sinn des Wortes – ferner und naher Träume. Die Unwiderstehlichen unter den Männern waren in der Frühzeit Douglas Fairbanks, ›the All American Man‹, Tom Mix, Max Linder, Will Rogers, die Komiker Harold Lloyd, Buster Keaton und der ›Mann mit den tausend Gesichtern‹ Lon Chaney, der ein Vertreter einer spezifisch amerikanischen Filmart, des Groteskfilms war. Mit den Tonfilmzeiten kamen die Marx

Brothers, Cary Grant, Gary Cooper, Humphrey Bogart, Errol Flynn, Tony Curtis, Spencer Tracy, Bing Crosby, Frank Sinatra, Robert Mitchum, Clark Gable, John Wayne, Burt Lancaster, Richard Burton, James Stewart, Marlon Brando, Paul Newman und viele mehr. Charlie Chaplin, der Einzigartige, steht außerhalb jeder Aufzählung.

Der Regisseur Robert Siodmak hat in seinen sieben Jahre nach seinem Tode, 1980, erschienenen Lebenserinnerungen ›Zwischen Berlin und Hollywood‹ eine Vorstellung davon gegeben, mit welch ungeheurem Aufwand in der klassischen Hollywood-Zeit ein Film produziert wurde:

Von der Extravaganz Hollywoods in den vierziger und frühen fünfziger Jahren kann man sich heute gar keine Vorstellung mehr machen.

Wenn man zum Beispiel bei MGM angestellt war, erhielt man ein großes Büro mit Eß- und Badezimmer. Es waren zwei elegante, etwa dreißig Jahre alte Sekretärinnen da. Das F.B.I. hätte nicht besser arbeiten können. Sie kannten sämtliche Geburtsdaten meiner Angehörigen, natürlich auch meinen Hochzeitstag, wann und wo ich geheiratet habe, ob und mit wem ich im Augenblick vielleicht ein Verhältnis hatte, und wen ich sprechen oder nicht sprechen wollte. Kein einziges Detail entging ihnen. Sie wußten einfach alles. Es gab keine Geheimnisse vor ihnen.

Etwa zehn Tage nach meiner Anstellung bekam ich vom ›Art-Department‹ eine gedruckte Einladung zugesandt. Sie würden sich freuen, wenn ich ihnen die Ehre erweisen würde, zu ihnen zu kommen, um mir die Dekorations-Entwürfe und Figurinen anzusehen. Selbstverständlich würden sie mir einen Cadillac schicken, um mich abzuholen, da sie Angst hätten, ich könnte mich mit meinem eigenen Wagen verfahren, denn das Studio war ungeheuer groß.

Als ich freundlicherweise zugesagt hatte, zur Art-Direktion zu kommen, wurde ich zuerst vom Chef empfangen. Ich bekam ein Kaviar- und Sektfrühstück serviert. Dann führte man mich in ein riesenhaftes Büro, in dem sechzehn Architekten an meinem Film ›Der Spieler‹ arbeiteten. Etwa fünfhundert Zeichnungen, alle in Farbe, hingen an den Wänden. Ein Tisch war vollbeladen mit Büchern und Nachschlagewerken, die Wiesbaden im Jahre 1857 zeig-

ten. Selbst die Namen der einzelnen Hotels und die Trachten der Portiers, die die feinen Herrschaften, Großfürsten, Adligen und Barone zu jener Zeit vom Bahnhof abholten und in das betreffende Hotel brachten, waren abgebildet. Ich sah mir diese ganze Pracht an, fand das Original-Kasino in Wiesbaden nicht groß genug, um darin zu drehen, und verlangte es mindestens sechzig Meter länger und breiter. Außerdem bat ich, einen überdimensionalen Roulette-Tisch zu konstruieren, und forderte ein System, wodurch jede Nummer, die ich brauchte, prompt erschien. All dies wurde ohne Widerspruch notiert und mir versprochen.

Dann ging ich zu Irene Sharaff. Sie war die höchstbezahlte Kostümbildnerin Amerikas. Ich brauchte elf Abendkleider für meine Hauptdarstellerin Ava Gardner. Irene hatte etwa fünfundzwanzig Entwürfe gezeichnet, unwahrscheinlich prächtige Kreationen aus Damast, Brokat, mit auserlesenem Schmuck, der ebenfalls extra dafür entworfen wurde. Es war sehr schwierig, sich zu entscheiden. Ich hatte zum Schluß die Wahl zwischen sechzehn Kostümen, brauchte aber nur elf davon. Jedes Kostüm kostete etwa fünfundzwanzigtausend Mark. Als ich etwas verzweifelt vor dieser Fülle saß, sagte Madame Sharaff: ›Lieber Mr. Siodmak, lassen Sie uns doch alle anfertigen, wir haben überhaupt keine Kostüme im Fundus! Und außerdem weiß man ja nicht, wie die einzelnen Stücke ausfallen!‹

Was sollte ich machen? Ich gab mein O.K. Das war allein eine Summe von vierhunderttausend Mark, und das nur für eine einzige Schauspielerin!

Etwa drei Wochen später bekam ich die Aufforderung, mir das fertige Kasino im Studio 15 anzusehen. Es war groß wie eine Bahnhofshalle, und ich sah zuerst nicht einmal, wo die Dekoration stand. Wir näherten uns dem Bau, mein Produzent, der Kameramann, der Chefelektriker, etwa acht Assistenten und ich. Es war wirklich das Kasino von Wiesbaden, etwa 100 mal 80 Meter groß. Wir wurden von den Architekten und ihren Assistenten begrüßt. Außerdem waren etwa zehn ›Special-Effects‹-Leute da, die den Roulette-Tisch entworfen hatten. Es kam mir vor, als ob ich zu einem Duell ginge, als wir von verschiedenen Seiten aufeinander zukamen. Auch einen Croupier französischer Abstammung hatte man extra aus Las Vegas eingeflogen.

In einem Massenzeitalter, in dem der einzelne in einem Millionenheer unterzugehen droht, schuf Hollywood das Gegenbild: das des überdimensionierten Individuums in der Form des Stars. Je einfacher der soziale Stand des Angesprochenen ist, desto größer der Erfolg des ›Ego‹-Abbildes. Dazu kommen die geheimen Wünsche und Ängste, die der Hollywood-Film projiziert. Sein Einfluß auf Denken und Tun, auf Mode, Sitten und Verhaltensmuster, auf die gesamte Kultur und Zivilisation des modernen, urbanen Menschen, ist kaum abzuschätzen. Hollywood hatte nicht nur ein Gespür für die Tendenzen von morgen, es kreierte sie auch.

Nach dem Zweiten Weltkrieg zeigte Hollywood mit so hervorragenden Unterhaltungsfilmen wie ›Die besten Jahre unseres Lebens‹, ›South Pacific‹, ›Die Brücke am Kwai‹ oder ›High Noon‹, mit großen Musicals wie ›My Fair Lady‹, mit kritischen Streifen wie ›Rosemary's Baby‹ oder ›Chinatown‹, einen Film aus der Geschichte von Los Angeles, daß es immer noch präsent war. Die Tradition verfilmter Weltliteratur nahmen nach 1945 Tolstois ›Krieg und Frieden‹ oder Steinbecks ›Jenseits von Eden‹ mit dem Idol der amerikanischen Nachkriegsjugend James Dean wieder auf. Erfolgreiche Raumfahrtfilme im Science-Fiction-Stil (›Star Wars‹), standen Ende der siebziger Jahre neben Katastrophenfilmen (›Der weiße Hai‹) und, immer wieder, Musikfilmen (›Saturday Night Fever‹). Das oft totgesagte Hollywood lebt immer noch. Genauer: lebt wieder, nachdem es die große Krise überwunden hat, in die es durch das Fernsehen geraten war.

Namhafte amerikanische Fernsehgesellschaften – wie CBS (Columbia Broadcasting System), NBC (National Broadcasting Company) oder ABC (American Broadcasting Company) – ließen sich bereits Anfang der fünfziger Jahre im Großraum Los Angeles nieder. CBS und NBC entschlossen sich sogar, ganze ›Fernseh-Städte‹ an der Peripherie Hollywoods zu errichten. Das supermoderne, 1952 von Columbia Broadcasting System geschaffene Fernseh-Zentrum heißt *Television City* und liegt an Beverly Boulevard/Fairfax Avenue nördlich des Hancock Park. Gern werden dort vom Publikum die Fernseh-Shows besucht, und täglich, außer sonntags, gibt es Führungen durch die Television City, die einen interessanten Einblick in eine moderne amerikanische Fernsehproduktion vermitteln. Auch *Color City* von der National Broadcasting Company bietet Führungen an. Die ›Stadt der Farben‹ liegt an der Nordgrenze von Hollywood, in Burbank (3000, West Alameda Av.). 1960 begann hier NBC mit dem vollen Fernsehprogramm in Farbe. Frank Sinatra, Dean Martin, Bob Hope, Glenn Campbell, Julie Andrews und viele andere Film- und Fernsehstars produzieren in Color City.

Es darf nicht unerwähnt bleiben, daß das Fernsehen als Konkurrenz auch einen fruchtbaren Einfluß auf den Film ausübte. Mitte der sechziger Jahre – ähnlich geschah es in Deutschland mit dem ›neuen deutschen Film‹ – brachten jüngere Regisseure mit Fernsehdokumentationen neues Leben in die Studios von Hollywood. Die Wende zum ›Neuen Hollywood‹ kam mit Dennis Hoppers ›Easy Rider‹, der eine Motorradfahrt zweier junger Leute von Los Angeles nach New Orleans schildert und auch die weniger bekannten landschaftlichen Schönheiten Südkaliforniens und des amerikanischen Südens zeigt. Zu diesem ›Neuen Hollywood‹ gehören die Regisseure Francis F. Coppola (›Der Pate‹), Peter Bogdanovich (›Paper Moon‹) und Martin Scorsese (›Alice doesn't live here anymore‹). Hopper kam vom Fernseh-Jugendfilm, Coppola vom Film- und Fernsehstudium an der UCLA-Universität in Los Angeles, Scorsese vom Film- und Fernseh-Departement der New York University, Bogdanovich von der Film- und Fernsehkritik.

Fünfundsiebzig Prozent der Bevölkerung Hollywoods lebt heute in irgendeiner Form von der Film- und Fernsehstadt. Rund 50000 Menschen waren Ende der siebziger Jahre allein in den hundert kleineren Studios von Hollywood beschäftigt und verdienten dort keineswegs leicht ihr tägliches Brot. Diese Bemerkung erscheint wichtig, denn der Fremde erwartet nicht selten eine Traumstadt, und ist, am Tage, von Hollywood ein wenig enttäuscht.

Hollywoods verhältnismäßig kurze Hauptstraße ist der *Hollywood Boulevard*. An ihm finden wir das *Grauman's Chinese Theatre* (Nr. 6925), das Uraufführungskino vieler Filme.

Nicht zuletzt ist es wegen der Fuß- und Handabdrücke berühmter Filmstars im Boden des Eingangs bekannt. An großen Premierenabenden werden hier alte Hollywood-Zeiten
wieder lebendig. Ein anderes Premierentheater ist seit 1922
das *Egyptian Theatre* (Nr. 6712). Ehemals feierten die Schönen
und ihre Verehrer die gelungenen Premieren im *Hollywood
Roosevelt Hotel* (Nr. 7000), das noch immer die Atmosphäre
der alten Kinostadt atmet. Unweit von Grauman's Theatre
liegt *Tussaud's Wax Museum.* Hier, wie auch im *Movieland
Wax Museum* außerhalb von Hollywood in Anaheim (7711,
Beach Boulevard), sind verstorbene und lebende Filmstars
kunstvoll in Wachs nachgebildet. Das *Silent Movie Theatre*
zwischen Rosewood Street und Melrose Boulevard ist auf
Stummfilme spezialisiert.

Am faszinierendsten ist Hollywood freilich bei Nacht.
Dann suchen viele Menschen jenen Teil am *Sunset Boulevard*
nahe Beverly Hills auf, der als *Sunset Strip* weltbekannt ist. In
hervorragenden, leider auch teuren Restaurants – Ciro, Ab-
ruzzi, The Marquis, Scandia oder Bit of Sweden – kann man
berühmte Stars entdecken. Am Montagabend sollte man
nicht versäumen, einige Blöcke weiter zum *La Cienega Boulevard* zu bummeln. Hier wird man dann in unzähligen Kunstgalerien vor allem die amerikanische Avantgarde entdecken.

Im Umkreis von Sunset Strip finden wir unzählige Bars,
Barbecue-Stände, mondäne Nightclubs und Jazz-Keller im
Pferde-Stil. Nebenbei bemerkt, werden wir die Pferderennbahn von Hollywood Park vergeblich in Hollywood suchen;
sie liegt im südlichen Stadtteil Inglewood – eine der Verrückt-
heiten Hollywoods.

Ein unvergeßliches Erlebnis bleibt ein Konzertabend in
einer milden Sommernacht in der *Hollywood Bowl,* einem
Amphitheater in den Hügeln nahe dem Hollywood Freeway
mit 20000 Sitz- und 10000 Stehplätzen. Die Akustik ist jener
des griechischen Theaters von Epidauros vergleichbar. Die
bewegliche Riesenmuschel auf der Bühne wurde von dem
amerikanischen Architekten Frank Lloyd Wright entworfen.
Das *Pilgrimage Play Amphitheatre* gegenüber der Hollywood
Bowl auf der östlichen Seite des Hollywood Freeway (2580,

Highland Avenue) zeigt seit 1920 allsommerlich Passions-
spiele. Schon 1897 hatte man in New York das Passionsspiel
in Anlehnung an die Oberammergauer Festspiele mit großem
Erfolg aufgeführt. Viele Passions-Filme folgten, die in Hollywood entstanden. Ein von weitem sichtbares, nächtlich hell
erleuchtetes großes Kreuz weist den Weg hierher.

Will man einen Blick auf luxuriöse Filmstar-Villen werfen,
muß man vom San Diego Freeway an der Abfahrt *Sunset
Boulevard* stadteinwärts abbiegen. Alter Prunk und neuer
Glanz versammeln sich an der zum Teil palmengesäumten
Straße. Die bekannteste Prominenten-Siedlung am Sunset
Boulevard ist wohl *Bel Air;* das im Kolonialstil erbaute Haus
des Regisseurs John Ford liegt hier und schaut in ein von
Orangenbäumen und Zypressen bestandenes Tal; auch die
von einem Park mit alten Bäumen umgebene Casa Encantada
von Conrad Hilton gehört zu dem Star-Viertel.

Viele Stars, Produzenten und Regisseure haben sich in *Beverly Hills* angesiedelt, das man deshalb gern das ›Schlafzim-
mer Hollywoods‹ nennt. An 1152 San Ysidro liegt die Villa
von Tony Curtis, an 918 North Roxburg die von James Stewart. Im Haus 1501 Summitridge Drive lebte Fritz Lang bis
zu seinem Tode 1976.

Eine lebhafte Vorstellung vom Leben der Stummfilmstars
vermittelt der herrschaftliche, inmitten einer Ranch gelegene
Besitz von Will Rogers, heute *Will Rogers State Historical Park,*
am Küstenende des Sunset Boulevards. Und schließlich kann
man nach einem Faltblatt, ›Michel's Memory Map‹, erarbeitet
von einem alten Filmstatisten, alle Friedhöfe in und um Hollywood mit den Gräbern der Hollywood-Größen finden. Besonders gern suchen Amerikaner den Friedhof *Forest Lawn
Memorial Park* in Glendale auf, auf dem Walt Disney, Clark
Gable, Errol Flynn, Humphrey Bogart und viele andere ihre
letzte Ruhe gefunden haben. Marilyn Monroes Grab liegt auf
dem Friedhof *Westwood Memorial Park.*

Der Hollywood Freeway führt uns nach Norden über den Cahuenga-Paß ins einst fruchtbare Tal von San Fernando. Heute ist die Stadt San Fernando mit fast einer Million Einwohner eine der größten Satellitenstädte von Los Angeles. 1909 kaufte die Los Angeles Suburban Homes Company große Teile des damaligen Weizenlandes auf. Der Besitzer der ›Los Angeles Times‹, Harrison G. Otis, und der Grundstücksmakler Harry Chandler – die Tochter Dorothy baute 1965 das Music Center von Los Angeles – waren die eigentlichen Käufer. Es wurde ein Millionengeschäft. Vier Jahre später, 1913, hatte William Mulholland seinen Los-Angeles-Aquädukt fertiggestellt, der Wasser in jeder beliebigen Menge vom Osthang der schneereichen Sierra Nevada nach Los Angeles brachte und noch immer bringt. Dieser Aquädukt endete im San-Fernando-Tal. Mulhollands bekannter Ausspruch nach Fertigstellung des Aquädukts: »Here it is, take it«, zog bald Tausende von Siedlern ins San-Fernando-Tal. Nach dem Zweiten Weltkrieg siedelte sich auch Industrie an, vor allem Elektronik-Industrie, und zog weitere Zehntausende herbei. Zudem wurde San Fernando, nicht zuletzt wegen der besseren Luft gegenüber Los Angeles, ein beliebter Wohnort. Die Stadtverwaltung von San Fernando trug nicht wenig dazu bei, diese Attraktivität zu erhöhen, und schuf hübsche Parkanlagen, von denen die anziehendste die Bush Gardens sind, als große, grüne Inseln für die Bevölkerung. Der südliche Teil des Tales blieb fruchtbares landwirtschaftliches Gebiet. Die Gefahr, daß die Industrie auch hier den Farmern lockende Preise bieten könnte, ist allerdings nicht gebannt. Nur ein Beschluß der Stadtverwaltung kann dies verhindern.

Die ersten Weißen, die sich im Tal ansiedelten, waren auch hier Franziskanermönche. 1797 gründete Franziskanerpater Lasuén die 17. Missionsstation in Kalifornien, ›San Fernando Rey de España‹. Sie stellte das notwendige Bindeglied zwischen den Missionen San Gabriel und San Buonaventura her, das weiter nördlich an der Küste lag. Lasuén benannte die Mission nach dem kastilischen König Ferdinand III., der 1236

Córdoba im Zeichen der christlichen Reconquista erobert hatte. 1799 war die ursprüngliche Kapelle vollendet, 1806 die Kirche in der heutigen Form. Vier Wasserquellen waren in der Nähe. Die Indianer zeigten sich freundlich. Die Franziskanerpatres lehrten sie europäische kirchliche Musik. 1812 wurde die Missionsstation durch ein Erdbeben beschädigt, 1834 säkularisiert und 1861 der Kirche wieder zurückgegeben. Nach vier sachkundigen Restaurationen – die letzte 1930 – vermittelt der verbliebene Westteil der einst großen Missionsstation mit Sattlerei und Läden noch eine gute Vorstellung vom früheren San Fernando. Das ›Convento‹, ein 80 Meter langes, flaches Gebäude, enthält eine Kapelle, eine Küche und einen Weinkeller. Bunte, farbkräftige indianische Malereien über Fenstern, Türen und in den Innenräumen schmücken es. Der mächtige Brunnen im Zentrum der Mission ist im maurischen Stil erbaut.

Ehemals war die Mission von ausgedehnten Wein- und Obstgärten und Weiden mit riesigen Viehherden umgeben. Man betrieb eine florierende Lederwerkstatt. An die Kirche mit Glockenturm schloß sich einst ein Gebäudeflügel mit einer Sattlerei und Läden an. Heute liegt die Mission inmitten lebhaften Verkehrs unweit jener Stelle, an der der Golden State Freeway in den San Diego Freeway einmündet. Manches von ihrem ehemaligen Zauber aber ist geblieben. Wenn im Glockenturm der Missionskirche die ›Liebesglocke‹ läutet – der russische Baron Rezanow hatte sie einst der schönen Tochter des Gouverneurs Argüello geschenkt, in die er sich verliebt hatte –, dann dringt in die Bungalows, Appartement- und Geschäftshäuser von San Fernando der Klang alter Zeiten.

Huntingtons Reich der Bilder und Bücher

Von der Mission San Gabriel sind es nur wenig mehr als drei Kilometer nach Norden – wir überqueren dabei den Huntington Drive – bis zur *Huntington Library and Art Gallery* (1151, Oxford Road) in San Marino, einem gepflegten Villenvorort. Vom Stadtzentrum aus fahren wir auf dem Huntington Drive nach Nordosten.

Als Henry Edwards Huntington 1927 mit 77 Jahren nach einem arbeitsreichen und erfüllten Leben starb, hinterließ dieser Prototyp amerikanischer Unternehmer, Enkel einer der kalifornischen ›Big Four‹ der Southern Pacific Railroad, eine der hervorragendsten Kunst- und Büchersammlungen der Welt. In einem englischen Park auf einem der Hügel der San-Marino-Berge angelegt, mit herrlicher Aussicht auf Los Angeles, ließ Huntington 1910 ein herrschaftliches Haus im georgianischen Stil errichten. Als 1913 Mrs. Arabella Huntington zum zweitenmal Mrs. Huntington wurde – sie war vor der Ehe mit Henry Edwards bereits mit dem 1900 verstorbenen Collis Potter Huntington, dem Onkel Henrys und einem der ›Big Four‹, verheiratet –, da war es ein ihr nahestehender Kunsthändler, Sir Joseph Duveen, der nicht nur die Hochzeit bis ins kleinste Detail vorbereitete, sondern auch beim Erwerb der berühmten Gainsborough-Gemälde maßgeblich mitwirkte.

So ist denn auch die Reihe der Gainsborough-Bilder das Herzstück der Huntington Art Gallery, und das hervorragendste davon ist der ›Blue Boy‹. Huntington erwarb es 1922 vom Herzog von Westminster in London für 620 000 Dollar. Daneben finden wir Werke des bedeutenden Zeitgenossen von Gainsborough, Joshua Reynolds (›Sarah Siddons‹), von Thomas Lawrence (›Pinkie‹), Raeburn, Constable, nicht zuletzt zwölf herrliche Aquarelle von J. H. W. Turner. Es ist eine der besten Sammlungen englischer Kunst des 18. und 19. Jahrhunderts in Amerika. Auch qualitätvolle niederländische und italienische Gemälde sind hier versammelt.

Wenige Schritte von der Kunstgalerie entfernt, ließ Huntington im Park ein langgestrecktes, weißes, klassizistisches Gebäude errichten, das die *Huntington Library* beherbergt. Was sein Onkel begonnen hatte, setzte Henry E. Huntington mit der gleichen Rastlosigkeit und Leidenschaft fort: Er kaufte wertvolle Privatbibliotheken en bloc, ersteigerte, meist in England, hier einen Erstdruck der Gutenberg-Bibel, dort Shakespeare-Erstausgaben, Inkunabeln der Druckkunst, seltene Handschriften und Manuskripte, wie Benjamin Franklins Autobiographie oder George Washingtons Genealogie.

Die Huntington Library, durch ein Forschungsinstitut, das sich besonders der Shakespeare-Forschung widmet, und einen Verlag (Huntington Library Publications) erweitert, umfaßt heute eine halbe Million Bände und ist nicht nur Anziehungspunkt für Besucher, sondern Arbeitsstätte für Wissenschaftler aus aller Welt.

Eine Augenweide bietet der fast einen Quadratkilometer große Park mit seinen vielen Gärten am Rande: dem Kaktus-Garten, dem Japanischen Garten und nicht zuletzt dem Shakespeare-Garten mit all den Blumen und Pflanzen, die in Shakespeares Werken genannt sind. Diesen Gärten galt, neben seiner Bibliothek, die besondere Liebe und Zuneigung Henry E. Huntingtons.

Durch den eleganten Villenort San Marino fahren wir nach Westen, vorüber am *Lacy Park* mit der ›Alten Mühle‹, der Mission San Gabriel und am ›Huntington Sheraton‹, das den Charme der zwanziger Jahre hat, zum Ende des Pasadena Freeway, der von Downtown kommt. Die weiter nach Norden führende Verlängerung des Freeways, der Arroyo Parkway, führt uns ins Herz der am Fuße der San-Gabriel-Berge gelegenen Rosenstadt Pasadena.

Pasadena: Pop Art und ›Cal-Tech‹

Das selbstbewußte Pasadena bestätigt sich allein schon in seiner City Hall, dessen imposanter Zentralkuppelbau mit dem von San Franzisko konkurrieren möchte. Der nahegelegene Colorado Boulevard führt uns zunächst zum *Norton Simon Museum,* früher Pasadena Art Museum genannt.

Auch hier war es eine Sammlerin, Miss Grace Nicholson, die ihr Haus und eine beachtliche Sammlung fernöstlicher Kunst nach ihrem Tod 1948 der Stadt Pasadena vermachte. Doch seinen außerordentlichen Ruf in Amerika verdankt das Norton Simon Museum der Sammlung von Werken des 20. Jahrhunderts, die der Fabrikant Norton Simon aus Los Angeles zusammengebracht hat. Der deutsche Expressionismus ist hier, vor allem mit Graphiken, exemplarisch vertreten. Eine von Galka E. Schleyer gestiftete Sammlung enthält

Werke von Kandinsky, Jawlensky, Feininger und Paul Klee. Von Klee allein besitzt das Museum vierzig Arbeiten.

Eine Attraktion ist das große Angebot an zeitgenössischer amerikanischer Malerei vornehmlich kalifornischer Künstler, so Billy Al Bengstons Pop Art oder die Cool Art von Robert Irwin und Larry Bell, und selbstverständlich Werke der in Pasadena lebenden Clark Murray und Bruce Nauman. Billy Al Bengston (geb. 1934), der in Los Angeles lebt, hält die plakative Welt von ›L.A.‹ in seinen ungegenständlichen Bildern mit scharfen Konturierungen und süßlichen Farben fest. Clark Murrays (geb. 1937) Winkelstabpyramiden aus Stahl im Stil der Minimal Art machen auf raumfunktionale Aspekte aufmerksam. Bruce Nauman (geb. 1941) will mit seiner ›Behaviour Art‹ oder ›Body Art‹ den Menschen in seinem Verhältnis zum veränderten Raum- und Zeitgefüge zeigen. Diese Werke sind ohne Zweifel beeinflußt durch die Arbeit des Weltraumforschungszentrums von Pasadena.

Das für das Weltraumprogramm maßgeblich zuständige *California Institute of Technology* ist erstaunlicherweise eine private Institution mit Regierungsaufträgen. Mit den spektakulären Landungen der beiden amerikanischen Sonden Viking 1 und 2 im Sommer 1976 auf dem Mars ging der Name von Pasadenas ›Cal-Tech‹ über alle Nachrichtenmedien der Welt. So ist dieser Ort in der Revolution unseres Wissens über unser Sonnensystem von großer Bedeutung.

Fragt man aber den Mann auf der Straße in Los Angeles, was am bemerkenswertesten an Pasadena sei, so wird er ohne Zögern antworten: »the Rose Bowl«. Mit der ›Rosen-Schüssel‹ meint er das Stadion im Brookside-Park von Pasadena. An jedem Neujahrstag nach dem Rosenumzug, der von einer Million Menschen in den Straßen Pasadenas bewundert wird, freilich auch an vielen anderen Tagen des Jahres, finden hier die Kämpfe der Football-Starmannschaften um das lederne Ei statt. Dann wird Rose Bowl zum amerikanischen Symbol des harten Lebenskampfes. Denn das Football-Spiel kann durchaus ein Gleichnis amerikanischer Lebensphilosophie bieten: der im Geben wie Nehmen gewandteste, trickreichste Spieler kommt durch – doch nur im Team.

Team-Geist ist auch das Fundament der Erziehung in Amerika. Kindergärten, Volksschulen, Höhere Schulen, Colleges und Universitäten sind der eigentliche Schmelztiegel der amerikanischen Nation. Der Schüler wird vor allem dazu erzogen, »to be an American citizen«. In jeder Klasse steht eine US-Fahne neben der Tafel. Allmorgendlich beginnt der Unterricht in allen Klassen des Landes mit dem Treueeid auf die Fahne der Vereinigten Staaten: »I pledge allegiance to the flag of the United States of America and to the Republic for which it stands, one Nation under God, indivisible, with liberty and justice for all«, sprechen die Schüler. Neben den üblichen Noten gibt es eine für ›citizenship‹, die ein beträchtliches Gewicht hat und das Erziehungsziel etwa so definiert: »Übernimmt Verantwortung«, »Ist höflich und kooperativ«, »Respektiert die Rechte anderer«, »Folgt den Gesetzen«, »Übt Selbstbeherrschung«, »Ist verläßlich«. Der daraus sich entwickelnde Gemeinschaftsgeist ist besonders an den Colleges und Universitäten auffallend ausgeprägt.

Obgleich Los Angeles stolz sein kann auf seine vielen ausgezeichneten öffentlichen und privaten Schulen sowie auf seine Colleges, darunter so hervorragende wie das California State Polytechnic College als Stiftung des bekannten kalifornischen Nahrungsmittelfabrikanten W.E. Kellog, kann hier nur von den Universitäten die Rede sein. Ihre Campusgelände bestimmen das Bild von L.A. maßgeblich mit und lohnen einen Besuch.

Das St. Vincent's College, aus dem sich die jetzige *Loyola-Universität* entwickelte, war die erste Institution für höhere Schulbildung in Südkalifornien. 1865 gründeten die Geistlichen von St. Vincent de Paul im Pueblo de Los Angeles das erste College. Die Loyola-Universität liegt heute, seit 1968 um ein modernes Studentenheim erweitert, zwischen Küste und San Diego Freeway auf der Höhe des großen Yachthafens Marina del Rey. Sie ist eine der 28 Jesuiten-Universitäten und -Colleges in den USA. Bei einem Besuch des Campus sollten wir das Edward T. Foley Communications Art

Center aufsuchen und die moderne Charles von der Ahe Library.

Die *University of Southern California* ist die älteste Universität von Los Angeles. Sie wurde 1876 gegründet und liegt etwas südlich von Downtown. Damals hatte Los Angeles nur 11000 Einwohner. Wie die Stanforder ist auch sie eine Privatuniversität und mit 28000 Studenten die größte Kaliforniens. Die drei Donatoren, die das Grundstück stifteten, waren ein Katholik, ein Jude und ein Protestant – bezeichnend für den toleranten Geist der Gründung. Ihr gemeinsames Symbol war das legendäre Heroenbild des Trojanischen Kriegers, der dann als Plastik vor dem Eingang der Universität aufgestellt wurde. Den 50 Meter hohen Glockenturm krönt eine riesige, stählerne Weltkugel. Er steht im Innenhof des modernen Architekturkomplexes des ›Von Kleinsmid Center of International and Public Affairs‹, das ein zeitgenössisches Gegenstück zum alten Universitätskern um die Widney Hall bildet.

Hervorragenden Ruf hat die juristische, die philosophische – mit einer ausgezeichneten germanistischen Abteilung – und die Musik-Fakultät dieser Universität. Die Arnold Schönberg Hall, in der der Nachlaß des bei Los Angeles 1951 verstorbenen österreichischen Komponisten verwaltet wird, ist Zentrum der Schönberg-Forschung. Auch der Nachlaß Lion Feuchtwangers (1884-1956; ›Jud Süß‹, ›Goya‹) ist der Universität vermacht worden. Die University of Southern California wird von der Ford Foundation und weiteren großen Privatstiftungen finanziell unterstützt.

Als sich 1927 die damaligen Universitäten von Los Angeles und Berkeley zur *University of California Los Angeles* (UCLA) verbanden, war dies der Beginn der Entwicklung der acht heutigen UC-Universitäten in Kalifornien. Der Campus der UCLA liegt auf einer kleinen Anhöhe zwischen Sunset Boulevard und dem Stadtteil Westwood Village im Westen des Großraums von Los Angeles. Um den geziegelten Zentralbau der alten Universität Royce Hall, der den höchsten Punkt der Anhöhe einnimmt und der anmutet wie eine doppeltürmige romanische Kirche der Lombardei, und um die alte ehrwürdige Bibliothek mit heute 2,5 Millionen Bänden entstand im Laufe eines halben Jahrhunderts in Beton und Glas eine der modernsten Universitäten in den USA. Die UCLA hat (1977) rund 30000 eingeschriebene Studenten. Sie arbeiten in den 82 Universitätsgebäuden des weitläufigen Campus, der zugleich 38 Forschungsinstitute einschließt. Viele Studenten wohnen in dem südlich an den Campus sich anschließenden Westwood Village. Die bedeutendsten Studienfächer der UCLA sind Medizin, Erziehungswissenschaft, Technik, Physik, Biochemie, Chemie, Weltraumforschung und Wirtschaftswissenschaft. Dem ›Center of Health Sciences‹ ist ein Gehirn-Forschungszentrum angeschlossen. Die pädagogischen Fakultäten vermitteln – nach dem Fehlschlag des auf der freien, ungehinderten Selbstentfaltung beruhenden Spokeschen Erziehungssystems – eine mit neuem Geist erfüllte Erziehung des ›commitment‹, der Verpflichtung und Bindung, die auf den Werten der eingangs erwähnten ›citizenship‹ beruht. Die technische Lehre und Forschung entspricht den Forderungen des letzten Viertels unseres Jahrhunderts und reicht von der Computer- bis zur Nuklearforschung, von Verkehrsproblemen bis zu aerodynamischen Fragen. Ohne die Grundlagenforschung der UCLA auf dem Gebiet der Spezial-Treibstoffe hätte sich wohl kaum eine Saturn-Rakete vom Cape Kennedy in Richtung Mond abheben können.

Die Nähe Hollywoods ließ natürlich auch ein hervorragendes Theater-Institut mit der McGowan Hall für Theateraufführungen, Radio, Film und Fernsehen entstehen. Der weit über Kaliforniens Grenzen reichende kulturelle Ruf der UCLA liegt nicht zuletzt auch in den ›Art Galleries of UCLA‹ begründet und dem neuen, seit 1966 bestehenden ›Dickson Art Center‹.

Der San Bernardino Freeway bringt uns vor die Osttore von Los Angeles. *San Bernardino,* am Südfuß der San-Bernadino-Berge gelegen, wurde 1851 von 500 Mormonen gegründet, die vom Salt Lake aus dem Staate Utah gekommen waren. Den Namen erhielt der Ort jedoch von einem Franziskanerpater der Mission San Gabriel, der 1810 am Tag des hl. Bernardino von Siena, dem 20.Mai, diesen Platz entdeckt

Karte von Los Angeles

hatte. Im Laufe von anderthalb Jahrhunderten wurde San Bernardino ein wichtiges landwirtschaftliches Zentrum mit über 100000 Einwohnern. Der Ort ist für die Los Angelaner ein beliebter Ausgangspunkt für Ausflüge in die bewaldeten Bernardino Mountains mit fischreichen Seen (Lake Arrowhead und Big Bear Lake), zu den unzähligen Hotels und Cafés am Lake Arrowhead (Arrowhead Village) und zum Erholungszentrum des Big Bear Lake mit einer Wassertalsperre.

Unweit südlich von San Bernardino liegt der Ort *Riverside,* wo 1873 die ersten Stecklinge kernloser Nabelorangen – sie gelangten von Brasilien über Washington nach Riverside – angepflanzt wurden. So entstanden bereits 1907 in Riverside ein ›Citrus Research Center‹ und eine ›Agricultural Experiment Station‹, aus denen 1954 die *University of California Riverside* hervorging. Ihre besonders bedeutende landwirtschaftliche Fakultät beschäftigt sich seit 1962 auch mit Umweltschutzfragen.

Zur University of California Irvine müssen wir in den Süden von Los Angeles, nach Orange County, fahren. Die UC Irvine ist eines der jüngsten Glieder in der Universitäts-Kette. Im Herbst 1965 wurde sie eröffnet. Myford Irvine, letzter Sproß einer Familie, die seit hundert Jahren die große Irvine Ranch of Orange County besitzt, stiftete vier Quadratkilometer seines Landes zu ihrer Gründung. Die Universität hat vor allem geisteswissenschaftliche Fächer, eine Ingenieurs-Fakultät, ein Institut für Urbanistik und Umweltfragen und ein gutes Musik-Institut mit einem bemerkenswerten Studenten-Orchester. Im Jahre 1990, so plant die UC Irvine, wird sie 27000 bis 28000 Studenten haben und in einer Stadt mit 150000 Einwohnern liegen.

Watts und die Häfen

Die beiden Hauptverkehrsadern von Downtown hinunter zu den Häfen, die durch das endlose Schachbrettmuster der Großstadt Los Angeles führen, sind der schnurgerade nach Süden verlaufende Harbor Freeway und, 10 Kilometer östlich parallel dazu, der Long Beach Freeway. Über 30 Westost-

Straßenachsen unter- und überqueren sie. In der Mitte zwischen Harbor- und Long Beach Freeway gelangen wir ins trostlos verlassene Zentrum von Los Angeles. Im Sommer war es bis vor wenigen Jahren noch eine Hölle der Abgase. Dieses Zentrum heißt Watts. Der Ort ist vorwiegend von Schwarzen bewohnt, die in den beiden Häfen Arbeit und Brot finden.

Watts schien anfänglich geeignet, wirtschaftlich einer der blühendsten Verkehrsmittelpunkte von Los Angeles zu werden. Doch die meisten Menschen fuhren vorbei. Als sei es der Mittelpunkt einer Drehscheibe geworden, bewegte sich nichts mehr, alles drehte sich nur noch um sie selbst. Im heißen August 1965 kam es zu den weltbekannten Aufständen von Watts, die durch den Widerstand der Farbigen gegen weiße Polizisten ausgelöst wurden und 34 Menschenleben kosteten. Die Stadtverwaltung ergriff wirtschaftliche und soziale Hilfsmaßnahmen und beschloß – erfolgreich – strikte Anti-Smog-Gesetze.

In den wieder blauen Himmel ragen die *Watts Towers* (1765, East 107th Street), die wie Abstraktionen von drei filigranen gotischen Türmen wirken. Der italienische Dachdecker Simon Rodia hat sie in über drei Jahrzehnten Handarbeit von 1921 bis 1954 aus armdicken Stahlrohren geschaffen. Die Basis der Türme verkleisterte er mit Zement und bestückte diesen mit buntem Glas, Porzellan, Muscheln und anderem Zierzeug. Rodias Ziel war der Traum aller Los Angelanos: »to do something big.« Er tat es und ging danach auf und davon. Die Watts Towers aber wurden eines der Wahrzeichen von Los Angeles.

Im Süden endet der Harbor Freeway am *Los Angeles Harbor,* der benachbarte Long Beach Freeway am *Long Beach Harbor.* Genaugenommen bilden beide von Menschenhand geschaffene Häfen – sie sind keine Naturhäfen wie in San Franzisko – eine mächtige Hafeneinheit mit über 15 Kilometern Küstenlänge. Seit 1899 sind sie unablässig ausgebaut, erweitert und modernisiert worden. In hundert verschiedene Länder geht von hier aus der kalifornische Export. Der internationale als auch nationale Passagierverkehr ist nicht minder

umfangreich; eine halbe Million Menschen jährlich gehen hier
an Bord oder von Bord. Im Long Beach Harbor wird das
kalifornische Erdöl umgeschlagen, was sich durch die nahegelegenen reichen Erdölfelder von Signal Hill anbietet.

Im Hafengelände liegt die größte Fischkonservenindustrie
der Nation. In der *Ports O'Call Village* und der *Whaler's
Wharf,* beide im Stil des 19. Jahrhunderts, finden wir unzählige Fischrestaurants, Fischmärkte und hübsche Hafen-Krä-
merläden. Die ›Fisherman's Fiesta‹ lockt alljährlich im Oktober über eine Viertelmillion Menschen an.

Der Long Beach Freeway endet direkt an jenem Kai, an
dem das Luxusschiff ›Queen Mary‹ liegt. 1967 ließ die Stadt
Long Beach das 81 000-Tonnen-Schiff von Southampton an
den eigenen Kai überführen und als Touristenattraktion ver-
täuen. Auf seinen zwölf Decks gibt es vielfältige Restaurants,
Geschäfte, Deck-Tours und eine ›Jacques Cousteau's Living
Sea‹-Schau. Ein Teil der ›Queen Mary‹ wurde zum Museum;
wie das Pasadena Art Institute veranstaltet es Ausstellungen
südkalifornischer Künstler.

Unmittelbar westlich von Long Beach beginnt ein 12 Kilometer langer Strand, nach dem die Stadt ihren Namen hat,
denn ›long beach‹ bedeutet ›langer Strand‹. Sein Ende bildet
ein romantischer, palmenbestandener Yachthafen.

Anaheim und Disneyland

Im Jahre 1861, Los Angeles hatte damals knapp über 4000
Einwohner, kam es nach Ausbruch des Amerikanischen Bürgerkrieges zu Unruhen in der Stadt, so daß General Summer
Truppen von Oregon nach Los Angeles verlegen mußte. Es
waren die Zeiten der ›wild frontiers‹. Das hinderte den Deutschen Georg Hansen, der in einer kooperativ arbeitenden
deutschen Kolonie in San Franzisko lebte, nicht daran, die
Zimmerleute, Handwerker, Schmiede, Schuhmacher, Kaufleute, Uhrenhändler und Musiker seiner Gemeinde davon zu
überzeugen, daß es besser sei, nach Los Angeles zu ziehen,
nicht zuletzt des milderen und sonnigeren Klimas wegen. Zunächst kaufte das Kollektiv im Süden von Los Angeles Land
auf, und einige Männer begannen in mühsamer Arbeit Wein-

berge anzulegen. Schließlich zog die gesamte deutsche Gemeinde in jenes Gebiet um, das sie Anaheim nannten, ›Ana‹ nach dem nahegelegenen Santa-Ana-Fluß und ›-heim‹, weil es ein so anheimelndes deutsches Wort war und sie hier heimisch werden wollten, was dann auch geschah. Die Deutschen schufen sich eine eigene Bewässerung, bauten sich an der heutigen Seal Bay einen kleinen Hafen aus, errichteten eine Schule, ein Rathaus und wurden bald durch ihren Fleiß eine reiche Gemeinde. Noch heute, nach über hundert Jahren, ist der deutschamerikanische Charakter Anaheims unübersehbar.

Seit 1875 verbindet die Santa-Fé-Eisenbahn Anaheim mit der Innenstadt von Los Angeles. Heute führt zudem der vielbefahrene, von Downtown kommende Santa Ana Freeway direkt nach Anaheim und das südlich daran anschließende Santa Ana, das am Sankt-Anna-Tag des Jahres 1869 gegründet wurde. Ehemals umgaben die endlosen Orangenhaine von Orange County den Ort. Heute finden wir an deren Stelle viele Betriebe, vor allem der elektronischen und pharmazeutischen Industrie.

Der Name Anaheim hingegen ist meist verbunden mit dem magischen Ziel Disneyland. Auf dem Weg dorthin führt uns die Abfahrt Artesia Boulevard zum *Japanese Village,* in die Welt der heiteren Ruhe Alt-Japans. Bereits zwischen 1900 und 1910 waren mit dem wirtschaftlichen Aufschwung Südkaliforniens viele Japaner ins Land gekommen, um in den Orangenhainen zu arbeiten. Bald besaßen sie durch Fleiß und Sparsamkeit selbst kleine Gemüse-Farmen oder wurden tüchtige Händler. 1910 waren es bereits 15000; heute leben über zehnmal so viel Japaner allein im Großraum Los Angeles. Sie sind inzwischen amerikanische Staatsbürger.

Farmeridylle und Sehnsucht nach dem Wilden Westen verband die Familie Knott mit viel Geschäftssinn zu *Knott's Berry Farm* (Beach Boulevard, unweit Disneyland). 1920 noch verkauften Vater und Mutter Knott hier an einem kleinen Stand ihre Beeren, aus dem bald ›Knotts Großes Abenteuer‹ wurde, nämlich ein Vergnügungsgelände mit einer alten Goldgräberstadt, dem John Wayne Theatre, dem Chicken Dinner Restaurant & Steak-House und nicht zuletzt der detailgetreuen Nachbildung der Independence Hall in Philadelphia, in der am 4. Juli 1776 die Unabhängigkeitserklärung unterschrieben wurde. Die alte Eisenbahn und ›Butterfield‹-Kutschen fahren Kinder und Eltern zurück in alte Zeiten.

Das unübertroffene Zauberreich für Millionen aber bleibt *Disneyland*. 1955 wurde diese amerikanische Riesen-Traumstadt von der Walt Disney Corporation rund um ein Märchenschloß angelegt. Es übertraf alle Erwartungen. Jährlich hat es 10 Millionen Besucher, und keineswegs überwiegend Kinder, sondern sogar weit mehr Erwachsene. Disneyland ist nicht *ein* Land, sondern sind eigentlich *vier* Länder: ›Frontierland‹ (Pionierland) mit Indianer-Camp und Mississippi-Raddampfer, ›Adventureland‹ (Abenteuerland) mit Dschungel und Baumhaus und Kreuzfahrt auf dem Fluß und zuschnappenden Krokodilen, ›Fantasyland‹ (Phantasieland), in dem es von Alice im Wunderland bis zu den tanzenden Folklore-Trachten-Puppen aus aller Welt in ›It's a small world‹ alle Disney-Figuren zu sehen gibt, und ›Tomorrowland‹ (Zukunftsland) mit Seilbahn, Karussell des Fortschritts, U-Boot-, See- und Weltraumfahrt. Das alles sind die bunten Sehnsuchtsländer der Kinder, versetzt mit Unterricht in amerikanischer Geschichte (und Versicherungsanzeigen), perfekt organisiert und perfekt funktionierend. In jedem Land gibt es selbstverständlich ausreichend Restaurants, Hamburger-Buden, Eiscreme-Stände, Cafés. Die ›Main Street‹ führt uns zurück ins 19. Jahrhundert, in die Zeit der Pferde-Straßenbahnen, Doppeldeckerbusse und der Ansprachen Präsident Lincolns, die in einem Theater vorgeführt werden. Eine alte Eisenbahn fährt die Besucher um ganz Disneyland herum und eine moderne Einschienen-Bahn mitten hinein ins ›Tomorrow‹ und ins Disneyland-Hotel.

Was macht den Erfolg von ›Disneyland‹ aus? Ist es in einer Welt der Konfrontation mit harten täglichen Realitäten die große Sehnsucht, einmal in ein Reich der Phantasie zu entfliehen, in dem noch alles in Ordnung ist, in dem alles funktioniert wie im Spiel, alles Spaß macht und ›fun‹ ist? »Let's forget about tomorrow ...«: Deshalb gibt es Disneyland.

Es würde ein falsches Bild entstehen, sähe man den Groß–
raum Los Angeles nur als ein Häusermeer. Jedes Stadtgebiet
der Metropole hat vielmehr seine grünen Lungen, seine
attraktiven, meist großflächigen Parkanlagen mit altem
Baumbestand, gepflegten Rasen, tropischen Gewächshäu–
sern, botanischen Gärten, Seen, Tennis- und Golfanlagen,
Reitställen, einem Zoo, einem Observatorium und vielen
Teehäusern. Los Angeles hat nicht weniger als 112 Parkanlagen.

So finden wir – zum Teil schon beschrieben – in San Fer-
nando die zauberhaft angelegten Bush Gardens; der Stadtteil
Burbank hat seinen Wildwood Canyon Park, Glendale seinen
Brand Park, Hollywood den Griffith Park; nördlich an
Downtown grenzend liegt die Plaza des alten Pueblo de Los
Angeles, südlich der Exposition Park und im Zentrum der
Pershing Square; an der Miracle Mile gibt es die drei Anlagen
des Douglas McArthur Park, Lafayette Park und Hancock
Park; in Pasadena erholt man sich im Brookside Park und im
Sycamore Grove, in San Marino in den Botanischen Gärten
der Huntington Library und dem Lacy Park, in Alhambra im
Lincoln Park, in La Cancada in den orientalischen Descanso
Gardens, und so fort. Viele Stadtgebiete weisen schon durch
ihre Namen auf ihre grünen Viertel hin, wie Buena Park,
Elysian Park, Hyde Park, Brentwood Park, Monterey Park,
Huntington Park, Arena Park, Barnsdale Park, Hollywood,
Inglewood, Lynwood, Lakewood, Maywood oder auch Bell
Gardens, Hawaiian Gardens und Garden Grove.

Drei dieser Anlagen wollen wir beispielgebend herausgrei-
fen: Griffith Park, Elysian Park und Exposition Park. Der
zentral gelegene *Griffith Park* hat fast die Flächengröße der
Stadt Heidelberg. Benannt nach Griffith J. Griffith, der 1898
einen Großteil seiner Feliz Ranch der Stadt vermachte, liegt er
am Ostrand von Hollywood in den Südausläufern der bewaldeten San Gabriel Mountains, die ihrerseits mit vielen
Schluchten, Staudämmen, Skiorten und der bekannten Sternwarte des Mt. Wilson Observatory ein beliebtes Ausflugsziel

der Los Angelaner sind. Auch der Griffith Park hat seit 1935 ein Observatorium, das nicht nur einen Blick ins Universum ermöglicht (1964 erhielt das Planetarium einen neuen Zeiss-Projektor aus Wetzlar), sondern auch eine faszinierende Panoramaschau auf Los Angeles. Die zum Observatorium gehörende Hall of Science zeigt Ausstellungen über die Erforschung des Weltraums, wobei die Aufnahmen von Mond und Mars besonders aufsehenerregend sind. Auch der 1964 eröffnete Greater Los Angeles Zoo mit Children's Zoo, einem Greek Theatre mit Schauspielen und Musicals unter freiem Himmel, oder das ›Fern Bell Nature Museum‹ sind Publikumsattraktionen.

Die Aussicht vom Point Grand View im *Elysian Park* auf Los Angeles hält, was der Name verspricht. Der gleichfalls berge- und schluchtenreiche, mit Eukalyptus- und Eichenbäumen und wilden Rosen bestandene Park liegt unweit nördlich vom Stadtzentrum bei ›New Chinatown‹. Ein Mekka ist der Elysian Park vor allem für Baseball-Freunde durch sein Dodger-Stadium. Nicht weniger anziehend ist das alljährliche ›All-City Outdoor Festival‹ in diesem Park, bei dem jeder seine selbstgemachten Kunstwerke ausstellen darf.

Der *Exposition Park* grenzt unmittelbar südlich an den Campus der University of Southern California. 1932 fanden hier die x. Olympischen Spiele statt. Das große Eingangstor zum Stadion Memorial Coliseum wie auch die viel benutzten Schwimm- und Sporthallen erinnern daran. Für 1984 hat sich Los Angeles erneut um die Olympischen Spiele an diesem Ort beworben. Das ›California Museum of Science and Industry‹ im Exposition Park veranschaulicht die Geschichte von Computer, Telefon, Luftfahrt, Automobil, Gas, Elektrizität, Eisenbahn und Medizin in Kalifornien, das ›Museum of Natural History‹ zeigt mineralogische, archäologische und ethnologische Sammlungen – beide sehr beliebt.

Der Küstenort *Malibu* ist der nördlichste Vorort von Los Angeles, wo sich Hollywood-Stars, Geschäftsleute und Künstler, wenn sie genügend Geld haben, ein Häuschen am Strand des Pazifik kaufen. In Malibu beginnt die endlose Kette der nach Süden zu aneinandergereihten Badestrände: Malibu Beach, Will Rogers Beach, Santa Monica Beach, Dockweiler Beach, Manhattan Beach, Redondo Beach, Royal Palms Beach, Sunset Beach – um nur die bekanntesten der rund sechzig zu nennen. Malibu Beach ist nach wie vor einer der feinsten von ihnen. Einer der namhaftesten Bewohner von Malibu war der reichste Mann Amerikas, der Ölmilliardär Jean Paul Getty. In Küstennähe besaß er eine Ranch mit 26 Hektar Land. Dort ließ er 1972 das *J. Paul Getty Museum* für seine geradezu sagenhafte Privatsammlung bauen. 1974 wurde der auf einem pinien- und zypressengekrönten Hügel gelegene Gebäudekomplex mit palästragroßem Garten eröffnet – alles in Originalgröße dem altrömischen Patrizierhaus in Herculaneum nachgebildet, das einst dem sehr reichen Schwiegervater Cäsars, Lucius C. Piso, gehörte. Die Böden sind mit Mosaiken ausgelegt, die Wände im pompejanischen Stil bemalt.

Gettys Sammlung antiker Skulpturen wird in Amerika nur von der des Metropolitan Museum in New York übertroffen. Der berühmte Landsdowne-Herkules gehört dazu und eine Venus-Statue aus dem Besitz Kardinal Mazarins. Die Sammlung französischer Rokoko-Möbel kann so internationalen Rang beanspruchen wie die Gemälde aus der Renaissance und vor allem aus dem Barock, darunter eine Venus von Tintoretto und Rigauds Bildnis Ludwigs XIV., das Getty bei Sotheby in London erworben hat. Der seit 1960 in Südengland ansässige Milliardär wollte nach Malibu zurückkehren, »sobald seine Arbeit in Europa getan sei«. Als er im Juli 1976 bei London starb, verkündete das Testament, daß er auf dem Gelände des Getty Museum zu Malibu seine letzte Ruhestätte zu finden wünsche.

Die breite, lichtvolle Küstenstraße des Pacific Coast Highway führt uns am Fuß der Santa-Monica-Berge entlang, die
sich hier bis ans Meer schieben, zu dem in den grünen Küstenhügeln gelegenen *Pacific Palisades*. Der hübsche Villenort
zieht sich die Küstenberge hinauf wie die Häuser am Golf von
Neapel: So heißt auch ein Stadtteil wie dort ›Castellamare‹.

Pacific Palisades wurde zum Zufluchtsort vieler deutscher
Emigranten. Thomas Mann hatte hier *»von irgendeinem Film-
mann aus Hollywood«,* wie Katja Mann in ihren Memoiren
schreibt, *»ein wunderschönes Grundstück gefunden. Mit einem
herrlichen Blick aufs Meer und auf Catalina Island war es schön
gelegen, mit Palmen und Orangen- und Zitronenbäumen in seinem
großen Garten.«* Als das Haus fertig war, stellte Thomas Mann
fest, er habe hier sein bisher schönstes Arbeitszimmer gefunden und er fühle sich darin sehr wohl; das Klima sei besonders
angenehm, weil es eigentlich nie zu heiß sei, außer, komi-
scherweise, im Oktober. In Pacific Palisades beendete Thomas Mann seinen Josephsroman, und hier entstanden ›Lotte
in Weimar‹ und ›Doktor Faustus‹.

Franz Werfel und seine Frau Alma Mahler-Werfel ließen
sich nach der Flucht über Frankreich, Spanien und Portugal
1940 in der Nachbarschaft der Mann-Familie nieder. Werfel
beendete hier seinen Roman ›Das Lied von Bernadette‹ und
lebte gut von den Einkünften der amerikanischen Ausgabe.
Auch ein Münchner Freund der Manns, der Schriftsteller
Bruno Frank, wurde Nachbar in Pacific Palisades. Leonhard
Frank hatte zunächst im nahegelegenen Hollywood gelebt,
wie Alfred Döblin, der 1940, nach seiner Ankunft in Los
Angeles, an Freunde ironisch schrieb: *»Da sind wir also im
heißen Kalifornien ... Warum es verschweigen: Los Angeles ist das
Gegenteil von einem Ort, den ich mir zum Wohnen aussuchen
würde ... Aber ich bin nicht zum Spaß in der als paradiesisch
verschrieenen Gegend ... Bei Metro-Goldwyn-Mayer habe ich
schon begonnen. Von diesen Autorenfabriken schreibe ich nächstens
mehr: drin sitzen lauter Dichter auf Wochenlohn.«*

Es waren keine Geringeren als Heinrich Mann, Alfred Pol-
gar, Leonhard Frank, Alfred Neumann oder Bert Brecht, die
mit Döblin als ›writer‹ in Hollywoods Filmindustrie ihr Brot

verdienten. In seinem letzten großen Roman ›Hamlet oder die lange Nacht nimmt ein Ende‹, den Döblin 1945 abschloß, beschreibt er die ganze Bitterkeit dieser Jahre.

Auch der Architekt Mendelsohn lebte bei Los Angeles, ebenso der Dirigent Bruno Walter, der Komponist Hanns Eisler, die Philosophen Theodor W. Adorno und Ludwig Marcuse, die Regisseure Fritz Lang und Wilhelm Dieterle, die Schauspielerin Lotte Lenya, die Schriftstellerin Hertha Pauli und nicht zuletzt der Komponist Arnold Schönberg mit seiner Familie, der im benachbarten Wohnort Brentwood Park arbeitete. Der aus München stammende Lion Feuchtwanger flüchtete auf abenteuerlichem Wege mit seiner Frau Martha aus Frankreich über Spanien und Portugal gleichfalls in die USA. 1941 ließ auch er sich in Pacific Palisades nieder, wo er 1958 starb. Seine resolute Frau lebt seither allein in dem alten Haus mit den 40000 Büchern, die eines Tages, wie auch die Villa, die University of Southern California als Stiftung übernehmen wird.

Die Schönheit dieses Küstenstrichs konnte freilich nicht hindern, daß die meisten Emigranten unter der Heimatferne litten. Selbstverständlich halfen sie sich gegenseitig, so gut sie konnten, so etwa die Feuchtwangers und Katja Mann dem in ständiger Notwehr gegen die Gemeinheiten des Daseins lebenden Heinrich Mann, der einmal schrieb: »*Liebe Katja, ich bin voll Dankbarkeit für die erhaltenen Schecks und in Sorge um den zuletzt abgegangenen, der nicht angekommen ist ... Inzwischen schulden wir die Miete und öffnen die Tür nur, wenn kein Gläubiger dahintersteht. So war es bestimmt, und wäre ohne Eure Güte noch schlimmer. An Tommy meinen herzlichen Gruß.*«

Wie problematisch dieses Exil-Leben auch für die schöpferische Arbeit war, hat Feuchtwanger nicht nur in seinem Roman ›Exil‹ dargestellt, sondern in dem Aufsatz ›Arbeitsprobleme des Schriftstellers im Exil‹, 1941 ausgesprochen:

»*Ich möchte nicht lange verweilen bei dem bitteren Thema, mit wieviel äußeren Schwierigkeiten der Schriftsteller im Exil sich herumzuschlagen hat ... Die ökonomischen Schwierigkeiten und der aufreibende Kampf mit Nichtigkeiten, die nicht aufhören, sind das*

äußere Kennzeichen des Exils. Viele Schriftsteller sind davon zer-
mürbt worden. Viele zogen den Selbstmord dem tragikomischen
Leben im Exil vor. Wer Glück hat, wer um all das herumkommt,
der sieht sich bei seiner Arbeit inneren Schwierigkeiten gegenüber,
von denen er sich in der Heimat nichts träumen ließ. Da ist zunächst
die bittere Erfahrung, abgespalten zu sein vom lebendigen Strom der
Muttersprache. Einige von uns haben versucht, in der fremden Spra-
che zu schreiben: wirklich geglückt ist es keinem ... Das Exil ist
eine harte Schule, die einem mit sehr energischen Mitteln beibringt,
was dieses Stirb und Werde [Goethes] bedeutet ... Wenn sich aber
die Flut verlaufen haben wird, wenn mit einem mehr sicheren Maß
gewogen werden wird, was taugt und was nicht, dann werden sich
unter den Werken der Epoche diejenigen, die im Exil geschrieben
wurden, nicht als die schlechtesten erweisen.«

Was er und all seine Schicksalsgenossen im Exil erfüllen wollten, war der Auftrag einer großen Kultur, den Gewalt und
Niedertracht in der Heimat verraten hatten. Sie wäre einer
großangelegten Darstellung wert, diese Geschichte der deutschen Künstlerkolonie in und um Pacific Palisades.

Inseln und weiße Häfen

Der hier von der Küste in die Berge hinaufsteigende Sunset
Boulevard würde uns, über Beverly Hills und Hollywood,
direkt ins Herz von Los Angeles bringen. Wir indessen fahren
zu den Kliffhöhen des *Palisades Park* hinauf, von wo wir einen
herrlichen Blick auf die Bucht von Santa Monica genießen
können. An klaren Tagen kann man hinübersehen bis zur 30
Kilometer vor der Küste liegenden Insel *Santa Catalina Island*.
Ihre Seelöwenfelsen und einladenden Badebuchten mit kri-
stallklarem Wasser sind besonders für den Sporttaucher ein
Paradies. Täglich verkehren Fähren, die jedoch keine Autos
mitnehmen, überdies auch Schnellboote zwischen Los Angeles Harbor und der weißen Inselhauptstadt Avalon.

Die Lage von *Santa Monica*, nur eine Meile vom Palisades
Park entfernt, ist für Los Angeles einmalig: ein am Meer hoch
auf einem Felsplateau nistender, heller, freundlicher Wohnort,

der mit der Innenstadt von Los Angeles durch den Santa Monica Freeway verbunden ist. Auch hier ließen sich früher bevorzugt Filmleute nieder. Dies lag nahe, denn die großen Film- und Fernsehstudios von 20th Century Fox liegen nur unweit von Santa Monica jenseits des San Diego Freeways am Santa Monica Freeway. Seitdem aber das ehemalige Filmgelände als Bauland an einen der größten Aluminiumhersteller in den USA verkauft wurde und dieser das elegante Viertel *Century City* baute, zogen die Leute von Film und Fernsehen, die etwas auf sich hielten, dorthin. Heute leben in Santa Monica viele Ingenieure und Facharbeiter, die meist in den nahegelegenen McDonnell-Douglas-Flugzeugwerken tätig sind. Santa Monica hat seinen eigenen Flugplatz.

Über den San Diego Freeway und die Abfahrtsstraße US 90 in Richtung Küste gelangen wir zu dem 1958 ausgebauten größten Yachthafen von Los Angeles, zur *Marina del Rey*. In den acht Seitenhäfen der Marina finden rund 10 000 Boote aller Klassen Platz; meist sind alle Anlageplätze ausgebucht.

Schon um 1900 ließ Mr. Abbott Kinney auf der Landenge zwischen Marina del Rey und dem Meer unzählige künstliche Kanäle anlegen und an ihnen, ähnlich wie in Venedig, Häuserreihen errichten. Nach Venedig gab man diesem Stadtteil dann auch den Namen Venice. Es sollte, nach den edlen Vorstellungen von Mr. Kinney, so etwas wie ein venezianisches Kulturzentrum werden. Venice wurde indessen ein ausgesprochenes Amüsierviertel.

Die Besitzer der größeren Yachten, aber nicht nur diese, landen ihre Privatflugzeuge auf dem nahegelegenen *Hughes Airport*. Privatbesitzer des Flughafens und der angrenzenden Hughes-Flugzeugwerke war der in der Presse oft genannte, 1976 verstorbene Milliardär Howard F. Hughes.

Der moderne, internationale Hauptflughafen von Los Angeles, der *Los Angeles International Airport,* liegt nur wenige Kilometer weiter südlich, zwischen Meer und San Diego Freeway. Die Schnellstraße des Century Boulevard verbindet den San Diego Freeway mit dem Flughafen. Sein Wahrzeichen sind zwei regenbogenförmig sich überkreuzende Stahlbetonträger, in deren Mitte das Flughafenrestaurant hängt. Täglich landen hier über 500 Flugzeuge. Achtzig Flüge gibt es allein von und nach San Franzisko. Die letztgenannten Kurzflüge – von immerhin 500 Kilometern – heißen kurz »shuttleflights« (»shuttle« ist das hin- und hersausende Weberschiffchen) und sind für europäische Verhältnisse unglaublich billig. Der Großraum Los Angeles verfügt noch über vier weitere Langstrecken-Flugplätze für Düsenflugzeuge: Hollywood-Burbank Airport im Norden, Long Beach und Orange County im Süden und Ontario Airport im Osten. Zehn weitere kleinere Flugplätze sind für den lokalen Nahverkehr bestimmt, vor allem für den Geschäfts- und Privatflugzeugverkehr.

Dem Los Angeles International Airport schließt sich ein flacher Küstenstreifen mit mehreren Badestränden an, der in der *Palos Verdes Peninsula* zu einer grünen, hügeligen Halbinsel ansteigt. An der Ostseite liegt der Hafen. In den Hügeln der Peninsula ist der romantische Wohnort Palos Verdes Estates entstanden. Am Fuße der attraktiven Küstenstraße setzt sich die Kette der feinen Sandstrände vom Redondo Beach bis zur Royal Palms State Beach fort. Inmitten eines blumenbedeckten Küstenstreifens entdecken wir die moderne ›Wayfarer's Chapel‹, eine von dem Sohn Frank Lloyd Wrights erbaute Kapelle. Unweit davon erstreckt sich der Komplex des ›Marineland of the Pacific‹. Sein weiträumiges Ozeanarium, vor allem aber der bunte ›See-Zirkus‹ mit seinen beliebten Delphin- und Seelöwen-Shows sind vielbesucht. Vom achtzig Meter hohen Sky Tower des Marineland überblicken wir noch einmal die gesamte Küste von Los Angeles und schauen weit hinaus aufs Meer bis nach Santa Catalina Island, wo die Geschichte der Entdeckung dieses Landstrichs vor rund vierhundert Jahren begann.

DIE ZENTRALKÜSTE

Nirgendwo in Kalifornien erscheint uns der Pazifik so unmittelbar gegenwärtig wie an der Zentralküste. Über viele Meilen hinweg dehnen sich hier noch einsame Küstenstreifen, vor allem zwischen der Morro-Bucht und Monterey, wo nur das Rauschen des Meeres und die Schreie der Möwen die Stille durchbrechen und manchmal auch ein tuckernder Fischerkahn. Steil abfallende Klippen und aus dem Meer ragende Küstenfelsen, gegen die tagaus, tagein die Brandung schlägt, wechseln mit endlosen weißen Stränden. Pinien- und Zypressenwälder, bisweilen von Golfplätzen oder blumenbedeckten Feldern unterbrochen, ziehen sich die Hänge hinunter bis an den Strand. Nahe der Küste herrscht in den grünen, mit Wildeichen und Ginster-Büschen bedeckten Hügeln pastorale Stille. Vieh und Pferde grasen hinter weißgestrichenen Zäunen auf saftigen Weiden wie einst schon um die Missionsstationen. Der Dunst des nahen Ozeans hängt in der Luft.

Die schmucke Kette der Missionsstationen zieht sich nördlich von Los Angeles von San Buenaventura über Santa Barbara und La Purísima bis nach San Luis Obíspo und weiter hinauf bis zu den Missionen San Antonio de Padua und Carmel. Manche Siedlergruppe, wie die dänische von Solvang, ließ sich später in den fruchtbaren Tälern nieder.

Die südliche Begrenzung der Zentralküste ist die noch heute von spanisch-mexikanischer Tradition und Atmosphäre geprägte, blumen- und palmenreiche Stadt Santa Barbara, seine nördliche das geschichtsträchtige Monterey, Hauptstadt des spanischen Kalifornien für sieben ereignisreiche Jahrzehnte. Traumhafte Golfplätze nördlich am ›Seventeen Mile-Drive‹ und die Künstlerorte Carmel und Big Sur südlich geben der Stadt ihren einladenden Rahmen.

Die küstennahe Autobahn nach Norden, der US Highway
101, windet sich, nachdem wir die Stadtgrenze von Groß-
Los-Angeles verlassen haben, durch eine im Sommer ausge-
trocknete ockerfarbene Bergwelt, hin und wieder bestanden
mit vereinzelten Wildeichen. Ehemals, zu Zeiten der Chu-
mash-Indianer, breiteten sich hier dichte Eichenwälder aus.
Der an der Autobahn gelegene Ort ›Thousand Oaks‹ (Tausend Eichen), heute ein beliebter Touristen-Stop, weist in seinem Namen darauf hin. Die Abholzung der Eichen ließ den
Wasserspiegel sinken und das Land austrocknen. Künstliche
Bewässerung ermöglichte später östlich und westlich der
Autobahn die Anlage von Orangen- und Zitronenplantagen.

In spanischen Zeiten lagen hier blühende Ranches. Das ge-
nußvoll-beschauliche Leben, das dort herrschte, etwa auf der
landeinwärts bei Santa Paula gelegenen ›Camilos Ranch‹,
können wir in Helen Hunt Jacksons ›Ramona‹ nachlesen. Dieser 1884 erschienene Roman, der die Liebe der Halbindianerin
Ramona zu dem Indianer Alessandro schildert, war eine An-
klage gegen die Entrechtung der Indianer. Er errang große
Popularität, wurde mehrmals verfilmt und zeugte eine Fülle
von Legenden. Ungeachtet seiner sentimentalen Handlung ist
er von dokumentarischem Wert.

»Das Haus der Señora Moreno gehörte zu jenen kalifornischen
Gebäuden, die das halb barbarische, halb elegante und verschwende-
rische Leben widerspiegelten, das die Damen und Herren des mexi-
kanischen Adels in den ersten Jahrzehnten des neunzehnten Jahr-
hunderts unter der Herrschaft der spanischen und mexikanischen
Vizekönige führten. Damals galten noch die Gesetze Westindiens,
und der Name ›Neuspanien‹ bildete die lebendige Brücke zur Ver-
gangenheit und entzündete den glühenden Patriotismus der Kalifor-
nier. Es war ein buntes Leben voller Romantik, Frohsinn und Emp-
findsamkeit ...

Das Haus war niedrig und aus Adobeziegeln gebaut. Eine breite
Veranda umgab den Innenhof auf drei Seiten, während eine noch
breitere sich an der südlichen Außenseite des Hauses entlangzog.

Diese Veranden, besonders die im Innenhof, wirkten wie zusätzliche Räume; der größere Teil des Familienlebens spielte sich hier ab. Niemand hielt sich im Hause selbst auf, wenn es nicht unbedingt notwendig war. Außer dem Kochen wurden auf der Veranda sämtliche Küchenarbeiten verrichtet. Hier schliefen auch die kleinen Kinder, hier wurden sie gewaschen, spielten und saßen im Schmutz. Die Frauen beteten hier, hielten ihr Mittagsschläfchen und webten ihre Spitzen. Die alte Juanita entkernte die Bohnen und warf die Schoten auf den Steinboden, bis sie abends manchmal eine hohe Mauer um sie bildeten. Die Schäfer und Rinderhirten rauchten hier ihr Pfeifchen, lungerten umher und richteten ihre Hunde ab. Die jungen Leute gaben sich ihr Stelldichein, und die Alten dösten vor sich hin ...

Als das Haus erbaut wurde, gehörte General Moreno das Land im Umkreis von vierzig Meilen ... Die Grenzen seines Gebietes waren nicht genau festgelegt, denn in jenen Tagen kam es auf ein paar Fuß Land mehr oder weniger nicht an. Viele wunderten sich, wie ein Mensch überhaupt in den Besitz solcher weiten Gebiete kommen konnte. Die Antwort auf diese Frage war nicht leicht. Jedenfalls fiel sie nicht zur Zufriedenheit der amerikanischen Vermessungskommission aus, die nach der Abtretung Kaliforniens an die Vereinigten Staaten eingesetzt wurde, um den mexikanischen Landbesitz neu zu ordnen. Und so geschah es, daß die Ländereien der Señora Stück für Stück enteignet wurden. Eine Zeitlang hatte es allen Anschein, als würde überhaupt nichts übrigbleiben. Die Geschenkurkunden des Gouverneurs Pio Pico, der mit dem General eng befreundet gewesen war, wurden nicht mehr anerkannt. Sie verschwanden in der Registratur der Vermessungskommission, und damit verlor die Señora an einem Tage den größten Teil ihres besten Weidelandes.«

Später hat der Einzug unzähliger ›Derricks‹, pausenlos arbeitender Erdölpumpen, das Landschaftsbild tiefgreifend verändert. Seit 1883 wird nicht nur in diesem Gebiet Erdöl gefunden. An der Küstenstraße von Los Angeles nach Oxnard und Ventura pumpt man, zum Teil drei Meter neben der Straße, Tag und Nacht das schwarze Gold an die Erdoberfläche.

Nahe dem Erdöl- und Landwirtschaftszentrum *Ventura* finden wir die ehemalige *Mission San Buenaventura.* Von der

1782 in Gegenwart des Gouverneurs Neve gegründeten neunten kalifornischen Mission ist nur wenig geblieben. Ein schweres Erdbeben zerstörte sie 1812 fast ganz. 1816 wurde die Kirche, größer als zuvor, wiederaufgebaut. Das rote Dreieck über dem Portal zeigt die Dachlinie der älteren Mission an. Ein mächtiger, vorgezogener Glockenturm steht zur Rechten des Portals, darin läuteten zur Missionarszeit mit Metallplatten ausgeschlagene, geschnitzte Holzglocken. Sie sind jetzt im Museum der Mission zu sehen. Der Ende des 19.Jahrhunderts stark veränderte Innenraum der Kirche ist 1957 in der ursprünglichen Form wiederhergestellt worden.

Ein Dorf mit Indianern und Mexikanern, die Obst- und Gemüseplantagen betrieben, umgab einst die Missionsstation. Noch bis in die Mitte des vergangenen Jahrhunderts hinein versorgten sich hier die Segelfrachtschiffe, die vor der Küste ankerten, mit Obst und Gemüse.

Ein Abstecher nach Nordosten ins hügelige Hinterland führt auf der mit Eukalyptus- und Walnußbäumen gesäumten Straße am weitflächigen *Lake Casitas* vorüber ins mondförmige *Ojai-Tal*. Der liebliche Ort *Ojai,* das indianische Wort für ›Nest‹, ist schon lange seinem Nest entschlüpft. Das alljährliche Music-Festival im Mai, zu dem Tausende hierherkommen, hat ihm einen internationalen Namen verschafft.

Die US 101 verläuft ab Ventura in unmittelbarer Nähe der Küste, begleitet von zahllosen Erdölbohrtürmen, die zum Teil architektonisch verkleidet sind, wenn sie auf kleinen Inseln in Küstennähe stehen. 1896 kam es hier, auf der Höhe des Ortes Summerland, zu den ersten Meeresbohrungen. Unbeeindruckt von den Bohrtürmen baden viele Menschen an den auch hier feinsandigen Stränden. Die Peripherie der Millionärskolonie *Montecito* durchfahrend, erreichen wir über eine breite Palmenallee Santa Barbara.

Santa Barbara – spanisch gestimmt

Der Charme von Santa Barbara hat nichts mit Reichtum zu tun. Der an der schon 1607 von Vizcaíno so benannten Bucht gelegene Ort ist im Gegenteil eine ausgesprochene Bürgerstadt. Mancher Kalifornier, aber auch Amerikaner aus anderen Staaten, der es in seinem Leben zu einem kleinen Besitz gebracht hat, träumt davon, sich im grünen Santa Barbara einzukaufen, sich an den Ausläufern der Santa-Ynez-Berge ein kleines Haus zu bauen und seinen Garten sorgsam zu pflegen. Die Bewohner streben darin den Stadtvätern nach, die die spanische Altstadt und die Küstenpromenade mit kunstvoll angelegten Blumenrabatten geschmückt haben. Ölbohrungen im Meer sind im Umkreis laut Gesetz verboten. So stört nichts die liebevoll gepflegte Atmosphäre dieses Orts, der von den Anhöhen wie ein Riesenpark mit eingestreuten Häusern wirkt.

In Santa Barbara läuft man nicht schnell. Das spanische ›mañana‹ gilt. Die Stadt wächst in diesem Sinn zu ihrem Vorteil. Sie hat kaum 100000 Einwohner. Kultur, so hat man den Eindruck, ist den Bürgern wichtiger als aller Handel. Santa Barbara hat allein acht Theater, eines davon mit Aufführungen in spanischer Sprache, gute Museen (das *Museum of Art,* an 1130 Bate Street, mit griechisch-römischer Sammlung und amerikanischer Kunst, die *UC Santa Barbara Art Gallery,* das *Historical Museum,* das *Historical Society Museum* und das *Museum of Natural History*), unzählige Privatgalerien sowie viele, zum Teil hervorragende Privatkunstsammlungen wie die ehemalige Max-Beckmann-Sammlung von Dr. Stephan Lackner. So finden die Teilnehmer der vielfältigen Tagungen, die hier stattfinden, in ihren freien Stunden Ablenkung genug.

Eine Zeitlang schien die Stadt wegen ihrer vielen Rentner ein wenig überaltert. Doch hat sie sich in den letzten zwanzig Jahren sehr verjüngt. Daran haben die Studenten der University of California Santa Barbara maßgeblichen Anteil. Viele junge Familien, die sich von der Großzügigkeit und der spanischen Atmosphäre angezogen fühlen, ziehen nun hierher.

Seitdem 1786 auf einer Anhöhe die Mission Santa Barbara gegründet wurde, scheint ihr spanischer Geist bis heute fortzuwirken. Franziskanerpater Junipero Serra plante diese Mission als Bindeglied zwischen San Gabriel und San Luis Obíspo. Doch erst sein Nachfolger, Fermín Francisco de Lasuén,

konnte mit dem Bau in Gegenwart des neuen Gouverneurs
Pedro Fages am 16.Dezember 1786 beginnen. 1812 wurde
Santa Barbara durch ein Erdbeben zerstört. Die dann 1815
begonnene doppeltürmige Kirche mit ihrer Fassade, die der
Stirnseite eines Säulentempels gleicht, war an römische Vor-
bilder angelehnt. Von einem abermaligen Erdbeben 1925
wieder in Mitleidenschaft gezogen, wurde die Fassade 1950 in
der ursprünglichen Form wiederaufgebaut. Das einfache,
weiträumige Innere der Kirche ist hingegen kaum verändert
worden. An ihre Frontseite schließt sich ein bereits unter
Lasuén gebauter Flügel an, der später um einen quadratischen
Innenhof erweitert wurde. Hier lagen Schlafräume, Küche,
Lagerräume, eine Weberei und eine Kornkammer. Nur zwei
Flügel dieses ehemaligen Komplexes unter dem vertrauten,
rotleuchtenden Ziegeldach konnten wiederhergestellt werden.

Vor der Kirche lag eine von den Indianern betriebene Ton-
brennerei, eine Mühle und eine Wäscherei. Die Franziskaner
hatten die 500 Indianer der Mission unzählige handwerkliche
Fähigkeiten gelehrt: Hausbau, Seifenherstellung, Tonbrenne-
rei, Obstkultivierung. Ein kunstvoll angelegtes Wassersystem
mit Staudamm, Reservoirs und Äquädukten versorgte die
Mission. Diese Anlage war von den Franziskanern so hervorragend ausgebaut worden, daß Teile noch heute von der Was-
sergesellschaft Santa Barbara benutzt werden können. Der
maurische Brunnen von 1808 steht vor der Kirche im Schatten mächtiger Pfefferbäume, die einst Franziskaner pflanzten.
1956/58 wurde hier durch eine großzügige Stiftung Max C.
Fleischmans ein Seminarkomplex für künftige Franziskaner-
priester errichtet. Zwei Kilometer oberhalb der Mission liegt
im Mission Canyon der *Santa Barbara Botanic Garden* mit cha-
rakteristischen Exemplaren der kalifornischen Pflanzenwelt.

Wenn alljährlich während der Vollmondzeit im August bei
den ›Old Spanish Days‹ drei Tage und drei Nächte lang im
altspanischen Stil gefeiert wird, wobei die würdigen zweiräd-
rigen Droschken, die Winzerwagen und andere Vehikel aus
alten Tagen bunt geschmückt durch die Stadt paradieren, so
bekundet sich darin die ungebrochene Traditionsfreude der

Santa-Barbara-Bewohner. Als die ehemals viktorianischen Gebäude der Innenstadt durch das Erdbeben von 1925 zerstört wurden, kam der Stadtrat zu dem erfreulichen Entschluß, den Stadtkern im spanisch-mexikanischen Stil wiederaufzubauen und damit einen Teil der alten Kultur Kaliforniens in die Gegenwart zu retten. Plätze und Straßen wurden damals spanisch bezeichnet, meist nach prominenten Familien, so die De La Guerra Plaza oder die Ortega, Soledad, Carrillo und Chapala Street. Die Straße Los Baños führte zu den Bädern, d. h. zum Strand. Einige Straßen erhielten indianische Namen, wie Anacapa, Anapuma oder Milpas Street.

Das schönste Zeugnis dieser traditionellen Atmosphäre aber ist im Stadtzentrum das *Santa Barbara County Courthouse.* Das weiße, 1929 erbaute Gerichtsgebäude mit leuchtendrotem Ziegeldach ist ganz im spanisch-maurischen Stil gehalten, sowohl in der Architektur der Arkaden, Türme und schmiedeeisernen Balkone als auch im musivischen und geschnitzten Dekor der Innenräume und sogar im Mobiliar.

Diese spanischen Elemente machen auch die *Altstadt,* das ›Pueblo Viejo‹, so liebenswert. 1960 wurden 16 Häuserblocks unter Denkmalschutz gestellt. Zwei Gebäude des alten ›Presidio Real‹ sind darunter (122, East Cañon Perdido Street), alte spanisch-mexikanische Häuser, wie das ›Rochin Adobe‹, die ›Casa de Covarrubias‹ oder das ›Lobero Theatre‹. Das *Santa Barbara Historical Society Museum* birgt Zeugnisse der spanisch-mexikanischen Geschichte. Die Fußgängerzone *El Paseo* mit Geschäften, Galerien, Restaurants und Cafés bietet ein farbenfrohes mediterranes Bild.

Die Küstenstraße ist zu Recht der Stolz der Stadt. Gepflegte, lange Strände liegen nahe der palmengesäumten Avenue. Pittoreske Restaurants, der Yachthafen, Motels mit Swimmingpools und elegante Hotels – darunter eines der drei schönsten in Kalifornien, das ›Biltmore‹ – machen die Wasserfront attraktiv. An Wochenenden ist sie von Ausstellungen heimischer Künstler, von Volkstänzen und Gitarrengruppen quirlig belebt.

Die Verlängerung von Santa Barbaras State Street endet am weit ins Meer hinausreichenden Pier der *Stearn's Wharf* mit

Restaurants und faszinierenden Unterwassergärten ein wenig weiter westlich. Von der Kaispitze überschaut man die Küste von Santa Barbara und erblickt an einem klaren Tag die davor liegenden Inseln: *Santa Rosa Island* und *Santa Cruz Island,* beide in Privatbesitz, jedoch zugänglich, die *Channel Islands,* die wegen der dort lebenden seltenen Vögel ein National Monument sind, und das *San Miguel Island,* ein Marine-Stützpunkt. Auf dieser Insel vermutet man das Grab Cabrillos, jenes portugiesischen Seefahrers unter spanischer Flagge, der 1542 als erster Europäer die Küste Kaliforniens und Santa Barbaras erblickte.

Zwischen Santa Barbara und Big Sur: Henry Millers Lichtküste

Die *Carpinteria Beach* östlich von Santa Barbara wird »the safest beach in the world« genannt, da die vorgelagerte Inselgruppe an diesem Küstenabschnitt hohen Wellenschlag verhindert. Das Wasser ist hier weit ins Meer hinein flach – ein idealer Kinderbadestrand. Ein feiner, weißer Badestrand erstreckt sich auch im Westen von Santa Barbara über 30 Kilometer weit von der beliebten *Goleta Beach* über die *El Capitan Beach* und *Refugia Beach* bis zur *Gaviota Beach.*

Am westlichsten Punkt, wo die Küste einen Knick nach Norden macht, am *Point Conception* mit dem Jalama County Beach Park wird die See jäh sehr rauh. Dieser Halbinselvorsprung ist ein beliebtes Fischereigebiet für Hochsee-Sportfischer. Vor Point Conception, beim ehemaligen Schmugglerort *Gaviota* (span. ›Seemöwe‹), wendet sich die US 101 von der Küste ab und biegt landeinwärts ins *Santa Ynez Valley* ein.

Dieses fruchtbare Tal ist von Santa Barbara aus auch über den San-Marcos-Paß zu erreichen. Die Paßstraße führt über die Santa-Ynez-Berge ins Santa-Ynez-Tal, das eingekuschelt zwischen den Santa-Ynez- und den San-Rafael-Bergen liegt. Der kristallklare Cachuma-See an der Paßstraße versorgt Santa Barbara mit kühlem Trinkwasser. Ehemals war das Tal mit dem Santa-Ynez-Fluß, dem Cachuma-See und den Nojoqui-Wasserfällen an der Nordseite der Berge ein Indianer-Revier des Nojoqui-Stammes. Heute lebt eine Gemeinde von dänischen Siedlern in Solvang, der »dänischen Hauptstadt in den USA«.

Der schmucke Ort *Solvang* (dän. ›sonniges Tal‹) lockt mit seinen hübschen dänischen Fachwerkhäusern, den skandinavischen Smörgasbord-Restaurants und den Kaffeehäusern mit duftenden dänischen Bäckereien alljährlich Zehntausende von Touristen an. Die Siedler hatten sich 1911 unweit der in den auslaufenden Hügeln am Oberlauf des Santa-Ynez-Flusses gelegenen *Mission Santa Ynez* niedergelassen.

Bei nicht wenigen Besuchern findet die Mission unter allen Stationen den größten Anklang. Viele empfinden sie als das Idealbild einer kalifornischen Mission: eine schlichte, weiße kleine Kirche, eine weiße Glockenturmmauer zur Rechten, in deren drei Rundbogenöffnungen drei alte Glocken hängen, zur Linken der sich anschließende, eingeschossige Wohntrakt mit vorgezogenem Kolonnadengang. Santa Ynez oder Inés, der hl. Agnes geweiht, ist die 1804 gegründete, neunzehnte Mission in Kalifornien, letztes Glied in der Kette der Stationen zwischen San Diego und San Franzisko. 1812 wurde sie durch ein Erdbeben schwer beschädigt, 1817 in alter Form neu erbaut. Obzwar sie durch das von Garcia Diego y Moreno, Bischof ›beider Kalifornien‹, 1844 hier gegründete katholische Priesterseminar vorübergehend Bedeutung gewann, verfiel sie gegen Ende des Jahrhunderts schnell. Später wurde sie von dem deutschstämmigen Franziskanerpater Alexander Buckler im Alleingang hervorragend restauriert. Heute leben Kapuziner hier und erhalten und pflegen die Anlage sorgsam.

Siebzehn Jahre vor Santa Ynez hatten die Franziskaner am Unterlauf des Flusses die *Mission La Purísima Concepción* gegründet, kurz ›La Purísima‹ genannt. Nördlich des Ortes Lompoc gelegen, war sie die elfte Station. Auch sie wurde erdbebenbeschädigt und wieder errichtet, zerfiel aber nach der Säkularisation völlig. Ihre langgestreckte Anlage – sie war, anders als üblich, um einen quadratischen Hof angelegt – wurde nach den erhaltenen Plänen und mit dem gleichen Material, nämlich luftgetrockneten Ziegeln, 1935 und 1951 wiederaufgebaut: ein Musterbeispiel an Restaurierung. Die von alten Olivenbäumen umgebene Anlage ist deshalb zum Historic Park erklärt worden. Einst war sie eine blühende Mission mit 20000 Stück Vieh in ihren besten Jahren. Die alte Olivenpresse steht noch an ihrer angestammten Stelle. Doch der Olivenzweig der Franziskaner als Symbol ihrer friedlichen Haltung verhinderte nicht, daß auch sie in Kämpfe verwickelt wurden. Eine Auseinandersetzung zwischen spanischen Soldaten und Indianern, die sich auszuweiten begann, zwang schließlich sogar den Gouverneur von Kalifornien, Truppen von Monterey ins Santa-Ynez-Tal zu entsenden. Der dreistündige Kampf um ›La Purísima‹ kostete 23 Indianern und einem spanischen Soldaten das Leben.

Heute liegt ›La Purísima‹ in einer friedlichen Umgebung. Auf den besonders im Frühling und Sommer wie ein Regenbogen leuchtenden Feldern im Umkreis von mehr als zehn Quadratkilometern um Lompoc blühen Dahlien, Iris, Rittersporn, Blumenkressen, Studentenblumen, Königskerzen, Gartenwicken, Astern, Begonien, Männertreu und viele andere Blumen. Die Hälfte aller Blumensamen in der Welt stammt aus Lompoc.

Auf unserem Weg nach Norden durchqueren wir das Landwirtschaftszentrum des *Santa-Maria-Tales*. Die ehemalige Butterfield-Station *Arroyo Grande* ist heute umgeben von fruchtbarem Farmland. Die Butterfield-Linie, wie schon in der Einleitung erwähnt, war eine nach ihrem Gründer benannte Postkutschen-Route, die den Verkehr zwischen St. Louis und Kalifornien vor der Anlage der Bahnlinien aufrechterhielt. Viele ihrer Haltestellen sind von abenteuerlichen oder romantischen Geschichten umwoben, so etwa Los Olivos nördlich des vorhin genannten Solvang, wo das Postkutschenwirtshaus, ›Mattei's Tavern‹, immer noch besteht. *San Luis Obíspo* ist ein lebhaftes Handelszentrum der kalifornischen Vieh- und Milchwirtschaft und hat eine bekannte landwirtschaftliche Fakultät. Am Südfuß der Santa-Lucia-Berge gelegen, hat sich der Ort um die alte Mission entwickelt, die Junipero Serra 1772 als fünfte Mission unter dem Namen San Luis Obíspo de Tolosa (St. Louis, Bischof von Toulouse)

gründete. Die heutige Anlage mit Kirchenvorhalle und Glok-
kenetage darüber, erweitert um einen quadratischen Innenhof, wurde 1792-1794 begonnen und 1820 vollendet. In San
Luis Obíspo war, im Gegensatz zu ›La Purísima‹, das Verhältnis zwischen spanischen Soldaten und Indianern fast zwei
Jahrzehnte lang ausgesprochen friedlich. Im ersten Jahr der
Mission, 1772, hatten die spanischen Soldaten nämlich zahl-
reiche Grislybären in der Umgebung geschossen, die den Indianern sehr zu schaffen gemacht hatten. Doch die Zeiten
änderten sich. Eines Sommertages im Jahr 1790 beschossen
Indianertruppen die schindelbedeckten Dächer der Mission
willkürlich mit Feuerpfeilen. Beim Wiederaufbau verwandten
die Franziskaner deshalb erstmals Dachziegel, was fortan von
allen Missionsstationen übernommen wurde. Da sich der
größte Teil der Indianer mit den Franziskanern inzwischen
auf Friedensfuß gestellt hatte, begann die Mission unter dem
humorvollen Franziskanerpater Luis Antonio Martinez bald
wieder aufzublühen. Martinez leitete die Mission 34 Jahre
lang. Olivenbäume wurden angepflanzt, Obst- und Gemüse-
gärten gediehen, die große Geflügelfarm war weithin bekannt, auch ausgedehnte Weinberge gehörten zum Grundbe-
sitz. Nach der Säkularisation aber wurde auch diese Mission
schnell heruntergewirtschaftet. Erst 1933 erstand sie in der
alten Form wieder. Im Inneren der Kirche ist eine schöne alte
Balkendecke mit farbenfrohen Blumenmustern und indianischen Motiven zu bewundern.

   Von San Luis Obíspo führt die Bundesstraße 1 zurück ans
Meer, zur *Morro Bay*. Der aus dem flachen Küstenstrich einsam herausragende, 200 Meter hohe gibraltarähnliche Felsen
am Eingang zur Bucht fiel schon 1542 Juan Rodriguez
Cabrillo auf. Er gab ihm den Namen ›morro‹, das heißt Fels-
kuppe. Der Ort *Morro* ist ein malerisches Fischerdorf, beliebt
vor allem bei Sportfischern, und wegen seiner Dünenstrände
(Atascadero Beach, Morro Strand Beach und Cayucos Beach)
auch ein gern aufgesuchter Ferienplatz. Dasselbe gilt für
Cayucos, das Cabrillo nach jenen Kanus so nannte, mit denen
die Indianer zum Fischfang äußerst geschickt in der Meeresbrandung die Küste entlangpaddelten.

Am Fuß der ansteigenden Santa-Lucia-Berge entlang gelangen wir nach *San Simeon,* in dem im vorigen Jahrhundert portugiesische Walfänger ihren Hafen hatten. Senator George Hearst erwarb hier eine Ranch, die sein Sohn, der Zeitungszar William Randolph Hearst, 1919 erbte. Daraufhin baute er sich oben in den Küstenbergen jenes vielgerühmte und vielgeschmähte Schloß, das heute als *Hearst San Simeon State Historical Monument* Ziel unaufhörlicher Besucherströme ist. Das romantisch-sentimentale Bauwerk erweckt Erinnerungen an die Villa Adriana bei Rom und eine spanische Ritterburg, eine doppeltürmige Renaissancekathedrale und andere Stilformen mehr – das Gemisch ist also verwirrend.

Wie einst Kaiser Hadrian ließ der Zeitungszar aus aller Welt das Beste, Schönste und Teuerste auf seine ›La Cuesta Encantada‹ befördern, ›Zauberhügel‹, wie er ihn nannte.

›La Casa Grande‹, das riesige Burgschloß mit hundert Räumen und dreißig Bädern, ist die Hauptattraktion des Anwesens. Man muß es sich innen vorstellen mit Mosaikfußboden im pompejanischen Stil in der Eingangshalle, geschnitzten Eichentäfelungen in den Salons, kostbaren Wandteppichen und schweren, wertvollen antiken Möbeln – besonders in der 30 Meter langen Speisehalle –, einem Filmtheater und schließlich einem Römischen Bad in weißem Alabaster und Lapislazuli, umstanden von nackten Schönen aus Stein. Ein weiterer ›Neptun-Pool‹, ein Planschbecken mit 100000 Liter Wasserinhalt, ist im Garten angelegt, den viele Nebengebäude, darunter drei Gästehäuser, umgeben. All dies schenkte die Familie Hearst nach dem Zweiten Weltkrieg dem Staat, der darin natürlich eine reiche Einnahmequelle findet. In der Hochsaison empfiehlt es sich, reist man nicht mit einem Touristen-Bus an, die Eintrittskarten zehn Tage vorher reservieren zu lassen bei: Hearst Reservation, Dpt. of Parks and Recreation, POB 2390, Sacramento, California 95811.

Die das Hearst Castle umgebenden Ländereien bis hinunter an die Küste, den Ort San Simeon größtenteils eingeschlossen, sind noch heute im Besitz der Familie Hearst.

Nördlich des Ortes San Simeon führt die 1937 eröffnete San-Simeon-Carmel-Straße an den immer steiler zum Meer

hin abfallenden, von Tannen, Fichten, Sykomoren, Redwoods, Pinien und dichtem Busch bedeckten Berghängen der
Santa Lucia Range entlang. Herrliche Ausblicke auf die hier
noch recht ursprüngliche Zentralküste öffnen sich. Weit unten liegt im Flutlicht der Sonne das Meer. Sein einladender
Anblick täuscht: die eisigen Wasser sind nur für Seehunde
und Pottwale genießbar. In den kühlen Küstentälern steigen
Nebel auf und wälzen sich hinunter zum Wasser. Zwischendurch führt die Straße bergauf und bergab über küstenein-
wärts liegende Schluchten. Für menschliche Ansiedlungen ist
dieser Küstenabschnitt einfach zu steil. Schon Gaspar de Portolá und den Franziskanerbrüdern erschien er auf ihrem ersten
Weg nach Norden 1769 so unzugänglich, daß sie umkehrten
und den Inlandweg am Ostfuß der Santa-Lucia-Berge entlang
einschlugen. Dort gründeten sie dann auch ihre Missionsstationen.

Für die rund 100 Kilometer von San Simeon nach *Big Sur*
muß der Autofahrer etwa drei Stunden rechnen. Der Ort,
weltbekannt geworden durch Henry Millers Roman ›Big Sur
oder die Orangen des Hieronymus Bosch‹ (1955), liegt nicht
an der Straße, sondern seine Häuser stehen verstreut und versteckt zwischen den Hügeln, und nur die bienenkorbartigen
Briefkästen, die an der Straße aufgereiht sind, lassen erkennen, daß hier Menschen leben, rund 500 an der Zahl. Eine
Künstler-›Kolonie‹, wie es oft heißt, ist Big Sur nicht, denn
die Schriftsteller und Maler, die sich hier niedergelassen haben, führen ein zurückgezogenes Rancher-Leben. Schriftsteller wie der 1980 verstorbene Henry Miller, der hier ansässig
war, oder vor ihm Jack London und Robinson Jeffers, die es
immer wieder hierherzog, waren begeistert von der Großar-
tigkeit der Landschaft, die Ähnlichkeit mit der Mittelmeerkü-
ste, der französischen Riviera vor allem, oder mit Küstenstri-
chen in Schottland aufweist. Doch hat Big Sur seinen ganz
eigenen Charakter. Es ist noch ein wildes Land. Im Januar
und Februar ist es so grün wie ein Smaragd; von November
bis Februar hat die Luft eine seltene Reinheit und Klarheit.
Henry Miller hat Stimmung, Licht und Farben von Big Sur
wundervoll beschrieben:

»Hier in Big Sur durchdringt zu einer bestimmten Jahres- und Ta-
geszeit ein bleiches Blau-Grün die fernen Berge. Es ist eine alte,
Heimweh weckende Farbschattierung, die man nur in den Werken
der alten flämischen und italienischen Meister sieht. Es ist nicht nur
die durch die Entfernung bewirkte und durch den magischen Licht-
einfall verstärkte Farbtönung, sondern ein mystisches Phänomen – so
scheint es mir wenigstens –, entstanden aus einer gewissen Art, die
Welt anzuschauen. Man kann es zum Beispiel in den Werken des
älteren Brueghel beobachten ...

Es gibt zwei magische Tagesstunden, die ich erst hier wirklich
kennengelernt habe. Ich warte auf sie, bade mich in ihnen, möchte
ich sagen, seitdem ich hier lebe. Die eine ist die Morgendämmerung,
die andere der Sonnenuntergang. In beiden haben wir das ›wahre
Licht‹, wie ich es nennen möchte. Das eine ist kalt, das andere ist
warm, aber beide verbreiten einen Schein von Unwirklichkeit oder
einer Wirklichkeit hinter der Wirklichkeit. Morgens blicke ich auf
das Meer, wo der ferne Horizont mit Regenbogenfarben gestreift ist,
und dann auf die Küstenberge, ständig hingerissen von der Art, wie
das reflektierte Licht des Sonnenaufgangs die ›Rücken der schlum-
mernden Rhinozerosse‹ beleckt und erwärmt. Wenn ein Schiff in
Sicht ist, lassen die schrägen Strahlen der Sonne es glühen und
glitzern, daß man ganz geblendet wird. Man kann nicht sofort sagen,
es ist ein Schiff, es könnte auch das Spiel von Nordlichtern sein.

Gegen Sonnenuntergang, wenn die Berge hinter uns in dem ande-
ren ›wahren‹ Licht stehen, bekommen die Bäume und Büsche in den
Canyons ein ganz anderes Aussehen. Alles sprüht von Licht. Die
Blätter, Zweige und Stämme treten scharf umrissen hervor, als wä-
ren sie vom Schöpfer selbst mit der Radiernadel herausgearbeitet.
Die Bäume stürzen wie Ströme die Abhänge hinunter. Oder sind
es Kolonnen von Soldaten (Hopliten), welche die Mauern des
Canyons erstürmen? Jedenfalls bekommt man in dieser Stunde einen
unbeschreiblichen Eindruck von den Raumtiefen zwischen den Bäu-
men, Stämmen, Zweigen und Blättern. Das ist nicht mehr Erde und
Himmel, sondern Licht und Form, himmlisches Licht, himmlische
Form. Wenn diese hinreißende Wirklichkeit ihren Höhepunkt er-
reicht, fangen die Felsen zu sprechen an. Sie nehmen beredtere
Gestalt an als die Skelette vorgeschichtlicher Ungeheuer. Sie hüllen
sich in ein metallisch glitzerndes und vibrierendes Farbengewand.«

Das ehemalige Henry-Miller-Haus steht oberhalb von *Pfeif-fer's Redwood State Park* mit seinen Mammutbäumen, der bis an die Küstenstraße reicht. Sein Name geht auf den Deutsch-Amerikaner Michael Pfeiffer zurück, der sich hier 1869 nie-derließ. Seine Nachkommen gründeten den Ort, bauten ihn aus und vermachten dem Staat den Park.

Hinter Big Sur klettert die kurvenreiche enge Küstenstraße hinauf zum Küstenvorsprung *Point Sur* mit seinem Leucht-turm. Der zypressenbestandene, von Meeresbrandung und schreienden Möwen umgebene felsenreiche *Point Lobos* 20 Kilometer weiter war in spanischer Zeit von wahren Massen von Seehunden (span. ›Lobos‹) und Seelöwen bevölkert, heute noch wohnen Pelikane, Kormorane und andere Vögel in den Riffen, 250 verschiedene Arten, und die Flora zeichnet sich nicht minder durch Extravaganzen aus.

Landeinwärts Eichenhaine, Mandelblüten und Rinderherden

Parallel zur Küstenstraße verläuft die US 101 zwischen San Luis Obíspo und Salinas durch das Wein- und Landwirt-schaftsgebiet von Paso Robles, San Miguel und King City. Die Weintradition der Franziskanerpater von San Luis Obís-po wurde zwischen Templeton und Paso Robles fortgesetzt, wo vor allem die wildbeerenfruchtige, rote Traube des ›Zin-fandel‹ wächst, von dem schon die Rede war. *Paso Robles* (span. ›Eichenhain‹) ist von Eichen, mehr noch von Mandel-bäumen umgeben, die im Februar das Land mit ihren Blüten in ein rosa Meer verwandeln. Achtzig Prozent ihres Bedarfs an Mandeln decken die USA aus den Pflanzungen von Paso Robles.

Inmitten Mandelbaumhainen liegt auch die *San Miguel Arc-ángel*. Die dem Erzengel Michael geweihte Mission lohnt einen Besuch, wenn man etwas für die Kirchenmalerei der Indianer übrig hat. Die Eingeborenen sind hier von dem spa-nischen Maler Estévan Munras angeleitet worden; was sie in leuchtenden Farben auf die Wände malten, wirkt heute noch so frisch wie zur Zeit der Entstehung im Jahr 1921. Munras und Pater Martin, der der Mission vorstand, kamen beide aus der bunten Welt Andalusiens. Diese 1797 gegründete 16. Mission wurde nach der Säkularisation an eine Familie verkauft, die kurz nach ihrem Einzug von umherstreifenden Goldsuchern getötet wurde. Seit 1928 gehört sie wieder den Franziskanern. Die Kirche dient heute als Pfarrkirche und ist besonders bei der weihnachtlichen Mitternachtsmette überfüllt.

San Miguel Arcángel schloß einst die Lücke zwischen San Luis Obíspo und *San Antonio de Padua* im Westen, die über die Nebenstraße G 14 zu erreichen ist. Als dritte Mission wurde sie bereits 1771 gegründet. Der Kirchenbau mit der unverputzten Ziegelfront der Vorhalle wurde erst 1810 unter Pater Buonaventura Sitjar begonnen und 1813 beendet. Zwei einstöckige weiße Gebäudeflügel mit Kolonnaden und ziegelgedeckten, roten Dächern flankieren die Kirchenfront.

Pater Sitjar stand sich mit den Mutsun-Indianern gut. Er erforschte ihre Sprache und schrieb sie in einem 400-Seiten-Vokabularium nieder. Außerdem lehrte er die Indianer europäische Musik und stellte mit ihnen ein Orchester zusammen. Instrumente und Lehrzeichnungen sind erhalten geblieben. Im Verlauf des 19. Jahrhunderts verfiel auch diese reiche Mission, die 17000 Stück Vieh, weite Getreidefelder und eine wassergetriebene Mühle besaß. Auf Betreiben der Bürgerinitiative der ›California Historic Landmark League‹ wurde die Anlage in unserem Jahrhundert dreimal restauriert, zuletzt 1948/49 mit Geldern der Hearst Foundation. Ausschließlich in landwirtschaftlicher Umgebung am Ostfuß der Küstenberge in einem Eichental gelegen, vermittelt sie noch heute das bukolische Bild ehemaliger Missionstage.

Über den Landwirtschaftshauptort des südlichen Salinas-Tales, *King City,* gelangen wir an den Kleefeldern von Greenfield vorüber ins Farm- und Viehgebiet von *Soledad.* Die 1791 gegründete, ihrem Namen entsprechend wirklich einsamste aller Missionen, *Nuestra Señora de la Soledad,* verfiel nach der Säkularisation zu einem Ruinenfeld. 1954 und 1963 rekonstruierte man die kleine weiße Kapelle und den einstöckigen Gebäudeflügel von einst, diesmal auf Drängen der resoluten weiblichen Bürgerinitiative ›Daughters of the Golden West‹.

Von Soledad führt die 146er Straße nach Osten, an Weinbergen vorüber, zu den seltsamen, dunkelroten Felsen- und Schluchten-Formationen des *Pinnacles National Monument*. Wir aber fahren weiter nach Norden. Das trostlose Bild des an der US 101 gelegenen Staatsgefängnisses weicht um *Gonzales* dem friedlichen von Rinderherden und bis zum Horizont reichenden Salatfeldern, die uns bis an den Stadtrand des 40 000-Einwohner-Ortes Salinas begleiten, der seinen Namen von den am Unterlauf des Salinas-Flusses nahe dem Meer gelegenen Salinen erhielt.

Salinas ist ein modernes Landwirtschaftszentrum inmitten von Ranches mit großem Viehbestand, vor allem bekannt als Umschlagplatz für Salat. Nicht weniger als 200 Quadratkilometer Salatfelder liegen in der Umgebung. Salinas und das Tal sind heute wohlhabend. Das war nicht immer so. Der hier geborene und aufgewachsene Schriftsteller und Nobelpreisträger John Steinbeck (1902-1968) hat den unerbittlichen Lebenskampf der früheren Salinas-Farmer in einem Roman dargestellt, der zu den großen Werken amerikanischer Literatur zählt und durch seine Verfilmung mit dem unvergeßlichen James Dean weltbekannt wurde: ›Jenseits von Eden‹ (1952). In seinem Reisebericht ›Travels with Charley‹ (1962) entwirft Steinbeck ein Erinnerungsbild dieser Landschaft:

»*Ich fuhr zum Fremont's Peak hinauf, zum höchsten Punkt weit und breit ... Dieser steinerne Gipfel ist Zeuge meiner ganzen Kindheit und Jugend gewesen, er überblickt das große Salinas Valley, das sich fast hundert Meilen nach Süden erstreckt, die Stadt Salinas, in der ich zur Welt kam und die nun wie Bluthirse an den Hängen emporwuchert. Auf der gegenüberliegenden Seite, im Westen, steht der Mount Toro, ein runder, gütiger Berg, und im Norden schimmert die Bucht von Monterey wie eine blaue Schüssel ...*

Und dort drüben – dort, wo ich hindeute – schoß meine Mutter eine Wildkatze. Und da geradeaus, vierzig Meilen entfernt, lag unsere Familienranch – die ›Alte Hunger-Ranch‹. Siehst Du den dunklen Fleck dort? Das ist ein kleiner Canyon mit einem klaren und lieblichen Fluß, gesäumt von wilden Azaleen und großen Eichen. Und in eine dieser Eichen brannte mein Vater mit einem glühenden Eisen seinen Namen und den Namen des Mädchens, das er liebte ...

Ich prägte es mir noch einmal ein – Süden, Westen, Norden, und dann flohen wir vor der dauerhaften und unwandelbaren Vergangenheit, in der meine Mutter immer eine Wildkatze schießt und mein Vater seinen Namen und seine Liebe in einen Eichenstamm brennt.«

In einigen Romanen Steinbecks, so in ›Tortilla Flat‹ oder der 1954 entstandenen ›Cannery Row‹ (›Die Straße der Ölsardinen‹) spielt die Stadt Monterey und ihre Umgebung eine große Rolle. Sie ist nun auch unser Ziel.

Monterey, Kaliforniens einstige Hauptstadt

»Cannery Row ist mehr als nur eine Straße, es ist die Gegend der Ölsardinen und Konservenbüchsen, ist ein Gestank und ein Gedicht, ein Knirschen und Knarren, ein Leuchten und Tönen, ist eine schlechte Angewohnheit, mein Traum. Cannery Row – in Monterey, Kalifornien, zusammen- und auseinandergeschleudert – besteht aus Alteisen, Blech, Rost, Hobelspänen, aufgerissenem Pflaster, Baustellen von Unkraut und Kehrichthaufen, aus Fischkonservenfabriken in Wellblechschuppen, aus Wirtschaften, Hurenhäusern, Chinesenhütten, Laboratorien, Läden voll Kram, aus Lagerhäusern und faulen Fischen. Die Einwohner? Huren, Hurensöhne, Kuppler, Streuner und Spieler, mit einem Wort: Menschen; man könnte mit gleichem Respekt sagen: Heilige, Engel, Gläubige, Märtyrer – es kommt nur auf den Standpunkt an.«

So beginnt Steinbecks ›Cannery Row‹. Diese Straße, zwischen David und Reside Avenue unweit von Fisherman's Wharf gelegen, gibt es heute nur noch dem Namen nach. Die Ölsardinenfabriken sind seit 1946 verschwunden, auch Docs ›Western Biological Labor‹, Lee Chongs unerschöpflicher Kramladen, Mack und seine Kumpane und Doras ›Flotte Flagge‹ mit der roten Laterne. Feine Restaurants, in denen man Montereys gerühmten Abalone-Fisch oder Königs-Lachs zum Weißwein aus dem nahen Santa Clara-Gebiet probieren kann, Kunstgeschäfte, Antiquitätenläden und ein Theater sind an ihre Stelle getreten.

Wie die Cannery Row durch ihren literarisch berühmten Namen, fasziniert *Fisherman's Wharf* durch sein kunterbuntes Hafenleben. Zu beiden Seiten des Hauptkais reiht sich ein Fischrestaurant an das andere, einfachere neben besseren Eßlokalen, dazu Fischstände zuhauf. Der Duft von frischgesottenem Krebs- und Krabbenfleisch erfüllt die Luft. Die hier einlaufenden Boote der meist italienischen oder japanischen Fischer entladen Lachs, Abalone, Heilbutt, Seebarsch, Seeforellen, Krebse, Krabben und viele andere Fischarten und Wassertiere. Von italienischen und japanischen Arbeiterinnen werden sie noch am Pier gesäubert und verpackt und in Kühlwagen direkt zum Versand gebracht. Von Fisherman's Wharf laufen von September bis November auch täglich die schnittigen, weißen Boote der Tiefsee-Sportfischer aus.

Die 50000 Einwohner zählende Stadt, die sich mit ihren Flachbauten im Grünen heiter gibt, lebt vornehmlich vom Tourismus, von Meisterschaftswettkämpfen und Festivals. Rundum gibt es herrliche Golfplätze: Pebble Beach, Monterey Peninsula Country Club, Cypress Point, Del Monte. Schachmeisterschaften werden im März, Segelregatten im Mai, Golfmeisterschaften im Januar und Juni, Tennismeisterschaften im Juli ausgetragen, und das große Monterey Jazz Festival findet im August statt.

Monterey glich vor kaum siebzig Jahren mit weißen Häusern, blumenbewachsenen Holzbalkonen und ziegelroten Dächern noch ganz einem spanisch-mexikanischen Ort. Manches von diesem Charme hat es bewahrt, eifrig bemüht, seine bedeutende Tradition hervorzukehren. Diese begann mit Cabrillo, der die Bucht von Monterey 1542 entdeckte, und mit Vizcaíno, der 1602 darin Anker warf und ihr den Namen nach dem Herzog von Monte-Rey, dem damaligen Vizekönig von Mexiko, gab. Doch seine Beschreibung der Bucht fiel so phantastisch aus, daß die Nachfolger sie über anderthalb Jahrhunderte nicht wiedererkannten! Als Gaspar de Portolá und die Franziskanerpater Serra und Crespi 1769 auf ihrer ersten Landexpedition diesen Ort erreichten, wurde ihnen erst nach der Rückkehr einer Expedition von San Franzisko und dem Vergleich beider Buchten klar, daß sie an der von Vizcaíno beschriebenen Monterey-Bucht waren. Im Juni 1770 gründeten sie in ihrem südlichen Teil das Presidio, heute an der nördlichen Stadtgrenze, zusammen mit der Mission, die sie jedoch ein Jahr später an den Carmel River verlegten.

Die königliche Presidio-Kapelle, *La Capilla Réal,* stammt in ihrer jetzigen Form aus dem Jahr 1794. Im Garten hinter der Kirche ist noch ein Fragment jener alten Eiche zu sehen, unter der Vizcaíno 1602 seine Messe hielt und in deren Nähe Serra später sein Missionskreuz errichtete. Das *Presidio* ist seit seiner amerikanischen Besetzung Mitte des vergangenen Jahrhunderts Militärstützpunkt. Er wurde seitdem beträchtlich ausgebaut, insbesondere während des Zweiten Weltkriegs. Es beherbergt heute die größte Militär-Sprachenschule der Welt, das ›Defense Language Institute‹. 120 Fremdsprachen werden hier gelehrt, die deutsche Sprache steht an dritter Stelle. Die Methoden der audiovisuellen Sprachlehre und des elektronischen Sprachlabors nahmen hier ihren Anfang.

Im Jahr 1777 erklärte der Vizekönig von Mexiko Monterey zur Hauptstadt Kaliforniens. Sie blieb es während der ganzen Zeit der spanisch-mexikanischen Epoche und auch in den ersten Jahren der amerikanischen, bis 1848 das durch die Goldfunde emporgekommene San Franzisko die erste Rolle zu spielen begann und 1854 Sacramento Regierungshauptstadt wurde. Die Gouverneure, nennen wir nur Argüello, Micheltorena, Castro, Alvarado und Pio Pico, herrschten damals von Monterey aus über Kalifornien; ihre Residenz, das spätere *Custom House* (Zollhaus), war das älteste Gouvernementsgebäude an der Pazifischen Küste. In beständige innere und äußere Kämpfe und Zwiste verwickelt, hatten sie ein höchst unruhiges Leben. Von Juan Bautista Alvarado, der in seiner Gouverneurszeit von 1836 bis 1842 für ein freies Kalifornien focht, erzählt man, er habe an seinem Hochzeitstag nicht einmal Zeit für die Trauung gefunden und seinen besten Freund mit der Braut zum Traualtar geschickt.

Am 7. Juli 1846 hißte Commodore Sloat, dessen Schlachtschiff ›USS Savanna‹ in der Bucht lag, am Custom House die amerikanische Flagge. Der Handelsmann Thomas Oliver Larkin aus Carolina, der sich in Monterey niedergelassen und

Alvarados Kampf für Kaliforniens Souveränität unterstützt
hatte, wurde US-Konsul, der einzige in Kalifornien. Sein
Haus, *Larkin House* (462 Main Street), hat den Monterey-
Kolonialstil begründet, für den Ziegel, allseitige Balkone und
Redwood-Verkleidungen charakteristisch sind.

1846 erhielt Monterey mit Pfarrer Walter Colton seinen
ersten amerikanischen Bürgermeister. Das erste amerikanische Theater in Kalifornien, *California's First Theatre* (SW.
Pacific und Scott Street), wurde 1847 eröffnet. Die im Neu-
England-Kolonial-Stil erbaute, zweistöckige schneeweiße
Coltonhall mit großem Doppelaufgang – sie liegt an der Westseite der ›Friendly Plaza‹ – erlebte 1849 Kaliforniens erste
konstitutionelle Versammlung.

Monterey entwickelte sich bald darauf zu einem lebhaften
Seeotter- und Walhandelszentrum und später zog die Fischerei eine ausgebreitete Konservenindustrie nach sich. Die Pro-
fite waren beträchtlich, und portugiesische Walfänger von
den Azoren zogen zu Hunderten hinaus, um zwischen Kalifornien und Hawaii die begehrten Grauwale zu fangen. 1855
bauten sich die Portugiesen ein zweistöckiges, schmuckes
Walfängerheim, *Old Whaling Station* (391 Decatur Street), das
besichtigt werden kann.

Die landschaftlich reizvolle Lage an der Bucht führte zu
Künstlerbesuch und Künstleransiedlung. Robert Louis Stevenson, der Schotte, kam auf seiner abenteuerlichen Braut-
fahrt hierher und beschrieb Monterey in ›The Old Pacific
Capital‹; Charles Warren Stoddard, der Lyriker und Reise-
schriftsteller, ließ sich hier nieder, und unter den Malern sind
Charles Rollo Peters und Armin Hansen zu nennen. Den
Künstlern folgten die Touristen. Die Stadtverwaltung macht
es ihnen leicht, die erwähnten alten Häuser schnell zu finden:
Eine orange-gestrichelte Linie in der Straßenmitte beginnt
an der Presidio-Kapelle und führt durch die Innenstadt an
allen Sehenswürdigkeiten vorüber und zum Ausgangspunkt
zurück.

Nicht wenige Touristen nutzen die Gelegenheit eines Auf-
enthaltes in Monterey, um den *Seventeen Mile Drive* aufzusuchen. Er vermittelt eine bezaubernde Fahrt durch die alten

Fichten- und Zypressenwälder der hügelreichen, zum Meer hin abfallenden Halbinsel. Die Straße führt am Bing Crosby- und Pebble-Beach-Golfplatz vorüber, an der noch recht ursprünglich erhaltenen Küste entlang zum eleganten *Del Monte*, dem Sitz der Del Monte Fruit Company, und an herrschaftlichen Villen vorbei zum *Cypress Point* mit einer einsamen alten Zypresse, die, tausendfach photographiert, an der nördlichen Landspitze der *Carmel Bay* steht. Auf dem gegenüberliegenden Plateau an der Carmelbucht liegt die wohl bedeutendste aller kalifornischen Missionen, die Mission Carmel.

Mission und Künstlerort Carmel

Die Mission am Carmelfluß wurde von Junipero Serra bei der Gründung 1771 nach dem Mailänder Erzbischof Carlos Borromeo (1538-1584) benannt, der sich durch seine Aktivität bei der dritten Tagungsperiode des Trienter Konzils (1562/63) besonders hervortat und das neue Bischofsideal der Gegenreformation verkörperte. Die Mission wurde deshalb von Anfang an so etwas wie der Bischofssitz aller kalifornischen Stationen. Von 1771 bis 1802 war es die Zentrale der Franziskaneroberen aller Missionen. Von Carmel aus trieb Junipero Serra gemeinsam mit seinen Freunden Juan Crespi und Juan Palóu die Gründung weiterer Missionsstationen voran: San Antonio de Padua (1771), San Luis Obíspo (1772), San Francisco (1776), San Juan Capistrano (1776), Santa Clara (1777), San Buenaventura (1782). So hielt sich Serra immer nur vorübergehend hier auf und war meist unterwegs, Tausende von Kilometern zu Pferd und zu Fuß. Am Nachmittag des 28. August 1784 starb der Franziskanerpater von der spanischen Insel Mallorca 71jährig nach einem von Glauben und Arbeit erfüllten Leben. Seit 1950 wird die Heiligsprechung Junipero Serras betrieben. Palóu wurde nach dem Tode Serras sein Nachfolger und Missionsoberer. Er trat diese Aufgabe aber schon wenige Jahre darauf an den fähigen Pater Fermin Francísco de Lasuén ab.

Der Bau der gegenwärtigen barocken Missionskirche mit dem mächtigen Rundbogenportal der Fassade, der Fensterrose darüber und den beiden schweren, gedrungenen, ungleich großen Glockentürmen wurde erst 1793 unter Lasuén begonnen. Ein einstöckiger Gebäudekomplex mit einem Kreuzgang um einen nicht ganz quadratischen Innenhof schließt sich an der Südseite der Kirche an. Die asketischen Quartiere der Franziskaner, so auch die ehemalige Zelle von Junipero Serra, sind unverändert erhalten geblieben. Früher war hier auch eine Bibliothek untergebracht, die neben religiösen viele praktische Bücher über Landwirtschaft, Architektur und Medizin enthielt. In der Mitte des Hofes stand das hohe Missions-Holzkreuz. Auf dem Friedhof an der Nordseite der Kirche liegen sieben der Patres und 300 Indianer begraben.

Ganz ohne Aufregung verlief das sonst ruhige Leben auch auf der Mission Carmel nicht. 1818 überfielen der Seepirat Hippolyte de Bouchard und seine wilden Männer Monterey und die Mission. Nach der Säkularisation von 1834 verfielen Kirche und Gebäude. Der Kirchendachstuhl brach ein. Erst 1882 konnte man die Gräber von Junipero Serra und Juan Crespi im Sanktuarium der Kirche identifizieren. 1930 wurde die Restaurierung des Gotteshauses ins Werk gesetzt. Ein Gedenksarkophag mit der Skulptur des verstorbenen Junipero Serra und des an seinem Haupt knienden Crespi wurde nahe den Gräbern errichtet. Im Altar der benachbarten Totenkapelle steht eine kleine, aus Ölbaumholz geschnitzte Statue der hl. Maria, die Junipero einst auf seinem Weg von Mexiko herauf nach Kalifornien mit sich führte.

In die fichten- und eichenbestandenen Abhänge zum Meer gebettet liegt nördlich der Mission der Künstlerort *Carmel*. Von Schriftstellern und Malern Anfang dieses Jahrhunderts gegründet, hat er heute noch viel von seinem einstigen Charme behalten. Die zum Meeresstrand hinunterführende Hauptstraße mit Kunstgalerien, Restaurants, Boutiquen und Andenkenläden ist zwar während der Sommermonate ein so belebter Touristen-Korso, daß die Ansässigen resigniert und heiter meinen: »If you can't beat 'em, join 'em.« Aber schon in den Seitenstraßen herrscht noch jene Atmosphäre von lässiger Gemütlichkeit, der Hast und Anonymität unbekannt ist, wie es denn hier auch keine Hausnummern und Briefkästen gibt (man geht selbst zur Post), keine Straßenbeleuchtung und keine Geschäftsreklame. Der feine, weiße Sandstrand von Carmel Beach, in dem bizarre Zypressen wachsen, ist wunderschön für Spaziergänge geeignet. Vom Schwimmen wird hier wegen der wilden See abgeraten.

Nordwärts von Monterey: Früchte, Wein und Festivals

Die Küstenstraße 1 schmiegt sich nördlich von Monterey dem Halbmond der Bucht an, führt uns am italienisch-schweizerischen *Castroville,* an der ›Erdbeeren-Welthauptstadt‹ *Watsonville,* die auch ein bedeutender Apfel- und Aprikosenumschlagplatz ist, am Farm- und Weinort *Soquel* und unzähligen Stränden vorbei. Südöstlich von Watsonville liegt der alte Ranchort *San Juan Bautista.* Bummeln wir um die alte Plaza mit Mission (1803), Plaza Hotel (1814), Castro House (1840) und Zanetta House (1868) – fühlen wir uns erneut in die Welt spanisch-mexikanischer Zeiten versetzt. Mission und Plaza sind zum Historical State Park erklärt.

Die am Tag des hl. Johannes des Täufers 1797 gegründete Mission war die größte in Kalifornien. Fünfzehn Jahre lang wurde an ihr gebaut. Die einfache, weiße, ehemals dreischiffige Kirche ist 1818 im Innern von einem Bostoner Seemann farbenfroh ausgemalt worden. Ein Kolonnadenflügel schließt sich ihr an. Die Mission erfreute sich großer Beliebtheit bei den Indianern. Franziskanerpater Arroyo sprach sieben indianische Dialekte. Außerdem gab es noch einen uralten Musikautomaten, den die Indianer heiß liebten und auf dem sie mit Vorliebe die Melodie ›Go to the Devil‹ einstellten.

Westlich von Watsonville, an der Nordspitze der Bucht, gründete Pater Lasuén 1791 *Santa Cruz,* die ›Mission der Errichtung des hl. Kreuzes‹. Als der Seepirat de Bouchard 1818 Monterey und die Mission Carmel überfiel, flüchteten die Franziskanerbrüder hierher. Ein Erdbeben brachte 1857 die Missionsgebäude zum Einsturz. Was wir heute sehen, ist eine Replik von 1931 unweit der früheren Anlage.

Santa Cruz ist heute eine moderne amerikanische Stadt von 50000 Einwohnern, mit schönen Vororten, gepflegten Parkanlagen und baumgesäumten, weiten Straßen. Die weltbekannte Kaugummifabrik Wrigley hat hier ihren Sitz. Zu Recht stolz aber sind die Bürger auf ihre seit 1965 bestehende University of California Santa Cruz. Sie soll bis zum Jahr 2000 mit modernen Flachbauten fertiggestellt sein. Ein Plan am Eingang der Universität – wo man noch vor knapp zehn Jahren den Eindruck hatte, man betritt eine Ranch, tatsächlich lag hier vorher die Cowell-Ranch nordwestlich der Stadt – verzeichnet mit Akribie die einzelnen Bauphasen. Bis zum heutigen Tag wurde er peinlich genau eingehalten.

Von Santa Cruz bis San Franzisko verläuft die Straße 1 weiterhin an der Küste entlang. Zwischen *Davenport,* früher gleichfalls ein portugiesischer Walfängerort, und *Half Moon Bay* zieht sich ein Küstenstrich mit vielen öffentlichen Stränden und State Parks hin. Der von Santa Cruz landeinwärts nach Norden führende Los Gatos-Saratoga Highway verläuft über die Santa Cruz Mountains durch die Weingebiete von *Los Gatos* und *Saratoga* nach Santa Clara und San Jose. Die Weinberge gehören zum großen Weinbaugebiet Santa Clara.

Eine empfehlenswerte Veranstaltung sind die allsommerlichen Champagner-Konzerte von Christian Brothers in den Weinbergen von Saratoga. Einer der Brüder Fromm, von denen wir bereits hörten, Arthur, ist ein passionierter Liebhaber der Kammermusik und war viele Jahre Präsident der Kammermusikgesellschaft von San Franzisko. Das internationale Kammerkonzert-Festival in den Weinbergen der Fromms wird in der Pause mit Champagner kontrapunktiert.

Das *Santa-Clara-Tal* nordöstlich von Saratoga liegt eingebettet zwischen den Gebirgszügen der Santa Cruz Mountains und der Mount Hamilton Range und ist ein einziger weiter Obstgarten. Im Februar blühen die Mandelbäume, dann folgen Kirschen, Pfirsiche, Aprikosen, Birnen, Pflaumen und Äpfel. Tonnenweise werden im Sommer hier Pflaumen und Aprikosen getrocknet. Die runde Million Pflaumenbäume im Tal bieten zur Blütezeit im März ein unvergeßliches Bild.

SAN DIEGO

San Diego, die an einer sonnenüberfluteten Bucht gelegene Einmillionenstadt nahe der mexikanischen Grenze, ist ein Ort von unwiderstehlichem Charme. Im Taftweiß ihrer Hochhäuser, die sich im Blau der hinter einer Landzunge mit herrlichen Stränden liegenden Bucht widerspiegeln, ist sie die strahlende Hoheit unter dem Seidenhimmel Südkaliforniens.

Von der Bucht her zeigt die Stadt ihr schönstes Gesicht. Da wendet sie ihr modernes, weißes Profil mit den Hochhäusern der sauberen, einladenden, palmengesäumten Hafenstraße zu. Die Dampfer der Hafenrundfahrten gleiten daran entlang, auch am Kriegsmarinehafen der XI. amerikanischen Pazifik-Flotte. Seitdem 1908 Präsident Theodore Roosevelts mächtige weiße Flotte in San Diego vor Anker ging, hat die Stadt ihre Bedeutung als amerikanischer Flottenstützpunkt, besonders während des Zweiten Weltkriegs, ausbauen können. Die Bucht von San Diego ist ein idealer Naturhafen und wurde als solcher schon früh erkannt.

Die ersten Bewohner der Bucht waren Indianer des Yuma-Stammes, die Diegueña-Indianer. Sie lebten vom Fischfang und der Jagd und zählten, über den Südwesten Kaliforniens verstreut, 3000 Stammesangehörige. Am 8. September 1542 segelte der portugiesische Seefahrer Juan Rodríguez Cabrillo mit seinen zwei kleinen Karavellen unter spanischer Flagge in die Bucht von San Diego und ging als erster Weißer in Kalifornien an Land. Sechzig Jahre später, am 10. November 1602, folgte ihm der spanische Seefahrer Sebastiàn Vizcaíno. Nach seinem Flaggschiff erhielt der Ort seinen heutigen Namen: San Diego. Das Fest des hl. Diego wird mit südlicher Ausgelassenheit alljährlich am 10. November mit Feuerwerk gefeiert.

Im Sommer 1769 errichtete Junipero Serra, im Gefolge berittener spanischer Soldaten vom nördlichen Mexiko kommend, auf dem heutigen Presidio-Hügel von San Diego ein Kreuz: Zeichen der ersten kalifornischen Missionsstadt. Er stellte eine primitive Hütte auf, weihte den Platz mit heiligem Wasser, taufte ihn nach dem spanischen Heiligen San Diego de Alcalá, läutete eine Glocke, die am Zweig eines Baumes aufgehängt war und las die Messe unter Assistenz zweier Franziskaner vor einer Handvoll Indianer, die herbeigerufen werden konnten. Es wäre für Junipero Serra die Erfüllung des Tages gewesen, hätte er zur Stunde der Gründung auch das erste Indianerkind taufen können.

Er suchte ein ganzes Jahr vergeblich nach diesem ersten Täufling. Die Franziskanermönche glaubten schließlich – nicht zu Unrecht, wie sich später herausstellen sollte – daß die Nähe spanischer Soldaten die Indianer abschreckten. Als die Mission wachsende Schwierigkeiten hatte, besonders mit der Wasserversorgung, entschlossen die Mönche sich, die Missionsstation fünf Jahre nach ihrer Gründung vom Presidio-Berg hinunter ins Tal zu verlegen. Acht Kilometer landeinwärts vom Presidio, in der Nähe eines kleinen Flüßchens, entstand die neue Anlage. An diesem Platz, unweit der im Norden San Diegos liegenden Kreuzung der Freeways 8 und 15, steht die Missionskirche *San Diego de Alcalá* heute noch: eine in ihrer schlichten, vornehmen Einfachheit eindrucksvolle, schneeweiß gekalkte Kapelle mit dem uns schon bekannten weißen Glockenturm zur Seite. In ihm hängen die fünf Missionsglocken. Ein einfaches Kreuz bildet den Abschluß auf der Giebelspitze des Turmes. Die fünf ursprünglichen Glocken waren 1796 vom spanischen Vizekönig der Mission zum Geschenk gemacht worden; die heutigen sind spätere Nachbildungen.

Einige Treppen führen auf den kleinen Vorplatz der Kapelle. Zwei von der Frontseite ausgehende Mauern öffnen sich dem Besucher gleich zwei ausgebreiteten Armen und leiten ihn zum Eingangsportal, einem einfachen, rustikalen

Rundbogenholztor. Die kleine Tür oben in der Fassade hat ehemals sicher auf einen Holzbalkon geführt. Der 1931 restaurierte schlichte Innenraum der Kapelle hat eine nach altem Vorbild mit indianischen Mustern bemalte Holzdecke. Heute wird in der Missionskirche erneut die Messe gelesen.

Die Mission San Diego de Alcalá hatte eine wechselvolle Geschichte. Die Christianisierung der Indianer ließ sich unter dem Franziskanerpater Luis Jayme, der die neue Station aufgebaut hatte und leitete, überraschend gut an. Im ersten Jahr, bis zum Festtag des hl. Franziskus am 4. Oktober 1775, hatte Pater Jayme bereits 136 Indianer getauft, die meisten von ihnen waren Kinder. Viele Indianer arbeiteten bald in der Station, pflanzten und pflegten Weinstöcke und Olivenbäume, hüteten das Vieh. Es ging ihnen so gut wie es ihren Vorfahren nie gegangen war. Doch wie bei allem Erfolg kamen Neid und Eigensinn der Außenstehenden auf. In der Nacht des 4. November 1775 griff eine aufgebrachte Indianergruppe die unbewachte Mission an. Pater Luis Jayme, wie die Geschichte erzählt, trat den Angreifenden freundlich entgegen, wurde jedoch niedergemacht und so der erste christliche Märtyrer Kaliforniens. In der Kirche finden wir seinen Grabstein. Die Missionsstation brannten die Indianer völlig nieder.

Soldaten und Franziskaner rückten vom Presidio her an und bis 1780 war die Missionsstation, schöner als je zuvor, in ihrer heutigen Form wiederaufgebaut. Um einen an die Kirche angrenzenden Innenhof von vierzig mal vierzig Metern, von den zurückgekehrten christianisierten Indianern mit Unterstützung der Franziskaner in einen Paradiesgarten verwandelt, lagen Unterkünfte, Lagerräume und Geschäfte. Um 1800 war die Mission eine der größten, bekanntesten und wohlhabendsten in Kalifornien. Weite Getreidefelder, Weinberge und Viehkoppeln umgaben sie. 1817 bauten die Franziskaner einen Aquädukt vom Fluß im Missions-Tal zur Mission und in das umgebende Land: Beginn der später für Kalifornien so bedeutenden künstlichen Bewässerung. Seine Überreste sind noch heute am Fluß zu sehen.

Mit der Säkularisierung der Missionskirchen 1834 verfiel das Werk eines halben Jahrhunderts in kaum einem halben

Jahrzehnt. 1845 wurde die Mission verkauft, die Steine der
Unterkünfte, der Lagerräume und des Glockenturms abgetra-
gen und für andere Bauzwecke verwendet. Die Glocken verschwanden. Der Kirchenraum fand als Unterkunft für die
US-Armee Verwendung, die dort ihre Pferde einstellte. Obgleich 1862 wieder der Kirche zurückgegeben, verfiel die
Missionskirche weiterhin zusehends. Erst die an vielen Orten
Kaliforniens bis heute so großartig wirkende Bürgerinitiative,
begründet in einem erwachenden Sinn für die Geschichte und
Kultur, führte unter den ›Native Sons of San Diego‹ 1915 bis
1931 zur Restaurierung der Mission nach alten Plänen. Einige
von den Franziskanern gepflanzte Palmen und Olivenbäume
stehen noch heute in der Nähe der Kirche. Auch die fünf
Glocken läuten zur Messe und Vesper wie ehedem weit ins
Tal.

Presidio und Altstadt

Der Presidio-Hügel und die Altstadt liegen im heutigen
Nordteil von San Diego. Von der Interstate 5 weist die Abfahrt ›Old Town Avenue‹ dorthin. Das Presidio, eine gepflegte Parkanlage mit dem hübschen, weißen, im spanischen
Stil errichteten Serra Museum auf der Anhöhe des Hügels, ist
in seiner heutigen Form das Lebenswerk von George White
Marston (1850-1946). Marston war ein Bürger San Diegos,
»friend of his fellowman and lover of all growing things«. Er
kaufte Stück für Stück des alten, verkommenen Presidios,
baute das Museum, sammelte Zeugnisse der spanisch-kalifornischen Geschichte, pflanzte Bäume und Sträucher und
pflegte den Besitz mit unendlicher Hingabe. Als dann alles in
seiner heutigen Schönheit blühte, schenkte er es der Stadt, die
er liebte, zur Erinnerung an den Franziskanerpater Junipero
Serra.

Das *Serra Museum* bewahrt neben vielen Zeugnissen von
den Missionstagen bis hin zu den Pionierzeiten und einer
kostbaren Bibliothek auch die Glocke der ersten Missionskirche. Die erste kalifornische Missionsstation lag ja etwas
unterhalb des Museums an jenem Ort, an dem heute das

Serra-Kreuz steht. Es wurde in unserem Jahrhundert aus Ziegeln ehemaliger spanischer Hausruinen errichtet. Nahebei
entdeckt man, im Gras markiert, die Grundrisse des ehemaligen spanischen Fort Presidio und, etwas weiter entfernt, des
späteren amerikanischen Fort Stockton. Vom Turm des Museums genießt man einen weiten Blick hinaus ins Land, auf
die Bucht von San Diego, das Missionstal und die Altstadt am
Fuße des Presidio-Hügels.

Durch diese spanisch-mexikanische Altstadt geht man am
besten zu Fuß. Der Hauptteil ist Fußgängerzone. Im anderen
Teil führt ein grüner Streifen auf der Straße zu allen Sehenswürdigkeiten, vor allem zum Whaley House und zum alten
Friedhof ›El Campo Santo‹. Mittelpunkt der Fußgängerzone
ist die verschlafene *Old Town Plaza* (Washington Square) mit
alten Bäumen. An ihrer östlichen Seite steht der herrschaftliche Bau der *Casa de Estudillo*. Das niedrige, 1827 in Hufeisen-
form gebaute gastfreundliche Haus mit seinen zwölf Schlaf-
zimmern und Aufenthaltsräumen, der Küche, einer eigenen
Kapelle und anschließendem Patio-Garten, in dem es um den
Brunnen herum üppig blüht, gibt uns eine lebhafte Vorstellung von den ehemaligen spanisch-kalifornischen Zeiten der
feudalen Ranch-Besitzer, von den ›Tagen der Dons‹. Es war
das Haus des Captain José Maria Estudillo, Rancher, Kom-
mandant des Presidio und späterer Bürgermeister von San
Diego, nicht zuletzt Vater von elf Kindern. 1881 verließen die
Nachkommen der Estudillos das Haus. Nach dem schon erwähnten Roman ›Ramona‹ von Helen Hunt Jackson, dessen
Handlung zum Teil in diesem Haus gespielt haben soll, pflegt
man es auch ›Ramona's Marriage Place‹ zu nennen. 1910
wurde es restauriert. Es gehört heute mit seinem alten Mobiliar als Historical Monument dem kalifornischen Staat und ist
ein vielbesuchtes Museum.

Die zweigeschossige *Casa de Bandini* östlich gegenüber ist
gleichfalls 1827 im spanischen Stil erbaut, später durch Bal-
konumgänge ergänzt, nach 1930 restauriert und verändert
worden. Auch dieses Haus – Don Juan Bandini hatte drei
schöne Töchter – sah viele Feste und hohe Gäste, unter ihnen
1846 General Stockton, der hier für ein Jahr sein Hauptquar-

tier einrichtete. Der aus Peru stammende Don Juan Bandini, so berichtet man, sei ein hervorragender Tänzer gewesen und habe den Walzer in Kalifornien eingeführt.

An der Südseite der Plaza, neben der *Mason Street School*, dem ersten Schulgebäude San Diegos, gibt uns die romantische *Casa de Machado* eine gute Vorstellung davon, wie die einfachen Menschen in der spanisch-mexikanischen Zeit lebten. Es war das Haus eines spanischen Soldaten und seiner Frau. Holzmangel machte die Verwendung von Ziegeln erforderlich, wie bei den meisten frühen Häusern. Die selbstgemachten Adobe-Ziegel sind hier besonders gut zu studieren.

Im östlichen Teil der die Plaza überquerenden San Diego Avenue ist die hübsche *Casa de Pedrorena,* heute ein mexikanisches Restaurant, sowie die *Casa de Altamarino* mit dem San Diego Museum sehenswert, wo vor einem Jahrhundert die erste Zeitungsredaktion und Druckerei der Stadt eingerichtet war, die original erhalten ist. Die gegenüberliegende Straßenseite ist mit vielen kleinen Restaurants mit mexikanischen Spezialitäten, wie dem ›burrito‹ (Bohnen im Omelett mit Käse und Zwiebeln) oder dem ›taco‹ (Mais-Tortilla, gefüllt mit Fleisch und Salat und verschärft mit mexikanischen Gewürzen), den kulinarischen Genüssen gewidmet.

Nicht weit davon an der San Diego Avenue 2481, fällt ein zweistöckiges rotes Ziegelhaus mit Balkon, das *Whaley House,* auf. Thomas Whaley war ein aus New York stammender Amerikaner, den der Goldhunger in einer bewegten, 204 Tage dauernden Fahrt um das Kap Hoorn herum nach Kalifornien verschlug. In San Franzisko machte er viele Dollars mit einer Gemischtwarenhandlung und zog sich dann 1853 nach San Diego zurück. 1856 baute er diesen ältesten Ziegelbau Südkaliforniens und nahm ein 16jähriges Mädchen aus französischem Hause zur Frau. 1869 erhielt das Whaley House den Rang eines Gerichtsgebäudes für den Landkreis San Diego und blieb es für zwanzig Jahre. 1956 kaufte es die Historical Society of San Diego. Mobiliar und Gegenstände in der Eingangshalle, der Bibliothek, den Schlafräumen und im Musikzimmer im Erdgeschoß stammen aus der Mitte des

19. Jahrhunderts und strahlen großbürgerliche Gründerzeitbe-
haglichkeit aus, indes der Gerichtsraum im ersten Stock, der
aus derselben Zeit stammt, eher eine englisch-nüchtere Atmosphäre atmet. Welch ein Unterschied zum spanischen
Wohnstil der Estudillos! Es ist der Unterschied zwischen
amerikanischem Besitzdenken und spanischer Kultur, was die
Verdienste der Familie Whaley freilich keineswegs ein-
schränkt, dieses Haus zu einem Kulturzentrum des alten San
Diego gemacht zu haben.

Das *Derby-Pendleton House* daneben, das Juan Bandini
bauen ließ, gilt als erstes vorfabriziertes Gebäude in Kalifornien. Die Hölzer wurden in Maine, im Osten Amerikas, zu-
rechtgeschnitten und um Kap Hoorn herum hierher geschifft.
Das Anwesen gehörte dann dem Schriftsteller George H.
Derby. Es kann zusammen mit dem Whaley House besichtigt
werden.

Am Ende der San Diego Avenue, auf dem alten spanischen
Friedhof *El Campo Santo,* liegen die wohlhabenden und ange-
sehenen Familien, die Estudillos, Bandinis oder Pedronas, so
beieinander, wie sie einst auf der Plaza beieinander wohnten.
Die Ruinen des Gefängnisses nahe dem Friedhof verlieren
ihren Schauder, wenn man weiß, daß dieses erste Gefängnis
San Diegos nur einen Gefangenen hatte – und der brach aus!

Downtown, die amerikanische Neustadt

Der spanischen Altstadt am Fuße des landeinwärts gelegenen
Presidio folgte die amerikanische Neustadt unmittelbar an der
Bucht: das heutige Downtown.

1846 war Commodore Robert F. Stockton mit seinem
Schlachtschiff ›USS Congress‹ in die Bucht von San Diego
eingelaufen, hatte die Stadt besetzt und das ehemalige Presidio ins Fort Stockton umgewandelt. Amerikanische Siedler
aus dem Osten, aber auch Mexikaner, Peruaner, Portugiesen,
Engländer und Italiener, ließen sich von 1850 ab in der Altstadt nieder, oder auch unten an der schönen und geräumigen
Bucht am Point Loma, und betrieben Handel, sowie Fisch-
und Walfang.

Die Geschichte von Downtown begann genau 1867. In jenem Jahr hatte ein Kaufmann aus San Franzisko, Alonzo E. Horton, für nur 267 Dollar jenes Land gekauft, das heute diesen Stadtteil bis hinunter zur Bucht umfaßt. Pragmatisch, wie er war, entwarf er nach dem Kauf sogleich eine Stadt im Schachbrettmuster. Selbstverständlich verlief die Verwirklichung seines Plans nicht ohne Widerstände der Altstadt-Bürger. William Heath Davis, der ein gleiches schon siebzehn Jahre zuvor versucht hatte, war an ihnen gescheitert. Doch Horton hatte einen unbeugsamen Willen. Der erste große Hafenkai in der Bucht wurde bald angelegt. Geschäftshäuser entstanden aus dem Nichts, dazu ein elegantes Hotel, das Horton House, das noch heute im Zentrum von Downtown nahe der Plaza an der Nordseite des Broadway steht. Den Platz im Zentrum benannte der Gründer ohne Scheu nach sich selbst, *Horton Plaza*. Es ist ein hübsches, palmenbestandenes Plätzchen mit einem Rundtempel in der Mitte, der von einer Springbrunnenanlage eingefaßt wird.

An der Horton Plaza und im unmittelbaren Umkreis liegen heute aufwendige Hotels, wie das 1905 erbaute ›Grant Hotel‹ und das erst nach dem Zweiten Weltkrieg errichtete ›Westgate Plaza‹, das traditionsbewußt mit antiken Möbeln und persischen Teppichen eingerichtet ist. Elegante Geschäfte, wie das des Juweliers Jessop's – mit der davorstehenden nostalgischen Straßenuhr –, säumen einen Straßenblock weiter die Fifth Avenue und die Hauptgeschäftsstraße C Street. Beim Bummel fällt uns auf, daß die Straßenblöcke der Neustadt kleiner sind als in anderen amerikanischen Großstädten, nämlich 70 mal 100 Meter, statt der sonst üblichen 100 mal 200 Meter. Am Broadway und der Sixth Avenue stehen die schönsten älteren Gebäude der Stadt, alle vom Ende der zwanziger Jahre, darunter das Haus der San Diego Trust and Savings Bank und das ehemalige John D. Spreckels Building, heute die Bank of America. Wie in allen Bankvierteln der Welt finden wir auch hier im Umkreis viele erlesene Restaurants. Doch noch ein Wort zu John D. Spreckels.

Wie Horton verdankt auch ihm die Stadt viel. John D. Spreckels kam gleich ihm aus San Franzisko, er war der älte-

Karte von San Diego

Mit freundlicher Genehmigung
von Rand McNally & Company, Chicago
© Rand McNally & Company

ste Sohn Claus Spreckels, von dessen Zucker-Imperium wir
schon berichteten. Das ererbte Vermögen investierte er in ein
Depot für Kohle und schuf damit die Voraussetzungen für die
Weiterführung der Santa-Fé-Eisenbahn von Los Angeles nach
San Diego – der Hauptbahnhof in der Nähe des Hafens heißt
deshalb noch heute Santa-Fé-Station. Später schuf er eine
direkte Eisenbahnlinie von San Diego nach Osten, die San
Diego and Arizona Railroad, kaufte die größte Tageszeitung
›The San Diego Union‹ auf, baute Bürohäuser, auch einen
Staudamm in der Umgebung, um die Stadt mit dem immer
dringender benötigten Trinkwasser zu versorgen. Als eifriger
Kulturmäzen stiftete Spreckels der Stadt ein Theater – dem
viele weitere folgten bis hin zum Civic Theatre im neuen
Kulturzentrum (Community Concours) sowie ›Spreckel's
Organ Pavillon‹ im Balboa Park.

Nach dem Zweiten Weltkrieg ließen sich neue Banken sowie Handels- und Industriefirmen in der City nieder, vor
allem Elektronikfirmen wie General Dynamics.

Bummeln wir vom ehemaligen Spreckels-Gebäude den
Broadway hinunter nach Westen, so gelangen wir an der
Santa-Fé-Station vorbei zur Hafenfront, dem *Embarcadero*. Bis
zum Ausbau des Hafens von Los Angeles, 1899, war San
Diego der Haupthafen Südkaliforniens; seitdem ist es in der
Bucht ruhiger geworden. Nur selten kreuzt ein größeres
Schiff der im Südhafen stationierten XI. Flotte die Bucht,
manchmal auch Boote der Thunfischer; dafür ziehen Hunderte von Segelbooten über die stillen, sonnenglitzernden
Wasser. Eines der stattlichsten Segelschiffe aus alten Tagen
hat am Embarcadero für immer seinen Ankerplatz gefunden:
die ›Star of India‹. Der schlanke, dreimastige Windjammer
wurde 1863 in England gebaut, umsegelte 27mal die Welt und
ist seit 1961 ein Marinemuseum.

Bunte Welt Balboa Park

Die schon vorhin erwähnte Bürgerinitiative von San Diego
hat sich in dem von ihr geschaffenen Balboa Park das schönste Denkmal ihres Gemeinsinns gesetzt. Dieses weitläufige,

acht Quadratkilometer große hügelige Gelände im Herzen der Stadt, mit Eukalyptusbäumen, Palmen und anderen für die hiesige Vegetation typischen Pflanzen üppig bewachsen, hatten weitblickende Stadtväter schon 1868, als San Diego kaum tausend Häuser zählte, für einen zukünftigen Stadtpark bestimmt. Angelegt wurde er dann auf Betreiben der Bürger.

Von der großen Nord-Süd-Autobahnachse San Diegos, der US 5, führt der abzweigende Cabrillo Freeway unmittelbar in die tiefe Talschlucht des Parks und durch ihn hindurch. Von Downtown geht die 11th Avenue in den nordsüdlich durch den Park verlaufenden Park Boulevard über, der östlich parallel zum Cabrillo Freeway verläuft. Zwischen Park Blvd. und Cabrillo Freeway liegen die beiden Hauptkomplexe: das ehemalige Messegelände der anläßlich der Eröffnung des Panamakanals 1915/1916 veranstalteten California International Exhibition, das noch durch die California Pacific International Exhibition 1935 erweitert wurde, und der San Diego Zoo.

Nördlich von Downtown führt die Laurel Street auf die anläßlich der Panama-Messe erbaute *Cabrillo Bridge* zu. Jenseits der Brücke liegt das im spanischen Renaissancestil erbaute Haupttor zum ehemaligen Messegelände, das *West Gate*. Seitlich hinter dem Westtor ragt ein reich verzierter spanischer Renaissanceturm in den Himmel, der *California Tower,* dem Turm von Córdoba nachgebildet und San Diegos Wahrzeichen.

Durchschreiten wir das Westtor, befinden wir uns auf der Hauptpromenade des Messegeländes, dem palmengesäumten *El Prado,* auch einfach ›The Promenade‹ genannt. Hier wurden für die Panama-Messe im Stil des 16. und 17. Jahrhunderts und im überladenen spanischen Kolonialstil Ausstellungsgebäude, Museen, Kunstgalerien und Theater zwischen üppigen Blumenrabatten und satten Wiesen errichtet. Zu Füßen des California Tower hat man im *Alcazar-Garten* den berühmten Garten von Sevilla nachgebildet.

Das *Museum of Man* zeigt Zeugnisse aus der Geschichte der Indianer Nordamerikas und der spanisch-mexikanischen Zeit Kaliforniens. Das *Old Globe Theatre,* eine Rekonstruktion des gleichnamigen elisabethanischen Theaters in London, ist 1978 abgebrannt, doch wurde sogleich mit dem Wiederaufbau begonnen. Es veranstaltet Shakespeare-Festwochen und bestreitet außerhalb dieser Zeit ein vielfältiges Repertoire. Die *Fine Arts Gallery* auf der Plaza de Panama ist dem Platereskenstil der spanischen Frührenaissance nachgebildet. Plateresk, vom spanischen ›platero‹ für Silberschmied abgeleitet, wirkt vor allem die reich ornamentierte Hauptfront der Galerie mit den in Nischen stehenden Porträtstatuen bedeutender spanischer Künstler der Renaissance, El Greco, Murillo, Velásquez, Ribera und anderen. Der Torbogen ist eine Nachbildung des Eingangsportals der Universität von Salamanca. Innen freilich modern gestaltet, beherbergt die Galerie sowohl alte Meister wie zeitgenössische Kunst. Bei den alten Meistern liegt das Schwergewicht auf Italienern, Holländern und Spaniern: Velásquez, Ribera, Murillo und Goya, Giotto, Bellini, Tintoretto, Correggio und Tizian, van Dyck und Rubens sind die Glanzpunkte. Das 20. Jahrhundert ist mit Marc, Klee, Jawlensky, Münter, Nolde, Pechstein, Hofer, Lehmbruck und Kolbe, mit Braque, Rouault, Chagall und Dufy, Moore, Archipenko, Marini und Manzú vertreten. Die naive Malerei der amerikanischen Grandma Moses (1860–1961), vor allem das bekannte Bild ›Der Fang des Thanksgiving-Truthahnes‹, wird europäische Besucher hier natürlich am meisten interessieren. Die Werke stammen aus amerikanischen Privatsammlungen, vor allem der Grant-Munger Collection.

Die benachbarte, in italienischem Travertin gehaltene *Timken Art Gallery,* erbaut von Geldern der Timken Foundation, Ohio, ist ein privat geführtes Museum der Putnam Foundation. Die hervorragende Sammlung russischer Ikonen von Miss Amy Putnam fand hier, neben Meistern der europäischen Malerei, in einer weiträumigen Sonderabteilung einen würdigen Platz.

Das Ford Building weiter unten an der Promenade beherbergt das *Aero-Space Museum,* das die Geschichte der amerikanischen Luftfahrt von ihren Anfängen bis heute dokumentiert. Lindberghs berühmter Doppeldecker ›Spirit of St. Louis‹ ist in einer Nachbildung hier ausgestellt – das Original steht in der Smithsonian Institution in Washington, D.C. –, indes Wrights erstes Gleitflugzeug von 1903 im Original hier zu sehen ist. Seit dem Bau des Lindbergh-Flugzeugs in San Diego ist hier das größte Unternehmen für Privatflugzeugbau beheimatet.

Auch ein hochmodernes Planetarium gibt es neuerdings im Balboa Park, das den Zuschauer durch ein System von 80 Projektoren in den Weltraum versetzt *(The Reuben H. Fleet Space Theater and Science Center)*, während das Naturkunde-Museum *(The Natural History Museum)*, das Glashaus des *Botanical Building* oder die *Spreckels-Orgel* mit ihren 3500 Pfeifen schon zu den frühen Einrichtungen gehören. Die Gebäude der Pazifik-Ausstellung von 1935 dienen als Sporthallen und Kongreßsäle, und zusammen mit Musik- und Tanzveranstaltungen und einem ganzen Künstlerviertel mit Galerien und Boutiquen herrscht im Balboa Park buntes Leben. Dabei haben wir noch nicht von seiner größten Attraktion gesprochen, dem *San Diego Zoo*.

Die rosa leuchtenden peruanischen Flamingos, die den Besucher auf der Lagunenwiese gegenüber dem Haupteingang begrüßen, die frei herumlaufenden Königs-Pfauen mit ihrem schrillen Schrei, die teddyhaften australischen Koala-Bären – Lieblinge aller Kinder –, die zentralamerikanischen Vögel und australischen Papageien in ihrer Farbenpracht, der lustige Nasenaffe, das goldfarbene brasilianische Marmoset-Äffchen, afrikanische Bergzebras, Tiefland-Gorillas, grönländische Weißbären, mexikanische schwarze Klapperschlangen oder graugrüne Pythonschlangen aus Neu-Guinea, zitronengelbe, rotäugige Guatemala-Frösche, nordamerikanische Pelikane und Braunbären, texanische Jaguare, das himalayanische gehörnte Tahr oder der spitznasige, schwarzweiße Tapir aus Malaya, die Prachtexemplare von indischen Bengal-Tigern, die im alten Ägypten heiliggesprochenen Schimpansen, schließlich der grün-gelb-rote ›Liebesvogel‹ aus Nyasaland – sie alle gehören zu den rund 5000 Tieren aus Afrika, Eurasien, Australien, den drei Amerika und den ozeanischen Inseln, die der San-Diego-Zoo beherbergt – eine der umfassendsten Sammlungen an Wildtieren in der Welt. Der Landschafts-Charakter des Zoos mit seinem tropischen Dschungel, afrika-

nischer Savanne, dicht bewachsenen Schluchten und freien
Tafelbergen schafft hervorragende natürliche Bedingungen
für die Tierwelt. Dazu kommt, daß das Wetter den Tieren
beständigen Aufenthalt im Freien erlaubt.

Eine Kabelbahn, 1969 in Betrieb genommen, läßt den Besucher über das gesamte Zoogebiet schweben und einen Panoramablick auf Stadt und Bucht genießen. Elektrobahnen mit
sachkundigen Erklärern ersparen allzu große Wegstrecken.
Die meisten Besucher streifen natürlich am liebsten zu Fuß
durch das Gelände. Als Zoo im Zoo gibt es hier einen Children's Zoo mit Tierkindern. Die Haustierarten lassen sich von
den Menschenkindern streicheln und unter Aufsicht auch füt-
tern. Manche neugeborenen Tiere darf man sogar in die Hand
nehmen, wenn die ›Nurse‹ es erlaubt.

Buchten und Halbinseln

Der Stadt vorgelagert, erstreckt sich von Süden nach Norden
eine 15 Kilometer lange Landzunge gleich einem Stengel, der
sich an seinem Ende zu einer Blüte mit dem Umriß einer
Frauenschuhorchidee erweitert, das *Coronado Island,* mit kilo-
meterlangem Strand und einem kleinen, hübschen Ort in seiner Mitte. Die moderne San Diego-Coronado Bay Bridge
verbindet den Ort Coronado mit dem südlichen Downtown.
Am Südende der Bucht gelangen wir über die Palm Avenue
auf den *Silver Strand Highway* der Landzunge.

Das Städtchen *Coronado* hat durch seine um 1900 im engli-
schen Landstil entstandenen Häuser, die vor allem entlang des
Ocean Boulevard stehen, seine mit Palmen gesäumten Alleen
und vor allem den viktorianischen Traum des ›Hotel del
Coronado‹ einen unvergleichlichen Charme, der in einer
Mischung von Eleganz und Extravaganz besteht. Das am
Ozean gelegene, 1888 errichtete und immer wieder erweiterte
Hotel, ein pittoresker Bau mit viel Holz, vielen Türmen,
Türmchen und Trakten, innen mit fulminanten Sälen wie
dem Crown Room und Golden Ballroom, ist seit je der
Schauplatz großer Feste, hoher Besuche und aufwendiger
Filmszenerien. Jedes der 399 Gästezimmer hatte seinen

eigenen, offenen Kamin. Acht amerikanische Präsidenten waren hier zu Gast und gaben Festessen im Crown Room, dem 50 Meter langen und 20 Meter breiten Hauptsaal. 1958 hat Billy Wilder hier seinen köstlichen Film ›Manche mögen's heiß‹ mit Marilyn Monroe gedreht.

Hinter dem Hotel führt der *Glorietta Boulevard* um die Glorietta-Bucht, einem idealen Yachthafen, zum ›Old Boathouse‹, einem gleichfalls im viktorianischen Stil erbauten kleinen Hotel-Restaurant mit herrlichem Blick auf die Bucht.

Auch die Restaurants auf der Halbinsel *Shelter Island* gegenüber der Nordspitze von Coronado Island – ein kleiner Vorsprung des Festlands im Norden – seien wegen ihres einzigartigen Panoramablicks auf die Bucht, vor allem aber auf die Neustadt San Diegos sehr empfohlen. Zwischen Shelter Island und dem Festland liegt der Städtische Yachthafen. Eine andere kleine Einbuchtung auf der Festlandseite innerhalb des Yachthafens diente einst den Walfischfängern, die Mitte des 19. Jahrhunderts von der amerikanischen Ostküste herüberkamen, als Hafen. Die Talbot Street führt den ehemals zerklüfteten Berghang hinauf durch den hübschen Villenort *La Playa*. Bevor dessen Häuser entstanden, war diese Gegend ein beliebter Unterschlupf für Schmuggler und Diebe. Über die Talbot Street gelangen wir auf den oberen Grat der felsigen Halbinsel *Point Loma* zur Hauptstraße Catalina Canyon, die weiter südlich in den Cabrillo Memorial Drive übergeht, der zur Spitze der Landzunge von Point Loma führt.

Hoch oben auf der Landspitze steht in strahlendem Weiß der alte Leuchtturm, *The Old Lighthouse,* von 1854. Von Mitte Dezember bis Ende Februar kann man hier die heute geschützten kalifornischen Grauwale beobachten, die, von Alaska kommend, nahe an der Küste vorüber zu den Gewässern von Baja California und Mexiko ziehen, um dort ihre Jungen zur Welt zu bringen. Von Ausflugsbooten, die am Shelter Island starten, sind die mächtigen Tiere aus unmittelbarer Nähe zu beobachten. 1891 kam zum alten Leuchtturm ein neuer hinzu, der erheblich tiefer steht, denn der alte in 154 Metern Höhe erreichte bei niedriger Wolkendecke mit seinem Lichtkegel nicht immer die Schiffe.

Am Westhang des Point Loma entdeckt man beim Umher-
streifen Salbei, Zitronenbeere, Seefeigen, die kalifornische
Agave und manche anderen unter Naturschutz stehenden
Pflanzen. Im *Cabrillo National Monument* hat man den portugiesischen Entdecker Kaliforniens und der Bucht von San
Diego, Juan Rodriguez Cabrillo, in einer mächtigen Sand-
steinstatue verewigt, an einer Stelle, der Meer und Land großartig zu Füßen liegen. Die Freiheitsstatue im Hafen von New
York und das Cabrillo-Denkmal sind die beiden am meisten
besuchten Nationaldenkmäler in den USA.

Die *Mission Bay* weiter im Norden war einst das ver-
schlammte Deltagebiet des San Diego River. Heute breitet
sich die von Menschenhand geschaffene, saubere Bucht hinter
einer an der Küste entlanglaufenden, schmalen, bewohnten
Landzunge aus, mit unzähligen Stränden auf größeren und
kleineren Inseln und weiteren kleinen Landzungen. Der südliche Teil der Bucht nennt sich *Mission Bay Aquatic Park*. Die
Gewässer sind ein Paradies für Segelfreunde, Sportfischer und
Wasserskifahrer. Im großen Tiefseeaquarium Sea World gibt
es Shows mit dressierten ›Killer‹-Walen und Delphinen, Pin-
guinen oder japanischen Perlentaucherinnen.

Im Norden der Küste, wo das Land sich rund ins Meer
ausbuchtet, liegt das mondäne *La Jolla*. Das lustig klingende
Wort, ›la joya‹ gesprochen, bedeutet im Spanischen ›Juwel‹
oder ›Kleinod‹ oder auch sinnbildlich ›Perle‹. Eine Perle unter
den Küstenplätzen ist der exklusive Bade-, Künstler- und
Wohnort sehr wohl. Doch auch diejenigen, die das Wort als
›Höhle‹ interpretieren, haben recht. Rundum liegt eine bizarre
Höhlen-, Kliff- und Felsenwelt. Die *La Jolla Cove* beispiels-
weise ist eine Felsformation, die an einen riesigen Alligator-
Kopf erinnert.

Vor dem Hintergrund eines in subtropischen Pflanzen eingebetteten Badeortes mit High-Society-Hotels, distinguierten
Frauen-Clubs, Feinschmecker-Restaurants, eleganten Boutiquen und Galerien moderner Kunst spielt sich vom Surfen bis
zum Segelfliegen ein verwöhntes Wassersport-Highlife ab.
Was nicht hindert, daß der Ort in seinem *Museum of Contem-
porary Arts* eine Sammlung zeitgenössischer amerikanischer

Kunst und afrikanischer Skulpturen hat, deren Ansehen zu Recht weitreichend ist. Die westamerikanischen Hard-Core-Pop-Art-Künstler, wie Wayne Thiebaud, Mel Remos oder Edward Ruscha, die die grellen Leuchtfarben der modernen Reklame für ihre Malerei verwenden, sind hier gemeinsam mit den Pop-Art-Künstlern der New Yorker Szene, Roy Lichtenstein, Claes Oldenburg oder Andy Warhol, zu sehen. Das Jolla-Museum bietet auch eine hervorragende Auswahl an Werken, die den Übergang von der Kunst des 19. zum 20. Jahrhundert zeigen.

Und nördlich des Modebades hat die Wissenschaft das Wort. Da ist zunächst der am Meer gelegene große, weiße moderne Baukomplex der *Scripps Institution of Oceanography*. Von dem Zeitungsverleger E. W. Scripps 1892 gegründet, brachte es das Institut unter der Leitung des Zoologen Williams E. Ritter bereits in den zwanziger Jahren zu anerkanntem Ruf. Heute verfügt es unter anderem über acht Hochsee-Forschungsschiffe, die an ihrer blauen Farbe schon von weitem im Meer zu erkennen sind. Die Erforschung der Meeresflora und -fauna steht ebenso auf dem Programm dieses Instituts wie die heute immer wichtiger werdenden Fragen der Meeresökologie und -ökonomie. Ein kleines Aquarium ist der Scripps Institution angeschlossen. Das Institut untersteht der etwas landeinwärts gelegenen Universität.

Die drei Campusgelände der erst 1964 gegründeten *University of California San Diego* sind allein schon wegen der hervorragenden zeitgenössischen Architektur einen Besuch wert. Sie sind in der sehr leicht wirkenden Stahlbeton-Skelettbauweise mit viel Glas und mit spanischen Rundbogenelementen an Fenstern und Loggien gestaltet. In der UC San Diego liegt der Hauptakzent auf den naturwissenschaftlichen Fächern Physik, Chemie, Biologie und Geologie. Natürlich gibt es hier auch eine philosophische Fakultät. Einer ihrer namhaftesten Professoren war der deutsche Soziologe Herbert Marcuse. Im Vordergrund seiner Arbeit stand die Auseinandersetzung mit der fortgeschrittenen Industrie- und Konsumgesellschaft in ihrem Verhältnis zu Natur und Kultur. Wenn sein bekanntestes Buch, das bezeichnenderweise ›Der eindimensionale Mensch‹ heißt, 1964 erschien, so war dies kein Zufall: Der Konsumüberfluß war damals nicht nur in Kalifornien auf dem Höhepunkt.

Was die Naturwissenschaft betrifft, so wirkte in San Diego ein Mann, dem die Menschheit unendlich viel verdankt: Jonas E. Salk, der Entdecker des Impfstoffs gegen die Kinderlähmung. Im *Salk Institute for Biological Research* nördlich der Universität konnte er 1960 seinen Lebenstraum verwirklichen. Die dreihundert dort arbeitenden Wissenschaftler sind im Sinne des Institutsgründers auf den Gebieten der Molekularbiologie, der Krebsforschung und im Kampf gegen die Multiple Sklerose tätig. Finanzielle Unterstützung erhält das Salk Institute aus Regierungsgeldern sowie Privatstiftungen.

Das Salk Institute an der North Torrey Pines Road liegt unfern des *Torrey Pines State Reserve,* eines Naturschutzparks an der Küste, in dem die seltenen Torrey-Kiefern wachsen. Sie gehören zu den seltensten Bäumen der Welt. In der Voreiszeit war Südkalifornien mit ihnen reich bedeckt. Sie sind von feinem, schnörkelhaft verrenktem Wuchs und tragen überlange Fichtennadeln, die jeweils zu kleinen Büschen zusammenstehen. Sie wachsen mit der Zielstrebigkeit und saftstrotzenden Kraft von Strandfichten und wirken hier in der feuchten Luft der Meeresnähe aquarellhaft leicht und luftig. Der Park hat gut angelegte Wanderwege (Guy Fleming Trail, Razor Point Trail oder ›Fat Man's Misery‹, wie der Name sagt, ein Pfad, dessen Felswände nur Schlankwüchsige passieren lassen), die durch Schluchten und an Picknickplätzen und Aussichtspunkten vorbeiführen. Unter dem Betrachter liegt die wilde, zerklüftete Pazifikküste, breitet sich der kilometerlange Strand aus, rollt das ewige Schauspiel des Meeres ab.

DIE SÜDKÜSTE

Weiße Sandstrände und ein Abstecher
ins Hinterland

Wie Perlen an einer Schnur aufgereiht, folgt an der Küstenstraße des Pacific Highway nach Norden ein Bade- und Blumenort dem anderen: Del Mar, Solano Beach, Cardiff-by-the-Sea, Encinitas, Leucadia, Carlsbad, Oceanside und, bereits im Großraum von Los Angeles, San Clemente, Laguna Beach, Balboa, Newport Beach, Huntington Beach. Ihre weißen Sandstrände sind ein Sommer-Genuß für Tausende von Menschen, und dazu hat fast jeder Ort noch seine Besonderheit. *Del Mar* beispielsweise wartet alljährlich mit einer Messe auf, der San Diego County Fair, und ist bekannt wegen seiner Pferderennbahn ›beside-the-sea‹. Pferde- und Wettfreunde finden sich im Juni und Juli zu den Rennen des von Bing Crosby 1937 gegründeten Del Mar Turf Club ein.

Ist es am Strand zu heiß, lohnt sich ein Abstecher ins schattige Hinterland von Del Mar oder Solano Beach über die Via della Valle (S 6) oder den von Eukalyptusbäumen gesäumten Skyline Drive, wobei die große Nord-Süd-Autobahnachse (Interstate 5) parallel zur Küstenstraße zu überqueren ist.

Rancho Santa Fé bietet sich als erstes Ziel an, ein Name, der von den Zeiten der Rancheros spricht. Heute sind die ›Dons‹ der weiten Ländereien meist Kaufleute, Grundstücksmakler, Pferdezüchter oder Filmstars. Bing Crosby und Douglas Fairbanks hatten hier ihre luxuriösen Landsitze. Die meist im spanischen Stil erbauten, herrschaftlichen, weißgekalkten Häuser, an denen tiefrot die Bougainvilleablüten leuchten, sind vielfach von Eukalyptus- und Orangenhainen umgeben, grenzen an Pferdekoppeln oder palmengesäumte Golfplätze. Der Golfplatz vor Rancho Santa Fé heißt bezeichnenderweise ›Whispering Palms Golf and Country Club‹. Er ist fein und

gepflegt wie die Restaurants des schneeweiß-grünen, natürlich im spanischen Stil gehaltenen kleinen Ortes. Hier ist man
unter sich, der Fremde aber gastfreundlich willkommen.
Westlich von Santa Fé verläuft die berühmte Franziskaner-
straße *Camino Reál*. Auf diesem ›Königsweg‹, der sich schläfrig zwischen buschbestandenen, im Sommer ockerfarbenen
Grashügeln nach Norden windet, zogen einst die Franziskanermönche und spanischen Soldaten in Tagesritten von Mission zu Mission. Den Franziskanern folgten die Einwanderer
nach Kalifornien. Unter ihnen, hundert Jahre später, um 1880,
befanden sich auch deutsche Gruppen. Die Deutschen hatten
versucht, auf der Ranch Las Encinitas, die nördlich an die
Rancho Santa Fé grenzt, Olivenhaine anzulegen, was jedoch
mißlang. Der deutsch geschriebene Ort ›Olivenhain‹ erinnert
noch heute an diese Begebenheit. Die Deutschen zogen dann
weiter die Küste hinauf nach Norden in die Südregion von
Los Angeles.
Zwischen *Escondido* und *Fallbrook* nordwärts von Rancho
Santa Fé dehnen sich Avocado-Baumplantagen. Die Hälfte
der gesamten kalifornischen Avocado-Ernte kommt aus diesem Gebiet. Die Verpackungszentrale bei Escondido kann besichtigt werden. Escondido ist günstig genug gelegen, um als
Ausgangspunkt zu verschiedenen Zielen im Osten zu dienen.

Ein Wildpark, Indianerreservate
und eine Supersternwarte

Durch die Obst- und Orangenhaine des Pasqual-Tales erreicht man 10 Kilometer südöstlich von Escondido den *San
Diego Wild Animal Park*. Er ist eine Art Krüger-National-Park
auf kalifornisch. Erst 1972 eröffnet, hat der sieben Quadratkilometer Fläche große Wildpark sechs weitgehend von Menschenhand geordnete ökologische Zonen: südafrikanisches
Grasland, ostafrikanische Savanna, nordafrikanische Berglandschaft, asiatisches Sumpfgebiet, asiatisches Hochland und
australische Steppen. Eine Siebeneinhalb-Kilometer-Fahrt in
einer Einspureisenbahn führt den Besucher, von Nairobi Village ausgehend, durch die grasbedeckten Täler und über die

mit Wildeichen und Salbeibüschen bestandenen Hochebenen schier bis auf Hautnähe an Löwen, Zebras, Rhinozerosse und viele andere Tiere heran. Tierarten, die sich im Zoo nur schwer fortpflanzen, vermehren sich hier prächtig in freier Wildbahn.

Unmittelbar östlich des heutigen Wildparks kam es 1846 zum einzigen ernsteren Handgemenge des Amerikanisch-Mexikanischen Krieges, zur ›Battle of San Pasqual‹. 153 Amerikaner, die General Stephan W. Kearny, vom Osten durch die Wüste kommend, nach San Diego führen wollte, trafen hier auf einen spanisch-mexikanischen Trupp. Dieser stand unter der Führung von Andrés Pico, dem Bruder des mexikanischen Gouverneurs von Kalifornien, Pio Pico. Die amerikanischen Soldaten waren müde vom Marsch durch die Wüste, und das Schießpulver war durch einen vorangegangenen Regen naß. Trotz dieser ungünstigen Voraussetzungen ließ General Kearny zum Angriff blasen. Achtzehn seiner Leute mußten ihr Leben lassen, auf mexikanischer Seite ein Mann. Die Amerikaner zogen sich darauf auf den Mule Hill bei dem Rancho Bernardo zurück. Fünf Tage später kam amerikanische Hilfe aus San Diego.

In spanisch-mexikanischer Zeit grenzte hier eine Ranch an die andere, mit Zehntausenden von weidenden Rindern. Heute müssen wir auf der 78er Straße weiter nach Osten fahren, bis zum *Rancho Cuyamaca,* um ein noch weithin unverfälschtes Bild dieser Ranches mit ihren großen Viehherden und Cowboys zu erhalten. Auf dem Weg passieren wir *Santa Ysabel* mit der kleinen, 1818 gegründeten Franziskaner-Mission. Sie war eine Nebenmission von San Diego. Die dortigen Franziskaner verstanden sich gut aufs Brotbacken. Die Dudley-Pratt-Bäckerei von Santa Ysabel setzt diese Tradition mit dreißig verschiedenen Brotarten heute fort. Der von eichenbedeckten Hügeln und Obstgärten umgebene Ort *Julian* östlich davon war einst eine Goldgräberstadt. Sein ›Gold‹ sind heute Äpfel-, Birnen- und Pfirsichplantagen.

Die ganze Umgebung von Escondido ist ein Gebiet der Indianer-Reservate. Im Norden liegen San-Pasqual-, Rincon- und Pala-Reservat, nordwestlich das Los-Coyotes-Reservat,

westlich das Santa-Ysabel-Reservat, im Südosten das Ca-
pilan-Grande-, Cuyapaipe- und Manzanita-Reservat. Von
den achtzehn größeren Indianergebieten, die es in Kalifornien
gibt, liegen rund die Hälfte in dieser Gegend. Es spricht für
die südkalifornischen Reservate, daß sie die einzigen in den
USA sind, in denen die Geburtsraten nicht zurückgehen. Im
Durchschnitt leben in den einzelnen Gebieten zwischen fünfzig bis hundertsiebzig Indianer, in manchen auch weniger als
fünfzig.

Das *Pala-Reservat* wurde 1903 durch einen kalifornischen
Regierungsbeschluß geschaffen, und zwar in einem Gebiet, in
dem früher die Indianer bei der San Antonio de Pala Mission,
einer Nebenstation von San Luis Rey, vor allem Viehzucht
trieben. Die kleine Mission erfüllt auch heute in bescheide-
nem Umfang die Seelsorge für die getauften Indianer. Heute
leben die Pala-Indianer in einem kleinen Dorf zusammen, das
aus tragbaren Holzkaten besteht. In ihnen hört man weniger
indianische Melodien klingen als Transistor-Rhythmen dröh-
nen. Auf den umliegenden Ranches arbeiten die Indianer als
Cowboys oder Gelegenheitsarbeiter. Sie betreiben auch selbst
ein wenig Landwirtschaft. Die Frauen stellen nach alten India-
nermustern Lederarbeiten her, die sie auf dem Pala-Markt
anbieten. Alljährlich feiern sie, wie sie es von den Franziskanern gelernt hatten, die Corpus-Christi-Fiesta und San-Anto-
nio-Fiesta; zusätzlich am 25. August ein Rodeo-Fest. Am Tag
zuvor beginnt im nahegelegenen *Rincon-Reservat* alljährlich
eine dreitägige Fiesta. Im *Santa-Ysabel-Reservat* fanden Indianer der ehemaligen Cupeno-, Shoshoneon-, Diegueño- und
Yuman-Stämme Unterkunft, wie allgemein in den Reservaten Südkaliforniens die Indianer heute stammesmäßig ge-
mischt sind. Auf den Weideflächen, die die Franziskaner hinterließen, wird Vieh- und Landwirtschaft betrieben. Das *Los-
Coyotes-Reservat* liegt unweit der heißen Quellen, den Warner
Hot Springs. 1844 kaufte der Trapper und Kaufmann, Juan
José Warner, der die mexikanische Staatsangehörigkeit erworben hatte, das Land auf und überließ es 1880 dem Gouverneur von Kalifornien. Das hatte zur Folge, daß die hier
lebenden Indianer das Land nun für sich beanspruchten. Dies

um so mehr, als hier Erdöl gefunden wurde. Grund genug, den Anspruch der Indianer zunächst zurückzuweisen, den sie aber dann doch durchsetzten. In den Mittelgebirgswäldern des *Capitan-Grande-Reservats* – mit dem nahegelegenen El-Capitan-Stausee, der San Diego mit Trinkwasser versorgt – leben nur noch dreißig Indianer zwischen Eichen, Wildkirschen, Bergmahagoni- und kalifornischen Lorbeerbäumen; ihren Unterhalt verdienen sie durch anfallende Arbeiten am Staudamm.

Ein Ausflug von Escondido auf der S6 nach Nordosten durch ein zum Teil sehr fruchtbares Gebiet, das künstlich bewässert wird, zum anderen Teil durch Graslandhochebenen mit Seen und tief eingeschnittenen Tälern, bringt uns zu den *Palomar Mountains,* einem wald- und buschbedeckten, von Menschen unbewohnten, bis zu 2000 Meter hohen Felsengebirgszug. Auf der vielversprechend klingenden Bergstraße ›The Highway to the Stars‹ geht es hinauf zum *Palomar Observatory.* Silbern leuchtet die mächtige Kuppel des Observatoriums über den Wipfeln der Tannen- und Fichtenwälder. Von der Rockefeller-Stiftung 1928 gegründet, untersteht diese moderne Sternwarte der USA mit ihren vier Teleskopen heute dem California Institute of Technology. Von einem Beobachtungsraum aus kann man das 1948 fertiggestellte Hale-Fernrohr, ein 500-Tonnen-Teleskop, bewundern. Der 1965 in der Bundesrepublik hergestellte 5-Meter-Teleskop-Spiegel gibt den Astronomen die Möglichkeit, Milliarden von Kilometern ins Universum vorzudringen, natürlich nicht mit den Augen, sondern vermittels hochempfindlicher Photoplatten. Diese Photoplatten halten sogar Sternensysteme außerhalb unseres eigenen Sonnensystems fest. Die Astronomen arbeiten jeweils nur kurze Zeit in dem ständig auf exakt geeichte Nachttemperaturen gehaltenen Observatorium, um das Photomaterial dann in Pasadena auszuwerten.

Auf dem Weg zur Küste zurück passieren wir die am Fuße der Palomar-Berge gelegene Mission *San Antonio de Pala.* Die kleine weiße Kapelle, 1815 von Frater Peyri als Nebenstation der Mission San Luis Rey gegründet, ist – wie schon erwähnt – die einzige der kalifornischen Missionskirchen, die noch heute von Indianern aufgesucht wird. Mit ihrem primitiven hölzernen Dachstuhl und ihren indianischen Wandmalereien ist sie, 1924 gebaut, eine Kopie der alten, durch ein Erdbeben zerstörten Kapelle.

Die Mission *San Luis Rey de Francia,* noch weiter zur Küste zu gelegen, war die größte und reichste aller Missionsstationen beider Amerika, wie alle Geschichtsschreiber übereinstimmend darlegen. In ihrer Blütezeit waren auf ihren Feldern und Viehkoppeln, in den Weingärten und Obstplantagen dreitausend Indianer beschäftigt. Diese 18. Station wurde vom Oberen der kalifornischen Missionen, Frater Lasuén, nach Ludwig IX. benannt, dem König von Frankreich, der 1290 wegen seiner Kreuzzüge gegen Ägypten und Tunesien heiliggesprochen wurde und uns als Erbauer der Sainte-Chapelle auf der Ile de la Cité von Paris bekannt ist. Von ihrem Gründungsjahr 1798 an großzügig konzipiert und weitläufig angelegt, wurde sie zum Lebenswerk des Franziskanerpaters und Baumeisters Antonio Peyri. Er errichtete zunächst eine kleine Kapelle, die 1815 der heutigen repräsentativen Kirche wich, eine im spanisch-mexikanischen Stil angelegte Kuppelkirche, mit doppeltürmig geplanter, jedoch nur eintürmig vollendeter Fassade, einzige ihrer Art unter den Kirchen der kalifornischen Missionsstationen. Als einzige hat sie auch eine Totenkapelle, in der die Indianer früher Nachtwachen bei ihren Verstorbenen hielten. An die Westfassade der Kirche schließt sich ein Flügel mit einem Kolonnadengang an, der die Frontseite eindrucksvoll verlängert. Die ganze Klosteranlage ist von repräsentativer Weitläufigkeit.

Die Mission San Luis Rey nahm von Beginn an eine erfolgreiche Entwicklung. Insgesamt nahm sie tausend getaufte Indianerkinder auf. Der erste Zitronenbaum Kaliforniens wuchs hier, und der erste Pfefferstrauch, der aus Indien über Portugal, Spanien und Mexiko in Kalifornien eingeführt wurde. In dem Gelände vor der Mission ließ Frater Peyri eine große Wäschereianlage erbauen, deren Ruinen stehengeblieben sind. Als 1834 die Säkularisation sein ganzes Werk zunichte machte, verließ Antonio Peyri Kalifornien verbittert.

v Königsloge von San Franzisko:
Golden Gate Bridge
Die Beschreibung findet sich auf Seite 108 ff.

Eine Gruppe von Indianern zog ihm bis nach San Diego nach, um ihn zurückzuholen – vergeblich. Die Ländereien wurden zu gleichen Teilen an den mexikanischen Staat und an die Indianer gegeben. Gewitzte Mexikaner kauften den Indianern das Land jedoch ab, um selbst ihre Ranches darauf zu bauen. Die Indianer zogen sich in die Hügel des Hinterlandes zurück und lebten wie zuvor – das Missionswerk war vergeblich.

1846 wurden die Gebäude der Mission verkauft, besser: das, was nach fortschreitender Zerstörung noch übriggeblieben war. 1865 gaben die Amerikaner die Mission der Kirche zurück. Bereits 1893 begann man mit der Restaurierung, durch die die ehemalige Schönheit weitgehend wiederhergestellt wurde.

Die Blumenküste

In *Carlsbad* setzen wir unsere Küstenroute fort. Wie kam der Meeresort zu dem berühmten Kurort-Namen? Der Gemischtwarenhändler John Frazier stieß 1883 auf eine Quelle, deren Mineralwasserzusammensetzung jener des böhmischen Bades ähnelte. Kurzerhand gab er dem Ort auch dessen Namen. Dies war um so naheliegender, als hier auch etliche deutsche Einwanderer lebten. Das ›Alt Carlsbad Hanse House‹, das über der Mineralquelle gebaut wurde, steht noch heute – allerdings ist es ein Souvenir Shop. Denn zwar setzte Frazier einen regelrechten Kurbetrieb in Gang, und der Zaubername sorgte für Gäste – aber so schnell das Glück kam, so schnell zerrann es mit dem Versiegen der Quelle auch wieder. Heute kommen mehr Touristen hierher als je zuvor, natürlich wegen der weißen Sandstrände, dem durch eine warme Meeresströmung anhaltend milden Klima und der Blumenfülle.

Die Einheimischen dieses Küstenstrichs, der auch ›San Dieguito‹ genannt wird, leben hauptsächlich vom Blumenzüchten. Die San Dieguito ist eine kalifornische Riviera di Fiori: Rosen, Chrysanthemen, Gladiolen, Iris, Storchenschnabel, Nelken, Margeriten, auch Orchideen in Gewächshäusern, kurz: Garten- wie Treibhausblumen gedeihen hier in üppiger Fülle. Die Blumen werden hauptsächlich nach Los Angeles geliefert. *Quail Botanic Gardens* etwa, südlich von Carlsbad,

fast auf der Höhe von Encinitas, ist einer der vielen Schwer-
punkte der Blumenzucht.

Schon in spanisch-mexikanischen Zeiten erstreckte sich
hier der ›Rancho Santa Margerita y las Flores‹ zwischen
Oceanside und San Clemente über 20 Kilometer weit. Sie
gehörte damals zur Mission San Luis Rey. Die 300 Quadratkilometer Fläche große Ranch wurde 1942 Trainingslager der
1.Division des US Marine Corps, das *Camp Pendleton,* das
größte Trainingszentrum der ›Mariner‹ in den USA. An seiner Nordspitze befindet sich ein Atomenergiezentrum, die
›Nuclear Generating Station San Onofre‹, die vorwiegend
von der San Diego Gas & Electric Company betrieben wird.

San Clemente ist eine Gründung von Grundstücksspekulan-
ten aus Los Angeles aus den zwanziger Jahren unseres Jahrhunderts. Doch der eigentliche Boom für die Grundstücksmakler folgte erst zwischen 1960 und 1963, als die neue Autobahn Interstate 5 hier vorübergeführt wurde. Die Grund-
stücks- und Gebäudepreise stiegen sofort bis zu 400 Prozent.
Die Dollar-Metropole Los Angeles liegt ja nahe!

Die Interstate 5 wendet sich nördlich von San Clemente
von der Küste weg landeinwärts auf *San Juan Capistrano* und
seine Missionsstation zu, die nur wenige Kilometer von der
Küste entfernt liegt. Ihre von Efeu überwucherte romantische
Ruine ist ein von Ausflüglern aus Los Angeles gern aufgesuchter Ort. 1776 von Serra gegründet, wurde die Mission
1812 durch mehrere Erdbeben sehr stark beschädigt, aber
die kleine bescheidene Lehmziegel-Kapelle, ›Father Serra's
Church‹, steht noch. Sie wird als die älteste erhaltene Kirche
Kaliforniens angesehen. Die Wände der Kapelle sind mit primitiven indianischen Ornamenten bedeckt, wie wir sie allent-
halben sahen, die vergoldete, reich verzierte, spanisch-ba-
rocke Altarwand kam 1906 von Barcelona hierher; seit 1924
schließt sie die Hauptwand des Sanktuariums ab. Die flache
bemalte Holzdecke schmücken farbenfrohe Blütenranken.
Als die kleine Kapelle nicht mehr ausreichte, wurde eine
große, prächtige Kirche erbaut. Selbst ihre Ruinen vermitteln
noch einen Eindruck ihrer ehemaligen Pracht. In Kreuzform
angelegt, mit 60 Metern Länge und 15 Metern Breite, besaß

sie fünf Kuppeln und einen Glockenturm von 40 Metern Höhe. 1806 wurde sie mit großen Festlichkeiten eingeweiht, doch schon 1812 brach die mächtige Holzdecke beim erwähnten Erdbeben ein und begrub vierzig Menschen unter sich. Die vier alten Glocken – die älteste von 1791 vermerkt die Namen der Franziskanerpatres – wurden in eine Mauer des Klostergartens gehängt. Dort läuten sie noch heute.

Die nach dem franziskanischen Bußprediger Johannes von Capistrano benannte Mission ist seit je bekannt wegen ihrer Schwalben, ›Las Golondrinas‹, wie man sie zärtlich nennt, die in Gedichten, Liedern und Geschichten vielbeschrieben und vielbesungen worden sind. Zu Hunderten nisten sie sich alljährlich in den romantischen Ruinen ein. Es sind nicht die in Europa bekannten Scheunenschwalben mit den gezackten Schwänzen, sondern die rastlosen Klippenschwalben. Wir finden sie auch in der Missionsstation von Carmel. Nahezu regelmäßig seit über einem Jahrhundert verlassen ihre Scharen am Johannestag, dem 23. Oktober, die Mission und fliegen in unbekannte Ferne. Doch jedes Jahr kehren sie pünktlich, und sogar unabhängig vom Wetter, am Josephstag, dem 19. März, nach Capistrano zurück. Schon die Franziskanermönche erwarteten alljährlich mit großer Spannung ihre Heimkehr, nun sind es die Ausflügler, die sich an diesem Tag hier zusammenfinden und erwartungsvoll zum Himmel blikken – und niemals vergeblich. Am Rand des maurischen Brunnens im Klostergarten nippen indessen Schwärme schneeweißer Tauben vom frischen Brunnenwasser. Es ist das friedliche Bild des zu den Vögeln predigenden hl. Franziskus, das in diesem nach Blumen und Kräutern duftenden Garten aufzuerstehen scheint. Der nahegelegene Highway aber reißt uns aus der franziskanischen Stille heraus. Er strebt mit brausenden Autos und dröhnenden Transportern Los Angeles zu.

DAS
LANDESINNERE

DAS ZENTRALTAL

Ein fruchtbarer Garten

Als der Geologe, Botaniker, Kalifornien-Schriftsteller und Nationalparkbegründer John Muir 1869 von den Contra-Costa-Bergen bei Berkeley zum erstenmal das Zentraltal sah, schien es ihm gleich einem Garten Eden. *»Zu meinen Füßen lag das Große Zentraltal Kaliforniens«*, schrieb er später in seinem Buch ›The Yosemite‹, *»flach und blühend glich es einem See puren Sonnenscheins, vierzig oder fünfzig Meilen breit und fünfhundert Meilen lang, ein einziger fruchtbarer Garten in Gelb.«*

Wenn im Zentraltal nach einem backofenheißen Sommertag die Abenddämmerung hereinbricht und die noch warme, feuchte Luft sich auf den schnell abkühlenden Feldern zur Ruhe legt und Bodennebel aufsteigen, erscheint das Tal im goldschimmernden Licht wie eine weit ausgespannte Wasserfläche. In der Tat lag hier vor drei Millionen Jahren ein riesiger See. Sand, Lehm, Kalk, Tuff und Ton und andere Sedimentgesteine wurden dann von unzähligen Flüssen ins Tal geschwemmt. In langem erdgeschichtlichem Prozeß schütteten sie den See zu. So entstand das heutige Tal.

Rund 700 Kilometer lang und im Durchschnitt 70 Kilometer breit, wird das ›Central Valley‹ oder auch ›Big Valley‹ von zwei in nordöstlicher Richtung laufenden Gebirgszügen, den *Coast Ranges* entlang der Pazifik-Küste und den hohen Granitbergen der *Sierra Nevada* im Osten begrenzt. Den Norden umschließen die *Klamath Mountains,* den Süden die *Tehachapi Mountains* südlich Bakersfield. Das Tal ist eine brettflache Ebene. Lediglich im Norden gibt es die nahezu kreisrunde vulkanische Formation der *Sutter Buttes.* Von dem ehemaligen Riesensee aber blieben im Süden des Tales nicht mehr übrig als die zwei großen Wasserflächen des *Tulare Lake* und *Buena Vista Lake,* und dazwischen der kleine *Kern Lake.* Als sie 1969 nach einem Winter mit starken Schnee- und Regenfällen über die Ufer traten, gaben ihre 200 Quadratkilometer Fläche noch einmal eine kleine Vorstellung des prähistorischen Wassers.

Die beiden großen Hauptflüsse des Tales sind der aus dem Norden von den Klamath-Bergen kommende *Sacramento River* und der in der Sierra Nevada entspringende und dann von Süden nach Norden fließende *San Joaquin River.* Nach diesen Flüssen wird der nördliche Teil, ein Drittel des Großen Tales, auch *Sacramento Valley* genannt, die verbleibenden zwei Drittel des südlichen Tales *San Joaquin Valley.* Die aufeinanderzu fließenden beiden großen Flüsse vereinigen sich auf der Höhe der Bucht von San Franzisko im sogenannten *Delta* des Großen Tales, einem weitverzweigten Flußnetz. Was von ihnen nach der Bewässerung des Großen Tales dann noch übrigbleibt, fließt in die Bucht von San Franzisko.

Nicht zuletzt der Rückgang der in die Bucht abfließenden Wasser führte zu ihrer fortschreitenden Versandung. Doch nachdem die Siedler sich im Tal niedergelassen hatten, entstand innerhalb von hundertfünfzig Jahren ein kunstvoll angelegtes Bewässerungssystem. Es versorgt heute die Landwirtschaft von 25000 Farmern, die das höchste durchschnittliche Farmer-Einkommen in der Welt haben, wie denn Kalifornien den ersten Agrar-Platz aller US-Staaten einnimmt.

Im Norden des Sacramento Valley sind es die *Shasta-* und *Trinity-Staudämme,* die Bewässerung und auch Elektrifizierung sichern. Der rund 100 Kilometer südlich davon im Sacramento-Tal gelegene *Oroville-Staudamm* wurde erst 1968 im Rahmen des großen Feather-River-Projekts beendet. Der *Folsom-Staudamm* bei Sacramento und die unzähligen Staudämme am Westfuß der Sierra Nevada, unter anderem der *Hetch Hetchy Dam,* von dem eine 275 Kilometer lange Wasserleitung nach San Franzisko führt, oder der *Friant Dam,* von dem drei mächtige Bewässerungskanäle das Wasser glitzernd blau in den Norden, Westen und Süden des San Joaquin Valley bringen, sie alle zusammen schaffen ein Wunderwerk der Bewässerung, das, wie einst im Niltal, eine Fruchtbarkeit ohnegleichen hervorbringt.

Die zwei großen, nordsüdlichen Straßenarterien durch das Zentraltal sind die Interstate 5 und der State Highway 99. Der Highway, der an der Ostseite des Tales entlangführt, war für lange Zeit die einzige große Nord-Süd-Verbindung im Tal. Anfang der siebziger Jahre wurde dann die Interstate beendet, die an der Westseite des Tales verläuft. Am Nord- und Südende des Tales mündet der Highway 99 in die Interstate 5, im Norden beim Weizen- und Weinzentrum Red Bluff, im Süden beim Erdöl-, Erdgas- und Baumwollzentrum Bakersfield. Zwischen Red Bluff und Bakersfield liegen am 99er Highway im Süden die Städte des San-Joaquin-Tales, Stockton und Fresno, im Norden die Regierungshauptstadt Sacramento.

Sacramento, Kaliforniens Regierungssitz

Die ersten weißen Siedler im Großen Tal hatten sich 1839, neun Jahre vor den ersten Goldfunden, an der Stelle der heutigen Stadt Sacramento niedergelassen. Zwar hatten die Spanier nach der Gründung der Küsten-Missionen schon seit 1770 Expeditionen ins Große Tal unternommen und geplant, dort von Norden nach Süden eine zweite Inlandskette von Missionsstationen aufzubauen, doch kam es nicht dazu. 1808 erkundete eine Expedition unter der Leitung von Gabriel Moraga den Hauptfluß im Norden Kaliforniens. In Ehrerbietung vor dem Heiligen Sakrament gab er dem Fluß den Namen ›Sacramento‹. Aber erst 1826 eröffnete Jedediah Strong Smith, der mit seiner Gruppe von Colorado und über den Old Spanish Trail kam, späteren Einwanderern den Weg in den Westen. Ihm folgte Joseph Walker 1833 mit seinen 35 ›Mountain Men‹. Jedediah Strong Smith und Joseph Walker waren jene hartgesottenen ›Männer aus den Bergen‹, die als Jäger und Trapper auf der Suche nach Bisonfellen, aber vor allem nach den in Europa so begehrten Biberfellen, viel zur Erkundung und Entdeckung des Westens beigetragen haben.

Auftraggeber der Jäger und Trapper war meist die kanadische ›Hudson Bay Company‹, gewissermaßen ein verlängerter Arm der britischen Regierung. So kam es fast zur Ausrottung des Bison und des Bibers in Nordamerika, die heute nur noch in Reservaten überleben, zum Beispiel dem Biberreservat bei Colusa nördlich von Sacramento. Für die Trapper war es eine Zeit, in der die Reihenfolge der wünschenswerten Dinge im Leben hießen: »Erstens – Whisky, zweitens – Tabak, drittens – Pferde, viertens – Gewehre, fünftens – Frauen.« Der mexikanische Gouverneur von Kalifornien sah es deshalb nicht so gerne, daß Strong Smith und seine Leute von der Hudson Bay Company sich in seinem Land aufhielten, und so zog die Gruppe nach Oregon weiter.

Die erste vom kalifornischen Gouverneur Alvarado genehmigte Niederlassung eines weißen Siedlers im Großen Tal erfolgte dann, wie bemerkt, 1839. Der Siedler hieß Johann August Sutter und wurde die berühmteste Gestalt der Pionierzeit – seine Geschichte muß noch ausführlich erzählt werden. Hier nur so viel, daß Sutter im August 1839 in San Franzisko einen Dreimaster bestieg, den Sacramento aufwärts segelte und an jener Stelle an Land ging, wo der später von ihm so genannte American River in den Sacramento River mündet: Dort liegt heute der Discovery Park von Sacramento. Er ahnte kaum, daß damit die Geschichte des Großen Tales, ja, ein wesentlicher Abschnitt der Geschichte Kaliforniens begonnen hatte.

Unweit des Landeplatzes am Südufer des American River begann er auf dem Boden einer Landschenkung des Gouverneurs und mit Hilfe der Indianer und Weißen ein Fort zu bauen, das 1844 fertig war und ›New Helvetia‹ genannt, aber bald als ›Sutter's Fort‹ bekannter wurde. Gleichzeitig mit dem Bau des Forts legte er einen Hafen am Sacramento River an und nahm dann mit der Einrichtung einer Bewässerungsanlage, mit der Einführung von Viehzucht und Weizenanbau sowie mit dem Bau einer Kornmühle die landwirtschaftliche Nutzung dieses Teiles des Zentraltals in großem Stil in Angriff. Im Dezember 1848 – er selbst war inzwischen dem Goldfieber verfallen – gründete sein Sohn John A. Sutter, vom Hafen ausgehend, die Stadt, das heutige ›Old Sacramento‹. Im Januar 1849 standen dort zwei Holzhäuser, im Juni bereits über hundert. Ende 1849 hatte Sacramento über 2000 Einwohner. Es wurde zum idealen Ausgangspunkt für die Goldsucher, die sich hier mit Lebensmitteln und Werkzeug versorgten. 1850 wurde Sacramento zur Stadt, vier Jahre später zum Regierungssitz erklärt.

Sanierte Altstadt. Das historische Viertel, ›Old Sacramento‹, das entlang des Sacramento-Flusses liegt, wird seit 1965 von der Sanierungsbehörde wiederaufgebaut und restauriert. Jahrzehntelang war Old Sacramento das Downtown der Stadt. In unserem Jahrhundert verlagerte sich das Stadtzentrum näher zum Capitol hin, und Old Sacramento verfiel zum Slumgebiet. Das Erneuerungsprojekt ist sehr geschickt mit einem neuen Freeway und der großen Zufahrtsstraße zum Capitol verbunden. Es soll ein Vorbild für den Wiederaufbau historischer Zentren in den USA sein.

Zu besichtigen ist das rekonstruierte *Sutter's Fort* (2701 L Street) mit seinen Lagerräumen, der Tischlerei, Druckerei, Schmiede, Schnapsbrennerei, Schuhmacherei, dem Tuchladen und den Schlafräumen von Sutters Truppe, die aus einem bunten Haufen von Einwanderern und Indianern bestand, durch strengen militärischen Drill zusammengehalten. Auch Sutters Gemächer lagen hier. Insgesamt waren es 22 Räumlichkeiten.

Unmittelbar außerhalb des Forts bietet das *Indian Museum* einen guten Überblick über Mythologie und Geschichte der kalifornischen Indianer. Interessant sind hier die handwerklichen Arbeiten, die vorwiegend aus den ehemaligen Indianerlagern und -grabstätten am Sacramento- und San-Joaquin-Fluß stammen. Geflochtene Körbe, kunstvolle Pfeifen, aus Knochen, Muscheln, ornamentierten Steinen gestaltete Gebrauchsgegenstände zeigen ein hohes Maß an handwerklicher Geschicklichkeit sowie Feinheit und Originalität des Abstraktionsvermögens.

An der Südwestecke von 2nd und J Street, jetzt B.F. Hastings Bank, befand sich ehemals der westliche *Terminus* des berühmten *Pony Express* von 1860/61. Der halbwöchentliche Reiter-Postdienst, der zwischen St. Joseph in Missouri und Sacramento verkehrte, verlangte die besten und mutigsten Reiter, die als Staffette über unzählige Zwischen-Poststationen durch die Weiten des amerikanischen Kontinents, durch

einsame Täler, Wüsten, Berge und feindliche Indianer-Ge-
biete täglich 300 Kilometer und mehr ritten. In zehn Tagen
bewältigten die Reiter mehr als 3000 Kilometer. Die Postkutschen der Butterfield Overland Mail hatten für diese Strecke
noch rund einen Monat benötigt.

Das Haus, in dem dann die alte Zeit der Postkutschen und
Ponies begraben und die neue der transkontinentalen Eisenbahn geboren wurde, ist an der I Street zwischen Front und
Second Street rekonstruiert worden. Es ist das *Big-Four-Build-
ing,* das Hauptquartier der Central Pacific Railroad, die der
Ingenieur Judah aus Sacramento ersonnen und die vier Ladenbesitzer aus Sacramento, Huntington, Hopkins, Crocker und
Stanford, verwirklicht hatten. Ihre Geschichte haben wir im
Eingangskapitel erzählt. Ein geplantes Eisenbahnmuseum
wird die aufregenden Anfänge und die rasante Entwicklung
dieses Verkehrsmittels anschaulich machen. Auch die Hotels
und das Theater aus jenen Zeiten des Eisenbahnbaus in den
fünfziger Jahren des vorigen Jahrhunderts werden in Old Sacramento in alter Form wiederhergestellt. Für die Chinesen,
die seit damals hier ansässig sind, wurde östlich von Old
Sacramento zwischen 4th und 5th sowie I und J Street ein
neues Chinatown in der Umgebung des Konfuziustempels
entwickelt und ein *Chinese Cultural Center* gebaut.

In der Nähe der B.F. Hastings Bank, J Street Ecke Front
Street, hatte sich der spätere Entdecker Trojas, Heinrich
Schliemann, 1851 ein Bankgeschäft für den Ankauf von
Goldstaub eingerichtet, das bald sehr gut florierte. Nach Kalifornien war Heinrich Schliemann durch den Tod seines jüngsten Bruders Ludwig gekommen, der zwei Jahre zuvor, vom
Goldrausch angelockt, nach Kalifornien gezogen war. Heinrich Schliemann sorgte sich um den Nachlaß des Bruders,
nutzte aber zugleich die Zeit, um seine Reisekosten wieder
hereinzuholen und zusätzlich Geschäfte zu machen. Mit den
rauhen Geschäftsmethoden in Amerika war er allerdings
nicht einverstanden, er schrieb am 26. April 1851 in sein Tagebuch: »*In keinem anderen Land habe ich so viel Selbstsucht und
schrankenlose Geldgier angetroffen wie in diesem Eldorado. Dem
Amerikaner ist Geld wichtiger als alles andere, und seine unerhörte*

*Energie erklärt sich daraus, daß er möglichst schnell reich werden
will. Aber mag er sich noch so oft verkalkuliert haben – er versucht
immer wieder voranzukommen. Ein Amerikaner läßt sich nie ent-
mutigen ...«*

Das Capitol. Beherrschend liegt im großen, grünen Herzen
der eine halbe Million Einwohner zählenden Stadt das strah-
lendweiße Regierungsgebäude von Kalifornien: das Capitol.
Im griechisch-römischen Stil erbaut, mit hohem Säulenportikus, zwei übereinandergestockten Säulenrotunden und mächtiger, vergoldeter Kuppel, wurde es 1860 begonnen und 1874
vollendet. Im Innern sind die Wände der Rotunde im Erdgeschoß mit zwölf Fresken von Arthur F. Mathew bedeckt. Sie
zeigen die entscheidenden Ereignisse der vier Epochen in der
Geschichte Kaliforniens. Unterhalb der Fresken ist die gewordene Darstellung der Vollendung der transkontinentalen
Eisenbahn zu sehen, jene denkwürdige Szene, als am 10. Mai
1869 die Mannschaften der von Sacramento vorangetriebenen
Linie der Central Pacific und der von Osten kommenden
Linie der Union Pacific in Promontory Point in Utah aufein-
anderstießen und die Schlußnägel in die Nahtstelle schlugen.
Selbstverständlich fehlen auch die ›Big Four‹ nicht auf diesem
Bild. Auf dem goldenen Schlußnagel standen die Worte ein-
graviert: »Möge Gott die Einheit unseres Landes zusammen-
halten wie diese Eisenbahn die beiden großen Ozeane der
Welt verbindet. Stanford, Huntington, Crocker, Hopkins.«

Von der Besucher-Galerie des Capitols kann man Senats-
mitglieder und Abgeordnete bei Diskussionen beobachten.
Steht eine ›Bill‹, eine neue Gesetzesvorlage, zur Abstimmung
an, zeigt eine große Abstimmungstafel das Ergebnis: Der
Abgeordnete drückt den roten Knopf bei ›nein‹, den grünen
bei ›ja‹.

Das dem Capitol am Nordwestrand des Parks vorgelagerte, 1925 erbaute neoklassische Gebäude beherbergt das
erweiterte *State Office Building,* das *Courts Building* und die
State Library. Bei einer auch in Kalifornien ständig wachsenden Bürokratie reichen diese Gebäude selbstverständlich bei
weitem nicht aus. So wurden nach dem Zweiten Weltkrieg
entlang der *Capitol Mall,* der auf das Capitol zuführenden

breiten Prachtallee, unzählige neue Regierungsgebäude errichtet.

Die weitflächige, selbst im heißen Hochsommer noch kühle Grünanlage des *Capitol Park* beherbergt Tausende von Baum- und Buscharten aus aller Welt: Eschen, Ulmen, Pinien, Walnuß- und Tulpenbäume, Granatapfelbäume und Silbereichen, Lorbeer- und Lackbäume breiten ihre weiten Kronen über stets gepflegte Rasenflächen aus, über Farnkräutern, Pampas-Gras, Tigerlilien, Azaleen und achthundert verschiedenen Kamelienarten. Sacramento ernannte sich selbst zur ›Kamelien-Hauptstadt der Welt‹.

Zur selben Zeit, als das Capitol beendet wurde, baute sich der ältere Bruder des ›Big Four‹-Crocker, Edwin B. Crocker, den der spätere Gouverneur an den Obersten Gerichtshof und zur Central Pacific berufen hatte, eine herrschaftliche viktorianische Villa. Mit ihrem großen Ballraum, kunstvoll geschnitzten Plafonds und weitausschwingenden Treppenaufgängen lohnt sie schon deshalb einen Besuch, um die private Atmosphäre der Eisenbahnkönige kennenzulernen. Zudem beherbergt sie die *Crocker Art Gallery* (216, O Street), deren Grundstock die Sammlung E.B. Crockers bildet, die er vor allem bei seinen Reisen nach Deutschland aus adeligem Privatbesitz Stück für Stück erwarb, darunter Zeichnungen der Dürrerzeit und Werke von Rembrandt, Rubens und van Dyck. Über sechzig Jahre blieben die 700 Gemälde und über 1200 Zeichnungen verstaut, bis sie in den dreißiger Jahren der aus München stammende Kunsthistoriker Alfred Neumeyer sichtete, ordnete und zu einer der schönsten Sammlungen Kaliforniens zusammenstellte. Dazu kam dann noch eine beachtenswerte Auswahl kalifornischer Maler des 19. und 20. Jahrhunderts, die ein angebauter Gebäudeflügel aufnahm. Darunter seien Charles Nahls Gemälde ›Sunday Morning in the Mines‹ mit der lebendigen Darstellung eines Goldsuchercamps und Thomas Hills ›Great Canyon of the Sierras‹ als beeindruckendes Bild der majestätischen Bergwelt der Sierra Nevada hervorgehoben.

Bei *Gridley,* nördlich von Sacramento, nah am Feather River, beginnt das Naturschutzgebiet *der Gray Lodge Wildlife Area,* das allherbstlich von Wildenten und Wildgänsen aus Kanada aufgesucht wird. Dreißig Kilometer weiter im Norden beim hübschen Ort *Chico* dehnt sich ein riesiger Park, in dem das elegante, viktorianische Kolonialhaus des Gründers von Chico, John Bidwell, steht. Bidwell hatte 1841 den ersten großen amerikanischen Siedler-Treck mit 31 Leuten vom Osten Amerikas, von St. Louis, Missouri, in acht Monaten unter unvorstellbaren Entbehrungen durch auch für ihn unbekanntes Land nach Kalifornien geführt. Seine Leute siedelten sich im Sacramento-Tal an. Er selbst arbeitete zunächst in Sutter's Fort, bis er 1865 mit seinem Hausbau in Chico beginnen konnte.

Bei *Red Bluff* mündet die 99er Straße in die Interstate 5. Indes hier die schmucken, viktorianischen Häuser an Alleen von alten Ebereschen und Eichen anheimeln, kann man weiter nördlich bei *Anderson* eine Riesenfischzucht, ›Coleman's Fish Hetchery‹, mit einer Brut von 40 Millionen Fischeiern jährlich studieren. Die kleinen Chinook-Lachse werden im Sacramento River ausgesetzt.

Im Norden des Sacramento-Tales führen die Straßen im Sommer an endlosen, wogenden Weizenfeldern, Weinbergen, Kartoffelfeldern und Apfelplantagen vorüber. Hier wurde erstmals Baumwolle im Großen Zentraltal gepflanzt und auch die ersten Olivenbäume. Südlicher dehnen sich Reis- und Zuckerrübenareale neben Klee- und Gemüsefeldern, Obstplantagen und auch schon Anpflanzungen von Zitrusfrüchten. Auf dem vulkanischen Boden am Fuß der Sutter Buttes gedeihen Obst und Wein besonders gut.

Der Weg von Sacramento nach Osten führt zum *Folsom Lake,* mit seinem für das Bewässerungsprojekt wichtigen Staudamm oder nach *Coloma* nördlich Placerville, wo jene berühmte Mühle steht, in deren Nähe im Flußbett das erste kalifornische Gold gefunden wurde – eine Geschichte für unser nächstes Kapitel. Weiter hinauf im Hochgebirge gelangen wir zur dichtbewaldeten Sierra Nevada, die uns mit ihrem Waldreichtum bis zum See-Juwel des Lake Tahoe an der Grenze von Kalifornien und Nevada begleitet.

Westlich von Sacramento, bei der nördlichsten Universitätsstadt Kaliforniens, *Davis,* hängt der Duft aus endlosen Tomatenfeldern in der Luft. Das Flußnetz des *Delta* südlich von Sacramento, mit seinen Kanälen und Deichen Alt-Holland vergleichbar, ist berühmt für seinen Spargel: Neunzig Prozent des Weltbedarfs wird aus diesem Anbaugebiet gedeckt. Südlich angrenzend an das Delta wachsen Kartoffeln, Sellerie, Süßkirschen, Tomaten und Tokajer-Trauben.

Rund um die Weinspaliere des San-Joaquin-Tals

Der an der südöstlichen Grenze des Deltas gelegene Ort Lodi gehört mit Modesto/Escalon und Fresno zu den drei großen Weinzentren des südlichen Zentraltales, dem San-Joaquin-Tal. Diese Weine sind überwiegend schwer, sowohl die rote als auch die weiße Sorte, wie der Burgunder Beaujolais oder der Pinot Noir, aber auch der Chardonnay, der Gewürztraminer und der Zinfandel; zudem gibt es tief im Süden einen Portwein, ähnlich jenem aus dem Douro-Tal in Portugal, und einen Sherry, der wie der spanische Jerez schmeckt. Das San-Joaquin-Tal stellt den Hauptanteil der Weinanbaufläche Kaliforniens. Die beiden größten Weinproduzenten der USA, E & J Gallo und United Vintners, sind hier zu Hause. Man bezeichnet deshalb das San-Joaquin-Tal auch gern als ›vineyards of the giants‹, ›Weingarten der Giganten‹. Der Weinanbau in diesem Tal trägt mehr den Charakter der ›wine industry‹. Die meisten der anderen kalifornischen Weingüter sind kleiner. Sie produzieren dafür in der Regel die qualitativ besseren Weine. Wie wir schon sahen, liegen sie nördlich und südlich der Bucht von San Franzisko, im Sonoma-Napa-Tal, um Alameda, Santa Clara und Monterey oder bei Los Angeles.

In der Gegend von *Lodi* haben sich die Weinfirmen Barengo, Guild und East-Side mit bevorzugtem Anbau der Weißweintraube aus dem Loire-Tal in Frankreich einen Na-

Gemüsefelder mit Berieselungsanlagen im uner-
meßlich fruchtbaren Salinas-Tal, das im Westen von
dem Santa-Lucia-Küstengebirge und im Osten von
der Diabolo-Gebirgskette gesäumt wird.

Foto: Ray Atkeson

men gemacht. Der bei Lodi angebaute, süßlich-mundige ›Chenin Blanc‹ wird gern zum Mittagessen nicht nur in der nahegelegenen Stadt Stockton getrunken.

Weiter südlich, um *Modesto* und *Escalon,* stoßen wir auf so vielversprechende Namen von Weinfirmen wie Bella Napoli-Vine Flore oder Delicato. Die wie auf dem Reißbrett gezogenen, sich in unendlicher Ferne verlierenden Linien der Weinspaliere von E & J Gallo stehen südlich von Modesto. Die Produktion von Standardweinen reicht hier vom roten ›Claret‹ bis zum ›Hearty Burgundy‹ und ›Zinfandel‹.

Im südlichen San-Joaquin-Tal, um *Fresno* und *Madera,* haben sich elf größere Weinproduzenten niedergelassen, Weingenossenschaften wie etwa California Growers und United Vintners-Heublein. Aber auch die bekannte Weinfirma Christian Brothers hat hier ihre Rebfelder. Bevorzugt produziert werden trockene Sherry- und süße Portweine, daneben Roséweine, ›Chablis Blanc‹, ›Ruby Cabernet‹, ›Burgundy‹ und nicht zuletzt Sekt. Die von Eugene Charmets 1907 erdachte Massenherstellung von Sekt in Riesentanks, die die hundert Stufen der Flaschengärung verkürzt, wurde im San-Joaquin-Tal ein großer Erfolg. ›Sparkling Wine‹ war von nun an Sekt zu niedrigen Preisen.

Wo eine so ausgedehnte Weinindustrie zu Hause ist, gibt es auch eine Glasindustrie, die, wie bei Madera, über achttausend Flaschen pro Stunde produziert! Sie werden in der gleichen Rekordzeit an einem anderen Ort gefüllt, um von dort vorwiegend über die amerikanischen Supermärkte an die Verbraucher zu gelangen. Bereits 1972 gaben die Amerikaner über zwei Milliarden Dollar für Wein aus.

Stockton mit einhunderttausend Einwohnern, einer der drei größeren Orte im San-Joaquin-Tal, hat den umfassendsten Inlandhafen Kaliforniens. Im Zentrum der Stadt machen am Kai die großen Getreide- und Weinschiffe fest. Über achtzig Prozent des von Kalifornien exportierten Getreides läuft über diesen Hafen. Hochseeschiffe nehmen hier jährlich fünf Millionen Tonnen landwirtschaftliche Produkte an Bord. Über den Stockton Channel, den San Joaquin River und die Bucht von San Franzisko erreichen sie das Meer.

Gründer von Stockton war der aus Deutschland gebürtige Charles (Karl) M. Weber. Er war 1841 mit John Bidwells Treck von St. Louis, Missouri, nach Kalifornien gekommen. Gemeinsam mit William Gulnac, dem eine Landschenkung des mexikanischen Gouverneurs an der Stelle des heutigen Stockton zugefallen war, gründete Weber 1847 den damals so benannten Ort ›Tuleburg‹, dem er aber bald den Namen seines Freundes Commodore Robert Stockton gab, einem der erfolgreichsten Kämpfer für ein amerikanisches Kalifornien. Um diese Zeit, 1849, zog es bereits Tausende von Goldsuchern nach Stockton. Das County Pioneer Museum im Victory Park bewahrt Zeugnisse und Bilder dieser Pionierzeiten. 1853 hatte Stockton bereits 5000 Einwohner. Kirchen wurden gebaut, Schulen und eine Apotheke, die als ›Forty-Nine Drugstore‹ an Main Street Ecke El Dorado Street fortbesteht.

Heute ist Stockton eine moderne Stadt mit Flug- und Yachthafen, Golfplätzen, Hochhäusern, eleganten Geschäften, der City Hall am Civic Center Square, drei Museen, darunter der Haggin Gallery im Victory Park mit europäischer und amerikanischer Malerei, dem Sikh-Temple der großen nordindischen-hinduistischen Religionsgemeinschaft – viele Hindus kamen als Fachleute für Landbewässerung nach Kalifornien –, schließlich der University of the Pacific, der drei Colleges angehören, darunter das einzige in den USA, in dem alle Vorlesungen ausschließlich spanisch gehalten werden. Dies weist auf den noch heute bestehenden starken spanischen Bevölkerungsanteil hin. Tatsächlich ist jeder zehnte Einwohner spanisch-amerikanisch, bzw. gehört der hier ansässigen Kolonie spanischer Basken an.

Von den unzähligen Wildeichen, die Stockton einst umgaben, ist ein kleiner, aber eindrucksvoller Restbestand südlich von Stockton im *Caswell Memorial State Park* übriggeblieben.

Fresno, mit über 150000 Einwohnern die größte Stadt im San-Joaquin-Tal, ist nicht allein ein Weinumschlagplatz, sondern auch ein Rosinenzentrum. Selbstverständlich hat Fresno alljährlich einen Feiertag zu Ehren der Rosine, den ›Raisin Day‹ am zweiten Samstag im Mai; und zu Ehren des ersten

›Rosinen-Präsidenten‹, Martin T. Kearney, tragen viele Straßen, Häuser, Parks seinen Namen.

Seit der Umgestaltung des Stadtzentrums 1964 hat Fresno eine Fußgängerzone, ›The Mall‹, Lieblingsstraße der Samstagabend in die Stadt strömenden Landbevölkerung. Dreimal wöchentlich ist ›Farmer's Market‹. Da entdeckt man, neben den unzähligen Weinflaschen der Roma Winery, die in Fresno riesige Weinlager besitzt, ein überraschend großes Angebot von Feigen. Schon 1889 hatten Frank Roeding und sein Sohn mit einer Feigenplantage in der Nähe Fresnos begonnen; sie ist heute die größte in den USA.

Im Unterschied zu Stockton ist Fresno ohne spanischen oder indianischen Einfluß geblieben. Den Spaniern und Indianern war es im Sommer zu heiß in diesem flach wie ein Reißbrett in der weiten Ebene liegenden Ort, der mit seinen wenigen Häusern früher den südlichsten Punkt des transkontinentalen Telegraphennetzes bildete und damit am Ende der Welt lag. Geboren wurde die Stadt praktisch erst mit einem Bahnhof. Als 1872 die Central Pacific Railroad durch das San-Joaquin-Tal verlegt wurde, baute man an dieser Stelle eine Station und nannte sie nach dem in der Umgebung häufig vorkommenden Eschenbaum, der spanisch ›Fresno‹ heißt. Die Rancher um den Bahnhof herum ließen ihre riesigen Viehherden bis zum Horizont weiden.

Der eigentliche Aufschwung zur Großlandwirtschaft kam erst mit der Anlage des Bewässerungssystems im Großen Tal. Nordöstlich der Stadt entstand der *Friant Dam* mit dem Stausee des *Millerton Lake*. Die ehemalige Goldgräberstadt Millerton verschwand in den Fluten des Sees; die Bevölkerung Millertons zog nach Fresno. Die *Millerton Lake State Recreation Area* ist nun ein Ausflugsziel geworden. Die drei großen Nationalpark-Oasen des nahegelegenen, dichtbewaldeten Sierra-Nevada-Gebirges sind nur wenig mehr als eine Autostunde von Fresno entfernt. Das alles macht die Stadt für ihre Einwohner attraktiv.

Was für den Wein im San-Joaquin-Tal zutrifft, gilt gleichermaßen für die bedeutendste Frucht, die Orange. Nördlich von Bakersfield führen die Straßen auf einem Gebiet von rund hundert Kilometern durch exakt angelegte Reihen riesiger Apfelsinen-Plantagen. Ein paradiesisches Bild, wie sie aus tiefem Grün goldgelb hervorleuchten. Das silbergraue Grün von Olivenhainen löst sie mitunter ab. Am Straßenrand steht rotblühend der Rhododendron.

Die Orange, von China zunächst nach Spanien eingeführt, wurde von den Franziskanerpatres nach Kalifornien gebracht. In der Missionsstation von San Gabriel pflanzten sie die ersten Bäume. Hundert Jahre später, 1876, kamen die Valencia- und Nabelorange nach Kalifornien. Im San-Joaquin-Tal wächst vor allem die Nabelorange. Mit Sorgfalt ausgewählt, meist aus Keimen der Sauer-Orange, werden die kleinen Orangenpflanzen bis zum Alter von drei Jahren in Baumschulen gezogen, bevor sie in langen Reihen in Orangenhaine umgepflanzt werden. Es dauert noch weitere drei Jahre, bis sie Früchte tragen, und weitere sieben, bis ein Baum gut trägt. Bei guter Pflege liefert er dann fünfzig Jahre lang Früchte.

Die drei größten Feinde des Orangenfarmers sind Zitrusschädlinge, Frost und Trockenheit. Die Angst vor eingeschleppten Obstkrankheiten ist bei den Farmern und Behörden so groß, daß die Einfuhr von Obst, selbst für den persönlichen Bedarf, verboten ist. Die Obstkontrolle an den Grenzübergängen ist besonders streng. Zudem werden die Mittel zur Bekämpfung der Schädlinge in den Laboratorien ständig verbessert. Spezielle Ölbrenner unter jedem Baum halten, wenn es erforderlich ist, den Frost fern. In regenlosen Sommern muß im San-Joaquin-Tal im Abstand von drei bis fünf Wochen das Land 48 Stunden lang bewässert werden. Zu viel Wasser ist indessen ebenso ungünstig wie zu wenig. Sind die Früchte reif, werden sie von speziell ausgebildeten Ernte-Mannschaften gepflückt. Die Pflücker, meist Mexikaner, tragen weiche Handschuhe und füllen die Orangen in weiche Spezialsäcke, damit die Schale nicht verletzt wird. In den Packhäusern werden die Früchte dann gesäubert und geprüft, bevor sie, die besten vorher noch in Seidenpapier gewikkelt, verpackt und versandt werden. Auf den Tisch des Verbrauchers gelangen sie meist unter dem Handelsnamen ›Sunkist‹.

Im Südteil des Großen Zentraltales, im Kern County rund um *Bakersfield,* wurden erst in unserem Jahrhundert neben Obst- und Weinfeldern auch Vieh- und Geflügelfarmen und ausgedehnte Baumwollfelder angelegt. Die Stadt ist mit ihren rund 100000 Einwohnern seit 1874 Hauptort des Kern County. Sie wurde nach Thomas Baker benannt, der sich hier 1863 als erster Weißer mit seiner Familie ansiedelte. Das Kern County und der Kern River erhielten ihre Namen wiederum nach Edward M. Kern, einem Maler, der gemeinsam mit John C. Frémont 1845/46 eine Expedition in dieses Gebiet unternahm und den Fluß erstmals topographisch festhielt. Der Kern River durchfließt heute den 1953 in der südlichen Sierra Nevada geschaffenen Stausee Lake Isabella und schließlich auch Bakersfield. Die 178er Straße durch Bakersfield führt durch eine karge Gegend kurvenreich am Kern River hinauf zum fischreichen Isabella-See. Weiter östlich schließt eine Kakteen-Landschaft an, durch die die Straße zum Walker Paß (1750 m) führt. Über diesen Paß kamen Frémont und Kern unter der Leitung des Trappers Joseph Walker 1845 nach Kalifornien.

Die von Bakersfield südostwärts verlaufende Bundesstraße 58 übersteigt den Tehachapi-Paß (1344 m) und mündet dann in die unendliche Weite der Mojave-Wüste. Über den Tehachapi-Paß ließ die Central Pacific, heute Southern Pacific, von dreitausend Chinesen 1875 die erste Eisenbahnlinie zwischen dem Osten und dem San-Joaquin-Tal legen. Die kühne Eisenbahntunnelschleife ›Tehachapi Loop‹ am Paß gilt als technische Meisterleistung. Mit der Eisenbahnlinie begann die eigentliche Erschließung von Kern County.

Im Jahre 1885 sah die Kern-River-Schlucht einen späten Goldrausch. Im ›Pioneer Village‹ des Kern County Museum an der Chester Avenue, Bakersfield, steht eine Rekonstruktion des ehemaligen Taldorfes Bakersfield, dort ist diese kurze Zeit festgehalten. Zum eigentlichen Reichtum Bakersfields und seiner Umgebung aber wurde das Erdöl. 1899 begann der Bohrturm Nr. 1 der Standard Oil Company of California im Kern County fündig zu werden. So stehen die üppigen Obst- und Weingärten, Viehweiden, Geflügel- und sogar

Bienenfarmen, Salat-, Kartoffel- und Baumwollfelder in hartem Kontrast zu den Erdöl- und Erdgas-Bohrtürmen bei *Oildale* und südwestlich bei *Taft, Ford City* und insbesondere *Fellows* und *Maricopa* nahe den erhöhten kahlen und trostlosen Landinseln der Kettleman-, Elk- und Lost Hills. Nahezu 1500 Bohrstellen gibt es allein in Kern County. Die Erdöl- und Erdgas-Förderung um Bakersfield erreicht jährlich Umsätze von 200 Millionen Dollar und mehr.

McKittrick ist das kalifornische Zentrum der Asphaltherstellung. An der Ostgrenze von Kern County, bei *Boron,* wird wiederum Borax gewonnen, und zwar die Hälfte der Weltproduktion. Südlich und nördlich von Boron liegen in den heißen Schalen riesiger Trockenseen mehrere Versuchsgelände der Air Force.

Südlich von Bakersfield führt die 99er Bundesstraße und Interstate 5, flankiert von Palmen und Eschen, Baumwoll- und Erdölfeldern, schließlich hinauf zum *Tejón-Paß* (1394 m). Pedro Fages, späterer spanisch-mexikanischer Gouverneur von Alta California, entdeckte ihn 1772, als er Indianer verfolgte, die seiner Truppe entlaufen waren. Fages war der erste Weiße, der das San-Joaquin-Tal vom Süden her betrat. Der Tejón-Paß mit den Überresten des Fort Tejón und der Rancho Tejón aus gleicher Zeit, heute eine große moderne Viehranch, war einst gefürchtet wegen der dort lebenden Grisly-Bären. Vom Tejón-Paß windet sich die Interstate 5 durch die dichten Wälder der nach einem ehemaligen Indianerstamm benannten *Tehachapi-Mountains,* dem Bergriegel am Südende des Großen Tales. Nur 65 Kilometer tiefer südlich liegt Los Angeles.

DAS GOLDLAND
ODER DIE SUTTER-STORY

Der kalifornische Goldrausch begann an einem kalten Januartag des Jahres 1848. Genau genommen war es der Montagmorgen des 24.Januar 1848. An diesem Montagmorgen entdeckte James Wilson Marshall bei seinem alltäglichen Rundgang um Sutters Sägemühle im Mühlgraben Gold.

Die Sägemühle, die Marshall mit einer Gruppe Mormonen im Auftrag Sutters erbaut hatte – sie wurde später rekonstruiert und steht heute an derselben Stelle im Gold Discovery State Park von Coloma – diese Mühle liegt an einem Nebenflüßchen des American River, dem South Fork, der sich zwischen den auslaufenden westlichen Hügeln der Sierra Nevada hindurchwindet. Die Hügel sind von Tannen und Fichten, ihre unteren Abhänge von Buschwerk, Weiden, Ahorn und Wildeichen inmitten weiter Alpenwiesen bedeckt. Im Frühling sind sie ein Blütenteppich und die Wiesen sind übersät von Wildblumen, von kleinen goldgelben kalifornischen Mohnblüten, tiefblauen Lupinen und weißen Gänseblümchen. Im Sommer dösen Hügel und Hänge unter der Hitze in spanisch-mexikanischer ›descanso‹ schläfrig dahin, die Wiesen werden ockergelb und manchmal sogar weiß, und die Tiere verkriechen sich unter die schattenspendenden Bäume.

Die Geschichte, die zur Entdeckung des Goldes führte, leitete Johannes August (John) Sutter ein, ein in Deutschland geborener Schweizer. Wir hörten schon, daß er sich fast zehn Jahre zuvor, im August 1839, als erster Europäer in Sacramento niedergelassen hatte. Sutters Geschichte, die für viele Schicksale der anfänglichen Pionierzeiten Kaliforniens steht, ja für eine der wichtigsten Wesenszüge Kaliforniens, soll hier ausführlicher erzählt werden.

Sie beginnt mit einem Bankrott. 1834 muß der in Kandern in Baden geborene Kaufmannssohn Suter (der sich damals noch mit einem t schreibt) seinen Heimatort Rynenberg bei Basel, seine Frau und seine drei Kinder verlassen, um den Gläubigern zu entfliehen. Er ist 31 Jahre alt, ein Mann von zweifelhafter Existenz, seit langem in unlautere Geldgeschäfte verwickelt. Seine Flucht endet jenseits des Atlantik – in New York. Durch Gelegenheitsarbeiten und Geschäfte kommt er zu etwas Geld, läßt sich als Farmer in Missouri nieder, zieht aber bald weiter gen Westen, ins Unbekannte. In Fort Vancouver macht er Station, durchkreuzt in Gesellschaft ähnlicher Desperados den Pazifik, landet endlich 1839 in Südkalifornien. In Honolulu hat er den amerikanischen Konsul kennengelernt, in Vancouver den Kommandanten des Hauptquartiers der Hudson Company an der Westküste. Sutter ist ein Mann von großem Charme und überzeugendem Enthusiasmus. So geben die beiden Einflußreichen Sutter Empfehlungsschreiben mit auf den Weg. Mit diesen Schreiben sucht er 1839 den damaligen mexikanischen Gouverneur, Juan Bautista Alvarado, in Monterey auf. Seine Pläne, eine große Siedlung an der Küste bei Monterey zu gründen, schlagen fehl. Doch Sutter überzeugt den mexikanischen Gouverneur, ihm 20000 Hektar Land im Inneren Kaliforniens zu übereignen. Zum Dank wird er mexikanischer Staatsbürger.

Die Landschenkung liegt im Zentraltal, weit landeinwärts, nordöstlich der Bucht von San Franzisko an den Ausläufern der Sierra Nevada, dort, wo der Sacramento River und der American River zusammenfließen. Hier errichtet Sutter mit Hilfe der Indianer, die er als Arbeiter anlernt, ein Fort. Bald ist er in der näheren und weiteren Umgebung bekannt als Captain Sutter. Seiner Niederlassung am Flußufer gibt er den Namen »New Helvetia«. Doch jeder nennt »New Helvetia« einfach »Sutter's Fort«. Zu seinen indianischen Arbeitern auf der Farm und Ranch ist Sutter freundlich, auch zu den Durchreisenden, die immer häufiger Sutter's Fort aufsuchen.

Sutter braucht dringend eine Sägemühle, um seine vielen Bauprojekte zu verwirklichen. 1847 nimmt er, um bauen zu können, James Wilson Marshall, einen 35jährigen Zimmermann, der zwei Jahre zuvor von New Jersey über Oregon kommend in Sutter's Fort eingetroffen ist, als Partner in sein Unternehmen auf. Marshall findet einen guten Platz für die Sägemühle: am South Fork, einem Nebenfluß des American River, etwa 60 Kilometer nordöstlich von Sutter's Fort. Dort gibt es reichen Waldbestand. Der South Fork macht an dieser Stelle eine kleine Biegung, deren Schleife durch einen Stichkanal, den Mühlgraben, verbunden werden kann. Hier soll die Sägemühle liegen.

Das Bett für den Mühlfluß wird gegraben und der South Fork bei Bedarf in den Mühlfluß geleitet. Ein Schiebetor regelt die Wassermengen, die vom South Fork in den Mühlgraben gelangen. Die Strömung des South Fork soll den Mühlgraben vertiefen und erweitern helfen. Marshall kontrolliert jeden Morgen, was die Strömung während der Nacht geschaffen hat.

An einem Montag unternimmt Marshall seinen gewohnten Rundgang, schließt das Schiebetor und sieht im flachen Wasser etwas aufleuchten. Er greift zu und hat ein, zwei Stücke Metall in der Hand. Er untersucht seinen Fund aufmerksam, preßt die daumennagelgroßen Stücke Metall zwischen zwei Steine und stellt fest, daß er es zwar formen, aber nicht brechen kann. In seiner Begeisterung macht er gegenüber seinen Mitarbeitern kein Geheimnis aus seinem Fund. Er ist überzeugt, Gold gefunden zu haben.

Henry Bigler, einer der an der Sägemühle arbeitenden Mormonen, die im Amerikanisch-Mexikanischen Krieg mitgekämpft und nach ihrer Entlassung aus der Armee hier gesiedelt haben, schreibt am 24. Januar 1848 in sein Tagebuch: »James Martial« – seine Arbeiter nannten ihn Martial, den Kriegerischen – »der Boß der Mühle, hat im Mühlgraben ein Metall gefunden, das wie Gold aussieht.«

Marshall läßt sein Pferd satteln und reitet zu Sutter's Fort, wo er am 28. Januar bei stürmischen Wetter eintrifft. Hinter verschlossenen Türen berichtet er Sutter, was vorgefallen ist und zeigt ihm das Gold. Sutter prüft es mit Salpetersäure und anderen Mitteln aus seiner Apotheke und stellt fest: Es ist tatsächlich Gold. Mit Marshall und zwei Indianern reitet er hoffnungsvoll zur Sägemühle.

Die Schicksalszeichen scheinen für Sutter steil nach oben zu weisen. Er hat seine Ländereien, sein Fort und seine Läden. Hunderte von Hektar Land hat er fruchtbar gemacht. Jährlich ernten seine Indianer 40000 Scheffel Weizen und hüten und versorgen 12000 Stück Vieh, 2000 Pferde und Maulesel, 10000 Schafe und 1000 Schweine. So viele Indianer und Siedler arbeiten auf seinen Feldern und im Fort, daß Sutter täglich bis zu vier junge Ochsen schlachten läßt.

Die beiden Indianer warnen Sutter, daß Gold eine schlechte Medizin sei. Doch Sutter denkt anders. Es wird Arbeit und Wohlstand für alle bringen. Es wird ihm selbst ermöglichen, seine hohen Schulden zu bezahlen, die er durch den Handel mit den Russen und den Kauf von Fort Ross auf sich geladen hat. Er ahnt nicht, daß Goldsucher kommen werden, zu Hunderten, Tausenden, Zehntausenden, seine Felder zertrampeln und umgraben, seine jahrelange Arbeit zerstören werden. Zunächst verhandelt er eilig mit den Coloma-Indianern, da die Landrechte wegen des Amerikanisch-Mexikanischen Krieges noch nicht feststehen. Die Indianer verpachten an Sutter, zunächst für die Zeit von drei Jahren, Dutzende von Quadratkilometern um die Sägemühle herum.

Henry Bigler indessen bricht jeden Tag in die Umgebung auf und berichtet, daß alles voll von Gold sei. An einem Tag findet er in kurzer Zeit Gold im Wert von 30 Dollar. Mit einem Taschenmesser, das Sutter ihm geschenkt hat, schält er buchstäblich das Gold von den Steinen ab. Sutter weist alle Arbeiter der Sägemühle eindringlich darauf hin, daß die Funde geheim bleiben müssen. Jedoch kommen ihm zugleich auch Zweifel, ob sie ihm tatsächlich Segen bringen werden, denn die Arbeiter wollen sich nicht mehr plagen, sondern nur noch Gold suchen. Überdies breitet sich die Neuigkeit in Windeseile aus.

Sutter sieht nun keine andere Möglichkeit mehr, als einen Mann namens Charles Bennett nach Monterey zu Colonel Richard B. Mason zu schicken, dem amerikanischen Militärgouverneur in Kalifornien, denn schon steht fest, daß Kalifornien bald zu den USA gehören wird. Nach weiteren Goldfunden wird das Interesse Washingtons an Kalifornien erheblich steigen. So tritt Sutter die Flucht nach vorn an und will sich seinen Landbesitz an der Sägemühle zusätzlich von den zukünftigen Herren des Landes bestätigen lassen.

Der Weg Charles Bennetts nach Monterey wird zu einer schweren Prüfung für ihn selbst. Von Neugier gepackt, zahlt er einmal mit den gefundenen ›nuggets‹, um zu prüfen, ob es tatsächlich Gold sei. Die Händler akzeptieren sie mit Freude. In San Franzisko stößt er auf einen alten Goldsucher aus Georgia, der ihm erneut bestätigt, daß dies wahrhaftig Gold sei. Bennett schweigt jedoch darüber, woher er das Gold hat.

Endlich erreicht er Monterey und wird bei Colonel Richard B. Mason vorstellig. Unmißverständlich eröffnet ihm der Militärgouverneur, daß die USA keinerlei Rechte der Indianer anerkennen werde, Land zu verkaufen oder zu verpachten. Seit dem 2. Februar 1848, so teilt er zusätzlich mit, sei durch den Vertrag von Guadalupe Hidalgo der Amerikanisch-Mexikanische Krieg beendet und das gesamte Territorium Kalifornien an die Vereinigten Staaten von Amerika abgetreten worden.

Niedergeschlagen kehrt Charles Bennett zunächst nach San Franzisko zurück, das damals noch aus wenigen Hütten besteht und nur 300 Einwohner zählt. Ein Jahr zuvor, 1847, hatte hier der Gründer der ersten Zeitung von San Franzisko, Sam Brannan, mit seinen Freunden das bisherige ›Yerba Buena‹ in San Franzisko umbenannt. In einer Bar stößt Bennett auf den stattlichen Mormonen Sam Brannan, der im Jahr zuvor eine Gruppe von über zweihundert Mormonen auf einem Schiff um das Kap Hoorn nach San Franzisko begleitet hat. Auf diesem Schiff hat Brannan auch eine Druckerpresse nach San Franzisko gebracht, mit der er seine Zeitung ›California Star‹ gründete. Diesem Sam Brannan erzählt Bennett nun seine Geschichte.

Brannan, nachdem Bennett ihn verlassen hat, überdenkt die Nachricht und geht daraufhin nach Utah. Dort sucht er Brigham Young auf, jenen berühmten Mormonen-Führer, der seine Glaubensbrüder und -schwestern von Missouri ins verheißene Land Utah geführt hat. Brannan versucht, ihn zu überreden, mit seinen Leuten ins Goldland Kalifornien zu ziehen. Doch Brigham Young lehnt ab.

Auf seiner Rückkehr macht Brannan in Sutter's Fort Station und mietet dort, Bennetts Worten gedenkend, einen Laden. Der Vertrag, den er mit Sutter abschließt, beauftragt ihn, Material für die Sägemühle zu beschaffen. Weit mehr aber ist Brannan daran gelegen, Informationen über die Goldfunde aus erster Hand zu erhalten. Und er erhält sie. Jacob Wittner, ein Schweizer in Sutters Stab, ist mit den Vorgängen in der Sägemühle bestens vertraut; in Brannans Laden zahlt er mit Gold, das in der Nähe der Sägemühle gefunden wurde.

Seltsamerweise ist es nicht Brannans ›California Star‹, sondern die mit ihm neuerdings rivalisierende ›Californian‹ – sie hatte auf Rat Colonel Masons ihren Sitz von Monterey nach San Franzisko verlegt –, die am 15.März 1848 in Schlagzeilen meldet: »Goldmine gefunden! Im Mühlgraben der kürzlich von Captain Sutter errichteten Sägemühle am American River wurden erhebliche Mengen Goldes gefunden. Kein Zweifel, Kalifornien ist reich!«

Die Zeitungsmeldung verbreitet sich wie ein Lauffeuer. Ende März suchen bereits über achthundert Männer in der Nähe von Sutters Sägemühle nach Gold. Brannan kauft sämtliche Pfannen, Schaufeln und Pickel auf, die er in San Franzisko findet. 20 Cents zahlt Brannan für eine Pfanne, zwei Wochen später verkauft er sie in Sutter's Fort für 16 Dollar. Brannan macht gute Geschäfte.

Hilflos muß indessen Sutter zusehen, wie ihm die meisten seiner Arbeiter davonlaufen, erst von der Sägemühle, nachdem sie im März 1848 fertiggestellt ist, schließlich auch von Sutter's Fort, nachdem im Sommer die Ernte eingebracht ist. Er hat das Gefühl, das Dach bricht über ihm ein. Alle packt das Goldfieber. Nur die Alten und Lahmen bleiben zu Hause. Im Sommer 1848 sind es 4000, gegen Jahresende bereits 8000 und 10000, die in Sutters Gebiet strömen. Bei Placerville, Auburn, Angels Camp oder in den Tälern des Feather River oder Yuba River, überall ist Gold zu finden. Der Gouverneur

Mason berichtet nach Washington, daß in Kalifornien täglich Gold im Wert zwischen 30000 bis 50000 Dollar gewonnen wird. Inzwischen verdient Brannan in Sutter's Fort in zwei Monaten 36000 Dollar allein durch den Verkauf von Gütern, die die Goldsucher benötigen.

Im Dezember 1848 teilt Präsident James K. Polk dem amerikanischen Kongreß die Goldfunde von Kalifornien mit. Hinter dem Präsidenten steht ein Glas, bis an den Rand gefüllt mit dem begehrten Edelmetall. Der große Goldrausch setzt ein.

In aller Welt, in Europa, Australien, Südamerika, China und nicht zuletzt im Osten Amerikas brechen die Menschen zu Tausenden nach Westen auf, in der Hoffnung, hier das Glück ihres Lebens zu machen. In einer badischen Zeitung liest auch der Sohn Sutters, der junge Augustus Sutter, von den Ereignissen an seines Vaters Sägemühle. Kurz entschlossen bricht er auf und findet nach wochenlanger Reise seinen Vater in einer verzweifelten Lage vor. Sutter's Fort wird auf den jungen Augustus Sutter übertragen, der für ›einen Apfel und ein Ei‹ alles Land rund um das Fort verkauft und schließlich auch das Fort selbst, um die Schulden des Vaters zu bezahlen. Sohn und Vater ziehen dann auf eine Schweine-Farm am Feather-Fluß. Zum erstenmal in seinem Leben ist der alte John Sutter schuldenfrei, aber alles andere als glücklich. Der Sohn läßt Mutter und Schwester nach Kalifornien nachkommen. Doch die Familie muß ihr neues Heim verlassen, als goldsuchende Herumtreiber die Schweinefarm willkürlich niederbrennen.

Beim Überschreiten der kalifornischen Grenze, so wird berichtet, begegnen Sutter und seine Familie einer Gruppe von Goldsuchern mit Pfannen und Pickeln, die die Sutter-Familie damit hänseln, daß sie in die falsche Richtung führen: Ob sie denn noch nichts von ›Sutters Gold‹ gehört hätten?

Marshall ergeht es nicht besser. Das Gebiet, wo er das erste Gold gefunden und aufgrund der Verträge mit den Coloma-Indianern für sich reklamiert hat, kauft Brannan von den Amerikanern. Dann vertreibt man den heftig Protestierenden von seinem ›claim‹ und muß ihn schließlich durch bewaffnete

Posten davon fernhalten. Verbittert verläßt er Kalifornien,
haßt diese Welt, lebt in großer Armut und kehrt nach zwanzig
Jahren wieder hierher zurück. 1872 setzt sich die Öffentlichkeit für Marshall ein, und die Regierung bezahlt ihm schließlich eine monatliche Rente. Am 10. August 1885 stirbt er in
Kalifornien. Unweit des Platzes, wo er das Gold entdeckte,
steht heute auf hohem Sockel seine Bronzestatue, zur Seite
wehen das amerikanische Sternenbanner und die kalifornische
Flagge. Marshalls Zeigefinger aber weist hinunter auf jene
Stelle, wo alles begann.

Ende Februar 1849 trifft nach einer Fahrt von New York
um das stürmische Kap Hoorn herum das neue Dampfschiff
›California‹ im Hafen von San Franzisko ein. Über 300
›Forty-Niners‹ oder ›Argonauten‹, wie die Goldsucher fortan
genannt werden, eilen von Bord, die Mannschaft des Schiffes
hinterher. Mit dem schnellsten Beförderungsmittel, mit Pferdekutschen oder mit dem Segelschiff den Sacramento-Fluß
stromaufwärts, suchen sie den kürzesten Weg in die Goldge-
biete. Bis zum Sommer des Jahres 1849 laufen über sechshun-
dert Schiffe in die Bucht von San Franzisko ein. Am Westfuß
der Sierra Nevada schießen Goldgräberstädte wie Pilze aus
der Erde: Jacksontown, Feddletown, Carson Creek, Downieville, Nevada City, Chinese Camp, French Corral, Sonora,
viele mit typischen Goldgräbernamen wie Rough and Ready,
Humbug, Mameluke Hill, Sailor's Slide, Divine Gulch, Chili
Bar oder Big Bar, Tuttletown, Spanish Dry Diggins, Dry-
town oder Campo Seco, Jenny Lind, Freeze Out, Volcano.
Tatsächlich gleicht dieses Leben der Goldgräber einem Leben
auf dem Vulkan. Das verhindert jedoch nicht, daß bis Ende
1849 über hunderttausend in Kalifornien einfallen. Im Gegenteil. Zwei Drittel der Einwanderer kommen aus dem Osten
Amerikas, ein Drittel aus aller Welt, wie die Namen French
Corral, Spanish Dry Diggins, Chinese Camp oder Chili Bar
zeigen.

Doch erst 1850 und 1851 kommt es zu den eigentlich großen Goldentdeckungen. Nicht zuletzt deshalb, weil man inzwischen vom ›Panning‹, dem mühsamen Heraussieben des
Goldes aus dem Flußsand mittels einer Pfanne, oder dem

›Rocking the Craddle‹ und ›Sluicing‹, bei dem sich beim Durchspülen des Goldsandes das schwerere Gold an den Querleisten eines langen Holzkastens absetzt, auf die rentableren Formen von ›Hydraulic Mining‹ und ›Quartz Mining‹ gekommen ist.

Beim hydraulischen Goldbergbau wurde die am Fluß liegende goldhaltige Sandbank – von Goldgräbern einfach ›Bar‹ genannt (daher die vielen Goldgräberorte, die mit ›bar‹ enden) – vermittels hydraulischen Wasserdrucks einfach aufgelöst und der goldhaltige Schlamm tonnenweise durch ›Super-Cradles‹ geleitet. Das eindrucksvollste Beispiel von Hydraulic Mining boten die Malakoff-Diggins im nördlichen Abschnitt des Goldgräbergebietes nördlich von Grass Valley bei North Bloomfield, die heute ein Historical Monument sind. Der Sawyer Decision Act von 1884 setzte dem hydraulischen Goldbergbau ein Ende, nachdem die Farmer im Zentraltal fast zwanzig Jahre lang erbittert gegen die dadurch verursachten Sandüberflutungen ihrer Felder protestiert hatten.

Im ›Quartz Mining‹, der Gewinnung von Gold im Bergwerksuntertagebau, fand man schließlich die größten Goldmengen. Bedeutende Abbauorte waren unter anderem Columbia und Sonora im Zentrum der Mother Lode, die am Westfuß der Sierra entlangläuft, sowie das berühmte Grass Valley im nördlichen Teil der Mother Lode.

In den Goldgebieten um *Columbia,* die die Mexikaner entdeckten, fand man Gold im Wert von 87 Millionen Dollar. Die ausgezeichnet restaurierte Goldgräberstadt lohnt, neben Sutters Mühle bei Coloma, am meisten von allen Sehenswürdigkeiten dieser Periode einen Besuch. In der Goldrauschzeit hatte sie 15000 Einwohner, die fast ausschließlich in selbstgezimmerten Holzhütten lebten. An der Hauptstraße standen die besseren Häuser aus Ziegel und Holz, die Western Bar und das Columbia House Restaurant, der Stage Driver's Retreat Saloon und die Express Station der Wells Fargo Bank. Mit den vierspännigen Postkutschen der Wells Fargo Bank wurde das Gold auf oft abenteuerlichem Weg nach San Franzisko gebracht. Heute fahren die Kutschen die Touristen durch den Ort und in die grüne, hügelreiche Umgebung zu den Goldfundplätzen. Das Fallon House Theatre zeigt Stücke im Stil der Goldsuchertage, es ist die Sommerbühne des University of the Pacific Repertory Theatre. In Columbia steht die erste aus Ziegeln erbaute Kirche, St. Anne's, und eines der ersten Schulgebäude Kaliforniens.

Im Jahre 1851 entdeckten Chilenen bei *Sonora* die reichste Goldader Kaliforniens, ja der USA: die ›Big Bonanza‹. Innerhalb einer Woche wurde damals hier Gold im Wert von einer halben Million Dollar zutage gefördert. Die ›Big Bonanza‹ ist noch heute in Betrieb.

In *Grass Valley* auf dem Gold Hill leitete George Knight den Bau des ersten Goldbergwerkes ein, woran sein Denkmal dort erinnert. Zwischen 1850 und 1857 gab Knights private ›Gold Hill Mine‹ allein vier Millionen Dollar her. Die Goldbergwerke in der Nähe, ›Empire Mine‹ und ›North Star Mine‹, waren nicht minder ergiebig. Hier wurde erstmals das ›Pelton Wheel‹, ein nach dem Turbinenprinzip funktionierendes Rad, zur Minenarbeit eingesetzt. Wie diese 1880 von Lester Allen Pelton erfundene Wasserturbine arbeitet, kann man im Goldtimer-Haus des Historical Museum von Nevada City bewundern, das interessante Dokumente der Goldrauschzeit bewahrt.

Ein weites Netz von Bergwerktunnels erstreckte sich von Grass Valley bis zur fünf Kilometer nördlich gelegenen Nevada City. Die Bergwerksschächte wurden hier bis zu einer Länge von dreitausend Metern getrieben. Grass Valley hatte, was sonst unüblich war, Tausende von Bergwerksarbeitern. Aber hier wurde nicht nur gearbeitet. Mit seinen eleganten Häusern, Saloons, Association Halls und Theatern wurde es zum Inbegriff vom ›Highlife‹ der Goldgräber. Statussymbol der neuen Gold-Aristokratie war das vornehme viktorianische Haus, verkleidet mit Hölzern, die um das Kap Hoorn geschifft werden mußten. Später waren es feste Ziegelsteinhäuser mit schweren Eisenläden, die Türen und Fenster verschlossen. Nicht nur die Banken und Poststationen gebrauchten diese Eisenläden, auch erfolgreiche Goldsucher und Minenbesitzer, um sich gegen nächtliche Plünderer, die man ›Owls‹ (Eulen) nannte, zu schützen.

Ein Brand hat von dem ursprünglichen Grass Valley nicht viel übriggelassen, doch einige alte Häuser stehen noch, so die der Lola Montez und ihrer Schülerin Lotta Crabtree, über die wir im Kapitel San Franzisko berichtet haben. Einmal im Jahr, meist im Herbst, ist eine Besichtigung der Minen für Touristen möglich. Noch bis in die fünfziger Jahre unseres Jahrhunderts hinein wurde in Grass Valley Gold gefördert!

In der ›Morgan Mine‹ von *Carson Hill,* einem bedeutenden Goldgräberort, wurde 1854 der größte Goldklumpen in Kalifornien gefunden; er hatte ein Gewicht von rund neunzig Kilogramm. Die Morgan Mine wurde später von James G. Fair erworben, einem der ›Big Four‹ der Comstock Lode.

Manche gruben nicht nach Gold, machten aber dennoch das große Geld. Vielleicht waren sie sogar die Klügeren. Der spätere Schokoladenkönig Ghirardelli begann im Goldgräberort Hornitos mit seinem ersten kleinen Schokoladenbetrieb. Die Leute, die die erste längere Telefonleitung im amerikanischen Westen zwischen Milton und French Corral verlegten, wurden später die Mitbegründer der großen Pacific Telephone Company. In Michigan Bluff betrieb Leland Stanford, der einer der ›Big Four‹-Eisenbahnkönige werden sollte, von 1853 bis 1855 einen Gemischtwarenladen. Sein Freund Mark Hopkins begann mit einem Kolonialwarengeschäft in Placerville. Ebenfalls in Placerville hatte Philip D. Armour eine Metzgerei und John Studebaker eine Fabrikation von Schubkarren für die Minenarbeiter: der eine brachte es zum Konservenkönig, der andere zum Automobil-Fabrikanten.

Die wahrheitsgetreuesten Beschreibungen der Goldrauschzeit stammen von Mark Twain. Hier ein Zitat aus dem Buch ›Roughing It‹, 1872, das unter dem deutschen Titel ›Durch Dick und Dünn‹ erschien:

»Dieses Sacramento Valley war eine der Gegenden, in der anfangs der ergiebigste Goldbergbau betrieben wurde, und teilweise ist noch heute zu erkennen, wo die habgierigen Verwüster vor fünfzehn bis zwanzig Jahren die grasbedeckten Berghänge und Ebenen aufgerissen und zerfurcht und zerwühlt haben. Solche Verunstaltungen findet man weit und breit in Kalifornien, mitunter sogar an Stellen, wo

nur Wiesen und Wälder zu sehen sind – kein Lebewesen, kein Haus, kein Stock oder Stein, keine Ruine – und wo kein Laut, nicht einmal ein Flüstern, die Sonntagsstille durchbricht. Es fällt einem schwer, zu glauben, daß dort einmal eine blühende kleine Stadt von zwei- bis dreitausend Seelen gestanden haben soll, mit Zeitung, Feuerwehr, Blaskapelle, Bürgergarde, Bank, Hotels, lärmenden Umzügen und Reden zum 4. Juli, mit überfüllten Spielhöllen voller Tabaksqualm, Flüchen und bärtigen Männern, auf deren Tischen sich so viel Goldstaub häufte, wie die Einkünfte eines deutschen Fürstentums ausmachen; mit von Menschen wimmelnden und von Geschäften strotzenden Straßen, mit Grundstücken im Zentrum zu vierhundert Dollar pro Fuß, mit Arbeit, Gelächter, Musik, Tanz, Gefluche, Geraufe, Geschieße und Messerstecherei, mit einer Leichenschau und einem Toten jeden Morgen zum Frühstück – mit allem, was das Dasein erquickt und verschönt, mit allem, was zu einer gedeihenden und prosperierenden und vielversprechenden jungen Stadt gehört – und jetzt ist nichts mehr da als eine leblose, häuserlose Einsamkeit. Die Männer sind fort, die Gebäude sind verschwunden, ja sogar der Name des Ortes ist vergessen. In keinem anderen Land sind in moderner Zeit Städte so unwiderruflich gestorben und verschwunden wie in den alten Minengegenden von Kalifornien.

Eine vorwärtsstürmende, kraftvolle, rastlose Bevölkerung war das damals. Eine kuriose Bevölkerung. Die einzige dieser Art, die die Welt jemals auf einen Haufen gesehen hat und die sie wohl kaum jemals wieder zu Gesicht bekommen wird. Denn man beachte, es war eine Ansammlung von zweihunderttausend jungen Männern – keine zimperlichen, zarten Muttersöhnchen mit Glacéhandschuhen, sondern selbständige, muskulöse, unerschrockene Draufgänger, berstend vor Energie und Mut und königlich ausgestattet mit den Attributen unvergleichlicher und herrlicher Männlichkeit – die Elite und Auslese der Welt. Keine Frauen, keine Kinder, keine grauhaarigen und altersgebeugten Veteranen – nur junge Riesen mit aufrechtem Gang, strahlenden Augen, lebhaften Bewegungen und kräftigen Händen – die seltsamste, die prächtigste Bevölkerung, das tapferste Heer, das jemals die staunende Einsamkeit eines unbevölkerten Landes durchzogen hat. Und wo sind sie jetzt? Zerstreut in alle Erdenwinkel – oder vorzeitig gealtert und verlebt – oder in Straßenkämp-

fen erschossen oder erstochen – oder an enttäuschter Hoffnung und gebrochenem Herzen gestorben – alle oder fast alle fort, geopfert auf dem Altar des Goldenen Kalbes – das edelste Brandopfer, das jemals seinen Rauch gen Himmel aufsteigen ließ. Ein trauriger Gedanke.

Es war eine prachtvolle Bevölkerung, denn alle trägen, schläfrigen, dösköpfigen Faultiere waren zu Hause geblieben – die findet man niemals unter Pionieren, aus solchem Material lassen sich keine Pioniere schnitzen. Es war diese Bevölkerung, die Kalifornien den Ruf verschafft hat, den es noch heute hat, nämlich den, erstaunliche Unternehmen aufziehen und sie mit großartigem Elan und Mut und Unbekümmertheit um Kosten oder Folgen durchführen zu können; und wenn es sich eine neue Überraschung ausdenkt, lächelt die ernste, gesetzte Welt wie gewöhnlich und sagt: ›Ja, das ist Kalifornien, wie es leibt und lebt.‹«

Eine andere, in Kalifornien berühmt gewordene Schilderung des Goldgräberlebens stammt von einer Frau und ist um so beachtenswerter, als Frauen ja in den Goldgräberstädten eine rare Erscheinung waren. Zehn zu eins war das Verhältnis in der Regel. Louise Amelia Smith Clapp lebte mit ihrem Mann, einem Arzt, in Rich Bar und Indian Bar und schrieb ihrer Schwester dreiundzwanzig ausführliche Briefe, in denen sie die harte Männergesellschaft der Mining Camps trefflich darstellte und witzig kommentierte. Der ›Pionier‹ veröffentlichte die Briefe der ›Dame Shirley‹, wie sie genannt wurde, unter dem Titel ›The Shirley Letters‹ 1854/55. Erst viel später, 1922, erschienen sie in Buchform, interessanterweise nur in limitierter Auflage.

Die Sehnsucht nach einer Frau und heimischem Glück wurde bei den ›Rough and Ready‹-Männern meist um so stärker, je weniger sich bei ihnen das Goldglück einstellte. Und dies war bei den meisten der Fall. Sie plackten sich mühsam ab, um schließlich das wenige, das sie gefunden hatten, zu verspielen oder zu vertrinken. Die Kriminalität nahm nach den ersten Jahren immer stärker zu. Meist machte man in Selbstjustiz mit den Dieben und Mördern kurzen Prozeß. Placerville hieß zeitweise nur noch ›Hangtown‹: Jede Woche wurde hier einer gehängt. Die Geschichte von Black Bart, der einerseits ein berüchtigter Goldkutschenräuber, andererseits ein Mitglied der High Society von San Franzisko war, oder von Joaquin Murieta, dem gefürchtetesten Banditen und Mörder der Minengebiete, dem die Fama wechselweise politische, soziale oder sentimentale Motive für seine Verbrechen unterschob, sind nur zwei von vielen Stories, in denen sich die Härte dieser Gesellschaft spiegelt.

Die von den ersten Goldsuchern selbst aufgestellten, geradezu demokratisch funktionierenden ›Miners' Ten Commandments‹, ›Zehn Gebote der Goldsucher‹, fanden später Eingang in die kalifornischen Regierungsgesetze. Das erste Gerichtsgebäude entstand nicht zufällig am Südende der Mother Lode, in *Mariposa*. Es steht noch heute dort und dient immer noch als Gerichtsgebäude. Mariposa ist der südlichste Punkt des Highway 49, benannt nach den ›Forty-Niners‹, der auf seinem rund 450 Kilometer langen Weg an den westlichen Ausläufern der Sierra Nevada entlang nach Norden durch einundfünfzig ehemalige Goldgräberorte führt.

Nicht wenige der Goldgräber zogen schließlich mit ihrem kleinen Vermögen, das sie in den Bergen erworben hatten, ins Zentraltal, um sich ein Grundstück zu kaufen und als Farmer oder Rancher niederzulassen. Andere zogen in die Städte Sacramento oder San Franzisko und eröffneten dort ein Geschäft.

Von der Hoffnung derjenigen, die in den Goldbergen zurückblieben und dort, oft jung, verdarben und starben, geben die verbitterten Worte auf den Grabsteinen Kunde, die auf den alten Goldgräberfriedhöfen stehen, in der Nähe einer verfallenen weißen Holzkirche, umgeben von hohen Ahorn-, Walnuß- und Apfelbäumen und umtönt vom Gesang der Zikaden.

Den ersten Einwanderern, die es vor mehr als hundert Jahren von Oregon nach Kalifornien zog, stellten sich im Westen die vergletscherten Zwei- und Dreitausender-Granitberge der undurchdringlich bewaldeten Coast Ranges und im Osten das mächtige Sierra-Nevada-Gebirge in den Weg. Jenseits dieser Hürden aber, in die Mitte des Landes eingebettet, erwartete sie das gleißende Gold der Bergflüsse und die endlose Fruchtbarkeit des kalifornischen Zentraltales.

Der beherrschende Gipfel des Nordens ist der von hohen Douglastannen eingerahmte, mit ewigem Schnee und Eis bedeckte, majestätische Vulkanberg *Mount Shasta* (4316 m). »Einsam wie eine Gottheit«, schrieb vor hundert Jahren Joaquin Miller, »und weiß wie ein Wintermond erhebt er sich plötzlich und gewaltig aus dem Herzen der großen, schwarzen Wälder von Nordkalifornien.« Schon als Junge hatte Miller etliche Jahre im Umkreis des Mount Shasta verbracht und den schönen Legenden der Shasta-Indianer gelauscht. Mit seinem ersten Gedichtband ›Songs of the Sierras‹, 1871, wurde er gleichsam über Nacht in Kalifornien bekannt. Auch in späteren Jahren, als er in Oakland wohnte, zog er immer wieder durch die Gefilde seiner Jugend.

Heute läßt sich die Jugend Nordkaliforniens in Sesselliften im Winter, bis in den Frühsommer hinein, und nicht selten sogar noch im Sommer, zu den in 3000 Metern Höhe liegenden, sonnenreichen Skipisten des Mount Shasta gleiten. Im Süden des Berges liegen unzählige kleine Vulkanberge putzig in die Landschaft verstreut wie umgedrehte Riesen-Eistüten.

Redding, der Hauptort am Nordrand des großen Tales und am Fuß der nördlichen Berge, ist ein idealer Ausgangspunkt

für unsere Fahrten in den berg- und waldreichen Nordwesten
sowie den vulkan- und seenreichen Nordosten, natürlich auch
zu den beiden riesigen Stauseen nah im Norden. Die Stadt
entstand durch den Bau der Oregon-California-Eisenbahn in
den sechziger Jahren des vergangenen Jahrhunderts und
wurde nach einem Güteragenten der Central Pacific Railroad,
B.B. Redding, benannt. Sie ist heute Sitz der Sperrholzindu-
strie und Umschlagplatz sowohl der landwirtschaftlichen
Produkte des nördlichen Zentraltales – vor allem von Weizen,
Kartoffeln und Früchten – als auch der aus den Bergwerken
der Klamath Mountains kommenden Erze wie Silber, Kup-
fer, Zinkspat und Zinkblende, Chromeisenstein und Eisen-
sulfit. Ein nicht unbeträchtlicher Teil der Bevölkerung lebt
zudem vom Tourismus.

Naturparadiese in den Klamath Mountains

Der *Shasta Lake,* die tiefblau leuchtende, vielzackige Seen-
krone zu Häupten Reddings, ist eine der vielen Touristen-
Attraktionen. Der fast zweihundert Meter hohe Shasta Dam,
zweitgrößter Staudamm in den USA nach dem kalifornischen
Oroville-Damm, staut hier seit 1945 die Flüsse Sacramento,
Pit und McCloud zu einem 120 Quadratkilometer großen
See, dessen buchtenreiches Ufer fünfhundert Kilometer lang
ist. Für Schwimmer, Angler – im See gibt es siebzehn verschiedene Fischarten –, Wasserskifahrer, Camper und Pick-
nicker ist er ein Paradies. Hauptsächlich aber hat er landwirtschaftliche Bedeutung. Zusammen mit dem Oroville-Staudamm am Westfuß der Sierra Nevada ist er eines der beiden
Schlüssel-Projekte der Bewässerung des nördlichen Zentraltales.

Seit 1965 ist der Shasta Lake, zusammen mit den westlich
benachbarten, in ausgedehnte Wälder eingebetteten *Clair
Engle (Trinity)-Lewiston Lake* und dem *Whiskeytown Lake* zur
National Recreation Area erklärt worden. Der volle Name
des zum Teil sehr eleganten Erholungsgebietes lautet: Whis-
keytown-Shasta-Trinity National Recreation Area.

Das an die große Ost-West-Achse der 299er Bundesstraße angeschlossene, im Süden des Lewiston Lake gelegene *Weaverville* ist mit rund 2000 Einwohnern der größte Ort der Klamath Region. Weaverville lohnt einen Besuch. Mit seinen weinumrankten Holzhäusern strahlt es noch heute den viktorianischen Charme der alten Goldgräberzeiten aus, deren Geschichte und Zeugnisse – auch mit ›oldfashioned‹ Whiskyflaschen – sein Memorial Museum zeigt. Aus dem Jahr 1860, als die Hälfte der Einwohner Chinesen waren, die sowohl in den Goldgebieten als auch später im Eisenbahnbau tätig waren, stammt Weavervilles Chinesischer Tempel, das ›Chinese Joss House‹, nun State Historical Monument.

Nur wenige Kilometer von Weaverville entfernt, am Trinity River, fand Pierson Reading Gold im Wert von 80000 Dollar. Doch die Bedeutung dieses Mannes für die Geschichte des nördlichen Kalifornien ging weit über die Entdeckung dieses Goldgebietes hinaus. Der spätere Major, der bereits 1843 von New Jersey nach Kalifornien gekommen war, hatte im November desselben Jahres Sutter's Fort aufgesucht und war dort über ein Jahr geblieben. Auf Vermittlung Sutters erhielt er 1845 vom damaligen kalifornischen Gouverneur die am nördlichsten gelegene Landschenkung Kaliforniens, ein rund hundert Quadratkilometer großes Gebiet. Es war das Terrain des heutigen Redding. 1846 nahm Reading an der Bären-Flaggen-Revolution zur Gründung der Republik Kalifornien in Sonoma teil, reihte sich nach dem Fehlschlag in Frémonts Truppe ein und arrangierte sich mit den zukünftigen Herren Kaliforniens, den Amerikanern. Als 1850 Kalifornien die amerikanische Flagge hißte, wurde die Ranch Readings der erste amerikanische Landkreissitz im Norden des Bundesstaates. Ein Jahr darauf, 1851, verlegte man den Sitz des Landkreises ins ruhigere Shasta. Als dann in den sechziger Jahren des vergangenen Jahrhunderts die Oregon-California-Eisenbahnstrecke gebaut wurde, lag Shasta dreihundert Meter zu hoch, um einbezogen zu werden, und Redding wurde schließlich 1888 der neue Verwaltungssitz des County.

Zwischen Clair Engle Lake und Shasta Lake fließt von Norden nach Süden und schließlich in den Whiskeytown

Lake hinein der *Clear Creek,* ein Fluß, mit dem es seine besondere Bewandtnis hat. Nur zwei Monate, nachdem James W.
Marshall unweit Sutter's Fort das erste Gold entdeckte, fanden Pierson Reading und die für ihn arbeitenden Indianer am
oberen Flußlauf des Clear Creek das erste Gold in den nördlichen Bergen Kaliforniens. Daß diesem Fund weitere folgten,
hörten wir gerade. Bald brachen auch in diesem Gebirge die
Goldrauschzeiten an. Auf ihrem Höhepunkt wurden hier jede
Woche für hunderttausend Dollar Gold erbeutet. Heute machen sich nur noch die Zehn- bis Vierzehnjährigen einen Spaß
daraus, unter anderem am Klamath River Goldwäscherei zu
betreiben. An diesem Hauptfluß weisen Orte wie Hamburg
und Orleans durch ihre Namen auf die Heimat der Goldsucher hin. Der von Oregon nach Südwesten fließende und
schließlich in den Pazifik mündende *Klamath River* ist heute
ein Sportangler-Paradies. Insbesondere das ›fly-fishing‹, das
Angeln der Forellen mit künstlichen Fliegen, wird hier mit
höchster Geschicklichkeit betrieben.

Die *Klamath-Mountains* sind durch die vom Pazifik herein-
getragene Feuchtigkeit dicht bewaldet. Ihr Norden ist das
baumreichste Gebiet des zu vierzig Prozent mit Wald bedeckten Kalifornien. Geologisch sind sie die nordwestliche Fortset-
zung des großen, hauptsächlich entlang der Ostgrenze Kaliforniens verlaufenden Sierra-Nevada-Gebirges und nehmen
mit einem Ausmaß von 100 mal 100 Kilometern die gesamte
Nordwesthälfte der nördlichen Berge bis zur Nord-Süd-
Achse der Interstate 5 ein. Zu der Klamath-Kette gehören –
von Süden nach Norden – die *Trinity Mountains* und die *Trinity Alps* mit dreißig alpinen Gletschern, die *Scott Mountains*
und *Salmon Mountains,* die *Scott Bar Mountains, Marble Mountains* und *Siskiyou Mountains.* Unter den grauweißen Granit-
domen dieser Gebirge treten die *Castle Crags* südlich des
Mount Shasta, ›Schloßfelsen‹, besonders eindrucksvoll zutage. Die Täler sind meist enge Schluchten. Nur das *Scott
Valley* an der zu den ›Naturszenerie-Routen‹ gehörenden
Straße 3 bildet eine breitere, durch Anschwemmung entstan-
dene Ebene. Die abwechslungsreiche Gebirgslandschaft ist
ein beliebtes Wander- und Reitgebiet. Unzählige modern ein-

gerichtete Campingplätze, insbesondere für Autos mit Wohnwagenanhänger, stehen für Touristen bereit, denn die Besiedlung ist dünn und die Städtchen haben nur wenige Herbergen. Passionierte ›Packer‹ und ›Hiker‹ ziehen die Klamath Berge der Sierra vor, weil sie weniger überlaufen und klimatisch günstiger sind. Die beste Zeit für eine Wanderung ist von Juli bis September. Der Schnee rund um die Seen schmilzt Mitte Juni, oft erst Anfang Juli. Neben dem Tourismus sind Holzindustrie und Erzabbau die einzigen Einkommensquellen.

Die Vulkanwelt der Cascade-Berge
und des Modoc-Hochlands

Zwei geologische Formationen bestimmen den landschaftlichen Charakter des Nordostens: die nordsüdlich verlaufende Kette der Vulkanberge der Cascade Ranges und das seenreiche Hochland des Modoc-Plateaus.

Neben dem Mount Shasta ist die zweithöchste Erhebung der Cascade Ranges der 75 Kilometer östlich von Redding gelegene *Lassen Peak*. Der fast 3200 Meter hohe Berg ist das Zentrum des *Lassen Volcanic National Park,* der trotz seiner zweihundert Quadratkilometer immer noch der kleinste der fünf kalifornischen Nationalparks ist. Auch der Lassen Peak ist – wie der Mount Shasta – von weiten Wäldern und Wiesen umgeben. Der vielleicht schönste dieser Seen, gerahmt von Weiden, Erlen und den hohen schlanken ›Sugar Pines‹, ist der *Manzanita Lake* unmittelbar am Westeingang des seit 1961 bestehenden Parks. Auf der gut ausgebauten 44er Bundesstraße gelangt man mit dem Greyhound-Bus in einer Stunde von Redding zum Manzanita Lake Visitor Center.

Peter Lassen, nach dem der Lassen Peak und das County benannt ist, ein Däne, war 31 Jahre alt, als er 1831 nach Amerika kam. Bei seinen Kalifornien-Aufenthalten lebte er in Fort Ross, in Sutter's Fort und auf einer Ranch bei Red Bluff. Später kehrte er in den amerikanischen Osten zurück, um Siedler von Missouri auf den nach ihm benannten Lassen Trail nach Kalifornien zu führen. Östlich vom heutigen Nationalpark ließ er sich nach 1848 unweit der Kreisstadt Susanville nieder und erschloß durch Pionier-Züge das umliegende Lassen County. Im Honey Lake Valley fand er Gold. Bei der Suche nach einer Silbermine wurde er mit 66 Jahren von Indianern getötet.

Die rund 45 Kilometer lange, gut ausgebaute *Lassen Park Road* (im Winter größtenteils geschlossen) schlängelt sich vom Westeingang des Nationalparks in vielen Serpentinen an gigantischen Lavamassen (Chaos Crags), vulkanischen Aschenkugeln, Vulkanseen und Vulkanbergen von dreitausend Metern Höhe entlang bis zum Südeingang Sulphur Creek mit seinen heißen Quellen im Thermalgebiet von Bumpass Hell. Zwischen 1914 und 1917 war der Lassen Peak noch vulkanisch aktiv. Die Lavamassen verwandelten die Nordseite des Berges bis über die Lassen Park Road hinaus in eine Wüstenei. Ein Vulkanausbruch im Jahre 1915 war so gewaltig, daß die Asche noch im 175 Kilometer entfernt liegenden Reno des Nachbarstaates Nevada niederging.

Der schöne *Summit Lake* an der Lassen Park Road ist Ausgangspunkt für Wanderungen oder Ritte durch weite Wiesen wie die *Kings Greek Meadows,* die mit Leoparden-Lilien, Lupinen, Malerpinseln, Blutenden Herzen und anderen Blumen übersät ist. An zwanzig kleineren und größeren kristallklaren, forellenreichen Seen führt der von Ponderosa-, Jeffrey- und Whitbarkfichten gesäumte Weg zum *Cinder Cone,* einem 2000 Meter hohen, vielfarbigen Vulkankegel. Von dem am südlichen Ende der Lassen Park Road in rund 3000 Meter Höhe gelegenen *Lake Helen* führt ein bequemer Wanderweg, der Lassen Park Trail, zum Gipfel des Lassen Peak. Für den Hin- und Rückweg sind etwa vier Stunden zu rechnen. Der bis zum Mount Shasta im Norden und zur Sierra Nevada im Süden reichende Rundblick ist ohne Zweifel der Höhepunkt eines Besuches in diesem Nationalpark.

Von noch weit mehr Vulkanseen durchsetzt, nämlich rund zweihundert an der Zahl, ist das Modoc-Plateau nördlich des Lassen County. Im äußersten Nordosten steigt es zu einem Dreitausender-Gebirgszug, den *Warner Mountains,* empor, die in nordsüdlicher Richtung entlang der Grenze von Kalifornien und Nevada verlaufen und die Wasserscheide zwischen dem Pazifik und der Großen Tiefebene von Nevada bilden. Die nahezu unbewohnte und straßenlose Wildnis der Warner Mountains – von dem im Nordosten inmitten unzähliger Seen gelegenen Ort *Alturas* führt die einzige Paßstraße über den *Cedar-Paß* (2100 m) nach Nevada – ist die Freude aller passionierten Wanderer. Langabfallende, westliche und südliche Abhänge sind bedeckt mit Tannen, Fichten, Espen, baumhohen Wacholdersträuchern. Auf den Almwiesen (Uttle Meadows, Patterson Meadows) herrscht der violette Salbei im Reich farbenprächtiger Wildblumen. Eine Gipfelwanderung, die meist im südlichen Teil der Warner Mountains beginnt, eröffnet unvergeßliche Panoramen auf das seenreiche Modoc-Plateau bis zum Mount Shasta und Lassen Peak. Zwischen den Seen erheben sich auch hier wieder die umgedrehten Eistüten der Vulkankegel. Als faszinierendste und größte der Seen seien der *Eagle Lake* nördlich von Susanville und die vier unmittelbar an der Nordgrenze Kaliforniens gelegenen Wasserbecken des *Klamath, Tule, Clear* und *Goose Lake* genannt.

Während der in 1700 Meter Höhe liegende Eagle Lake, der zweitgrößte Natursee Kaliforniens, ein Wassersportplatz ist, sind Klamath, Tule und Clear Lake ›National Wildlife Refuges‹, nationale Vogelschutzgebiete. Mächtige Pelikanschwärme fliegen mit großem Rauschen aus den sumpfigen Ufern auf, wenn sich an warmen Sommertagen ein Auto auf der 299er oder 139er Bundesstraße nähert. Besonders reich ist der Bestand an Wildenten und Wildgänsen, die im Frühling und Herbst gut zu beobachten sind.

Das *Lava Beds National Monument* südlich vom Tule Lake ist ein rund hundert Quadratkilometer umfassendes Gebiet, in dem nahezu alle vulkanischen Formen von eindrucksvoll erstarrten Lavamassen bis zu vereisten Vulkanhöhlen vorkommen. Besonders anziehend sind die ›Pahoehoes‹, Lavaströme, wie es sie auch auf Hawaii gibt. Hier bergen sie über dreihundert unterirdische, vielfarbige Lavagänge, ähnlich römischen Katakomben. Diese Lavagänge entstanden vor langer Zeit durch Lavaströme, die sich ihre Wege durch vorher

abgelagerte Lavamassen bahnten. Die Innenwände sind er-
starrt, im Boden sieht man jedoch mancherorts noch heiße,
dampfende Lava fließen. Während des Modoc-Krieges 1872/
73 diente dieses unterirdische Netz von Gängen den Modoc-
Indianern als Zufluchtsort, aber auch als strategische Opera-
tionsstätte. Die Indianer, die sich in dem verwirrenden Laby-
rinth auskannten, konnten die US-Truppen für lange Zeit in
Schach halten. Dieser Krieg bildete den Höhepunkt einer
langdauernden Feindschaft der Modocs gegen die Weißen.
Sein unmittelbarer Anlaß war, daß die Modocs ohne Erlaubnis ihr Reservat verlassen hatten, das sie mit den Klamath-
Indianern zu teilen gezwungen worden waren, und in ihr
angestammtes Territorium zurückzukehren versuchten. Ihr
Widerstand gegen die US-Truppen in den Lavabetten des
Tule Lake brach zusammen, als ihr Häuptling Kientepoos,
genannt Captain Jack, von einigen seiner eigenen Leute verraten und von den Truppen gefangengenommen und aufgehängt wurde. 1910 zählten die Modocs kaum noch mehr als
insgesamt dreihundert Menschen.

Ein seltsames vulkanisches Zeugnis südlich des Lava Beds
National Monuments ist der *Glass Mountain,* ein 2500 Meter
hoher Berg aus schwarzem Obsidian. Südlich des Modoc-
Plateaus breitet sich das fruchtbare *Burney-Tal* aus, benannt
nach dem ersten Siedler, dem Schotten Samuel Burney. Viele
Plätze der Umgebung tragen seinen Namen, darunter das
herrliche Naturereignis der *Burney Falls* im McArthur-Bur-
ney Falls State Park. Der über eine Felsrampe 40 Meter tief in
die kochende Schlucht des Pit River stürzende Zwillings-
wasserfall begeisterte schon Major Pierson Reading, als er als
einer der ersten Pioniere 1843 durch die Schlucht des Pit
River in die Berg-, Wald-, Seen- und Vulkanwelt Nordkaliforniens eindrang.

SIERRA NEVADA

Gebirge des Lichts

»Von allen herrlichen Gebirgen, die ich erstieg, liebe ich die Sierra Nevada am meisten«, schrieb John Muir. 1868 war der aus Schottland stammende, 40jährige Muir auf einem Panamaschiff im Hafen von San Franzisko eingelaufen. Doch er, den es schon als Junge gereizt hatte, durch die Wildnis der Berge zu streifen, und der später an der Universität von Wisconsin Botanik und Naturwissenschaften studierte, verließ die Stadt bald wieder. Ihn zog es zur Sierra Nevada.

Dort arbeitete Muir zunächst auf einer am Fuß des Gebirges gelegenen Ranch. Später hütete er Schafherden in den Hochtälern nördlich des Yosemite-Tals, um die Sierra erforschen zu können. Ihre wilde Schönheit trieb den leidenschaftlichen Bergfreund und Wanderer höher und höher hinauf, er wurde magisch angezogen von den majestätischen, schneebedeckten Dreitausendern, den tief eingeschnittenen grünen Canyons, den himmelhohen, silbrigen Wasserfällen, der Wildnis der Wälder und der kristallenen Klarheit der Gletscherseen. Vor allem aber war John Muir immer wieder zutiefst beeindruckt von der Fülle und Kraft des Lichtes in der Sierra.

Seine erste Begegnung mit der Sierra beschrieb Muir in ›The Mountains of California‹ (1894):

»Die mächtige Sierra, meilenhoch, war so herrlich in ihren Farben und so strahlend, daß sie nicht nur vom Licht umgeben, sondern ganz aus ihm geschaffen schien, gleich der Mauer einer überirdischen Stadt. Entlang der Gipfellinie und ein gutes Stück darunter erstreckte sich (vom großen Zentraltal aus betrachtet) ein dicker, perlweißer Schneegürtel, unterhalb diesem ein Gürtel von Blau und tiefem Violett, den Abschnitt der Wälder kennzeichnend, langgezogen am Fuß des Gebirges ein breiter Gürtel von Rosaviolett; alle

*diese Farben, vom Blau des Himmels bis zum Gelb des Tales, weich
ineinander übergehend wie beim Regenbogen, schufen eine Licht-
mauer von unvorstellbarer Feinheit … Nach Jahren des Wanderns
im Herzen der Sierra und der Bewunderung, des immer wiederkehrenden Erlebnisses seiner herrlichen Lichtfluten, der weißen Ströme
der Morgenstrahlen, die durch die Pässe brechen, des mittäglichen
Flimmerns auf den kristallenen Felsen, der Flut des Alpenglühens
und des irisierenden Leuchtens der zahllosen Wasserfälle, erscheint
es mir und vor allem immer wieder als das Gebirge des Lichts …
Die Sierra sollte man deshalb nicht ›Nevada‹ nennen, also nicht das
›schneebedeckte Gebirge‹, sondern vielmehr: Gebirge des Lichts!*

*Die Sierra scheint mehr Licht zu haben als andere Berge, das
Wetter ist überwiegend sonnig, nur manchmal unterbrochen von
großartigen Gewitterstürmen. Und nahezu alles leuchtet, vom Talgrund bis zum Gipfel – die Felsen und Bäche, die Seen, Gletscher,
Wasserfälle und die Wälder der Silbertannen und Silberfichten. Und
wie hell ist dieses Leuchten nach einem Sonnenregen oder nach
Taunächten, oder nach frostigen Nächten im Frühling und Herbst,
wenn die morgendlichen Sonnenstrahlen die Kristalle auf Büschen
und Gräsern aufleuchten lassen und im Winter durch die schneebedeckten Bäume dringen! Das wundervolle Sommerwetter und die
Schönheit regen so jedermann an, früh auf den Beinen zu sein und
etwas zu unternehmen … Aber auch die großen gesegneten Winter-
tage des Schnees, wenn das ganze Gebirge in Weiß steht, sind
keinen Gran weniger anregend und das Herz erfreuend.«*

Nachdem die Einwanderer-Trecks aus dem Osten nach
Überwindung unvorstellbarer Strapazen mit ihren von Ochsen gezogenen Planwagen die letzten 500 Kilometer der staubigen, unendlichen Hochebenen der Prärie und der erbarmungslosen Salzwüsten östlich von Kalifornien durchzogen
hatten, tauchte vor ihnen in der Ferne ein gewaltiges Gebirgs-
massiv auf, das ihnen, je mehr sie sich ihm näherten, steil,
abweisend und unüberwindlich erschien: die Sierra Nevada.
Den Namen hatten ihr die spanischen Eroberer im 17. Jahrhundert gegeben, die als erste Weiße den Gebirgszug sahen.

Aus schwarzgrünen Wäldern erheben sich über fünfzig
schnee- und eisbedeckte Dreitausender. Wie überwältigend

VII
David Hockney
A Large Diver, Paper Pool 27
Farbbild aus gepreßtem Papierfaserbrei, 1978
183 x 434 cm

David Hockney wurde 1937 in Bradford, England, geboren. Er zählt zu den Künstlern der englischen ›pop art‹.

Seine ausgedehnten Reisen führten ihn auch in die USA und besonders nach Kalifornien, wo er 1966 und 1967 an den Universitäten von Los Angeles und Berkeley lehrte.

Kalifornien hat immer wieder eine große Anziehungskraft auf Hockney ausgeübt, und ständig auf der Suche nach neuen Ausdrucksmöglichkeiten, mögen ihn die über die weitläufigen Städte wie »ausgesäten« Swimmingpools zu einer Hommage an das Land angeregt haben, den ›paper pools‹. Es handelt sich um eine Folge von 29 Bildern, ›Momentaufnahmen‹ des ständig bewegten durchsichtigen Elementes Wasser, der Spiegelungen darin, des wechselnden Lichtes, der tanzenden Schatten, dem entmaterialisierten Körper eines Schwimmers, gehalten und gesteigert durch die kontrastierenden starren pool-Wände und das Sprungbrett.

Die Bilder entstanden in einer Technik, die eigens für sie entwickelt wurde: Malen und Papierherstellen in einem. »Ich mag neue Medien unheimlich gern und lasse mich davon regelrecht berauschen«, äußert sich Hockney zu seiner Experimentierfreude, die beides betrifft: den Bildinhalt wie das Material, mit dem dieser gestaltet wird.

klar und würdevoll ragen im Sommer die gezackten, scharf-
kantigen Felsgipfel in den Himmel! Mächtigen Felsdiamanten
gleich, stehen sie in scharfem Kontrast zu den weichen Wol-
kenlandschaften. Die Sierra Nevada ist die längste, höchste
und größte einheitliche Gebirgsformation in den USA. Sie ist
rund 600 Kilometer lang, wobei sie sich in nordwestlicher
Richtung und parallel zum Zentraltal erstreckt, und bis zu
150 Kilometern breit.

Der höchste Berg der Sierra – und der USA (ausgenommen
Alaska) – ist der im Südosten gelegene Mount Whitney
(4418 m). Gemeinsam mit dem Mount Whitney bilden die
anderen Berggipfel der Sierra eine Nord-Süd-Kette am Ostrand des Gebirges.

Die trockene Ostseite der Sierra Nevada, derer die heran-
rückenden Einwanderer-Trecks zuerst ansichtig wurden, fällt
mit ihren zerklüfteten, nackten Schluchten von den 3000-Me-
ter-Gipfeln zum Ostfuß des Gebirges steil ab. Das dort gelegene Owens Valley ist bereits ein Wüstental. Die Luftlinie
von den ewigen Gletschern des Mount Whitney zum anderen
östlich der Sierra gelegenen Wüstental Death Valley beträgt
kaum sechzig Kilometer. Die Westseite des Gebirges hingegen gleitet sanft hinab, gleich einer königlichen Treppe mit
breiten, grünen Stufen, um schließlich, 130 Kilometer von der
Gipfelkette entfernt, in den saftigen Alpenwiesen am Rande
des Zentraltals auszulaufen. Weizenfelder und endlose Orangenhaine schließen sich talwärts an.

Spätestens Ende Mai, wenn es zu heiß wird im Zentraltal,
treiben die Hirten noch heute ihre Schafherden hinauf auf die
Alpenwiesen. Das ist die Zeit, da aus dem weitflächigen Grün
die tiefblauen Lupinen und die orangegelben ›California Pop-
pies‹ hervorleuchten. Was für den Deutschen die Margeriten-
blume bedeutet, ist für den Kalifornier diese kleine, sonnig
leuchtende Mohnblume. Da sie vor allem in Kalifornien zu
finden ist, wurde sie zur ›Staatsblume‹ gekürt. Für die Goldsucher, die einst in den Tälern am Westfuß der Sierra ihr
großes Glück suchten, war sie die Lieblingsblume.

Vom Pazifik her treiben Westwinde die Wolken weit ins
Land, über das Zentraltal hinweg bis an die Westhänge der

Sierra, wo sie im Sommer als Gewitterregen niedergehen oder im Winter als heftige Schneefälle. In 2000 bis 3000 Metern Höhe beträgt die jährliche Niederschlagsmenge bis zu zwei Meter. Die westlichen Hänge haben dadurch eine üppige Vegetation, die in einigen Teilen sogar unzugänglichen Urwaldcharakter erreicht. Unzählige Flüßchen und Flüsse ergießen sich sprudelnd ins Tal. Nicht wenige von ihnen enden in Stauseen, die für die gleichmäßige Bewässerung und Fruchtbarkeit des Zentraltals sorgen oder auch für die Trinkwasserversorgung von San Franzisko und Los Angeles. Hundert klare Gletscherseen ergänzen dieses Bild.

In den sechziger Jahren kam in Kalifornien die Bewegung der ›backpackers‹, der Rucksackwanderer, auf, insbesondere unter der Jugend. Wir sehen die Backpackers am goldgeschichtsträchtigen Feather-Fluß hinaufziehen, treffen sie im San-Joaquin-Tal oder Kern River Canyon, am grünblauen Gletschersee Lake Tahoe, in den Hochtälern der Sierra, auf dem Hochgebirgspfad des John Muir Trail oder in den einzigartigen National Parks der Sierra, von denen noch ausführlich die Rede sein wird. Wandern wir mit ihnen oder fahren wir im Wechsel mit Ausflügen zu Fuß durch diese Herrlichkeiten der Natur und denken wir dabei an die Worte John Muirs: »Earth has no sorrow, that earth cannot heal«: Erde kennt kein Leid, das Erde nicht heilen kann.

Im Norden der Sierra

Ausgangspunkt unserer Fahrten und Wanderungen im Norden der Sierra ist die an ihrem Westfuß gelegene ehemalige chinesische Goldgräberstadt *Oroville*. Heute ist sie ein Hauptort der Holzverarbeitung. Nur noch der alte, weiträumige Chinese Temple, nun ein Museum für Orientalische Kunst, erinnert daran, daß Oroville um 1870 das größte Chinesenviertel Kaliforniens besaß.

Die Fahrt führt uns durch weite Olivenhaine in die Berge zum nahegelegenen *Oroville Lake*. In den sechziger Jahren wurde der See durch den Oroville Dam gestaut. Mit 235 Metern ist er der höchste Staudamm in den USA. Das Kraftwerk des Staudamms vermag eine Ein-Millionen-Stadt mit Strom zu versorgen. Um den See entfaltete sich in den siebziger Jahren ein vielfältiges Erholungsgebiet. Wir kehren zurück zur Bundesstraße 70, die uns, nach Nordosten in die Berge aufsteigend, in den faszinierend schönen *Feather River Canyon* bringt. Er ist das meistbesuchte Tal der nördlichen Sierra. Die gut ausgebaute Straße, die uns am wildschäumenden Feather-Fluß entlang in die enge Talschlucht führt, eröffnet uns in ihrem ersten Abschnitt rückblickend eine treffliche Sicht ins Zentraltal und auf die in seinem Nordteil liegende einzige Bergformation des Tales, die *Sutter Buttes,* um die sich wohlbestellte Felder drängen. Die von hohen Fichten und Tannen bewachsene Talschlucht des Feather River ist zugleich der Hauptverbindungsweg im Nordteil der Sierra hinüber zu ihrer Ostseite und weiter nach Nevada. An diesem Weg am oberen Lauf des Flusses liegt ein ehemaliges Goldgräber-Revier. Es ist heute das reizvolle Erholungsgebiet der Lake Basin Recreation Area um den in Wiesen und Wälder eingebetteten *Gold Lake* herum.

Entdeckt wurde der Feather-Fluß um 1810 von dem Spanier Luis A. Argüello, der später Gouverneur von Kalifornien wurde. Nach den Federn der Wildvögel, die Argüello auf dem Fluß schwimmen sah, benannte er ihn ›El Rio de las Plumas‹, den ›Federn-Fluß‹. Auch diese Talschlucht erlebte ihre Goldrauschzeiten. Am oberen Flußlauf des Feather River, in *Rich Bar* – schon der Name besagt es –, wuschen nach Kalifornien eingewanderte Mexikaner aus dem reichen Flußsand Gold für drei Millionen Dollar. Heute liegt der Schatz des Feather River in seinen Regenbogenforellen, die jährlich unzählige Angler ins Tal locken.

Die den Feather River und seine Nebenflüsse – den Middle Fork, Fall River und South Fork – umgebende bewaldete, einsame Berglandschaft ist voll von Hochwild und wird, außer von Wanderern, gern von Jägern aufgesucht. Inmitten der Bergwildnis steht man unversehens vor den Wasserfällen der Feather Falls, die vom Fall River über mächtige Steinklippen 200 Meter in die Tiefe donnern.

Der in zweitausend Meter Höhe inmitten der Sierra Nevada gelegene Lake Tahoe gleicht, eingebettet in Fichten- und Tannenwälder und umgeben von schneebedeckten Dreitausendern, wahrhaft einem Juwel. Saphirblau leuchtet er inmitten smaragdgrün schimmernder Wälder. Die kleine, zauberhafte Bucht im Südwesten des Sees heißt zu Recht *Emerald Bay*, Smaragd-Bucht. Die Straße darüber vermittelt uns herrliche Aussichten auf Bucht und See. Seinen Nordteil krönt der 3300 Meter hohe *Mount Rose*, der sich in seiner malerischen Pracht im See spiegelt. »Wie er da liegt«, schrieb Mark Twain in seinem Goldgräber-Roman ›Roughing It‹, »eine prächtig blaue Wasserfläche mit den Schatten der Berge, die sich leuchtend widerspiegeln auf seiner stillen Oberfläche, da dachte ich, dies ist sicher das schönste Bild, das einem die gesamte Erde bietet.«

Am See liegen viele kleine, hübsche Orte, deren dunkle Holzhäuser oder flache Steinbauten – Geschäfte, Restaurants, Bars und Supermärkte – entlang der Hauptstraße aneinandergereiht sind, während die Wohnhäuser, meist ebenfalls kleine Holzbauten, sogenannte ›cabins‹, wie auch die Motels in dem bis an das Ufer reichenden Waldgürtel versteckt sind.

Im Norden des Sees finden wir den an der Einmündung des Teukee River gelegenen Einkaufsort *Tahoe City* mit kleinem Badestrand und einem Hafen, der vor allem Anglerbooten Platz bietet. Der kühle See ist fischreich. Besonders beliebt bei den Anglern sind Regenbogenforellen, Mackinaws oder die ehemals aus deutschen Lachszuchtanstalten stammenden Saiblinge, ›German Browns‹ genannt. Die Saiblinge werden bis zu 6 Kilogramm schwer. Die ausgezeichnet schmeckenden Mackinaws holen die Angler im Mai und Juni aus acht bis fünfzehn Meter Tiefe heraus. Doch ist der 35 Kilometer lange und 20 Kilometer breite Gletschersee weit tiefer, mit 500 Metern an einer Stelle gar der tiefste See in den USA.

Östlich von Tahoe City, gleichfalls am Nordteil des Sees, ist *Incline Village* ein beliebter Skiort, dessen hübsche Häuser, zum Teil im Tiroler Stil, sich an den südlichen Ausläufern des

Mount Rose hinaufziehen. Er gehört, wie die gesamte Ostseite des Sees, bereits zum Bundesstaat Nevada. Im Sommer
besuchen hier viele Menschen die bekannte Ponderosa-
Ranch, wo die amerikanische Fernsehserie ›Bonanza‹ gedreht
wurde, die die Pioniergeschichten der Cartwright-Brüder in
aller Welt bekannt machte. Und natürlich locken die Tag und
Nacht geöffneten Spielkasinos von Nevada, die in allen Grö-
ßen und Stilformen bereits unmittelbar hinter der Grenze Kaliforniens beginnen.

Die zwischen hohen Fichten und Tannen an der Ostseite
des Sees verlaufende Straße führt uns zum Südteil und in den
dort gelegenen dritten größeren Ort, *South Lake Tahoe*. Kurz
zuvor haben wir das beliebte Spielkasino ›Harrah's Tahoe‹
passiert, in dem Frank Sinatra und andere Berühmtheiten der
amerikanischen Show-Szene auftreten. South Lake Tahoe
liegt am Fuß eines ›himmlischen‹ Skigebietes, nämlich der
›Heavenly Valley Ski Area‹. Im Sommer sind der Yacht- und
Anglerbootshafen, die größten am See, abends voll von Booten. Drei große Badestrände, trotz der Kühle des Sees nicht
selten überfüllt, schließen sich westlich an die beiden Häfen
an. Unweit von dort sind wir wieder an der Emerald Bay.

Die malerische milde Schönheit der Smaragd-Bucht steht
in starkem Kontrast zum südwestlich anschließenden Gebiet
der *Desolation Wildernes Area*, deren wilde Schönheit John
Muir so sehr liebte. In dem see-, felsen- und urwaldreichen
Gebiet hat der Sierra-Club – er entspricht den europäischen
Alpen-Vereinen – viele Wanderwege angelegt. Es ist immer
wieder beeindruckend, welche Feinheit und Zartheit die Natur noch in rauher Wildnis in Wildblumen, Alpenwiesen,
Bächen oder klaren kleinen Bergseen zu entfalten vermag.

Von der Emerald Bay führt uns die kurvenreiche Seeufer-
straße nach Norden an Motels, Lodges und Cabins vorüber
und zurück nach Tahoe City. Mancher eingewanderte Europäer aus dem Alpengebiet oder Skandinavien hat sich an der
Westseite des Sees niedergelassen. Namen wie ›Vikingsholm
Castle‹ (an der Emerald Bay) oder ›Swiss Lodge‹ (mit hervorragender Schweizer Küche) erinnern daran. Die Ufer waren
ehemals von den Tahoe-Indianern bewohnt, die dem See den

Namen gaben. Die ersten Weißen, die ihn im Juli 1844 erblickten, waren der große Expeditionsleiter John C. Frémont und sein deutsch-amerikanischer Topograph Charles Preuss. Frémont hatte, auf Anregung von Preuss, den See zunächst nach dem französischen Botaniker und Reisebegleiter Alexander von Humboldts, Bonpland, benannt. Erst 1862 erhielt der See seinen heutigen Namen.

Bald folgten die ersten Einwanderertrecks aus dem Osten. Die nördlich und südlich des Sees verlaufenden Bundesstraßen 80 und 50 waren die ehemaligen Einwanderungsrouten, die über die Sierra Nevada ins Zentraltal führten. Die gut vorbereitete Stevens-Gruppe mit ihren elf von Ochsen gezogenen Planwagen, Pferden, einer Viehherde, 26 Männern – unter ihnen Elisha Stevens und ein Arzt – und acht Frauen – darunter eine Witwe und zwei unverheiratete Mädchen – zogen, vom Missouri kommend, schließlich im Herbst 1844 nördlich am Lake Tahoe vorüber und die langen Westhänge hinunter ins Zentraltal. Die Stevens-Gruppe wurde Vorbild aller künftigen Einwanderertrecks nach Kalifornien.

Zwei Jahre danach folgte der unselige Donner-Treck ihrer Route: 81 Männer, Frauen und Kinder, angeführt von Georg und Jacob Donner. Unvorhersehbar wurde die Gruppe an einem Oktobertag – sie befand sich gerade nördlich des Lake Tahoe an dem kleinen, später nach der Gruppe benannten *Donner Lake* – von einem mächtigen Schneesturm überrascht. Dichter Schneefall, tagelang, ließ die Schneemassen bis zu einer Höhe von sieben Metern anwachsen. Alle Wege waren versperrt. Der Ausbruchsversuch einer Handvoll Männer mißlang. Die verbliebene Nahrung schwand dahin und mit ihr die Kräfte der Einwanderer. Über fünf Wochen saß die Gruppe fest, als eiskalte Dezemberstürme hereinbrachen. Ein Mitglied nach dem anderen erfror. Für die Verbliebenen wurde der Hunger unerträglich. Schließlich aß man sogar das Leder der Schuhe und vergriff sich kannibalisch an den Erfrorenen. Ein letzter, verzweifelter Ausbruchsversuch einiger Leute gelang nach einem Regentag, der die Schneemassen etwas zusammensacken ließ. Endlich kam Hilfe von Sutter's Fort. Von den 81 Männern, Frauen und Kindern überlebten

nur 45. Der *Donner Memorial State Park* mit dem Emigrant
Trail Museum und dem sieben Meter hohen Stein des Pio-
nier-Monuments am kleinen Donner Lake erinnert an dieses
Unglück.

Nach den kalifornischen Goldfunden 1848/49 gingen die
Einwandererzahlen kräftig hinauf, und unzählige Trecks zogen am See vorüber durch die Sierra Nevada. 1859 kam es nur
wenige Kilometer östlich des Lake Tahoe, im Washoe Valley,
zu den Funden, die San Franzisko zu einer blühenden Stadt
und Nevada zu einem amerikanischen Staat machten und den
amerikanischen Bürgerkrieg finanzierten: den unglaublich
reichen Silberfunden der *Comstock Lode*. Ein Goldsucher namens Henry Comstock hatte entdeckt, daß das »blaugraue,
schmutzige Zeug«, das sich in dieser Gegend in Menge fand,
sehr reich an Silber war. Der Name Comstock Lode ging bald
um die Welt. Die Ader mit dem ehemaligen Hauptort Virginia City brachte für 400 Millionen Dollar Silber und Gold
zutage. Dabei war das Gebiet kaum drei Kilometer lang und
einen Kilometer breit. Im Eingangskapitel haben wir die
phantastischen Lebensgeschichten der Silberkönige eingehend geschildert.

Ein Ausflug vom Lake Tahoe nach Virginia City zur berühmten C Street, den Saloons, Restaurants und dem Comstock Lode Museum, dem herrschaftlichen Haus Mackays an
der D Street oder zum Friedhof, dessen Grabsteine allein
schon eindrucksvoll genug die Geschichten seiner armen
Glückssucher erzählen, ist lohnend. Es ist kein einheitlicher,
großer Friedhof, den wir da sehen, sondern viele Gräber, die
auf kleinen Hügeln liegen, meist eingefaßt von Eisenzäunen.
Auf den flachen, torbogenähnlichen Grabsteinen oder den in
kunstvoller Schmiedearbeit gefertigten Kreuzen steht oft nur
der Name des Jungverstorbenen oder auch manchmal ein
trauriger Satz, der kündet, daß da einer in Virginia City sein
großes Lebensglück gesucht, statt dessen aber im Saloon den
Tod von der Hand eines neidischen, glücklosen Coltbesitzers
gefunden habe.

Mit den vielen Glückssuchern kam nach Virginia City auch
ein Mann namens Samuel Clemens, der als Zeitungsreporter

unter einem Pseudonym über die Comstock-Ereignisse schrieb und ein berühmter Schriftsteller wurde: Mark Twain. In seinem Buch ›Roughing It‹ – aus dem wir vorhin zitiert haben – hat er die bewegten Jahre in Nevada geschildert und die erbarmungslose Härte der Arbeit in den Silberminen, die viele Opfer forderte.

Über die südlich an Virginia City grenzenden heutigen Geisterstädte *Gold Hill* und *Silver City* gelangen wir nach *Carson City*. Die nach dem Trapper Kit Carson benannte Stadt, seit 1846 Regierungssitz des Gouverneurs von Nevada, hat selbstverständlich ein Capitol, dessen Kuppel mit sinnreichem Bezug nicht golden, sondern silberhell in der Sonne glänzt. Das Nevada State Museum von Carson City, 1866 bis 1870 erbaut, war ehemals eine der ersten Münzstätten im Westen. Bis Ende des 19. Jahrhunderts wurden hier im Wert von über 50 Millionen Dollar Silbermünzen geprägt. Das Museum vermittelt eine sehr anschauliche Einführung in die Geschichte der Comstock Lode und Nevadas. Die herrschaftlichen viktorianischen Häuser von Carson City und insbesondere das nördlich der Stadt gelegene Bowers Mansion führen den Besucher zurück in die Welt der silberglänzenden Tage.

Die damaligen Reichtümer bewirkten nicht zuletzt den Bau einer Straße, die südlich am Lake Tahoe vorüber nach Sacramento und San Franzisko führt. Hunderte von Wagen, jeder von zehn Pferden oder Mauleseln gezogen, rollten einst mit ihrer schweren Silberlast auf dieser Straße, der heutigen ausgebauten Bundesstraße 50. 1866 wurde nördlich des Lake Tahoe, auf dem Weg, den die Stevens- und Donner-Gruppe einst zogen, die Eisenbahnlinie der Central Pacific durch die Wälder und Granitberge der Sierra Nevada begonnen. 15 000 Chinesen arbeiteten, zeitweilig sogar in 24-Stunden-Schichten, unter der Leitung eines der vier Eisenbahnkönige, des Zwei-Zentner-Mannes Charles Crocker, der gerne von sich sagte: »I built the Central Pacific!« Der Anstieg der Eisenbahnlinie betrug dabei von der 1600 Meter hoch gelegenen Hochebene Nevadas bei Reno 700 Meter auf einer Strecke von 50 Kilometern, wobei allerdings beim letzten 14-Kilometer-Abschnitt zwischen Truckee (1939 m) und dem Summit-

Paß (2413 m) nordwestlich des Lake Tahoe allein ein Höhen-
unterschied von 474 Meter zu überwinden war. Kunstvoll
errichtete Holzbrücken, die über tiefe Schluchten führten und
Steigungen bis zu 5,6 Prozent hatten, gesprengte, enge
Schluchten und eine in Serpentinen und Schleifen geführte
Eisenbahntrasse überwanden diese Höhenunterschiede. Ohne
Zweifel war es eine für damalige Zeiten meisterhafte Pionier-
leistung. Vom Summit-Paß führte dann die Eisenbahnlinie
in Serpentinen die Westhänge der Sierra hinunter bis zum
100 Kilometer entfernt beginnenden kalifornischen Zentraltal, das fast auf Meereshöhe liegt. Sicher war es auch die große
Idee, den Westen mit dem Osten Amerikas zu verbinden, der
so beflügelnd wirkte, daß die Eisenbahnlinie durch die Sierra
in nur drei Jahren, 1869, fertig war.

Nach diesen turbulenten Jahren wurde es für Jahrzehnte, ja,
für ein halbes Jahrhundert ruhiger um den Lake Tahoe. Erst
1960 scheuchte ein anderes großes Ereignis die Bewohner um
den See aus ihren Träumen. In diesem Jahr fanden unweit des
Sees, in *Squaw Valley,* die Olympischen Winterspiele statt.
Eine leuchtend rote Gondel, groß wie ein Eisenbahnwagen
und mit einem Fassungsvermögen von 120 Personen, ent-
führt heute die Skifreunde in die sonnigen Höhen des Skizir-
kus der Squaw Valley Area. Von November bis Juli gleitet
man in Squaw Valley durch herrlichen Pulverschnee. Wahrhaftig ein Traum.

Yosemite National Park

Die zweihundert Indianer, die einst im Yosemite-Tal lebten,
nannten es ›Ahwahnee‹, das »tiefe, grasbedeckte Tal«. Als sie
sich um die Mitte des vergangenen Jahrhunderts mit spanischen Soldaten zu verständigen versuchten, bezeichneten sich
die Indianer selbst als ›U-zu-ma-ti‹, das heißt ›Grisly-Bären‹,
was die Spanier aber als Name des Tales mißverstanden. So
entstand die Bezeichnung Yosemite-Tal.

Im Jahre 1855/56 schuf der kalifornische Pioniermaler Thomas A. Ayres die ersten Zeichnungen vom Yosemite-Tal. Sie
wurden lithographiert und fanden im Osten Amerikas bald

große Verbreitung, so daß eine Zeitung das Tal damals schon das »vielleicht einzigartigste in den Vereinigten Staaten« nannte. Dieser Auffassung folgten bald viele andere. Schon ein Jahr nach Ayres, 1857, kam der deutsch-amerikanische Maler Albert Bierstadt eigens von Wyoming an die Pazifik-küste herüber, um das Yosemite-Tal aufzusuchen und dort zu malen. Weitere Maler, wie Thomas Hill, William Keith, John F. Kensett oder Thomas Moran folgten und waren von den Schönheiten des Yosemite-Tals überwältigt. Viele ihrer Werke sind im Oakland Art Museum zu sehen.

Doch nicht alle sahen diese Schönheiten. 1852 wurden die mächtigen, uralten Sequoia-Rotbäume des Calavares Grove entdeckt. Zwei skrupellose Geschäftsleute ließen einen dieser großen Bäume, die ›Mutter des Waldes‹, mit einer Höhe von 105 Metern und einem Umfang von 20 Metern, fällen und abschälen. Lediglich die Borke des Baumes verschifften sie nach England, wo sie, zusammengesetzt, 1854 einem staunen-den Publikum der Londoner Weltausstellung im Crystal Pa-lace gezeigt wurde. Doch meldeten sich bald auch kritische Stimmen, und eine führende Londoner Zeitung schrieb: »In Europa würde ein solches Naturwunder bewahrt und durch Gesetz geschützt werden.« Diese Auffassung vertraten eines Tages auch drei Kalifornier: der Arzt John F. Morse, der Geschäftsmann Israel Ward Raymond und der Naturfreund Frederick Law Olmsted. Im Februar 1864 sandten die drei ein Schreiben an den Kongreß nach Washington, das darum bat, die Naturwunder des Yosemite zu schützen.

Am 29. Juni 1864 bereits unterzeichnete Präsident Abraham Lincoln ein Gesetz, in dem garantiert wurde, daß das Yose-mite-Gebiet mit seinen mächtigen Sequoia-Bäumen unter der ausdrücklichen Bedingung stehe, der Zusammenkunft und Erholung der Öffentlichkeit zu dienen, und daß er für alle Zeiten unveräußerlich sei. Damit war nicht nur der erste Staatspark Amerikas geschaffen worden, sondern auch die Voraussetzung für eine der großartigsten amerikanischen Ideen, der dann mit dem Yellowstone National Park 1872 erstmalig verwirklichten Idee der National-Parks.

1890 wurde der elf Quadratkilometer große ›Yosemite

State Park‹ um den fast 2000 Quadratkilometer großen ›Yosemite National Park‹ ergänzt und schließlich, 1906, der State Park in den Yosemite National Park einbezogen, was vor allem John Muir zu danken ist.

John Muir kam 1868 zum erstenmal ins Yosemite-Tal. »So entschloß ich mich«, erinnert er sich später, »Kalifornien für ein bis zwei Jahre zu besuchen, seine wundervolle Flora zu sehen und das berühmte Yosemite-Tal.« Aus den zwei Jahren wurden vierzig und John Muirs Lebenswerk. In seinen Büchern beschrieb er – wie wir schon lasen – enthusiastisch die Sierra Nevada, insbesondere aber erzählte er immer wieder von seinem geliebten Yosemite-Tal. 1873 schuf Albert Bierstadt von dieser Landschaft eine Gemäldeserie, die in vielbesuchten Ausstellungen in London, Paris, Wien, Moskau und Sankt Petersburg gezeigt wurde. Der Ruhm des Tales drang damit bis nach Europa. In ›The Yosemite‹ schrieb Muir:

»*Das berühmteste und zugänglichste der Schluchtentäler und zugleich dasjenige, das uns seine eindrucksvollen und vollendeten Wesenszüge im größten Maßstab eröffnet, ist das Yosemite-Tal. Es liegt im Tal des Merced-Flusses auf einer Höhe von eintausenddreihundert Metern über dem Meeresspiegel, ist ungefähr zehn Kilometer lang, nicht ganz einen Kilometer breit und ruht fast anderthalb Kilometer tief in den harten Granitflanken des Gebirges. Die Felsenwände, steil aufragend bis zu Bergeshöhen, werden nur streckenweise unterbrochen durch tiefe Seitenbergschluchten. Diese Felsenwände sind so harmonisch auf dem Talgrund angeordnet, daß uns all dieses beim Gesamtanblick wie eine unendlich große Halle anmutet oder auch ein Tempel, der von oben erhellt wird. Doch kein von Hand erbauter Tempel kann sich mit Yosemite vergleichen. Jeder Felsen scheint in seinen Wänden vor Leben zu glühen. Einige neigen sich zurück in majestätischer Haltung, andere steigen tausend Meter steil auf, weit vorgezogen gegenüber ihren Bergkameraden in gedankenvoller Positur . . . Ehrfurchterregend in ihrer Härte, unbeweglich majestätisch, sind die Felsen jedoch zugleich auch weich geschmückt: ihre Füße stehen in schönen Waldhainen und Wiesen, ihre Stirne ragen in den Himmel. Tausend Blumen schmiegen sich vertrauensvoll an ihre Füße, gebadet von den Fluten des Wassers,*

den Fluten des Lichts, während Schnee und Wasserfälle, Winde,
Lawinen und Wolken über ihnen jahrein jahraus aufleuchten, singen
und sie umfangen, und Myriaden von kleinen beflügelten Kreaturen
– Vögel, Bienen, Schmetterlinge – Fröhlichkeit verbreiten und die
Luft mit Musik erfüllen.

Unten fließt, in der Mitte des Tals, der kristallklare Merced, der
River of Mercy – der ›Fluß der Gnade‹ – friedlich still, widerspie-
gelnd Lilien und Bäume und die dreinschauenden Felsen. Wirklich-
keit, vergänglich und fließend, und Urbilder der Härte treffen hier
zusammen und vermischen sich in unzähligen Formen, als ob in
dieses herrschaftliche Wohnhaus inmitten der Berge die Natur all
ihre Schätze zusammengetragen hätte, um die in sie Verliebten in
eine enge und vertrauliche Verbindung mit ihr zu ziehen.«

1903 verbrachte Präsident Theodore Roosevelt zusammen
mit Muir drei Tage im Yosemite National Park. Als Roosevelt den Park verließ, war er für ihn »the most beautiful place
in the world«. Inzwischen zählt der Park zwei Millionen Besucher jährlich. An Wochenenden und Feiertagen sollte man
einen Besuch meiden. An den übrigen Tagen jedoch erfährt
man noch heute seinen mächtigen Zauber. In jedem Fall empfiehlt es sich, Hotelreservierungen rechtzeitig vorzunehmen
(Yosemite National Park, California 95389); es gibt ein elegantes Hotel (Ahwahnee Hotel), ein Motel (Yosemite Lodge)
und viele Familien-Holzhäuser (Camp Curry). Der schönste
Monat ist der Oktober, wenn das Laub der Schwarz- und
Wildeichen inmitten der Tannen und Fichten sich bunt färbt
und das goldene Herbstlicht des ›indianischen Sommers‹ malerische Bilder schafft.

Wir betreten das Yosemite-Tal von Westen her. Kaum haben wir den Wawona-Tunnel, gleich einem Tempel-Portal,
passiert, eröffnen sich vor uns die Schönheiten des Tals, wie
sie John Muir oben beschrieb. In Windungen führt uns die
Straße am Flußlauf entlang. Fahrradtrupps, mit vielen Ju-
gendlichen darunter, begegnen uns, angeführt von einem
›Ranger‹, der naturkundliche Erklärungen gibt. Vor uns, zur
Rechten, stürzen die *Bridalveil Falls* über 200 Meter in die
Tiefe hinab, halb fallend, halb fließend, tanzend im Wind un-

terhalb der *Cathedral Rocks*. Die Nachmittagssonne vollendet das glitzernde Bild durch den lichten Zauber eines Regenbogens.

Zu unserer Linken schiebt sich, über tausend Meter steil aufgerichtet, der mächtige Granitfelsen des *El Capitan* ins Tal und spiegelt sich, gemeinsam mit Koniferen und Silbertannen, im Fluß. Unser Blick schweift weiter an der Nordwand des Tales entlang zum *Ribbon Fall,* dem ›Seidenband‹-Wasserfall, und den höchsten Fällen im Tal, den *Yosemite-Falls.* Allein der obere Teil des 800 Meter in die Tiefe donnernden Wasserfalls ist neunmal so hoch wie die Niagarafälle. Gegenüber den Yosemite-Falls beherrscht die Felsenkuppel des 2470 Meter hohen *Sentinel Dome* das Bild; von seinem Gipfel, auf dem die einsame, windgekrümmte Pinie ›Jeffrey‹ steht, haben wir eine eindrucksvolle Sicht ins gesamte Tal. Nicht minder faszinierend ist diese Sicht vom benachbarten *Glacier Point* (2199 m), auf den die meisten mit dem Bus von Yosemite Village über die südlich des Yosemite-Tals verlaufende Bergstraße Glacier Point Road hinaufgelangen. Vom Glacier Point führt dann ein Sechs-Kilometer-Wanderweg hinab ins Tal, durch Waldgebiete und über Lichtungen, mit Ausblicken auf den Bergkranz am Ende des Yosemite-Tales: den Yosemite Point (2115 m), North Dome (2299 m) und Half Dome (2695 m).

Den *Half Dome* wollen wir ersteigen. Der Aufstieg, erneut von Yosemite Village, führt zunächst durch einen dichten Wald mit Douglas-Tannen, Kiefern, Koniferen, Ahornbäumen, Silbertannen und den braunrindigen Libocedrus. In der enger werdenden Schlucht des Merced River, der hier grünlich-weiß über runde Steine sprudelt, gelangen wir an den Fuß des Felsens. Ein gut ausgebauter Wanderweg erneut durch Waldgebiet, der zwischendurch den Blick freigibt auf den südlich gegenüberliegenden Glacier Point, endet schließlich am nackten Granitfelsen des Half Dome. Seinem Namen gemäß schaut er wie eine längs durchschnittene Domkuppel oder ein halbierter Zuckerhut aus. Der Sierra Club hat auf den letzten 250 Metern zum Gipfel Sicherungen verankern lassen, die den Aufstieg auf dem Felsen erleichtern.

Ein grandioser Blick lohnt unseren Aufstieg. Einen Schritt vor uns fällt die Felswand 1000 Meter senkrecht in die Tiefe, in den dichtbewaldeten Gebirgskessel des Tenaya Canyon, aus dessen Mitte der kreisrunde, spiegelglatte Gletschersee des *Mirror Lake* zu uns heraufblinkt. Nach Süden hin entzükken uns die Nevada und Vernall Falls, wie sie, jenseits des Merced Canyon, über gigantische Felsentreppen in die Tiefe donnern, während im Talgrund des Merced Canyon sich Touristengruppen auf Mauleseln vom Yosemite-Tal zum Merced Lake bewegen. Von Nord- nach Südosten ragen gleich Domtürmen, weshalb die Bergkette auch Cathedral Range heißt, die Drei- und Viertausender schnee- und eisbedeckt in den Himmel. Unvergeßlich schließlich bleibt uns auch der Blick nach Westen in die grüne Talschlucht des Yosemite, in deren Mitte die im Westen stehende Sonne den Merced-Fluß aufstrahlen läßt.

Während John Muir die Ansicht vertrat, daß ein mächtiger Gletscher, der auch die Yosemite-Talschlucht schuf, die Nordhälfte des Half Dome abgeschliffen hätte, besteht der Geologe Josiah Whitney darauf, daß beim Vorgang der Exfoliation, der ›geologischen Abblätterung‹, nicht nur die heutigen Rundformen des Sentinel Dome und Half Dome entstanden seien, sondern daß dabei auch die Nordhälfte des Half Dome abbrach. Mehr noch, dieser halbe Berg hätte, von gewaltigen Eismassen mitgeschoben, die tiefe Schale des Yosemite-Tals geformt.

Nur wenige Kilometer nördlich vom westlichen Eingang zum Yosemite-Tal zweigt von der breiten Bundesstraße 120, die von San Franzisko zum Yosemite National Park hinaufführt, die *Tioga Road* ab. Sie ist die einzige Straße (im Winter ist sie geschlossen), die uns über den Gebirgsblock der Sierra und den 3030 Meter hohen *Tioga Pass* durch den Yosemite National Park auf die Ostseite der Sierra bringt, hinunter zum stadtgroßen, stillen *Mono Lake,* einem Paradies für Wasservögel. Zugleich führt uns die Tioga Road zu den noch vor dem Paß gelegenen, zauberhaften Hochalpenwiesen der *Tuolumne Meadows*. Wir wandern am Tuolumne-Fluß entlang durch die farbenfrohen ›Indian paintbrushes‹, bis wir den kristallklaren

Hetch-Hetchy-Stausee erreichen, in den der Tuolumne-Fluß einmündet. Er ist eines der Wasserreservoirs für San Franzisko. Am Weg liegen zünftige Rastlager, wie beispielsweise das Glen Aulin High Sierra Camp, die auf einen längeren Aufenthalt der Wanderer eingerichtet sind.

Im *Devil's Postpile National Monument,* das wir südlich des Yosemite National Park über die 120er und 395er Straße erreichen, stoßen wir inmitten herrlicher Wälder auf die seltsamen geologischen Formen der ›Devil's Postpiles‹, der ›Teufelspfähle‹. Zu Hunderten in einer 300 Meter langen Kolonnadenwand aneinandergereiht, ragen diese seltsamen, viereckigen, blaugrauen Basaltpfähle wie Dachbalken bis zu 20 Meter in die Höhe. Diese eigenartige Formation geht auf eine Lavamasse zurück, die vor nahezu einer Million Jahren hier erstarrte. Der Hochgebirgsweg des John Muir Trail, der sich vom Tuolumne-Fluß bis zum dreihundert Kilometer südlich gelegenen Mount Whitney und dem Sequoia National Park durch die unendliche Vielfalt der Sierra windet, führt an den ›Teufelspfählen‹ vorüber. Nur drei Kilometer von ihnen entfernt, stürzen die zwanzig Meter breiten Rainbow Falls vierzig Meter tief in einen grünlich schimmernden Teich. Mittags wölbt sich über ihnen ein zauberhafter Regenbogen, der ihnen den Namen gab. Der Abstieg in die pinien- und weidenbestandene Schlucht am Fuß der Wasserfälle lohnt sich.

Von den ›Teufelspfählen‹ gelangen wir hinunter an den Ostfuß der Sierra Nevada und, auf der 395er Bundesstraße, nach Süden, ins Wüstental *Owens Valley.* Jenseits des Tales steigt, beim Ort Bishop, eine Straße windungsreich hinauf in die wildreichen Urwälder der White Mountains und des *Inyo National Forest* mit seinen rund 900 Seen. Dort stoßen wir auf geisterhafte Bäume in der *Ancient Bristlecone Pine Area:* borstige, verwitterte, bis zu 4000 Jahre alte Föhren. Die Fahrt weiter hinauf zu den Drei- und Viertausendern der White Mountains eröffnet uns zurückblickend die Aussicht auf die gegenüberliegende, fast 3000 Meter steil abfallende Ostwand der Sierra Nevada, hinter der in Himmelshöhen das unvergeßliche Kronjuwel des Yosemite National Park liegt.

Der Kings Canyon National Park und der Sequoia National Park, die zusammenhängen, werden gern das ›Herz der Sierra Nevada‹ genannt. Denn hier erreicht sie ihre größte Höhe, die im 4418 Meter hohen Mount Whitney gipfelt. Ihr größtes Faszinosum sind die gewaltigen, rostroten, himmelhoch ragenden Mammutbäume der Sequoiadendron giganteum, von denen wir schon an der Nordküste im Humboldt Redwoods State Park berichtet haben. Hier sei dem Leser ihre eindrucksvolle Beschreibung von John Steinbeck in ›Meine Reise mit Charley‹ nicht vorenthalten:

»*Ich blieb zwei Tage bei den Leibern der Giganten. Es waren keine Touristen da und keine schnatternden Gruppen mit Kameras, und es herrschte eine Stille wie in einer Kathedrale. Vielleicht schluckt die dicke, weiche Rinde die Geräusche. Die Bäume steigen steil zum Zenit, es gibt keinen Horizont. Morgens bleibt es dämmrig, bis die Sonne hoch am Himmel steht. Dann färbt das farnartige Laub in der Höhe das Sonnenlicht grünlichgold und verteilt es in Balken, oder eher in Licht- und Schattenstreifen, nach unten. Wenn die Sonne den Zenit passiert hat, ist es Nachmittag und bald Abend, und die flüsternde Dämmerung zieht sich so lange hin wie der Morgen.*

Dadurch ändert sich die normale Tageseinteilung. Morgen- und Abenddämmerung sind für mich Ruhezeit, und hier unter den Mammutbäumen ist fast den ganzen Tag über Ruhezeit. Vögel huschen durchs Dämmerlicht oder blitzen wie Funken durch die Sonnenbalken und geben kaum einen Laut von sich. Der Boden ist eine Matratze aus Nadeln, die sich seit über zweitausend Jahren abgelagert haben. Auf dieser dicken Decke ist kein Schritt zu hören. Mich überkam ein fremdartiges, klösterliches Gefühl. Man vermeidet es zu sprechen, aus Furcht, etwas zu stören – aber was? Von meiner frühesten Kindheit an hatte ich gespürt, daß in diesen Wäldern etwas vor sich ging, an dem ich keinen Anteil habe. Ich hatte das Gefühl vergessen gehabt, aber es stellte sich bald wieder ein.

Nachts umgibt einen schwarze Finsternis – nur in der Höhe ist ein grauer Fleck und gelegentlich ein Stern. Und in der Schwärze ist ein Atmen, denn diese riesigen Wesen, die den Tag beherrschen und die

Nacht bewohnen, leben und sind gegenwärtig und fühlen vielleicht und besitzen irgendein Wahrnehmungsvermögen, kennen vielleicht eine Art Kommunikation. (Merkwürdig, daß das Wort ›Bäume‹ so gar nicht paßt.) Ich kann sie, ihre Macht und ihr Alter akzeptieren, denn ich wurde früh an sie gewöhnt. Menschen, die diese Erfahrung nicht haben, fühlen sich bald unwohl, als lauere eine Gefahr, als würden sie eingeschlossen, umzingelt, überwältigt. Es ist nicht nur die Größe der Mammutbäume, die sie ängstigt, sondern auch ihre Fremdartigkeit. Und warum nicht? Sie sind die letzten Überlebenden einer Gattung, die in einem Erdzeitalter, das so weit zurückliegt wie der obere Jura, in vier Kontinenten gedieh. Man fand Versteinerungen dieser Alten aus der Kreidezeit, und im Eozän und Miozän waren sie über England, Europa und Amerika verbreitet. Dann kamen die Gletscher, fällten die Titanen, so daß sie sich nicht mehr erholten. Und nur diese paar wenigen sind übriggeblieben, ein erstaunliches Zeugnis dafür, wie die Welt einmal war. Vielleicht werden wir nicht gern daran erinnert, daß wir noch sehr jung sind und unerfahren, in einer Welt, die schon sehr alt war, als wir in sie hineingesetzt wurden? Oder sträuben wir uns gegen die Gewißheit, daß eine lebendige Welt weiterbestehen wird, wenn wir sie einmal nicht mehr bewohnen?«

Der *Sequoia National Park*, gegründet 1890, war der erste der vier National-Parks in Kalifornien. 1940 wurde er um den nördlich angrenzenden *Kings Canyon National Park* erweitert. Die beiden Parks haben eine nordsüdliche Länge von rund 100 Kilometern und eine durchschnittliche Breite von 50 Kilometern. Doch nur ein sehr kleines Gebiet im Westen der National Parks ist befahrbar. Der größere östliche Teil hat Urwald- bzw. Urgebiet-Charakter.

Nahe der Hauptstraße, dem 25 Kilometer langen, 1934 fertiggestellten General Highway, der sich vom West- zum Südeingang durch den Sequoia National Park schlängelt – der Westeingang ist zugleich auch der Haupteingang zum Kings Canyon National Park –, liegen die beiden großen Haine der Sequoia-Giganten, der *General Grant Grove* (am Westeingang) und, weiter südlich, der *Giant Forest* (nahe dem Südeingang im Sequoia National Park).

Im General Grant Grove wächst der aus der Bronzezeit stammende ›General Grant Tree‹ mit fast 90 Metern Höhe und einem Umfang von 33 Metern an der Basis. Er ist so etwas wie ein ›Nation's Christmas Tree‹, vor dem allweihnachtlich eine vom Fernsehen ins ganze Land übertragene, stimmungsvolle Feier stattfindet. So zieht es verständlicherweise die meisten Amerikaner, die den National Park besuchen, zu diesem bekannten Baum hin. Ergreifender – im Sinne John Steinbecks – erfahren wir jedoch die Sequoia-Urwelt bei einer Wanderung im Schatten der hohen Bäume durch das acht Quadratkilometer große Gebiet des General Grant Grove oder im südöstlich anschließenden Gebiet der Redwood Mountains.

Die Straße von General Grant Grove nach Norden und dann weiter nach Osten führt uns zunächst durch offenes Land, vorüber an Abhängen voll von Beerensträuchern. Wir stoßen auf den wildschäumenden Kings River, den wir bei Boyden's Cave überqueren. Am Nordufer treten wir in die dichten Nadelwälder der Sierra ein und gelangen an eine der tiefsten Schluchten Amerikas, den *Kings Canyon.* Am felsigen Ufer des Kings River finden wir weiter flußaufwärts inmitten eines Zedern-Haines, des *Cedar Grove,* mehrere einladende, gut ausgestattete Campingplätze, auch für Autoreisende mit Wohnwagenanhänger. Sie sind von Juni bis Oktober geöffnet, doch ist die Aufenthaltszeit auf höchstens zwei Wochen begrenzt, denn die Nachfrage ist groß. Nach weiteren zehn Kilometern entlang des Flusses, vorüber an der Cedar Grove Ranger Station, endet die Straße bei Copper Creek, auch Roads End genannt, abrupt am Fuße mächtiger Granitfelsen. Eine Fülle von Wandermöglichkeiten eröffnet sich von hier aus bis weit in den gletscherreichen Norden des Kings Canyon National Park. Auf dem John Muir Trail gelangen wir bis in die Nordspitze des Parks und an den Fuß des von Deutsch-Amerikanern des Sierra Clubs benannten Mount Goethe (4047 m). Zum General Grant Grove zurückgekehrt, führt uns der General Highway zum Giant Forest.

Hier, im *Giant Forest,* begegnen uns die eindrucksvollsten Baumgruppen der Sequoia-Giganten. Der ›General Sherman

Tree‹ stand hier bereits, als Homer lebte. Er ist mehr als 3000 Jahre alt und 90 Meter hoch und zählt zu den ältesten und größten Pflanzen dieser Welt. Seine mächtigen Wurzeln greifen in einem Umkreis von 60 Metern tief in die Erde. Nahebei finden wir weitere ›Generals‹-Bäume, wie den General Pershing Tree oder den General Lee Tree. Sherman, Pershing und Lee waren Befehlshaber der siegreichen Unionstruppen im Amerikanischen Bürgerkrieg 1861-1865 unter Präsident Abraham Lincoln. So gibt es auch noch den Lincoln-Baum und die Kongreß-Baumgruppe. Ein Baum in der Nähe des Sherman Tree wurde vom Blitz getroffen und brannte aus; danach bildete er eine neue dicke Rinde um den verbrannten schwarzen Kern und lebte weiter.

Aber nicht nur die Sequoia-Bäume und die über tausend Arten von Bäumen, Büschen, Pflanzen und Blumen lohnen den Besuch des Sequoia National Park. Eine reiche Tierwelt tummelt sich, wie im Yosemite National Park, auch hier: Hochwild, Rotwild, Murmeltiere, Wildkatzen, Schwarzbären, Wölfe, Stinktiere sowie Einhörnchen. Hundertsiebzig Vogelarten nisten im Park, darunter Schwalben, Spechte, Finken, Stare, Pirole, Bartvögel, Kuckucks, Fasanen, Hopfe, Meisen, Häher, nicht zuletzt der Goldadler.

Vom Giant Forest lohnt eine Fahrt oder auch Wanderung zum drei Kilometer entfernt gelegenen Monolithfelsen des *Moro Rock*. Wer die 456 Stufen erklommen hat, dem wird ein herrlicher Blick zuteil auf die endlose Bergwelt der hohen Sierra Nevada und hinab in die grünblauen Waldschluchten und den nahezu 1300 Meter tief silbrig dahinfließenden Kaweah River. Nicht weit entfernt liegen auch die halbmondförmigen Hochgebirgswiesen der *Crescent Meadows* oder die Marmorhöhlen des *Crystal Cave*. All dies lohnt mindestens einen Tagesaufenthalt. Für den, der länger bleiben möchte, gibt es in beiden Parks Übernachtungsmöglichkeiten. Die vielbesprochene und oft abgebildete Autofahrt durch ein Tor am Fuß einer der Sequoia-Bäume gibt es seit 1917 nicht mehr; ein Sturm konnte den Baum damals wegen seiner mangelnden Grundfestigkeit brechen. Man schlug daraufhin in einen quergelegten Baumriesen ein Tor (Tunnel Log).

DIE WÜSTEN

Mehr als ein Fünftel Kaliforniens ist Wüste. Im Sommer erscheint sie unendlich und erschreckend. Doch nur wenige zarte Winter- oder Frühlingsschauer lassen sie zum Leben erwachen, in einigen Teilen sogar zu einem blühenden Zaubergarten. Da steht dann der Mensch staunend und beglückt vor diesem Wunder der Schöpfung.

Das weiträumige Dreieck der Südostecke Kaliforniens, mit einer Grenzlänge von 750 Kilometern, umfaßt drei Wüstengebiete: das Todestal, die Mojave-Wüste und die Colorado-Wüste.

Hier, wo die Berge nicht selten wie schwarze oder rötlichgraue Aschenhaufen in der Ferne stehen und eine gierige Sonne den rissigen Boden aussaugt, sind wir vom jüngsten erdgeschichtlichen Zeitalter, dem Neozoikum, umgeben, von rund 60 Millionen Jahren Erdgeschichte. Im Vergleich zu den 1,8 Milliarden Jahren, die Kalifornien alt ist, kann man hier wirklich von ›jung‹ sprechen.

Unzählige Touristen suchen alljährlich das geschichtsträchtige und geologisch besonders beeindruckende Death Valley auf. Das im Südteil der Mojave Desert gelegene Joshua Tree National Monument übt mit seinen skurrilen Joshua-Bäumen nicht weniger Anziehungskraft aus. Und unweit der Joshua-Bäume liegt Palm Springs, die weltbekannte Erholungsoase mit ihren gepflegten Golfplätzen und zahllosen Schwimmbecken inmitten weiter Dattelpalmhaine. Von Palm Springs gelangen wir in orangegelber Kabinengondel auf die schneebedeckten Dreitausender der San Jacintos Mountains. Südlich von Palm Springs dehnt sich die Colorado Desert mit den feinsandigen Algodone-Dünen und den wie bunt angemalt erscheinenden Wüstenbergen des Anza-Borrego Desert State

Park. Daß Wüste durch künstliche Bewässerung fruchtbar gemacht werden kann, dafür zeugen das im Südteil der Colorado-Wüste gelegene Coachella-Tal, das größte Dattel-Anbaugebiet von Nordamerika, und das Imperial-Tal, aus dem alljährlich das erste Gemüse und die ersten Früchte auf den Markt kommen.

Das Todestal

Das erste Morgengrauen taucht das weite Wüstental in fahlblaues Zwielicht. Langsam zunächst, dann immer schneller zieht die Sonne gleißend hell hinter den Bergen herauf. Von den Bergkämmen steigt sie schließlich herab ins Tal, bis sie es voll erfüllt und seine schillernden, herben Farben freigibt.

In Jahrtausenden haben sich diese Farben herausgebildet: das pastellene, helle Ocker der Panamint Mountains, das glänzende Tiefschwarz der Funeral und Black Mountains, das leuchtende Rot im Grau und das herbstliche Gelb der Grapevine Mountains. Vom Grund des Todestals schimmert das alte, abgestandene, faule Weiß der Salz-, Gips- und Boraxablagerungen herauf und das helle Gelb der Dünen.

Beim Blick von den Bergen ins Tal hat der Betrachter deshalb den widersprüchlichen Eindruck von Chaos und Schönheit, vom Walten der Urkräfte wie der Stille. Es ist ein Gefühl, als sei man Augenzeuge jenes Augenblicks nach dem ersten Kapitel der Genesis. Gewaltig und chaotisch wirken die nackten, kantigen, zerborstenen Felsengebirge der ältesten Felsformationen Kaliforniens, die westlich und östlich des Todestals bis zu 3500 Meter hoch aufsteigen, schön und still das von der Sonne ausgeglühte Tal mit seinen Sanddünen, die für die meisten Menschen die Wüste schlechthin bedeuten. Alles im Todestal nimmt gigantische Ausmaße an. Die selbstzerstörerische Verwitterung, ausgelöst vor allem durch die großen Temperaturunterschiede zwischen Tag und Nacht und weitergeführt vom zermahlenden Werk des Windes, vergrößert diese Ausmaße in einem fortwährenden Prozeß.

Jahrmillionen lang heulten Sandstürme durch das verwitternde Gesteinstal und höhlten es aus. Der tiefste Punkt des

Todestals – wie zugleich der gesamten westlichen Hemisphäre – liegt heute bei 94 Metern *unterhalb* des Meeresspiegels in Badwater Basin. Von hier aus gesehen erheben sich in kaum zehn Kilometern Luftlinie Entfernung die westlich das Todestal begrenzenden Panamint-Berge zu ihrem höchsten Punkt, dem 3366 Meter hohen *Telescope Peak*. Ausgeglühte Wüste hier, schnee- und eisbedeckte Gipfel dort: man kann sich kaum einen eindrucksvolleren Gegensatz denken, vergleichbar der Wüste bei Marrakesch im Kontrast zum schneebedeckten Atlasgebirge in Marokko.

Die Geologen bezeichnen das Todestal als einen ›Graben‹. Tatsächlich bildet es einen vom Ubehebe-Krater im Norden bis zur Saratoga-Süßwasserquelle im Süden sich hinziehenden, 160 Kilometer langen und 10 bis 20 Kilometer breiten Trog. Vor fast zwei Millionen Jahren entstand er durch geologische Faltung. Während sich die heutigen Berge westlich und östlich erhoben, brach in der Mitte die Erde zu einem Riesengraben ein. Viel, viel später, vor rund 30000 Jahren, erlebte das Todestal sogar eine Eiszeit. Nach dem Schmelzen des Eises bildete sich ein 130 Kilometer langer See, dessen Wasserspiegel während der folgenden Jahrtausende mit ansteigender Temperatur langsam abfiel und schließlich austrocknete. Im Südteil, bei Shoreline Butte, kann man den abfallenden Wasserstand des ehemaligen Sees noch heute am Felsen ablesen.

Wir betreten das Death Valley vom Westen her. Von San Franzisko oder Los Angeles kommend, gelangen wir zunächst auf die am Ostfuß der Sierra Nevada entlang laufende Bundesstraße 395. Von dieser zweigen zwei Straßen zum Westgebirge des Todestals ab: die Straße 178 über Chinalake (mit guter Übernachtungsmöglichkeit), und die gut ausgebaute Straße 190, die über den Towne-Paß (1511 m) im Westgebirge hinunterführt ins Todestal und dann im Ostgebirge hinauf bis zum Travertine Point Paß (1010 m) mit Anschluß auf der 95er Bundesstraße nach Las Vegas.

Bevorzugte Hauptreisezeit ist Mitte Oktober bis Anfang Mai. In dieser Zeit werden von San Franzisko und Los Angeles aus Fahrten organisiert; die ›Wanderlust Death Valley

Tours‹ und die ›Grey-Lines‹ haben sich darauf spezialisiert. Im Tal gibt es nur zwei Hotels: das Furnace Creek Inn, umgeben von Dattelbäumen, Tennisplätzen, einem Golfplatz und einem Swimmingpool, auch mit einer Start- und Landebahn für Privatflugzeuge, sowie das Stove Pipe Wells Hotel mit dem besten Trinkwasser im Tal und den nahegelegenen Sanddünen. Rechtzeitige Hotelbuchungen sind notwendig. Die Tagestemperaturen im Tal liegen zwischen Oktober und Mai bei 23-30 Grad Celsius im Schatten, im Sommer durchschnittlich bei 37 Grad; am 22.Juli 1972 wurden 53 Grad gemessen und an einem Sommertag 1913 60 Grad, immer im Schatten. Selbstverständlich ist der Boden an Sommertagen glühend heiß; die Straßendecke hat dann nicht selten 80 Grad Celsius zur Mittagszeit. Die Panamint-Indianer nannten das Tal deshalb ursprünglich ›Tomesha‹, das heißt ›Brennender Boden‹. Als die erste Durchquerung eines Trecks weißer Siedler viele Opfer forderte – wovon später ausführlich die Rede sein wird –, erhielt es seinen heutigen Namen.

Das am 11.Februar 1933 zum *Death Valley National Monument* erklärte Gebiet hat zwei Westzugänge: den bereits erwähnten Towne-Paß in den Panamint-Bergen sowie einen Eingang nahe der in 1200 Meter Höhe gelegenen ›Wildrose Ranger Station‹. Wir starten hier, nicht ohne uns mit wertvollen ›Hot Weather Hints‹, Hinweisen für heiße Tage im Tal, eingedeckt zu haben. Von der Wildrose Station führt eine nicht ausgebaute Straße weiter hinauf in die Berge nach *Mahogany Flat*. Nahe dem waldreichen Gebiet entdecken wir die 1870 von chinesischen Arbeitern aus Stein und Kalk erbauten, zehn Meter hohen Holzkohleöfen, die ausschauen wie überdimensionale steinerne Bienenkörbe. Besitzer von Schmelzöfen an der kalifornischen Küste beschäftigten hier einst Panamint-Indianer, die die Holzkohleöfen betrieben. Mahogany Flat ist für die meisten der Ausgangspunkt zum Aufstieg auf den höchsten Berg im Death Valley National Monument: den *Telescope Peak*. Der Weg führt uns durch Latschenkiefernhaine vorüber an Mahagoni-Bäumen, die der Hochebene den Namen gaben, Rocky-Mountains-Ahornbäumen und Bristlecone-Kiefern – es sind borstenartige, kalifornische Grannen-Kiefern, die bis zu 4900 Jahren alt werden können –, bevor wir jenseits der Baumgrenze über schnee- und eisbe- deckte Gebiete der Bergspitze zustreben. Es wäre nicht er- staunlich, wenn wir auf diesem Wege plötzlich wilde Maul- esel entdeckten, von denen es noch etliche in den Panamint- Bergen gibt. Wahrscheinlich sind sie die Nachfahren jener bekannten Maulesel, die einst im Todestal die mächtigen Bo- rax-Wagen zogen, von denen noch die Rede sein wird, und die man frei laufen ließ, als die Borax-Ausbeute vorüber war. Auch lebt noch heute in den Bergen, aber selten sichtbar, das mächtige, wilde Bighorn-Wüstenschaf.

Ebenfalls von der Wildrose Station erreicht man auf der Straße nach Norden – zunächst gute Asphaltstraße, dann der Nebenweg Schotterstraße – den herrlichsten Aussichtspunkt ins unter uns liegende Todestal: *Aguereberry Point.* Die glän- zend schwarzen Felsen im Vordergrund, die schneeweiß her- aufleuchtenden Sanddünen im Tal, das bunte Farbenspiel des gegenüberliegenden Bergzugs der Grapevine-, Funeral- und Black-Mountains und schließlich die im Tal zitternde heiße Luft über dem Badwater-See vermitteln dem Betrachter von seinem Aussichtspunkt in 2000 Meter Höhe einen unvergeßli- chen Eindruck. Das empfand auch ein baskischer Minenarbei- ter, der im nahegelegenen Goldgräberort Skidoo gearbeitet und diesen Punkt entdeckt hatte. 1920 baute er eigenhändig die durch das kahle Felsengebirge führende, drei Kilometer lange Schotterstraße aus, damit auch andere diesen herrlichen Blick genießen können. Der Aussichtspunkt wurde nach ihm, Pete Aguereberry, benannt.

Wir fahren langsam ins Tal hinunter, zunächst zur *Emigrant Spring,* der Einwanderer-Quelle. Sie versorgte schon die Pana- mint-Indianer, dann die Goldgräber und heute das im Tal gelegene Stove Pipe Wells Hotel mit ihrem frischen Quell- wasser. In breiten Serpentinen führt die Straße weiter zum *Emigrant Wash,* jenem Punkt, der alle Kalifornier an die ver- traute, unselige Geschichte des Brier-Trecks erinnert.

Im Oktober 1849 brach bei Provo im Staate Utah eine Gruppe von 250 Menschen auf: Männer, Frauen, Kinder, 80 Planwagen und 1000 Stück Vieh. Ihr Ziel war Kalifornien.

Die Gruppe hatte sich nach den bitteren Erfahrungen des
Donner-Trecks entschieden, den Weg nicht über die Sierra
Nevada zu nehmen. Sie wählte den um vieles längeren, aber
dafür bekannteren Südweg durch die Mojave-Wüste, über
den alten ›Spanish Trail‹.

Unterwegs jedoch sonderte sich eine große Gruppe ab. Sie
hatte sich nun doch entschlossen, den kürzeren Weg zu wählen: den Weg durch das damals noch unbekannte Todestal. In
einer engen, farbigen Felsenschlucht der Funeral Mountains
bewegte sie sich hinab ins Tal. Dort empfing sie am Weih-
nachtstag 1849 eine für diese Zeit ungewöhnliche Hitze. Nur
langsam kam die Gruppe voran. Die Zugtiere, nach einigen
Tagen nach Wasser lechzend, konnten die Planwagen nicht
mehr ziehen. Die 85 Menschen, die nun ihren Weg zu Fuß
fortsetzen mußten, teilten sich in zwei Gruppen: in den Brier-
Treck, dem sich meist Ältere anschlossen, und den Manly-
Bennet-Treck der jüngeren ›Jayhawkers‹, der ›Traumfalken‹,
wie man sie nannte. Jeder kämpfte um sein Leben. Zum Um-
kehren war es zu spät. Bald taumelten die Menschen nur noch
über die salzverkrustete, lehmgraue Talsohle. Heißer Wind
blies ihnen den Wüstensand ins Gesicht. Die Zungen schwol-
len und die Lippen platzten, als der Wasservorrat zu Ende
ging. Die ersten der älteren Leute starben. Eine kleine, zarte,
tapfere Frau, Mrs. Juliet Brier, Ehefrau des Kaplans John W.
Brier und Mutter von drei kleinen Kindern, riß die kleine
Gruppe immer wieder empor. Während sie eines Nachts zu
Gott betete, stieß der nach einer Quelle suchende Kaplan auf
Panamint-Indianer. Sie führten die Verdurstenden zum Wasser. Auf die jenseitigen Höhen der Panamint-Berge hinaufge-
leitet, konnte sich der Brier-Treck dann am Emigrant Wash
endlich in Sicherheit fühlen.

Auch einige ›Traumfalken‹ mußten sterben. Der Manly-
Bennet-Treck hatte weiter südlich das Tal zu überqueren versucht. Als die Gruppe dabei auf eine kleine Quelle stieß, blieb
der Großteil dort, und ein kleiner Trupp wurde vorausge-
schickt, um Hilfe zu holen. Nach vierzehn Tagen erreichte er
die jenseits der westlichen Bergkette des Todestals nahe am
Fuß der Sierra Nevada gelegene Ranch San Francisquito. Die

erschöpften Jungen erholten sich dort vier Tage. Von der Ranch reichlich mit Früchten versorgt, kehrten sie den langen Weg zu den Freunden zurück, die inzwischen die Hoffnung auf Hilfe aufgegeben hatten. William Manly hat in seinem Buch ›Death Valley in '49‹ diese grauenvollen Erlebnisse geschildert. An einer Stelle heißt es: »Es scheint das gottverlassenste Stück dieser Welt zu sein. Einer der Kameraden sagte, er wüßte, dies sei des Schöpfers Abfallgrube, in der er das wertlose Zeug nach der Schöpfung hinterlassen habe, das der Teufel noch ein bißchen zusammengeharkt hat.«

Kein Wunder, daß das Tal voll ist mit Todes- und Teufelsnamen: Coffin Canyon (Sarg-Schlucht), Arsenic Spring (Arsen-Quelle), Desolation Canyon (Trostlose Schlucht), Lost Wagons (Verlorene Wagen), Poison Spring (Gift-Quelle), Rattlesnake Gulch (Klapperschlangen-Schlucht), Last Chance Range (Gebirge der letzten Rettung), Suicide Pass (Selbstmord-Paß), Devil's Golf Course (Teufels Golfplatz), Dante's View (Dantes [Höllen-]Blick), Hell's Gate (Höllentor). Doch dies ist nur die eine Sichtweise. Eine andere zeigt, daß es nicht nur ›wertloses Zeug‹ war, was der Teufel hier zusammengeharkt hatte.

Schon 1863 war Charles Breyfogle in den Panamint-Bergen auf eine reiche Goldmine gestoßen, mußte aber vor den Indianern fliehen. Mit Freunden zurückgekehrt, fand er den Ort nicht mehr wieder. Erfolgreich kratzten von 1904 an die Goldsucher in Rhyolite, im Ostgebirge des Tals, das kostbare Metall aus den Minen. Sie waren so ergiebig, daß der Ort in nur zwei Jahren auf 10000 Bewohner anschwoll. Ein Stromnetz, ein Telefonsystem, viele Kirchen und sogar ein Bahnhof wurden angelegt. Aber auch Rhyolite ereilte ab 1911 das Schicksal, eine Geisterstadt zu werden. Nicht anders erging es der Goldgräberstadt Skidoo in den Westbergen. Skidoo erlebte den Höhepunkt seiner Goldrauschzeit um 1906, als hier Gold im Wert von rund drei Millionen Dollar gefördert wurde.

Bereits ein Vierteljahrhundert zuvor, im Jahr 1880, hatte ein junges Paar, Aaron Winters und seine Frau Rosie, große Borax-Lager im Talgrund entdeckt. Das Ehepaar war mit diesem Mineral durch die Verwendung in seiner Töpferei bestens vertraut. Da das borsaure Natrium aber nicht nur zum Glasieren und Emaillieren von Steingut dient, sondern auch vielseitig in der chemischen Industrie, etwa als Zusatz bei Wasch- und Bleichmitteln, oder bei der Seifenherstellung verwendet wird, kam die Entdeckung einer Goldgrube gleich. Bald rollten die von zwanzig Maultieren gezogenen, fünf Meter langen Borax-Wagen – jeder von ihnen konnte über zehn Tonnen befördern – mit ihren großen Rädern aus dem Todestal hinaus und zur zweihundert Kilometer entfernten Eisenbahnstation in der Mojave-Wüste. Von den Harmony Borax Works, die im Zentrum des Tals drei Kilometer nördlich der Furnace Creek Ranch das Mineral aufbereiteten, ist außer den Mauern und einigen riesigen, unförmigen Kochern nichts erhalten geblieben. Im Museum der Furnace Creek Ranch aber sind einige der mächtigen Borax-Wagen ausgestellt, und nahebei auf den brettebenen Feldern haben chinesische Arbeiter Boraxhaufen zurückgelassen, die, in langen Reihen ausgerichtet, zusammengeharkten Heuhaufen gleichen.

Heute ist der Tourismus der Reichtum des Todestals. Zehntausende von Reisenden strömen alljährlich hierher, überwiegend natürlich zur Winterszeit, wenn hier das angenehmste Sommerwetter herrscht. Zu den beliebtesten Ausflugszielen gehört das seltsame *Scotty's Castle* im äußersten Norden. Beginnen wir also damit. 1902 kam ein gewisser Walter P. Scott hierher, der zuvor bei der weltbekannten Buffalo Bill's Wild West Show mitgewirkt hatte, und suchte, was konnte es auch anderes sein, nach Gold. Einige meinten, er sei in den Ostbergen heimlich auf eine reiche Goldmine gestoßen. Andere sahen diese ›Goldmine‹ eher in einem Chicagoer Multimillionär namens Albert M. Johnson, der Scottys Freund wurde, weil dieser ihm das Leben gerettet hatte. Zusammen jedenfalls bauten sie in den zwanziger Jahren für zwei Millionen Dollar buchstäblich ein Schloß in der Wüste: Scotty's Castle. Es ist eine am Westfuß der Grapevine Mountains, im andalusischen Stil erbaute, in dieser Umgebung reichlich verrückt wirkende Anlage mit verschachtelten Bau-

trakten und romantischen Türmchen, im Inneren mit Ka-
cheln ausgelegt, die aus Spanien und Italien importiert sind. In
der kirchenschiffhohen Haupthalle, die von einer ›Wasser-
wand‹ gekühlt wird, während die anderen Wände mit kostbaren Wandteppichen geschmückt sind, hängt ein schmiedeei-
serner Kronleuchter aus Deutschland von der fast zwanzig
Meter hohen Decke, überdimensional, als käme er direkt vom
Hofbräuhaus. Johnson und Scotty genossen das Schloß mit
ihren zahllosen Filmstar-Freunden, die gern von Hollywood
herüberkamen, in vollen Zügen. 1948 starb Johnson, 1954
Scotty. Seitdem gehört Scotty's Castle der Gospel Foundation und den Touristen.

Vom Schloß führt die Weststraße durch eine mondähnliche
Landschaft zum unweit gelegenen, fast 200 Meter tiefen *Ubehebe-Krater.* In dem vulkanischen Gebiet entstand der in Rot
und Orange leuchtende Krater vor rund eintausend Jahren
und wurde von den Indianern wegen seiner Form ›Ubehebe‹,
das heißt Korb, genannt. Eine weniger gut ausgebaute Straße
führt weiter nach Südwesten zum 1000 Meter hoch gelegenen
Racetrack, der ›Rennbahn‹. Es ist ein ausgetrockneter See, der
so genannt wird, weil auf seinem Grund rätselhafterweise
Steine, sogar schwere Steine, scheinbar ›von selbst‹ in Bewegung geraten. Das Phänomen ist jedoch schnell erklärt, wenn
man bedenkt, daß der Grund durch leichte Novemberregen
glitschig wird und die Winde, die sich in der Mulde fangen,
den glatten Steinen ›Beine machen‹.

Die Hauptstraße von Scotty's Castle nach Süden führt am
Titus Canyon vorbei. Vom Tal her ist die Schlucht nicht befahrbar. Wir müssen erst hinauf nach Rhyolite und können
von dort dann die beeindruckend vielfarbige, enge Schlucht
zum Tal hinabfahren. Nahezu in der Mitte des Tals liegt die
große Straßenkreuzung der Nord-Süd- und Ost-West-Achse.
Die Straße nach Westen bringt uns zum Stove Pipe Wells
Hotel. Ein Einwanderertreck hatte die Stelle mit einem Ofen-
rohr markiert, wonach sie ihren Namen ›Stove Pipe‹ erhielt.
Die Attraktion von Stove Pipe, gleichermaßen für jung und
alt, sind die nahegelegenen, zwölf Kilometer langen Sanddünen, über die man wandern oder aber auch mit kleinen

sand-scooties fahren kann. Es sind jene Sanddünen, über die einst der 49er Treck taumelte, um die Westhänge der Panamint-Berge zu erreichen. Wir kehren zur Nord-Süd-Straße zurück.

Südlich von Furnace Creek gabelt sich die Straße in die weiter nach Süden führende Talstraße und die südöstlich zwischen den grauschwarzen *Funeral Mountains* und den südlich anschließenden, tiefschwarzen *Black Mountains* hinaufsteigende 190er Road. Der in der Gabelung auf einem Bergausläufer liegende *Zabriskie Point* wird wegen seiner schönen Aussicht weit nach Norden ins Todestal hinein gern aufgesucht. Das eindrucksvollste Panorama aber bietet von den Ostbergen *Dante's View,* wenn wir der 190er Straße noch etwas weiter folgen, vorüber an milchig-grünen, rehfarbenen und rosa Felsformationen und dann durch das Greenwater Valley nach Westen abbiegen, und bis zum 1700 Meter steil abfallenden Felsrand hinauffahren.

Im Hochsommer scheint der Blick in das vor Hitze zitternde Todestal tatsächlich dem in Dantes ›Göttlicher Komödie‹ beschriebenen Blick in die Vorhölle zu gleichen. Hier sieht der Betrachter zugleich den tiefsten und höchsten Punkt in den USA: den ›Badwater-See‹, der mit seinem ausgelaugten, rissigen Boden 86 Meter unterhalb des Meeresspiegels liegt, und den hinter den Panamint Mountains über 4400 Meter aufragenden, von ewigem Schnee und Eis bedeckten Mount Whitney der Sierra Nevada. Etwas nördlich liegt *Devil's Golf Course,* ›des Teufels Golfplatz‹, ein verkrustetes, grauschwarzes Salzbett mit Tausenden von Löchern, das ein einstiger Salzsee hier zurückließ. Während auf des Teufels Golfplatz jegliches Leben fehlt, entdecken wir im Winter am Badwater-Basin mitunter die Blaue Sumpfblume, die wegen ihrer Formen so benannten, seltsamen ›Zigarren‹-Pflanzen, und ›Papiertüten‹-Büsche in den Bergen, Klapper-Unkraut, Wüsten-Salbei, grünes Kreuzot, das gelbe Panamint-Gänseblümchen – zu Recht verrät kein Ranger, wo es steht – oder die zarte Kieselgeistblume mit ihren hellgelben kleinen Blüten. 650 Pflanzenarten soll es im Todestal geben und Saatkörner, die, nach vielen Jahren und einem zufälligen Sprühregen, plötzlich aufblühen. An Tieren leben hier, außen den bereits genannten, Antilopen, Erd-Eichhörnchen, die hochbeinige Wüstenmaus und, seltener, Wüstenfuchs und Wüstenwolf. Über Tal und Berge schweben der Wüstenfalke, der kleine Kolibri und der noch kleinere Zaunkönig. Sogar Fische finden wir an der Südspitze des Tals in den beiden Quellseen *Saratoga Springs* und *Salt Springs,* den letzten Überresten des einstigen Todestal-Sees. Es sind vor allem die Zwei-Zentimeter-Todestalfische, die von diluvialen Vorfahren abstammen und wohl noch existieren werden, wenn es keine Menschen mehr auf Erden gibt.

Vielleicht ist es dies, das uns am Todestal so sehr fesselt: Leben und Schöpfung wird uns selten anderswo so dicht erfahrbar, tritt uns selten so eindrucksvoll und nachhaltig vor Augen wie hier in der Wüste. Gingen deshalb die großen Religionen aus Wüsten hervor?

Die Mojave-Wüste

Den gesamten Südosten Kaliforniens bedecken zwei Wüsten: die Mojave-Wüste (sprich: Mohave) und, südlich anschließend, die Colorado-Wüste. Die riesige, überwiegend granitene Hochebene der Mojave-Wüste (Mojave Desert), allein nahezu ein Fünftel der Fläche Kaliforniens, gilt gemeinsam mit dem Todestal als die heißeste Region der USA. 45 Grad im Schatten sind im Sommer hier keine Seltenheit. Nach einem Indianerstamm benannt, hat sie mit ihren Granitgeröll-, Borax- und Salzfeldern, ihren eingeschnittenen Flußbetten und ausgetrockneten Seen – einst war die Mojave-Wüste mit zahllosen warmen Frischwasserseen bedeckt, in deren Umgebung eine subtropische Vegetation herrschte –, niedrigen Vulkanhügeln, kilometerlangen Sanddünen und verwitterten Kalkbergen eine durchschnittliche Höhe von 600 Metern. Nackte, zum Teil bunte tertiäre Felsgebirge durchziehen, im Osten verdichtet, die Wüste in vorwiegend nordsüdlicher Richtung mit Höhen zwischen 500 und 1700 Metern. Begrenzt wird sie im Westen durch die Tehachapi-Berge, die das Zentraltal im Südosten abschließen, und, im Süden, durch die Kette der San-Gabriel- und San-Bernardino-Berge. Letzteren

schließen sich im Osten das Joshua Tree National Monument
an, das einen Besuch lohnt und im kommenden Abschnitt
gesondert behandelt wird, und der Colorado Aqueduct. Im
Norden endet sie beim Todestal und im Osten an der Grenze
von Kalifornien und Nevada.

Viele Pioniere zogen einst mit ihren Planwagen und Zug-
ochsen über die staubigen, steinigen, endlosen Weiten der
Mojave-Wüste. Oft wurde sie zum Grab, wenn der glühend-
heiße Wüstenwind ›Santana‹ aufkam und der Sandsturm die
Sicht versperrte. John Steinbeck schrieb: *»Die Mojave ist eine
große und erschreckende Wüste. Man könnte meinen, die Natur
erprobe die Ausdauer und Beharrlichkeit eines Menschen, ehe sie ihn
für gut befindet, ihn nach Kalifornien zu lassen. Die trockene,
flimmernde Hitze erzeugt Visionen von Wasser auf der flachen
Ebene, und selbst wenn man rasch fährt, weichen die Berge, die die
Wüste begrenzen, vor einem zurück.«*

Die bequeme, breite Interstate 15, Hauptverbindungsstraße
zwischen Los Angeles und Las Vegas, führt heute von Süd-
west nach Nordost mitten durch dieses Gebiet. An ihr liegt in
der Mitte der Wüste ihr zweitgrößter Ort, Barstow. Ihr größter ist Lancaster im Antilopental. Ebenfalls dem inzwischen
fruchtbaren Südteil gehören die Orte Victorville und Apple
Valley an. Klimatisch die beste Zeit für einen Besuch sind die
Monate von Ende Februar bis Mitte Mai. Danach bricht die
Backofenhitze des Sommers mit Gewalt über Berg und Tal
herein und läßt sie mittags im erbarmungslosen Sonnenlicht
glänzen. Nur die Nächte sind dann noch kühl.

Der einzige größere Fluß, der dieses Gebiet teilweise durch-
zieht, ist der Mojave River. Er entspringt in den San-Bernardino-Bergen und wendet sich in einer großen Schleife zuerst
nach Norden und dann Nordosten. Seine Ufer sind im Süden
mit Mesquite- und Yucca-Bäumen und grünen Wüstenwei-
den bewachsen. Nördlich von Devil's Playground, weit im
Nordosten der Wüste, versickert der Fluß schließlich im
Trockensee des Soda Lake.

Nach dem bisher Gesagten bestünde nur für enthusiastische
Wüstenforscher eine Veranlassung, die Mojave-Wüste aufzusuchen, gäbe es nicht zwei Gründe, einen geschichtlichen und

einen botanischen, die sie alljährlich für Zehntausende anziehend machen.

Will man noch heute eine unmittelbare Vorstellung von der
Faszination des ›Old West‹ erhalten, so vermittelt sie die von
vielen Western-Filmen vertraute landschaftliche Kulisse um
Victorville ebenso wie die alten Gold- und Silberminen nahe
den Orten Mojave, Randsburg, Baker oder Calico bei Barstow. Das Western-Bild wird abgerundet durch die Ranches
im Apfel-Tal (Apple Valley) mit Pferdestallungen und Feuer-
stellen im Cowboystil.

Weil die Mojave-Wüste zu den trockensten Gebieten der
Erde gehört, wirkt es stets wie ein unerwartetes Naturereignis, wenn sie sich im Frühling nach geringstem winterlichen
Niederschlag schier über Nacht in einen zauberhaften Blütenteppich verwandelt. Kaum haben Rundfunk und Fernsehen
dies gemeldet, strömen die Menschen aus den Großstädten
herbei, um die dicht bei dicht stehenden, fast stengellosen
Blüten in Rosa, Gelb und Weiß, die Kakteenblüte, die Joshua-
bäume mit ihren leuchtend weißen Dolden und die Millionen
orangefarbener Mariposablumen zu bewundern.

Von Los Angeles kommend, soll uns eine Rundfahrt den
südlichen Teil der Mojave-Wüste erschließen. Auf dem 14er
Highway überqueren wir die dicht bewaldeten San-Gabriel-
Berge, erreichen auf ihrer Nordseite den Soledad-Paß und
gelangen hinunter in die Mojave-Wüste, zunächst in das flache, fruchtbare *Antilopental*. Zwischen dem Paß mit seinen
dunklen vulkanischen Felsen und dem am Bergfuß gelegenen
Ort Soledad verläuft nah am Nordfuß des Gebirges die hier
bereits vielfach erwähnte *San-Andreas-Erdfalte*. Sie reicht bis
San Franzisko und ist die Ursache vieler Erdbeben in Kalifornien. Bereits vom Paß aus können wir sie deutlich erkennen;
hier liegt eine Frischwasseroase an ihr, die Soledad mit Trinkwasser versorgt.

Künstliche Bewässerung verwandelte das einst trockene
Antelope Valley in ein Klee- und Obstgebiet. So überrascht
die ursprünglich alluviale Wüstenlandschaft den Besucher
durch ihren lieblich-ländlichen Charakter. In weiten Teilen
erinnern nur noch Yucca-Bäume daran, daß wir uns bereits in

der Wüste befinden. Eine prächtige Ansammlung von Yucca-Bäumen können wir im Saddleback Butte State Park bewundern, den wir auf der kurz vor Lancaster ostwärts abzweigenden Avenue J erreichen.

Lancaster mit heute 36000 Einwohnern entfaltete sich seit 1966 zum größten Ort der Mojave-Wüste. Sein plötzliches Wachstum verdankt es dem Umstand, daß sich hier zur ökologischen Entlastung von Los Angeles mehrere Industriezweige niederließen. Die Industrie ist jedoch schnell vergessen, wenn sich alljährlich im Frühling das schon beschriebene Blütenmeer rings um die Stadt ausbreitet. Auf dem Highway 14 ist *Rosamond* der nächste, am Fuße der Rosamond-Berge gelegene Ort, noch bis nach dem Zweiten Weltkrieg ein bekanntes Goldbergwerkstädtchen. Die große Senke östlich der Straße, der Rosamond Dry Lake, füllte einst ein Frischwassersee. Von Rosamond gelangen wir auf einer Nebenstraße nach Westen zur Tropico Gold Mine mit Goldcamp; sie kann an Wochenenden und Feiertagen besichtigt werden. Die dann nach Norden abbiegende Straße bringt uns zur Golden Queen Mine am Fuße der rhyolitischen Soledad-Berge. Auch diese Mine stellte erst in den sechziger Jahren ihre Produktion ein.

Mojave, 20 Kilometer nördlich von Rosamond, ist die Pforte zur Mojave-Wüste, wenn man vom Zentraltal über die Tehachapi-Berge kommt. Hier wurde einst das Borax verarbeitet, das die schon erwähnten Maultiergespanne aus dem Todestal herbrachten. Heute fließt in der Nähe des Ortes, mitten durch die Wüste und eindrucksvoll im offenen Zementkanal, das tiefblau schimmernde Band des Los Angeles Aqueduct. Das Wasser gelangt vom Ostfuß der Sierra Nevada, vom Owens-See, über die 373 Kilometer lange Wasserleitung durch den gesamten Westteil der Wüste bis ins Fernando-Tal, den ›Einkaufskorb von Los Angeles‹. Aber auch das Antilopen-Tal ist sein Nutznießer.

Wir verlassen nun den 14er Highway – der nach Nordosten in Richtung Todestal über den ehemaligen Gold- und Silberbergwerksort *Randsburg* verläuft, der heute unter anderem von der Salzgewinnung aus dem nahegelegenen Koehn-

Trockensee lebt – und wenden uns nach Osten. Die 58er Bundesstraße führt über das unwirtliche, steinige Wüstenplateau zunächst nach *Boron,* wo heute die großen Boraxlager abgebaut werden, und weiter ins Zentrum der Wüste, nach *Barstow.* An diesem Verkehrsknotenpunkt stößt sie auf die verkehrsreiche Interstate 15 und die nach Osten gerichtete, die Grenze von Arizona überquerende Interstate 40. Von 1881 bis 1896 war auch Barstow ein sehr bekannter Bergwerksort. Im Dana-Stadtpark von Barstow bietet das Mojave Valley Museum eine gute Einführung in die Bergwerksgeschichte der gesamten Mojave-Wüste und eine Übersicht ihres Blumenreichtums. Nahe Barstow, in den nordöstlich gelegenen, farbigen Calico-Bergen, fand man einst viel Silber. Walter Knott von Knott's Berry Farm in Los Angeles-Anaheim baute die ehemalige Silberstadt *Calico* wieder zu einer perfekten ›Geisterstadt von Old West‹ auf, mit Saloons, Hotels, der alten Calico-Odessa-Dampfeisenbahn, Banken, dem Schulhaus und nicht zuletzt der einst berühmten Maggie-Silbermine. Seit 1920 ist Barstow ein wichtiger Umschlagplatz der Santa-Fe-Eisenbahn. Melonen, Pfirsiche und Klee aus den vom Mojave-Fluß künstlich bewässerten Tälern der Umgebung werden hier verladen. Südlich von Barstow vergnügt sich indessen die Jugend auf den Sanddünen mit flitzenden ›dune buggies‹, lustigen kleinen dreiräderigen Dünenjeeps.

Ein weniger fröhliches Bild bietet sich hingegen dem Betrachter östlich von Barstow, bei *Daggett,* wo die härteste amerikanische Elitetruppe, die US Mariner, ihre Übungen in der Wüste abhält. Die Mojave-Wüste ist überhaupt voll von militärischen Übungs- und Ausbildungsplätzen. In der Nähe des bereits obengenannten Boron liegen das Edwards Flight Test Center und eine Air Force Base, von denen aus in nicht zugänglichen Wüstengebieten die Fliegertruppe die Zielgenauigkeit ihrer Bomber übt. Im Norden der Wüste schließlich, bei Chinalake, ist die US Naval Ordonnance stationiert; während des Zweiten Weltkriegs befand sich hier auch ein Gefangenenlager für Japaner. Doch zurück nach Barstow.

Im Süden, am Fuß der San-Bernardino-Berge, wurde, wie im Antilopen-Tal, durch künstliche Bewässerung ein weiteres, sehr fruchtbares Gebiet geschaffen. Sein Zentrum ist das am Mojave-Fluß gelegene *Victorville.* Der Ort und seine Umgebung, noch heute streckenweise eine Bilderbuchlandschaft des ›Wilden Westens‹, gaben jahrzehntelang für Hollywood-Western mit Stars wie John Wayne den Hintergrund ab. Die Altstadt von Victorville hat noch viel von ihrer ursprünglichen Atmosphäre bewahren können. Obstplantagen umgeben den Ort und ausgedehnte Kleefelder neben großen Vieh-, Hühner- und Truthahnfarmen. Die nahegelegenen Bergwerke in den San-Bernardino-Bergen geben vielen Einwohnern Arbeit.

Nur wenige Kilometer südöstlich von Victorville, rund um den Ort *Apple Valley,* entstand in den vergangenen Jahrzehnten ein beliebtes Erholungsgebiet mit Golfplätzen, Ranches, Reit- und Segelflugmöglichkeiten. Abendlicher Treffpunkt ist nicht selten das ›Apple Valley Inn‹ mitten im Ort. Beliebte Ausflüge führen von Apple Valley ins Lucerne-Tal mit seinen seltsamen Felsformationen der ›Hercules Fingers‹ oder zum Mojave Narrow Park, einem Naturschutzgebiet.

Die Interstate 15 bringt die Erholungsuchenden an heißen Sommertagen hinauf in die kühlen Tannen-, Fichten- und Zedernwälder wie auch zu den Seen des San Bernardino National Forest. Sie führt über den *Cajon*-Paß (1288 m), einen Sattel zwischen den östlich gelegenen San-Bernardino-Bergen und den westlichen San-Gabriel-Bergen. Geologisch ist der Paß ein Teil der bereits erwähnten San-Andreas-Erdfalte. Von der Anhöhe des Cajon-Passes genießen wir noch einmal einen herrlichen Ausblick weit hinein in die Mojave-Wüste. In ihrem Ostteil aber erwartet uns das unvergeßliche Erlebnis des Joshua-Tree-Naturdenkmals.

Joshua Tree National Monument

Das rund tausend Quadratkilometer umfassende Joshua Tree National Monument liegt nordöstlich von Palm Springs, kaum eine Autostunde von dort entfernt. Die beiden Nordeingänge befinden sich nahe den Orten Joshua Tree und Twentynine Palms. Seinen Namen erhielt *Twentynine Palms* nach den 29 Dattelpalmen, die, aus einer Oase der westafrikanischen Sahara eingeführt, hier erstmals in Kalifornien angepflanzt wurden. Inzwischen gibt es im südlicheren Coachella-Tal buchstäblich Dattelpalmen-Wälder. Nahe Twentynine Palms ist das Hauptquartier des National Monuments mit Visitor Center und Museum aufgebaut. Den Südeingang, gleichfalls mit Visitor Center, erreicht man über die Interstate 10, 30 Kilometer östlich von Indio.

Das in den östlichen Ausläufern der San Bernardino Mountains in einer Höhe zwischen 300 und 1600 Metern gelegene Naturschutzgebiet des Wüstenberglandes ist das Pflanzenparadies der Mojave-Wüste. Es beherbergt überdies dreißig Tier- und zweihundert Vogelarten. Seltsamstes und spektakulärstes Gewächs ist der Joshua Tree (Yucca bevifolia). Diese mehrstämmig verzweigten Bäume wirken im Schattenbild wie ›wilde Männer‹ in der Wüste. Im Frühling leuchten, von weitem schon sichtbar, die bis zu 30 Zentimeter hohen schneeweißen, spindelförmigen Blütenbüsche am Ende der Zweige wie weiße Kerzen. Die weniger bizarre und prächtige Art des Mojave-Yucca (Yucca mohavensis) trägt am Ende der eckig wachsenden, dicken Äste längliche Büschel von kurzen, schwertartigen Blättern. Nicht minder exotisch wirken der ›Tonnen‹-Kaktus Cholla oder der sehr stachelige Ocotillo-Busch, der von März bis Juli rot blüht, der mehrstämmige Mesquite-Baum, dessen gelbe Blüten sich im Sommer in längliche Bohnen wandeln – ehemals wurden die Bohnen von den Indianern zermahlen und Brotfladen daraus gebacken –, oder der im April violett-blau blühende ›Rauch‹-Baum, benannt nach der rauchartigen Oberflächenzeichnung des Stammes und der Äste. Was die bekannteste aller Wüstenpflanzen, die Palme, angeht, so wächst hier eine besondere Art, nämlich die Kalifornische Fächerpalme (Washingtonia), und zwar vor allem zwischen Lost Palm und Cottonwood Springs. Sie stammt aus jener Zeit, als in Kalifornien noch Urpferd, Urkamel und Faultier lebten; es gibt sie also seit 500000 Jahren.

Die höchste Erhebung im National Monument, der *Salton View* (1725 m), bietet eine herrliche Aussicht über das Wüstenbergland bis zum Salton-See, der sich in den letzten Jahren mehr und mehr zu einem Erholungsgebiet entwickelt, auf die Mecca Hills nördlich des Sees mit ihren bunten Felsschluchten, auf das fruchtbare, tiefgrüne Farmland, die rosarote Mojave- und die hellgelbe Colorado-Wüste und die blauvioletten San-Jacinto-Berge. Wenn sich von März bis Juni die Blumen in Violett, Weiß, Gelb und Rosa auf graugrünem Bodengeflecht ausbreiten, ist dieses Gebiet wie ein wahrer Zaubergarten.

Die Colorado-Wüste

Das vorherrschende Gestein der Mojave-Wüste ist Granit, das der Colorado-Wüste Sandstein. So ist die Colorado-Wüste durch Bewässerung leichter fruchtbar zu machen, und wirklich gleicht sie heute in ihrem Ostteil, vom Imperial-Tal südlich des Salton-Sees bis hinauf nach Palm Springs, einem Garten Eden. Dem steht der karge Westteil gegenüber, der aber auf seine Art, insbesondere im Anza-Borrego Desert State Park, ebenfalls faszinierend ist.

Die einzigen nennenswerten Flüßchen dieses Gebietes sind der New River und der Alamo River. Sie bringen ihr Wasser in den sich nordöstlich erstreckenden Taltrog des *Salton Trough.* Eine Überschwemmung des Colorado-Flusses 1905 brachte mit einem Rückstau über die beiden Flüßchen so viel Wasser in den Salton Trough, daß sich hier ein riesiger See bildete, 130 Kilometer lang und 50 Kilometer breit, der heutige *Salton-See,* der wegen seiner Größe nicht mehr ›Lake‹ (See), sondern ›Sea‹ (Meer) genannt wird. Zwei künstliche Kanäle, der *All-American Canal* und der *Coachella Canal,* vom Colorado-Fluß abgeleitet – den schon die Indianer wegen seiner Wasserfülle ›Ahan Yava Kothikwa‹ (Alles Wasser ist dort) nannten –, sorgen nun dafür, daß trotz der großen Verdunstung der Wasserspiegel des Sees nicht sinkt. Der Coachella Canal versorgt zudem das nördlich an den Salton-See sich anschließende Coachella-Tal und der All-American Canal das Imperial-Tal mit jeder gewünschten Menge Wasser.

So verwandelte sich das ehemals vulkanische Wüstenland des *Imperial Valley* in ein 120 Quadratkilometer großes, schachbrettartiges Farmland. Unzählige Arten von Gemüse und Früchten werden hier angebaut, und es sind die ersten, die alljährlich in Los Angeles auf den Markt kommen. Im Süden reicht das Imperial Valley bis an die Grenze von Kalifornien und Mexiko mit dem bekannten Grenzort Mexicali, der bereits auf mexikanischem Boden liegt und namhafte Bier- und Baumwollkulturen besitzt.

Das *Coachella Valley* wird hingegen gern als ›Date Capitol of the United States‹ bezeichnet. Das scheint nicht übertrieben, denn hier wachsen über 200000 Dattelpalmen. In Shield Date Garden, fünf Kilometer nordwestlich von Indio, kann man sich durch praktische Vorführungen und Filme über Kultivierung, Wachstum, Ernte und Verpackung der Datteln orientieren. Man ahnt kaum, was sich – vom Bonbon bis zum Parfüm – aus Datteln alles herstellen läßt. Das Dattelfest in *Indio,* dem größeren Handelsplatz neben dem kleineren Coachella, ist ein vielbesuchtes Februar-Ereignis, nicht zuletzt wegen der dabei stattfindenden Kamelrennen. Außer Datteln reifen im Tal süße, kernlose Trauben, Zitrusfrüchte und die verschiedensten Gemüsearten, insgesamt vierzig verschiedene Sorten.

Westlich von Indio vermittelt die State 111, ›Palm Springs Highway‹ genannt, einen unvergeßlichen Eindruck vom Garten des Coachella-Tals. Wir bleiben auf der von Dattelpalmen, Tamarisken und arabisch anmutenden Zelten gesäumten Straße – in den Zelten werden Früchte zum Verkauf angeboten – und fahren am Nordfuß der bis zu dreitausend Meter sich erhebenden San-Jacinto-Berge entlang. Über den Ort Palm Desert, wo es ein Wüstenforschungsinstitut der University of California gibt, und am großen Palmenhain des Palm Canyon National Monument vorüber erreichen wir Palm Springs.

Golf-Paradies Palm Springs

Palm Springs ist eine amerikanische Oase, so ganz nach Hollywood-Geschmack. Filmleute waren es denn auch, die den Platz vor mehr als fünfzig Jahren als Wochenendparadies für sich entdeckten. Heute wie ehedem ist der blütendufterfüllte Ort Erholungszentrum und Spielstätte berühmter Filmstars, prominenter Geschäftsleute, Politiker und Globetrotter. Doch Alleinherrscher sind sie hier nicht mehr. Auf den Hotel-terrassen, auf den Promenaden und an den Swimming-Pools tummeln sich heute auch ›ganz gewöhnliche‹ Touristen. Der Grund für diese Beliebtheit liegt auf der Hand. Wenn es an-derswo regnet und schneit, hat Palm Springs ein ideales Klima: sonnig, trocken, warm und wolkenlos von Mitte Ok-tober bis Mitte Mai. Berühmt vor allem aber ist diese Oase allen Amerikanern als ›Golf Capital of the World‹. Zahllos sind ihre ewig grünen und gepflegten Golfplätze. Zahllos auch – man spricht von viertausend – die Swimming-Pools. Dennoch wirkt das Ortsbild überraschend unamerikanisch. Es kennt kaum Hochhäuser, vor allem aber keine Leuchtre-klame. Die meisten Villen, auch viele der Hotels, ›Lodges‹ und ›Inns‹, sind vorwiegend im neo-spanischen Stil erbaut, flach und von großen, blumen- und palmengeschmückten Gärten umgeben. Palm Springs hat in weiten Teilen noch den Charme des Unmodernen. Die Stadtverwaltung legt äußer-sten Wert darauf, daß es so bleibt. Shorts zum Beispiel sieht man im Straßenbild selten, nur auf Tennis- und Golfplätzen oder an Durchreisenden in der ›Downtown‹. Die Frauen ha-ben Freude daran, sich leicht, duftig und geschmackvoll zu kleiden.

Neben Golf, Tennis und Schwimmen gehört Reiten, Fahr-radfahren und Fliegen zu den Sportvergnügungen von Palm Springs, auch mit ›dune buggies‹ über die Wüstendünen zu sausen. Angler fangen im Whitwater Canyon Forellen, und Wintersportbesessene laufen im Eisstadion Schlittschuh oder auf den San-Jacinto-Bergen Ski.

Der sieben Kilometer lange *Palm Canyon Drive* ist die ele-gante Hauptstraße von Palm Springs mit vielen Boutiquen und Galerien. Nachts ist die von hohen Palmen gesäumte Avenue festlich beleuchtet. Parallel zu ihr verläuft die Indian Avenue. Beide Straßen werden im Zentrum von der dritten Hauptstraße, dem Tahquiz McCollum Way, gekreuzt. Ecke Palm Canyon und Tahquiz finden wir die heiße Mineralquelle von Palm Springs, *Agua Caliente,* mit der alles begann. So hieß der Ort zuvor, als die Cahuilla-Indianer hier noch ansässig waren, die nun im Palm Canyon südlich von Palm Springs leben. Den Namen hatte der Hauptmann de Anza dem Platz nach der Quelle gegeben, als er sie entdeckte. 1876 legte die Southern Pacific ihre Eisenbahnschienen durch das Coachella-Tal. Die eigentlichen Entdecker von Palm Springs aber blieben die Filmstars.

Viele Besucher lassen sich mit der Drahtseilbahn, der Palm Springs Aerial Tramway, auf den *Mount San Jacinto* tragen. Die weithin sichtbare, gelbe Kabinenbahn, die achtzig Personen faßt, startet nördlich von Palm Springs im Chino Canyon. In fünfzehn Minuten überwindet sie die vier Kilometer lange Strecke über wilde, spärlich bewachsene Felsschluchten zur Bergstation in 2596 Metern Höhe. Am Rand des *San Jacinto Wilderness State Park* empfängt den Besucher dort ein Restaurant im schweizerischen Stil mit hinreißendem Ausblick auf den tiefgrünen Flecken von Palm Springs, das fruchtbare Coachella-Tal, den Salton-See und die Mojave-Wüste. Der Temperaturunterschied zwischen unten und oben beträgt bis zu 20 Grad Celsius. Sonne und Pulverschnee verlocken hier oben unwiderstehlich, die Ski anzuschnallen. Nach der Abfahrt mit großartiger Aussicht ist der Sprung ins sonnenerwärmte Schwimmbecken in Palm Springs der köstliche Abschluß.

Anza-Borrego Desert State Park

Der Anza-Borrego Desert State Park im Südwesten der Colorado-Wüste ist das Gegenstück zum Joshua Tree National Monument in der Mojave-Wüste. Gehört dieser zum höher gelegenen Wüstengebiet, so jener zum niederen, trotz seiner eindrucksvollen Felsen und Hügel. Auch sind Wüstenpflanzen und Tierarten da und dort recht unterschiedlich. Nicht zuletzt ist der State Park im Vergleich zum vielbesuchten National Monument noch unberührter. Von Palm Springs braucht man mit dem Auto zwei Stunden über gute Straßen; auf der Highway 78 gelangt man dann ins Herz des Parks.

Sein südlicher Teil ist nach dem Hauptmann Juan Bautista de Anza benannt, der 1774 mit seinen spanischen Siedlern und Soldaten, von Nordmexiko kommend, durch dieses Wüstengebiet nach Nordkalifornien zog. Der nördliche, farbigere Teil erhielt seinen Namen nach dem spanischen Wort ›borrego‹ für das seltene Großhorn-Wüstenschaf. Tatsächlich leben im äußersten Norden noch einige Exemplare dieser Tierart. Beide Wüstenteile wurden 1957 zum heutigen State Park vereint. Der größere Teil des riesigen Wüstenterrains, das sich von der mexikanischen Grenze 88 Kilometer nach Norden erstreckt und bis zu 33 Kilometer breit ist, besteht aus unwirtlicher Wildnis und ist nur mit Jeeps befahrbar.

Nahe an dem mitten durch den Park führenden Highway 78 liegt im Zentrum *Borrego Springs*. Eine unterirdische Quelle hat hier einen Wüstenstrich in fruchtbares Gebiet verwandelt. So ist diese Oase ein günstiger Ausgangspunkt für Fahrten rundum. Im Borrego Palm Canyon wächst die uns schon bekannte Kalifornische Fächerpalme, doch bekannter ist der Park wegen der eindrucksvollen mächtigen Elephantenbäume (Bursera microphylla). Im März und April verwandelt sich die Wüste auch hier in einen blühenden Garten, aus dem der langfingerige, hohe Ocotillo-Busch mit seinen feuerroten Blütenspitzen auffallend hervorleuchtet.

Der Anza-Borrego Desert State Park ist ein Paradies für Camper. Er ist das einzige Staatsgebiet dieser Art, in dem man seine Zelte aufschlagen kann, wo immer man will: im Borrego Palm Canyon (mit modernen Camping-Anlagen), in Bow Willow unter Elephantenbäumen oder auch im Tamarisk Grove inmitten eines blühenden Kaktushains. Mexiko ist nah.

Benutzte Literatur
Nach Kapiteln geordnet

Geschichte

Bancroft, Hubert Howe: History of the Pacific States of North America, 28 Bde., 1882-1890

Cabrillo's Log 1542-1543: A Voyage of Discovery by Juan Paez, San Diego 1968

California, A Guide to the Golden State, New York 1973

Cartier, Raymond: 50mal Amerika, München 1974

Ceram, C.W.: Der erste Amerikaner, Hamburg 1972

Fehrenbacher, Don E.: A Basic History of California, Toronto/New York/London 1964

Glass Cleland, Robert und Dumke, Glenn S.: From Wilderness to Empire – A History of California, New York 1970

Goethe, Johann Wolfgang von: Gespräche mit Eckermann (21.2.1827), München–Hamburg 1955-1980

Hoover, M.B., Rensch, H.E. und Abeloe, W.A.: Historic Spots in California, Stanford 1970

Kaymer, Günter: USA – Land und Leute, München 1969

Maitland, A.E. (Hrsg.): Die Vereinigten Staaten, Amsterdam 1966

Northern California, Menlo Park, California, 1979

Nye, R.B. und Morpurgo, J.E.: Geschichte der USA, München 1955

Ogrizek, Doré: Die Vereinigten Staaten von Nordamerika, Saarbrücken 1946

Schulthess, Emil: USA, Zürich 1955

Servan-Schreiber, J.-J.: Die amerikanische Herausforderung, Hamburg 1968

Southern California, Menlo Park, California, 1979

Wilson, Charis und Weston, Edward: California and the West, New York 1978

San Franzisko und die Bucht

Baum, Vicky: Vor Rehen wird gewarnt, Berlin 1966

Caen, Herbert: San Francisco – the Guide to the City and the Bay Area Today, New York 1965

Chessman, Caryl: Todeszelle 2455, München 1960

Daley, Walt: San Francisco – say it isn't so, San Carlos, California, 1962

Delaplane, Stanton: The City – A Folio from the San Francisco Chronicle 1961

Edeen, John: Sausalito, Sausalito, California, 1972

Froese, Leonhard: Bildungskritik, Bildungsreform in den USA, Heidelberg 1968

Hagelstange, Rudolf: Der schielende Löwe oder How do you like America? Hamburg 1969

Hansell, Franz T.: The Great Family Fun Guide to San Francisco, New York 1974

Hassan, Jhab: Die moderne amerikanische Literatur, Stuttgart 1974

James, Marquis und Bessie: Biography of a Bank – The Story of a Bank of America, New York 1954

Kaiser Industries Corporation (Hrsg.): The Kaiser Story, Oakland, California, 1968

Kipling, Rudyard: Gesammelte Werke, München 1978

Lewis, Oscar: San Francisco – Mission to Metropolis, Berkeley, California, 1966

   Silver Kings (Machay, Fair, Flood, O'Brien), New York 1967

   The Big Four (Huntington, Stanford, Hopkins, Crockers), New York 1969

London, Jack: The Call of the Wild, 1903, dt. Der Ruf der Wildnis, Frankfurt 1976

   The Sea Wolf, 1904, dt. Seewolf, Stuttgart 1977

   White Fang, 1906, dt. Wolfsblut, Stuttgart 1977

Marcuse, Herbert: Der eindimensionale Mensch, Neuwied und Berlin 1968

Meltzer, D. (Hrsg.): The San Francisco Poets, New York 1971

Metcalf, Woodbridge: Native Trees of the San Francisco Bay Region, Berkeley/Los Angeles 1970

Monod, Jacques: Zufall und Notwendigkeit, München 1973

Moody, Ralph: Riders of the Pony Express, New York 1958

Moorhouse, George: San Francisco, Amsterdam 1979

D'Onofrio, Tobia: Letteratura del Nord-America, Profile Storici, Neapel 1963

Peterson, Joyce: Mein geliebtes San Franzisko, Bonn 1974

Politzer, Heinz: Mein Sohn S. Benjamin, Merkur, Jahrg. 30/1976, Heft 3

Rexroth, Kenneth: An Autobiographical Novel, New York 1964

San Francisco, Merian Jahrg. XXX/1977, Heft 2

San Francisco, A Sunset Pictorial, Menlo Park, California, 1979

San Francisco Museum of Art, Catalogue of the Permanent Collection of Painting and Sculpture, San Francisco 1970

Sasek, Miroslav: This is San Francisco, New York 1968

Stevenson, Robert Louis: Gesammelte Werke, Zürich 1979

Thompson, Bob: California Wine, Menlo Park, California, 1973
Ward, Robert E.: Deutsche Lyrik aus Amerika, New York 1969
101 Nights in California. A Guide with Menus to unusual Restaurants, San Francisco 1968

Los Angeles

Banham, Reyner: Los Angeles – The Architecture of four Ecologies, Middlesex, England, 1971
Bockelmann, Manfred: Magic Hollywood, Percha 1974
Bristow, Owen: Kalifornische Sinfonie, Roman, München 1974
Chapman, John L.: Incredible Los Angeles, New York 1967
Döblin, Alfred: Briefe, Freiburg i. B. 1970
Henry Edwards Huntington, The Founder and the Library, San Marino, California, 1969
Hilton, Conrad N.: Be my Guest, New York 1957
Huxley, Aldous: Schöne neue Welt, Frankfurt 1953
Jackson, Helen Hunt: Ramona, 1884, dt. Rudolstadt 1956
Jacobs, Lewis: The Rise of the American Film, New York 1975
Loewy, Ernst: Exil 1933-1945, Stuttgart 1979
Los Angeles, City Economic Development Board, Los Angeles 1969
Lundberg, Ferdinand: Die Reichen und die Superreichen, Hamburg 1969
McDowell, Jack (Hrsg.): Art Treasures in the West, Menlo Park, California, 1966
Norris, Frank: The Octopus, Los Angeles 1901
Siodmak, Robert: Zwischen Berlin und Hollywood, München 1980
Spears, Jack: Hollywood – The Golden Era, New York 1971
Thomas, Karin: Bis heute. Stilgeschichte der bildenden Kunst im 20. Jahrhundert, Köln 1975
Thorwald, Jürgen: Das Gewürz. Die Saga der Juden in Amerika, Locarno 1978
Waugh, Evelyn: Tod in Hollywood, Zürich 1950
Wright, Kathleen: The other Americans. Minorities in American History, Greenwich, Conn., 1969

San Diego

Beach, Warren und Gardiner, Henry W.: Grant-Munger Collection, Fine Arts Gallery of San Diego 1970
Berndes, Susan L.: San Diego Guide, San Diego 1972
European Painting in the Timken Art Gallery, Putnam Foundation, San Diego 1969
Fisher, Allan C. Jr.: San Diego, where California was born just 200 years ago, National Geographic Magazine, July 1969

Journal of San Diego History, San Diego 1968

Mendel, Carol: San Diego on Foot, San Diego 1973

– San Diego by Bike & Car, San Diego 1974

Peach, Betty: San Diego Zoo, Zoological Society of San Diego 1970

Peik, Leander und Rosalie: Discover San Diego, San Diego 1972

Petersen, Martin E.: Master Works from the Collection of Fine Arts Gallery of San Diego, San Diego 1968

The Timken Art Gallery Balboa Park, The Putnam Foundation, San Diego 1971

Die Küstenlandschaften

Beachcombers Guide to the Pacific Coast, Menlo Park, California, 1966

Chamisso, Adalbert von: Reise um die Welt, Berlin 1979

California Coast, Menlo Park, California, 1978

Dana, Richard H.: Two Years before the Mast (1840), Los Angeles 1964

Edwards, Mike W.: A Land apart – The Monterey Peninsula, National Geographic Magazine, November 1972

Johnson, Paul C. (Hrsg.): The California Missions, Menlo Park, California, 1972

Miller, Henry: The Air-Conditioned Nightmare, New York 1945

– Big Sur and the Oranges of Hieronymus Bosch, 1955, dt. Big Sur oder die Orangen des Hieronymus Bosch, Hamburg 1958

Schmiele, Walter: Henry Miller, Hamburg 1975

Steinbeck, John: Cannery Row, 1945, dt. Die Straße der Ölsardinen, Zürich 1972

– East of Eden, 1952, dt. Jenseits von Eden, Berlin 1972

– The Grapes of Wrath, 1939, dt. Früchte des Zorns, Zürich 1973

– Travels with Charley, 1962, dt. Meine Reise mit Charley, Zürich 1963

Das Zentraltal

Braasch, Barbara: Gold Rush Country, Menlo Park, California, 1972

Deuel, Leo: Heinrich Schliemann, München 1979

Hamma, Elisabeth: Stagecoach Days, Menlo Park, California, 1963

Lewis, Oscar: Sutter's Fort – Gateway to the Gold Fields, New York 1966

Meissner, Hans-Otto: Der Stern von Kalifornien, München 1976

Treadwell, Edward F.: Henry Miller, The Cattle King, Fresno, California, 1966

Twain, Mark: Jumping Frog of Calaveras Country, 1867, dt. Der berühmte Springfrosch der Provinz Calaveras, Stuttgart 1975

– Roughing It, 1868, dt. Durch Dick und Dünn, übers. v. Otto Wilck, München 1965

Weber Johnson, William: The Forty-Niners, New York 1974

Sierra Nevada

Adams, Ansel: Sierra Nevada – John Muir Trail, Berkeley, California, 1978
Frome, Michael: Rand McNally National Park Guide, Chicago/New York/San Francisco 1972
Harte, Bret: M'liss, in: Golden Era, 1869
– The luck of roaring camp, in: Overland Monthly, 1868
Huth, Hans: Yosemite – The Story of an Idea, Yosemite National History Association, Yosemite Nat. Park 1975
Miller, Joaquin: Songs of the Sierras, 1871
– Song of the Sun-lands, 1873
Muir, John: Gentle Wilderness – The Sierra Nevada, Photographien von Richard Kauffman, San Francisco 1964
Nevada, Menlo Park, California, 1971
Oakeshott, Gordon B.: California's changing Landscape – A Guide to the Geology of the State, New York/San Francisco 1971
O'Connor, Richard: Iron Wheels & Broken Men. The Railroad Barons and the Plunder of the West, New York 1973
Stone, Irving: Men to Match my Mountains. The opening of the Far West 1840-1900, New York 1956
Wheeler, Keith: The Railroaders, New York 1973
Yosemite, os milagres da criacao, Revista Geográfica Universal, Rio de Janeiro, März 1978
Zim, Herbert S. und Martin, Alexander C.: Flowers. A Guide to Familiar American Wildflowers, New York 1950
Zim, Herbert S.: Rocks and Minerals – A Guide to Minerals, Gems and Rocks, New York 1957

Die Wüsten

Death Valley, the Land and the Legend, National Geographic Magazine, Januar 1970
George, Uwe: In den Wüsten der Welt, Hamburg 1976
Manly, William: Death Valley in 49, 1850

THE OPENING OF THE WEST 1803-1864

- - - Lewis and Clark's overland expedition 1803-1806
Proved feasibility of an overland route to the Far West
and encouraged trade and settlement

+++++ Railroads by 1860

—— Overland mail routes by 1860

—— Overland trails

Mormon settlement

● Gold discoveries 1848-1864. By 1850, 100,000 goldseekers had reached California which became a State in that year

✝ Principal Spanish Missions

0 — 200 Miles

Chicago
St. Louis
Jefferson City
Springfield
Memphis
Independence
Lawrence
St. Joseph
Fort Smith
Fort Preston
Fort Atkinson
Fort Concho
Fort Belknap
Fort Kearney
Missouri
Santa Fe Trail
Cimarron Cutoff
Bent's Fort 1828
Santa Fe
Pike's Peak 1858
Albuquerque
El Paso
Fort Bliss
Fort Yuma
Rio Grande
Butterfield Overland Mail

1843 Audubon spends two months sketching wild life

Fort Union
Fort Mandan
Lewis & Clark
Missouri

Virginia City 1864
Helena 1864

Salmon River 1861
Fort Boise

Fort Laramie 1834
Pony Express 1860

Rocky Mountains

Fort Bridger
Salt Lake City 1847
Provo
Fort Hall

Fillmore

Old Spanish Trail
Colorado

Oregon Trail

1811 John Jacob Astor establishes fur trading post

1812 Principal Russian outpost in California

Jacksonville 1852
Yreka 1851
Humboldt 1860
Virginia City 1859
Rich Bar 1849
Yankee Jims 1849
Carson City 1859
Angels Camp 1849
Chinese Camp 1849
Mormon Bar 1849
Sutter's Fort 1848
San Francisco 1849
Fort Ross
Bodega 1823
San Carlos 1770
San Luis Obispo 1772
Santa Barbara 1786
Los Angeles
San Bernardino
Las Vegas
Tucson
Yuma 1780

Astoria
Fort Clatsop 1805
Fort Walla Walla

Old Spanish Trail

(nach Katalog »Far West«, Zürich 1976)

Die Besiedlung des Westens 1803-1864

PUBLIC LANDS
AND RAILWAY GRANTS
1796–1890

By the Pacific Railway Acts 1862-1864, railroad companies obtained the right of option to buy a wide belt of land on both sides of their route. Altogether 131 million acres were granted by Congress to the railroads, 39 million to the Northern Pacific. In 1935 President F. D. Roosevelt withdrew the unsold land which remained, over 450 million acres, for conservation and public use.

The Land Act of 1796 provided for the survey and auction of public lands by the Government. In 1802, Ohio became the first public land State. The 1804 Land Act established a minimum purchase of 160 acres. The Homestead Act of 1862 offered heads of families 160 acres of public lands for 5 years continuous residence and 25 to 34 dollars; or six months residence and $1.25 an acre. By 1940, 285 million acres of public lands had become homesteads.

Public Lands forming over 80% of the total land area
1830
1850
1890
Railway Grants in 1871

All State borders are as for 1890

OHIO

Duluth
Chicago
Memphis
Mississippi
New Orleans
Mississippi

Northern Pacific
Union Pacific
Central Pacific
Atlantic and Pacific
Southern Pacific

San Francisco
El Paso

0 ——— 400
Miles

(nach Katalog ›Far West‹, Zürich 1976)

Staatliches Siedlungsland und Eisenbahnländereien

Register

Nachweise

Autor und Verlag danken den bei den Farbtafeln genannten Museen und den in der Bibliographie erwähnten Verlagen, die freundlicherweise Reproduktions- und Abdrucksgenehmigungen erteilt haben, für ihr Entgegenkommen, ferner Petersburg Press Ltd., London, für die Erlaubnis, ›A Large Diver‹ von David Hockney zu reproduzieren (© 1980 beim Künstler), wofür Thames and Hudson, London, die Filme zur Verfügung stellten.

Für die Farbaufnahmen seien bedankt Ray Atkeson, Portland, Oregon (Salinas Valley), Michael Hannwacker, München (Financial District, San Francisco), und The Image Bank, Hamburg (Golden Gate Bridge),

für die Karten Rand McNally & Company, Chicago.

Das Kalifornien-Siegel auf dem Titelblatt wurde in einer Fassung von Herbert Bayer wiedergegeben.